UN ESTUDIO CRÍTICO SOBRE LA EXPULSIÓN DE PERSONAS EXTRANJERAS DEL ARTÍCULO 89 DEL CÓDIGO PENAL

HELENE COLOMO IRAOLA
Profesora Doctora de Derecho Penal (UPV/EHU)
Investigadora contratada Doctora (IVAC/KREI)

UN ESTUDIO CRÍTICO SOBRE LA EXPULSIÓN DE PERSONAS EXTRANJERAS DEL ARTÍCULO 89 DEL CÓDIGO PENAL

Prólogo
Ana I. Pérez Machío

ARANZADI

Editorial Aranzadi, S.A.U.
C/ Collado Mediano, 9
28231 Las Rozas (Madrid)
Tel: 91 602 01 82
e-mail: clienteslaley@aranzadilaley.es
https://www.aranzadilaley.es

Primera edición: 2024

Esta obra se ubica en el marco del Proyecto de Investigación del Ministerio de Ciencia e Innovación que lleva por título «La tutela penal de personas vulnerables: análisis de realidades criminológicas y propuestas sustantivas de "lege data" y de "lege ferenda"» (REF. PID2020-116407RB-I00), del Grupo Consolidados GICCAS/Grupo de Investigación en Ciencias Criminales (REF. IT 1486-22), y de la Red de Investigación «Violencia contra las mujeres: nuevos desafíos —VIOMUJ—» (REF. RED2022-134101-T).

Depósito Legal: M-27335-2024
ISBN versión impresa con complemento electrónico: 978-84-1078-875-6
ISBN versión electrónica: 978-84-1078-874-9

Diseño, Preimpresión e Impresión: Editorial Aranzadi, S.A.U.
Printed in Spain

A mi madre, sobre todo; por todo.
A mi familia, mi mayor suerte.
A Mikel, por el tiempo que le robé.

Índice General

Página

Prólogo

La expulsión de las personas extranjeras del artículo 89 del Código Penal sigue siendo, a día de hoy, una de las cuestiones más polémicas doctrinal y jurisprudencialmente, por la incidencia que la misma presenta, fundamentalmente, desde la perspectiva de la «Parte General del Derecho Penal». Ahora bien, el abordaje multidisciplinar desde el que la Dra. Colomo Iraola ha enfocado la presente cuestión convierte a su obra en un estudio integral e imprescindible de la temática de la expulsión penal de personas extranjeras.

Con este enfoque integral, la Dra. Colomo Iraola presenta un trabajo de investigación de gran interés y rigor científico, aportando una visión crítica, pero sumamente enriquecedora.

Así, en una primera aproximación, la Dra. Colomo Iraola parte de una visión «cambiante» de frontera, en cuanto instrumento de control migratorio, muy vinculada a la evolución del marco normativo de la política migratoria europea, que culmina, en el primer capítulo de este trabajo, con un exhaustivo análisis de la popularmente denominada como «Directiva de Retorno». La autora destaca, especialmente, la apuesta que, en este ámbito, se ha hecho por la simbiosis entre el Derecho Migratorio y el Derecho Penal, antesala de lo que la Dra. Colomo Iraola identifica con criminalización de la inmigración, así como, con instrumentalización del Derecho Penal, en cuanto herramienta de política migratoria.

El abordaje político-criminal que se analiza en el segundo capítulo de la presente obra enlaza magistralmente con las consideraciones críticas que se han vertido en la primera parte del trabajo y permite, a su vez, fundamentar la deriva de la política migratoria europea. En efecto, partiendo del binomio sociedad del riesgo y expansión del Derecho Penal, la autora avanza, en su estudio, por las distintas posiciones del Derecho Penal moderno, pasando por el Derecho Penal del enemigo y confluyendo en las implicaciones que el modelo gerencial-actuarial del sistema penal tiene en el fenómeno migratorio y, por ende, en la actual política migratoria europea.

En última instancia, el análisis jurídico-penal de la expulsión de las personas extranjeras, incidiendo en su evolución normativa, en su naturaleza, en su ámbito subjetivo y objetivo de aplicación, en sus límites y en sus excepciones, junto a las conclusiones derivadas de los dos capítulos anteriores, permite a la autora concluir con una visión crítica de la expulsión penal de personas extranjeras que, *de lege ferenda*, le aboca, inevitablemente, a la propuesta de supresión de la misma.

Como directora de la que fuera su tesis doctoral, me complace especialmente prologar esta publicación y poder reiterar por esta vía, de nuevo, mi felicitación a la Dra. Colomo Iraola, que añade a sus méritos de investigación esta espléndida obra, resultado de una universitaria rigurosa, con gran vocación y capacidad de trabajo, confiando en que su entusiasmo y valía intelectual sean pronto recompensados por un, más que merecido, futuro académico consolidado y brillante.

Donostia-San Sebastián, a 15 de julio de 2024.

Ana I. Pérez Machío

Profa. Titular (Catedrática acreditada) de Derecho Penal
Universidad del País Vasco/Euskal Herriko Unibertsitatea

Abreviaturas y siglas utilizadas

ACNUR	Oficina del Alto Comisionado de las Naciones Unidas para los Refugiados
ATC	Auto del Tribunal Constitucional
BOCG	Boletín Oficial de las Cortes Generales
BOE	Boletín Oficial del Estado
CE	Constitución Española
CEDH	Convenio Europeo de Derechos Humanos
CGPJ	Consejo General del Poder Judicial
CIE	Centro de Internamiento de Extranjeros
CP	Código Penal
DUDH	Declaración Universal de los Derechos Humanos
EURODAC	Sistema Europeo de Comparación de Impresiones Dactilares de los Solicitantes de Asilo
FD	Fundamento de Derecho
FGE	Fiscalía General del Estado
FJ	Fundamento Jurídico
FRONTEX	Agencia Europea de la Guardia de Fronteras y Costas
LO	Ley Orgánica
LOEX	Ley Orgánica 4/2000, de Derechos y Libertades de los Extranjeros y su Integración Social
LPACAP	Ley del Procedimiento Administrativo Común de las Administraciones Públicas
NPM	*New Public Management*
OIM	Organización Internacional para las Migraciones
OPI	Observatorio Permanente de la Inmigración
PIDCP	Pacto Internacional de Derechos Civiles y Políticos

RAE	Real Academia Española
RD	Real Decreto
SIS	Sistema de Información de Schengen
STC	Sentencia del Tribunal Constitucional
STEDH	Sentencia del Tribunal Europeo de Derechos Humanos
STJUE	Sentencia del Tribunal de Justicia de la Unión Europea
STS	Sentencia del Tribunal Supremo
TC	Tribunal Constitucional
TEDH	Tribunal Europeo de Derechos Humanos
TFUE	Tratado de Funcionamiento de la Unión Europea
TJUE	Tribunal de Justicia de la Unión Europea
TS	Tribunal Supremo
TUE	Tratado de la Unión Europea
UE	Unión Europea
VIS	Sistema de Información de Visados
VV.AA.	Varios Autores

Introducción

En el siglo XXI, el fenómeno migratorio ha emergido como uno de los desafíos más apremiantes y complejos para las sociedades contemporáneas. En un contexto globalizado como el actual, donde las fronteras son cada vez más permeables, la movilidad humana ha alcanzado límites insospechados.

De un tiempo a esta parte, hemos presenciado cómo ese flujo masivo de movimiento humano, acompañado de discursos políticos que han demonizado lo que históricamente ha sido y sigue siendo un motor primario de la humanidad, ha desencadenado en la sociedad una sensación palpable de incertidumbre y temor. Una sociedad que aún no se ha recuperado de las secuelas de la crisis económica del año 2008, debe enfrentar las consecuencias derivadas de otras crisis, no solo económicas, sino también humanitarias e incluso identitarias. Este último merece especial atención.

A raíz de las diferentes crisis que ha enfrentado la sociedad, la cuestión identitaria ha adquirido un protagonismo que no puede pasarse por alto. Esto, desde luego, no es fruto de la casualidad, ni mucho menos es baladí. Es innegable que en la denominada «sociedad del riesgo» en la que vivimos, la sensación de incertidumbre o inseguridad se manifiesta en diversas esferas y grupos poblacionales, pero qué duda cabe de que la llegada de nuevas personas ciudadanas —extranjeras— y la aparición de modelos de integración de la población migrante como la interculturalidad, han puesto en jaque la cohesión social. Los miedos relacionados con el mercado laboral, el acceso a recursos limitados y la seguridad han alimentado discursos sociales y políticos contra la inmigración y, por extensión, también contra las personas extranjeras, desatendiendo por completo la complejidad intrínseca al fenómeno migratorio.

La respuesta del Estado a esa sensación de inseguridad sentida ha venido de la mano del Derecho penal. No son pocos los preceptos que intentan atajar, aunque sin éxito, los problemas asociados a la cuestión migratoria. Sin embargo, la incapacidad para ofrecer una respuesta satisfactoria a un fenómeno tan complejo no parece disuadir al legislador de seguir incorporando al Código Penal (en adelante, CP) nuevas disposiciones que siguen el mismo camino que las ya existentes y que, al igual que estas, parecen destinadas al fracaso.

Entre todas estas previsiones, se ha querido destacar la expulsión recogida en el artículo 89 del CP, principalmente por dos razones. En primer lugar, constituye la respuesta más contundente a los temores que actualmente afectan a la sociedad, derivados del aumento significativo de los flujos migratorios y la creciente presencia de personas extranjeras en nuestro territorio. Con esta medida, el Estado busca endurecer su postura frente a las personas extranjeras delincuentes, al mismo tiempo que pretende enviar un mensaje cargado de simbolismo a la población: la exclusión social de las personas extranjeras que delinquen; en definitiva, su inocuización. En segundo lugar, desde un análisis estrictamente dogmático del Derecho penal, esta medida presenta notables aporías y disfunciones incompatibles con los fundamentos y principios en los que se sustenta el sistema penal. El análisis minucioso de todas estas cuestiones es lo que ha motivado la realización de este trabajo.

Resta señalar que cualquier aproximación al artículo 89 del CP resulta incompleta si se limita a un análisis puramente dogmático. Es por ello por lo que deviene obligado trascender dicho examen para situarlo en el contexto en el que ha sido concebido este precepto. Esta premisa es la bóveda en la que descansan el resto de las cuestiones.

El estudio está estructurado en tres capítulos. El Capítulo I sienta las bases para comprender la complejidad y la evolución de la política migratoria europea. Para ello, se examina en primer lugar el concepto de frontera y cómo este ha evolucionado para favorecer los intereses de la Unión Europea (en adelante, UE), convirtiéndose en un instrumento de control migratorio. En la actualidad, la frontera se utiliza para trazar la línea entre aquellas personas que cumplen los requisitos para ingresar o permanecer en el territorio soberano de un Estado miembro y aquellas que no cumplen con dichos requisitos.

El tratamiento de la frontera por parte de la UE se ha plasmado en la comunitarización de las políticas migratorias y de control, siendo la Directiva de Retorno su manifestación más destacada en esta materia. Esta Directiva ha abierto la veda a una nueva forma de gestionar la inmigración, donde el control de fronteras prevalece sobre los intereses y derechos humanos de las personas extranjeras.

El Capítulo II, por su parte, se dedica principalmente a cuestiones penales y de política criminal. Esto se debe a que, el fenómeno migratorio, que históricamente ha sido inherente al ser humano y a las sociedades, ha experimentado una transformación tan significativa que ahora se percibe como una amenaza y, por ende, se gestiona desde la perspectiva del riesgo y la seguridad. En la práctica, esto ha llevado al uso del Derecho penal como herramienta para abordar la inseguridad que la inmigración genera en la sociedad y las consecuencias asociadas a ella.

La intervención del instrumento punitivo en cuestiones relacionadas con la inmigración, más allá de constituir una expansión cuestionable del Derecho penal que genera cierto recelo, ha tenido consecuencias devastadoras para las personas extranjeras. Entre ellas, destaca una generalizada confusión de planos que ha llevado tanto a la sociedad como a las instituciones a vincular la inmigración con la criminalidad. Esto ha provocado la creación de una serie de medidas y disposiciones excepcionales que difieren considerablemente del Derecho penal tradicional aplicable a las y los ciudadanos, lo que ha alimentado las críticas que denuncian la existencia de una doble vía penal por razón de origen y/o nacionalidad, dando lugar a un Derecho penal del enemigo.

Sin embargo, este Derecho penal del enemigo al que se somete a la persona extranjera que transgrede la norma resulta insuficiente para satisfacer las demandas de seguridad de la población. Como resultado, ha emergido un modelo gerencial-actuarial de penalidad que ha transformado la manera de abordar el fenómeno migratorio. Las consecuencias de esto no son mejores que las de un Derecho penal creado *ad hoc* para las personas extranjeras, ya que este modelo eleva a categoría de riesgo a todo el colectivo migrante.

Finalmente, el Capítulo III se centra exclusivamente en la medida de expulsión contemplada en el artículo 89 del CP y las vicisitudes que plantea. Este precepto representa la concreción legal de una política criminal decidida a dar una respuesta contundente a la persona extranjera delincuente, surgida como resultado de la intervención penal en el fenómeno migratorio.

Mientras que los primeros dos capítulos tienen como objetivo contextualizar el artículo mencionado, proporcionando así una base para comprender su origen y el contexto en el que surge, en este último capítulo se aborda el precepto desde una perspectiva estrictamente dogmática del Derecho penal. Sin ser los únicos aspectos tratados, se destacan su naturaleza jurídica, el ámbito subjetivo, las excepciones a su ámbito objetivo, y las consecuencias tanto de la ejecución como de la no ejecución de la medida. El precepto también plantea interrogantes sobre su verdadera finalidad y su coexistencia con la figura de la expulsión administrativa.

En definitiva, con el presente trabajo se ha querido poner de manifiesto que el artículo 89 del CP requiere una reflexión valiente que traspase las barreras del Derecho penal y que, en última instancia, nos lleve a cuestionar su propia existencia, dadas las consecuencias que conlleva su aplicación para el colectivo migrante.

Capítulo I

La evolución de la política migratoria europea: de la creación de las fronteras hasta (para) la expulsión de las personas extranjeras

I. EL PROTAGONISMO DE LA FRONTERA EN LA POLÍTICA MIGRATORIA EUROPEA

1. APROXIMACIÓN AL CONCEPTO DE FRONTERA COMO INSTRUMENTO DE CONTROL MIGRATORIO

En los últimos años, se ha acelerado un fenómeno tan antiguo como la propia eclosión de los seres humanos sobre la tierra: los flujos migratorios. El movimiento de personas motivado por la búsqueda de mejores oportunidades y de lugares de asentamiento más idóneos y seguros para el desarrollo humano ha sido una constante en la historia de la humanidad desde los tiempos más remotos. En concreto, Occidente ha sido testigo de movimientos migratorios, en su mayoría masivos, impulsados por una vasta pluralidad de motivos, que incluyen aspectos económicos, políticos, religiosos y conflictos armados. Las migraciones han sido, desde antaño, un motor primario de la sociedad[1]. Esto puede no ser novedoso, pero su consolidación como uno de los vectores de transformación socioeconómica y de las relaciones entre los Estados merece especial atención[2].

Por razones de diferente índole en las que ahora no podemos detenernos, el fenómeno migratorio[3] ha vuelto a ocupar un lugar destacado. Como resultado, el control de las fronteras y la gestión de los flujos migratorios son ahora cuestiones de vital importancia en las agendas políticas de los Estados occidentales[4]. En el pasado, especialmente entre los siglos XIX y XX,

---

1. LIVI BACCI, M.: *Breve historia de las migraciones*, Alianza Editorial, Madrid, 2012, p. 16.
2. En efecto, tal y como señala MARTÍNEZ DE PISÓN CAVERO, J. M.: «La (no) política de inmigración y el estado de derecho», en MARTÍNEZ DE PISÓN CAVERO, J. M. / GIRÓ MIRANDA, J. (coords.): *Inmigración y ciudadanía. Perspectivas sociojurídicas*, Universidad de la Rioja, La Rioja, 2003, pp. 129-130, la inmigración contemporánea exhibe características distintivas que reflejan la naturaleza global del proceso migratorio actual. Esta globalidad se manifiesta, en primer lugar, en la dimensión espacial del fenómeno, evidenciada por el incremento de los flujos migratorios a escala mundial. Todos los países experimentan las repercusiones de este aumento, ya sea como emisores o receptores de personas migrantes, lo que contribuye a la creciente complejidad del proceso migratorio. Además, esta globalidad también se refiere a la perspectiva profesional o cultural, dado que las migraciones contemporáneas trascienden las barreras de clase social.
3. Señala PÉREZ GONZÁLEZ, C.: *Migraciones irregulares y Derecho Internacional: gestión de los flujos migratorios, devolución de extranjeros en situación irregular y Derecho Internacional de los Derechos Humanos*, Tirant lo Blanch, Valencia, 2012, p. 40, que el término «fenómeno migratorio» engloba una variedad de situaciones. Son diversas las causas que subyacen al origen de este fenómeno, si bien cabe destacar el nivel de desarrollo de los países implicados, así como la situación económica y / o política de los Estados de origen. En efecto, como afirma DE LUCAS MARTÍN, J.: «Sobre las políticas de inmigración en el mundo globalizado», en *Anuario de la Facultad de Derecho de la Universidad Autónoma de Madrid*, n.º 7, 2003, p. 26, se trata de un «fenómeno complejo por heterogéneo, plural: no existe la inmigración, como tampoco un tipo homogéneo de inmigrantes. Los proyectos migratorios no son unívocos, sino que varían en función de los presupuestos, los mecanismos de desplazamiento, los objetivos de esos proyectos, etc. Son diversos los países de origen, pero también y, sobre todo, sus agentes, sus protagonistas».
4. Basta con examinar los titulares de los últimos años, entre los que se incluyen: «Francia y Reino Unido alcanzan un nuevo acuerdo para hacer frente a la inmigración irregular» (Euronews, 14.11.2022); «La inmigración agita la agenda política en el Reino Unido» (Euronews, 01.11.2022); «El Gobierno de Meloni vuelve a la línea dura con la inmigración irregular en Italia» (Euronews, 27.10.2022); «La crisis migratoria en EEUU

predominaba la libertad de movimiento y cualquier restricción a esta era más bien excepcional. Sin embargo, en la actualidad, al examinar el papel de las personas en la globalización, parece que la norma es establecer diversas barreras: fronteras, pasaportes, visados, permisos de trabajo, residencia, etc., lo que, en última instancia, puede condicionar el ejercicio del derecho a la libre circulación[5]. Como tendremos ocasión de comprobar en las páginas que siguen, en las sociedades contemporáneas, mientras que los capitales, los productos, los bienes y las mercancías circulan libremente, las personas, fundamentalmente aquellas con recursos económicos limitados o consideradas extracomunitarias, enfrentan numerosos obstáculos[6].

Ciertamente, todos los países controlan la entrada de las personas inmigrantes, aunque las políticas adoptadas varían según la estrategia de inmigración elegida[7], adoptando diferentes formas. De manera general, se

continua en 2023 pese a las promesas de Biden» (Nius, 23.01.2023); «Bruselas busca impulsar la devolución de migrantes irregulares con más cooperación con los países de origen» (El País, 24.01.2023); «Feijóo asegura que la reforma de la ley de extranjería tendrá un "efecto llamada" de menores migrantes» (El País, 15.07.2024); Starmer pide colaboración a Europa para frenar la inmigración irregular» (El País, 18.07.2024).

5. ARANGO, J.: «Dificultades y dilemas de las políticas de inmigración», en *Arbor: ciencia, pensamiento y cultura,* n.º 713, 2005, p. 18.

6. De acuerdo con el Proyecto Migrantes Desaparecidos de la Organización Internacional para las Migraciones (en adelante, OIM), que actualmente es la única iniciativa que documenta las muertes de migrantes en todo el mundo, ha registrado las muertes y desapariciones de 59.200 mujeres, hombres y menores de edad desde que se inició la recopilación en 2014, más de 4000 muertes al año en las rutas migratorias de todo el mundo. La ruta del Mediterráneo Central, desde África Septentrional hacia Italia y, en menor medida, Malta es donde el mayor número de muertes y desapariciones durante las travesías migratorias han sido registradas, y se ha cobrado la vida de más de 22.400 personas entre enero de 2014 y octubre de 2023. Sin embargo, la OIM advierte que el número de muertes registradas representa solo una estimación mínima, ya que la mayoría de las muertes de migrantes en el mundo no se registran. Para más información sobre las muertes y desapariciones de personas migrantes, véase: https://www.migrationdataportal.org/es/themes/muertes-y-desapariciones-de-migrantes.

7. Siguiendo a lo apuntado por ARANGO, J.: Dificultades, *op. cit.,* p. 17, una política de inmigración puede comprender los siguientes extremos: a) normas y prácticas destinadas a regular y controlar los flujos migratorios, especialmente, la entrada y estancia de las personas inmigrantes; b) regulaciones y prácticas relacionadas con las demandas de asilo; c) medidas para la integración de las personas inmigrantes y las minorías étnicas, que incluyan la definición de la ciudadanía y cómo acceder a la misma; y, d) políticas dirigidas a luchar contra el racismo y la discriminación. Las dos primeras pueden ser categorizadas dentro del ámbito de las «políticas de control», mientras que las dos últimas pueden ser consideradas como parte de las «políticas de integración». Para LÓPEZ SALA, A. M.: «El control de la inmigración: política fronteriza, selección del acceso e inmigración irregular», en *Arbor: ciencia, pensamiento y cultura,* n.º 713, 2005, p.

pueden identificar tres grandes grupos de Estados receptores. El primero, conformado por países como Estados Unidos, Canadá, Australia y Nueva Zelanda, muestra una relativa apertura a la inmigración. Aunque también controlan los flujos de entrada, admiten un número significativo de personas extranjeras al final del año. Un segundo grupo está compuesto por sociedades democráticas, principalmente en Europa, que debido a su naturaleza democrática tienen el deber no solo de reconocer una serie de obligaciones morales y políticas, sino también de garantizar su cumplimiento. A pesar de ello, muestran fuertes reticencias hacia la migración e intentan limitar el número de personas que ingresan a su territorio. El tercer y último grupo está formado por países no democráticos, que solo aceptan a personas migrantes trabajadoras con contratos temporales de corta duración, sin otorgarles más derechos que los estipulados. Sin duda, los Estados del segundo grupo enfrentan mayores dificultades en la gestión de la inmigración, ya que reconocen obligaciones y derechos que a menudo no pueden cumplir[8].

El control de fronteras[9], y de manera más genérica, la frontera, representa una de las formas en que el Estado ejerce su poder soberano, siendo este un elemento fundamental en la cooperación transnacional entre Estados[10]. Aunque esta cuestión excede del objeto de estudio de estas páginas, parece procedente hacer una aproximación, antes que nada, al concepto de «frontera»[11].

28, la política migratoria es, en términos generales, «el conjunto de mecanismos legales y administrativos articulados por lo general desde el Estado, pero también desde otras instituciones supranacionales, que regulan el acceso al territorio, la estancia y el establecimiento, la integración socioeconómica y cívica de los inmigrantes y el disfrute de derechos ciudadanos, así como la incorporación a la comunidad política».

8. ARANGO, J.: Dificultades, *op. cit.*, p. 19. Un claro ejemplo de esto es la crisis de las personas refugiadas en la UE en 2015, durante la cual el incumplimiento de las cuotas de reubicación por parte de algunos Estados miembros, incluyendo a España, puso de manifiesto su falta de disposición para recibir a miles de personas que requerían protección internacional. En este sentido, véase, LÓPEZ TRUJILLO, N./PITA, C.: «Los países de la UE no cumplieron con la reubicación de 160.000 refugiados de los campos de Grecia e Italia», en *Newtral*, 19.09.2021. Disponible en: https://www.newtral.es/reubicacion-refugiados-campos-europa/20210919/

9. El concepto de control de fronteras hace referencia a la regulación de las fronteras exteriores que facilitan tanto la entrada como la salida del Estado.

10. BARBERO GONZÁLEZ, I.: *Las transformaciones del Estado y del Derecho ante el control de la inmigración*, Ikuspegi-Observatorio Vasco de Inmigración, Zarautz, 2010, p. 41.

11. Como observa acertadamente TAYLOR HANSEN, L. D.: «El concepto histórico de frontera», en OLMOS AGUILERA, M. (coord.): *Antropología de las fronteras: Alteridad, historia e identidad más allá de la línea*, El colegio de la Frontera Norte, México, 2007, p. 232, es ya un lugar común utilizar los términos «frontera» y «límite» como sinónimos. Sin embargo, aunque ambos provienen de palabras con significados similares y

La frontera, al igual que los flujos migratorios, tampoco es un fenómeno nuevo ni exclusivo de nuestra época. Ha existido desde tiempos remotos hasta el presente. Sin embargo, definir qué es una frontera no es tarea fácil. La noción de frontera está determinada por la historia subyacente, la cual varía en diferentes lugares, lo que dificulta atribuir una cualidad universal a la frontera[12]. Como ha señalado BALIBAR, las fronteras son «instituciones históricas» que han experimentado cambios tanto en su definición jurídica como en su función política a lo largo de la historia[13]. Por consiguiente, conviene dilucidar el significado de dicha afirmación.

En cuanto al término «instituciones», denominar a las fronteras de esta manera implica reconocer que se establecen como resultado de acuerdos políticos, lo que significa que están reguladas por ley[14]. Con todo, BALIBAR rechaza la noción de fronteras naturales; ese gran mito de la política exterior de los Estados. Sostiene que la frontera es una construcción del poder estatal, sujeta a cambios en el tiempo, y que ha confundido el ejercicio de la soberanía con la delimitación recíproca del territorio[15]. Siguiendo esta línea argumental, TAYLOR HANSEN afirma que las fronteras naturales son en realidad artificiales, ya que un límite territorial no puede existir por sí solo. Por lo tanto, según este autor, se puede inferir que las fronteras, dondequiera que estén, son una creación humana. Tanto su existencia como su desaparición dependen, en última instancia, del ser humano[16].

Es asimismo fundamental hacer referencia al carácter histórico que, siguiendo a BALIBAR, define a las fronteras. Al referirnos a este atributo histórico de la noción de frontera, lo que en realidad se quiere resaltar es su naturaleza cambiante. La frontera no es estática, sino que evoluciona, y,

---

no siempre existen palabras específicas en todos los idiomas para diferenciarlos, en realidad sus conceptos son distintos. El término «frontera» proviene del latín *frons* o *frontis*, y se refiere a la parte delantera de algo, en concreto, «designa un área que forma parte de una totalidad, específicamente la que está en las orillas de la región interior de un país». Por su parte, el término «límite», hace referencia a «un camino que corría paralelamente a una línea de propiedad».

12. BALIBAR, E.: *Violencias, identidades y civilidad: para una cultura política global*, Gedisa, Barcelona, 2005, pp. 77 y 79.
13. BALIBAR, E.: «Fronteras del mundo, fronteras de la política», en *Alteridades*, vol. 15, n.º 30, 2005, p. 92.
14. LÓPEZ SALA, A. M.: «Conclusiones. Repensando el papel político de las fronteras en la conformación y la regulación de la movilidad internacional», en ANGUIANO TÉLLEZ, M. E./LÓPEZ SALA, A. M. (coords.): *Migraciones y fronteras: nuevos contornos para la movilidad internacional*, Icaria, Barcelona, 2010, pp. 334-335.
15. BALIBAR, E.: Fronteras, *op. cit.*, p. 92.
16. TAYLOR HANSEN, L. D.: El concepto, *op. cit.*, p. 234.

por ende, su función también varía, al igual que la institución misma. Esta transformación se produce debido a diversos factores (políticos, económicos, sociales, culturales, etc.) inherentes a cada época. No en vano, su complejidad histórica asegura que la frontera esté siempre presente, aunque no de la misma manera en todo momento. De hecho, a medida que la historia avanza, la frontera se transforma y adopta nuevas formas, lo que sugiere que es la historia misma la que dota de contenido al término en cuestión[17].

Por lo que al objeto de nuestro estudio interesa, resulta ineludible reflexionar sobre la evolución de la frontera en términos de separación de grupos humanos, su posterior transformación en símbolo de la soberanía territorial del Estado y, finalmente, el proceso de desterritorialización que ha experimentado. En suma, se trata de observar cómo ha cambiado el propósito de establecer límites, lo que, en última instancia, nos ayudará a comprender el modelo actual de gestión migratoria.

2. EL CARÁCTER CAMBIANTE DE LA FRONTERA Y SUS CONSECUENCIAS

Como se ha venido perfilando a lo largo de las líneas anteriores, la frontera ha sido asignada con distintas finalidades a lo largo del tiempo. En términos generales, representa el punto de contacto entre dos comunidades que difieren entre sí debido a una variedad de características (raciales, políticas, culturales, religiosas, etc.). No es de extrañar que la función primordial de la frontera, y posiblemente la más reconocida, haya sido, como se ha mencionado anteriormente, la de separar grupos humanos[18]. A modo de ejemplo, durante la Edad Media, la frontera delimitaba imperios y dominios feudales, permitiendo que personas de diferentes lugares lucharan en el mismo bando; el vínculo no residía en el territorio, sino en la lealtad a un determinado señor feudal.

Posteriormente, con la llegada del nacionalismo moderno, la frontera deja de ser un mero instrumento para separar grupos de personas y comienza a delimitar el alcance de la soberanía territorial del Estado. A partir de entonces, la frontera adquiere la función de establecer una relación de pose-

17. BALIBAR, E.: Violencias, *op. cit.*, p. 85.
18. TAYLOR HANSEN, L. D.: El concepto, *op. cit.*, pp. 257-258.

sión con el territorio del Estado, un «derecho de propiedad»[19] sobre las diferentes poblaciones o los movimientos de sus integrantes[20].

En la actualidad, en un contexto de globalización marcado por la eliminación de las fronteras que impedían o dificultaban la libre circulación de bienes, capitales y mercancías, y el incremento de la movilidad internacional[21], la soberanía ha evolucionado más allá de los modelos territoriales tradicionales. Los Estados ya no ejercen un control exclusivo sobre la gestión de sus fronteras. A pesar de esta pérdida de protagonismo en relación con sus fronteras, estas no han desaparecido. Por el contrario, en el paradigma actual, caracterizado por intentar satisfacer las demandas de seguridad, la frontera se ha diversificado[22]. Ya no se circunscribe a los límites geográficos, políticos y/o administrativos, sino que ahora se manifiesta y ejerce su poder de delimitación y separación dondequiera que existan controles selectivos[23]. Esto ha dado lugar a un régimen fronterizo múltiple, destinado a establecer una movilidad diferenciada en función de categorías de personas y mercancías.

Esta circunstancia resulta de innegable relevancia, ya que los efectos desplegados por la frontera pueden variar dependiendo del momento y lugar específicos donde esté situada. En otras palabras, una misma frontera surgirá diferentes efectos dependiendo de la identidad o clase social de la persona que intente cruzarla. Es fácil deducir de lo que antecede que la frontera tiene un carácter selectivo, a la vez que asimétrico[24]. Para una per-

19. BALIBAR, E.: Fronteras, *op. cit.*, p. 92.
20. FERNÁNDEZ BESSA, C.: «Los límites del control», en VV.AA.: *Frontera Sur: nuevas políticas de gestión y externalización del control de la inmigración en Europa*, Virus editorial, Barcelona, 2008, p. 7.
21. Tal y como señala CASTLES, S.: «Globalización e inmigración», en AUBARELL, G./ZAPATA, R. (eds.): *Inmigración y procesos de cambio: Europa y el Mediterráneo en el contexto global*, Icaria, Barcelona, 2004, pp. 37-38, «la inmigración internacional está causada por una compleja mezcla de factores. De forma general refleja las disparidades fundamentales entre los países ricos del Norte y los menos desarrollados del Sur y el Este en cuestión de nivel de vida, oportunidades económicas, seguridad y derechos humanos». Siendo esto así, añade que «es inevitable que las grandes diferencias en el desarrollo humano conduzcan a la movilidad (...) a pesar de las barreras legales».
22. FERNÁNDEZ BESSA, C.: *Los Centros de Internamiento de Extranjeros (CIE). Una introducción desde las Ciencias Penales*, Iustel, Madrid, 2021, p. 31.
23. BALIBAR, E.: Violencias, *op. cit.*, p. 84. En idéntico sentido, NARANJO GIRALDO, G. E.: «Desterritorialización de fronteras y externalización de políticas migratorias: flujos migratorios irregulares y control de las fronteras exteriores en la frontera España-Marruecos», en *Estudios Políticos*, n.º 45, 2014, p. 18.
24. En este sentido, BAGGIO, F.: «Fronteras nacionales, internacionales y externalizadas», en ANGUIANO TÉLLEZ, M. E./LÓPEZ SALA, A. M. (coords.): *Migraciones y fronteras: nuevos contornos para la movilidad internacional*, Icaria, Barcelona, 2010, p. 52, pone de

sona adinerada de un país desarrollado, la frontera representa simplemente una formalidad, mientras que, para una persona de escasos recursos de un país menos desarrollado, la frontera es un obstáculo difícil de superar[25] y una traba de la que es difícil desprenderse; un lugar donde, según la apreciación de BALIBAR, «se vive una vida que es una detención del vivir, una no-vida»[26]. En palabras de BAUMAN, «el acceso a la movilidad global se ha convertido en el más elevado de todos los factores de estratificación», lo que ha dado lugar a una especie de «jerarquía emergente de la movilidad»[27].

Puede decirse, siguiendo con lo recién apuntado, que la finalidad de la frontera en la actualidad, y de hecho siempre, es proporcionar experiencias distintas acerca de la ley, la Administración, el derecho a la libre circulación, etc., dependiendo de la clase social de las personas. De esta manera, los Estados, en búsqueda de una diferenciación de clases a nivel internacional, utilizan sus fronteras y los instrumentos de control fronterizo como meca-

---

relieve la asimetría del derecho a migrar. Este autor observa de manera acertada que «el derecho universalmente reconocido a salir del propio país no se corresponde con el reconocido derecho a entrar en otro país». En sentido similar, BLÁZQUEZ MARTÍN, D.: «La situación jurídica de los inmigrantes irregulares a la luz de los derechos humanos», en DEL VALLE GÁLVEZ, A./ACOSTA SÁNCHEZ, M. A. (eds.): *Inmigración irregular y Derecho*, Servicio de publicaciones de la Universidad de Cádiz, Cádiz, 2005, p. 162, señala que del artículo 13 de la Declaración Universal de Derechos Humanos (en adelante, DUDH), el cual establece que «toda persona tiene derecho a salir de cualquier país, incluso el propio, y a regresar a su país», se puede inferir que «existe un derecho a la emigración, aunque no existe un derecho a acceder a otro país, es decir un derecho a inmigrar». Por el contrario, en opinión de AGUELO NAVARRRO, P./ CHUECA SANCHO, A. G.: «El novísimo derecho humano de las personas a migrar», en *Revista de Derecho Migratorio y Extranjería*, n.º 5, 2004, p. 292, junto con el derecho a emigrar, existen un «derecho a no emigrar» y un «derecho a establecerse pacíficamente», los cuales conformarían el *Ius Migrandi* y deberían ser reconocidos como derechos humanos. En sentido idéntico, SASSEN, S.: *Territory, Authority, Rights: From Medieval to Global Assemblages*, STU-Student edition, Princeton University Press, Princeton, 2006, p. 36.

25. En este sentido, LÓPEZ SALA, A. M.: Conclusiones, *op. cit.*, pp. 338-339, señala que «la frontera como obstáculo a la movilidad se presenta como uno de los objetivos de las políticas migratorias de los países receptores, así como uno de los factores que moldean la toma de decisiones y el diseño del proyecto migratorio. Sin embargo, una interpretación de la frontera como obstáculo resulta demasiado simplista. La frontera aparece principalmente como un instrumento selectivo al servicio del Estado y de las sociedades de acogida a partir de un determinado entendimiento de la migración deseada y no deseada según criterios como la cualificación, la procedencia nacional o la adhesión religiosa».
26. BALIBAR, E.: Violencias, *op. cit.*, p. 84.
27. BAUMAN, Z.: *La globalización. Consecuencias humanas*, Fondo de Cultura Económica, Buenos Aires, 2001, p. 87.

nismos de discriminación y selección[28]. Por tanto, no resulta aventurado afirmar que la frontera es, por su propia naturaleza, «una herramienta de exclusión» que tiene como objetivo «delimitar un interior coherente de un exterior caótico»[29].

En efecto, debido a la selectividad con la que las fronteras operan, se produce una fragmentación de los sujetos objeto de control, donde la distinción entre la persona nacional y la extranjera se hace aún más evidente[30]. La frontera se convierte entonces en una fuente de seguridad frente a lo desconocido, proporcionando un conocimiento de lo que está a nuestro lado de la línea, una identidad, un concepto del «nosotros»[31], lo que, en última instancia, propicia la creación de «no-identidades»[32].

Sentado lo anterior, no podemos sino concluir que es la propia frontera la que construye al «otro», a la persona que se encuentra «más allá de»[33]. Es a través de la exclusión de la persona extranjera que se define el contenido de la ciudadanía[34], la cual, según señala y ejemplifica CARENS, «en

28. BAUMAN, Z.: La globalización, *op. cit.*, pp. 82-83.
29. AAS, K. F.: «Crimmigrant» bodies and bona fide travellers: Surveillance, citizenship and global governance», en *Theoretical Criminology*, vol. 15, n.º 3, 2011, p. 332.
30. FERRERO TURRIÓN, R./LÓPEZ SALA, A. M.: «Fronteras y seguridad en el Mediterráneo», en ZAPATA BARRERO, R./FERRER-GALLARDO, X. (eds.): *Fronteras en movimiento: migraciones hacia la Unión Europea en el contexto Mediterráneo*, Bellaterra Edicions, Barcelona, 2012, p. 241.
31. VALHONDO DE LA LUZ, J.: «Reflexiones sobre el concepto de fronteras», en *Etnicex: revista de estudios etnográficos*, n.º 1, 2010, p. 134.
32. BALIBAR, E.: Violencias, *op. cit.*, p. 78.
33. VALHONDO DE LA LUZ, J.: Reflexiones, *op. cit.*, p. 134.
34. En este sentido, MARTÍNEZ DE PISÓN CAVERO, J. M.: La (no) política, *op. cit.*, p. 139, dice lo siguiente: «El concepto de ciudadanía es, sin duda, un concepto controvertido, con una larga historia y, por ello, no exento de ambigüedades. Sus raíces teóricas se encuentran en la filosofía griega, en su ideal de democracia y en la construcción de su modelo de ciudad-estado (*la polis*) en el que la figura del ciudadano cobraba una especial importancia en la medida en que se le consideraba el actor principal de la vida pública. Desde entonces, dicho concepto no ha dejado de ser objeto de revisión y reflexión hasta los tiempos de la Revolución francesa en la que se perfilan sus elementos más conocidos en la actualidad. El significado moderno de la ciudadanía ha estado siempre vinculado a la filosofía de Rousseau —oposición súbdito/ciudadano— y la emergencia del Estado-nación. Por ello, se identifica con la idea de la posesión de una nacionalidad. Desde entonces, la ciudadanía se ha definido de acuerdo con algunos elementos y rasgos que se perfilan como afirmación para unos y como negación para otros. No puede haber ciudadanía sin fijación de quién está incluido y excluido en ese ámbito y, por ello, de la nacionalidad. El otro, el extraño, el extranjero y sobre todo el inmigrante es excluido de la ciudadanía y es también el no-nacional. En suma, el extranjero —o el inmigrante— es el contrapunto sobre el que se construye la arquitectura

las democracias liberales occidentales, es el equivalente moderno de los privilegios feudales»[35].

3. LA PLASMACIÓN DE LA FRONTERA EN LA UE: LA ARQUITECTURA DEL ESPACIO SCHENGEN

En perspectiva histórica, Estados que actualmente forman parte de la UE tenían sus fronteras perfectamente configuradas con sus actuales socios comunitarios. Un ejemplo de esto son las fronteras entre Portugal, España y Francia, que estaban controladas para evitar la entrada de ciudadanas y ciudadanos de uno u otro Estado. Este control, que en general era menos riguroso que el actual, se limitaba a supervisar ciertos puntos de cruce fronterizo[36].

El proceso de construcción europea ha modificado la gestión de estas fronteras, flexibilizando el control de las hoy llamadas «fronteras interiores» y reforzando, por ende, las exteriores. Ahora bien, la consideración de la frontera como mecanismo de control de los flujos migratorios se mantiene[37]. Prueba de ello es que la comunitarización de la política migratoria europea de la que hablaremos en el siguiente epígrafe es, en última instancia, la continuación del control fronterizo en otro contexto y por otros medios.

En 1985, la firma del Acuerdo Schengen entre Alemania Occidental, Bélgica, Luxemburgo, Francia y Países Bajos fijó las bases de una nueva arquitectura para la gestión de fronteras, consistente en suprimir las fron-

---

de la ciudadanía. Ciudadanía y extranjería, por esta razón, están así estrechamente entrelazadas. La teoría política y el Derecho han definido la ciudadanía como el estatuto de derechos y deberes atribuido por el Estado-nación al ciudadano. La ciudadanía, por tanto, consiste en ese estatuto de derechos y deberes que posee el nacional. Ciudadanía y nacionalidad se identifican, en oposición a la extranjería, al extranjero que es el no nacido o quien no ha adquirido la nacionalidad y que, por tanto, queda al margen de dicho estatuto de derechos y deberes. Quien no es ciudadano, no tiene derechos y deberes; luego no existe para la vida política y el mundo jurídico».

35. CARENS, J. H.: «Aliens and citizens: the case for open borders», en *The review of politics*, vol. 49, n.º 2, 1987, p. 252.

36. DOOMERNIK, J.: «Del permiso a la prisión: una explicación multidisciplinar de las interacciones entre procesos migratorios e intervención estatal», en ANGUIANO TÉLLEZ, M. E./LÓPEZ SALA, A. M. (coords.): *Migraciones y fronteras: nuevos contornos para la movilidad internacional*, Icaria, Barcelona, 2010, p. 24; ARANGO, J.: Dificultades, *op. cit.*, p. 19.

37. DOOMERNIK, J.: Del permiso, *op. cit.*, p. 25.

teras interiores[38] y reforzar las exteriores[39]. La propuesta, posteriormente desarrollada por el Convenio de Aplicación del Acuerdo de Schengen[40], en vigor desde el 1 de marzo de 1994, transformó radicalmente la gestión del control migratorio de los Estados miembros que se fueron adhiriendo paulatinamente a este Convenio[41]. La consecuencia más notable fue la eliminación de la vigilancia en las fronteras de cada Estado, lo que creó un espacio —aparente— de libre circulación[42]. Sin embargo, no queremos dejar de insistir en que, si bien el Convenio Schengen establece este espacio de libre circulación de personas y capitales, para los Estados, el control fronterizo sigue siendo fundamental para ejercer su soberanía. De ahí que, desde su concepción, el Convenio Schengen prevé, en determinadas situaciones, la posibilidad de reinstaurar las fronteras interiores[43].

38. A tenor de lo dispuesto en el artículo 1 del Convenio de Aplicación del Acuerdo Schengen, son fronteras interiores: «Las fronteras terrestres comunes de las Partes contratantes, así como sus aeropuertos por lo que respecta a los vuelos interiores y sus puertos marítimos por lo que respecta a los enlaces regulares de transbordadores con procedencia o destino exclusivamente en otros puertos de los territorios de las Partes contratantes y que no efectúen escala en los puertos ajenos a dichos territorios».

39. Son fronteras exteriores, a efectos del artículo 1 del Convenio de Aplicación del Acuerdo de Schengen: «Las fronteras terrestres y marítimas, así como los aeropuertos y puertos marítimos de las Partes contratantes, siempre que no sean fronteras interiores».

40. Por primera vez, se materializa en un acuerdo intergubernamental aquello que ha sido la preocupación principal de la UE desde su creación: la seguridad. El denominado «espíritu Schengen» se fundamenta en la desconfianza hacia las personas inmigrantes ya establecidas en el territorio y en el rechazo hacia aquellas que aún están por llegar, lo que convierte a la inmigración no solo en un problema, sino en una amenaza. En este sentido, COLECTIVO IOÉ: «Política migratoria española en el marco europeo», en Conferencia en el 4º Meeting internazionale di Loreto, Italia, 2001, p. 5.

41. Entre otros países, España, Portugal, Italia y Grecia se adhirieron al acuerdo Schengen incluso antes de su entrada en vigor. Es destacable el caso de Reino Unido, ya que al no estar conforme con el enfoque de gestión de la movilidad propuesto por el Acuerdo Schengen finalmente decidió no adherirse al mismo. En este sentido, ESTRADA GORRÍN, A. B./FUENTES LARA, M. C.: «La construcción de las fronteras europeas como origen de la criminalización de las migraciones en Europa: retóricas de securitización y humanitarismo», en *REMHU: Revista interdisciplinar da mobilidade humana*, vol. 28, n.º 59, 2020, p. 221.

42. RODIER, C.: *El negocio de la xenofobia: ¿para qué sirven los controles migratorios?*, Clave Intelectual, Madrid, 2013, p. 13.

43. En efecto, el Convenio de Aplicación del Acuerdo de Schengen, en su artículo 2, después de afirmar en su primer punto que «las fronteras interiores podrán cruzarse en cualquier lugar sin que se realice control alguno de las personas», establece en el segundo punto del mismo artículo que «no obstante, cuando así lo exijan el orden público o la seguridad nacional, una Parte contratante podrá decidir, previa consulta a las demás Partes contratantes, que se efectúen en las fronteras interiores y durante un período limitado controles fronterizos nacionales adoptados a la situación». Además,

La liberalización del control fronterizo interior en el espacio Schengen abarca otra perspectiva utilitarista que merece ser señalada. La supresión de los controles en el proceso de construcción de la UE comenzó con los bienes, los capitales y las mercancías, y culminó con las y los ciudadanos de la UE. Este proceso también se refleja en el Acervo Schengen[44], donde la supresión de fronteras está orientada principalmente a facilitar la libertad de circulación de las mercancías, y en un segundo plano, la de las personas. En otras palabras, los Estados miembros estaban dispuestos a renunciar al control de sus fronteras a cambio de favorecer la libertad de circulación de mercancías, debido a los beneficios que esto comportaba.

De este modo, la libertad de circulación se proclama como una de las libertades fundamentales del mercado interior y uno de los derechos más preciados por las y los ciudadanos de la UE; su inclusión en la Carta de Derechos Fundamentales de la Unión Europea refleja esta importancia[45]. Conviene tener presente, sin embargo, que son las fronteras exteriores las que hacen posible el ejercicio efectivo del derecho a la libre circulación[46].

La supresión de las fronteras interiores no es una cuestión menor, dado que cualquier persona que cruce la frontera exterior del espacio Schengen puede circular libremente hacia cualquier otro país que sea parte de este[47]. Es por ello por lo que la decisión de suprimir los controles en las fronteras interiores tuvo que ser contrarrestada con una serie de medidas compensatorias —o, si se prefiere, de apoyo o de acompañamiento—, dirigidas a reforzar las fronteras exteriores. El objetivo de estas medidas adicionales era,

---

dicho apartado prevé la posibilidad de que la Parte contratante adopte las medidas que estime necesarias si el orden público o la seguridad nacional exigieran una acción inmediata, siempre que se informe lo antes posible a las demás Partes contratantes.

44. El Acuerdo y el Convenio, junto con los acuerdos y normas relacionados, constituyen el «Acervo de Schengen», el cual ha sido integrado en el marco de la UE desde 1999 y actualmente forma parte de su legislación. Al respecto, véase: https://eur-lex.europa.eu/ES/legal-content/glossary/schengen-agreement-and-convention.html

45. QUINTERO NIÑO, E. M.: «Hacia una política común de inmigración: principios e instrumentos de la política de migración de la Unión Europea», en *Revista Aequitas: estudios sobre historia, derecho e instituciones*, vol. 1, 2011, p. 230.

46. ILIES, M.: «La política de la Comunidad Europea sobre inmigración irregular: medidas para combatir la inmigración irregular en todas sus fases», en *Documentos de Trabajo (Real Instituto Elcano de Estudios Internacionales y Estratégicos)*, n.º 38, 2009, p. 6.

47. Es por eso por lo que, como señala CANO LINARES, M. A.: «La gestión de las fronteras exteriores de la Unión Europea frente a los retos de la migración y la seguridad», en *Revista de Derecho Migratorio y Extranjería*, n.º 44, 2017, p. 70, el control fronterizo es un asunto que concierne a todos los Estados miembros de la UE que han eliminado los controles en sus fronteras interiores.

por un lado, la creación de normas comunes en materia de cruce de fronteras, obtención de visados y solicitudes de asilo[48] y, por otro lado, facilitar el desmantelamiento de los controles, sin que ello resultara en una merma de la seguridad. El propósito era, y sigue siéndolo hoy en día, impedir la presencia de las personas nacionales de terceros países —personas extranjeras no comunitarias— en el territorio de un Estado miembro[49].

En este contexto, cabe destacar la creación de dispositivos como el Sistema de Información Schengen (en adelante, SIS), un fichero central que recopila descripciones de personas previamente introducidas por un país, permitiendo así que las autoridades competentes de toda la UE accedan y consulten dicha información[50]. Desde sus orígenes, la función principal del SIS ha sido el control de personas que intentan ingresar al espacio Schengen. No menos importante es, empero, su papel en la preservación del orden y la seguridad pública, así como en la de los Estados miembros. En rigor, la virtualidad práctica del SIS estriba en que cualquier autoridad puede generar una alerta sobre la persona —o personas— objeto de búsqueda, ya sea por entrada irregular, orden de detención europea, desaparición, entre otros motivos[51].

Junto con el SIS, otra medida compensatoria que debemos destacar es el Sistema de Información de Visados (en adelante, VIS), creado tras los ataques terroristas del 11 de septiembre de 2001. Su finalidad es doble: por un lado, configurar una política común de visados para facilitar el examen de las solicitudes y los controles en las fronteras exteriores; por otro lado, preservar la seguridad dentro de cada Estado miembro. El objetivo principal es reducir el uso fraudulento de los visados, permitiendo verificar si la persona titular del visado es quien lo solicitó. Por lo demás, esta medida busca mejorar la

48. BARBERO GONZÁLEZ, I.: «Lectura contemporánea del régimen de frontera en Europa: un coste inhumano», en *Revista de Derecho Migratorio y Extranjería*, n.º 46, 2017, pp. 123-124. En sentido parecido, HAMPSHIRE, J.: «European migration governance since the Lisbon treaty: introduction to the special issue», en *Journal of Ethnic and Migration Studies*, vol. 42, n.º 4, 2016, p. 538; ILIES, M.: La política, *op. cit.*, p. 6.

49. MARTÍNEZ SÁNCHEZ, R. P.: «Los instrumentos de gestión de las fronteras exteriores de la Unión Europea ante los flujos migratorios masivos», en *Anuario Español de Derecho Internacional*, vol. 32, 2016, p. 488.

50. LÓPEZ SALA, A. M.: *Inmigrantes y Estados: la respuesta política ante la cuestión migratoria*, Anthropos, Barcelona, 2005, p. 157. Asimismo, véase la información relativa al SIS en la web oficial de la UE, disponible en: https://home-affairs.ec.europa.eu/policies/schengen-borders-and-visa/schengen-information-system/what-sis-and-how-does-it-work_es

51. MARTÍNEZ SÁNCHEZ, R. P.: Los instrumentos, *op. cit.*, pp. 488 y 491.

política común de visados, la cooperación consular y las consultas entre las diversas autoridades competentes de cada Estado miembro[52].

Otra herramienta compensatoria es la Agencia Europea de la Guardia de Fronteras y Costas (en adelante, FRONTEX), un sistema de gestión y control fronterizo que desempeña funciones de vigilancia en las fronteras exteriores con el objetivo de reforzar su seguridad[53]. En puridad, FRONTEX se crea para garantizar un régimen europeo de control de fronteras exteriores que busque una gestión migratoria efectiva y asegure un alto nivel de seguridad interna en los Estados miembros[54].

En este sentido, conviene mencionar lo que posiblemente sea uno de los aspectos más controvertidos de la regulación de esta agencia, a saber, la posibilidad de intervenir forzosamente en un Estado miembro. En efecto, FRONTEX tiene la facultad de actuar en las fronteras exteriores de un Estado miembro cuando exista una situación de urgencia que así lo requiera, lo que supone una intromisión directa en la soberanía de los Estados[55].

Por último, debemos citar el Sistema Europeo de Comparación de Impresiones Dactilares de los y las Solicitantes de Asilo (en adelante, EURODAC), una base de datos biométrica común a toda la UE. Su objetivo es facilitar la determinación de la responsabilidad en el examen de una solicitud de asilo, al tiempo que permite a los servicios de seguridad consultarla para fines de investigación, detección y prevención de delitos[56].

Cabe destacar que tanto EURODAC como VIS son dos instrumentos que, aunque inicialmente fueron diseñados para una gestión efectiva de la inmigración, el asilo y el control fronterizo, en la actualidad, dada la relevancia de sus objetivos, se permite su uso para la investigación de asuntos tan sensibles como el crimen organizado y el terrorismo[57].

---

52. *Ibid.*, pp. 491-492. Asimismo, véase la información relativa al VIS en la web oficial de la UE, disponible en: https://eur-lex.europa.eu/ES/legal-content/summary/vis-regulation.html
53. ILIES, M.: La política, *op. cit.*, p. 6. Asimismo, véase la información relativa a FRONTEX en la web oficial de FRONTEX, disponible en: https://frontex.europa.eu/es/sobre-nosotros/-que-es-frontex-/
54. MARTÍNEZ SÁNCHEZ, R. P.: Los instrumentos, *op. cit.*, p. 495.
55. MARTÍNEZ SÁNCHEZ, R. P.: Los instrumentos, *op. cit.*, p. 498.
56. RODIER, C.: El negocio, *op. cit.*, p. 14. Asimismo, véase la información relativa a EURODAC en la web oficial de la UE, disponible en: https://eur-lex.europa.eu/legal-content/ES/TXT/HTML/?uri=LEGISSUM:230105_1
57. MARTÍNEZ SÁNCHEZ, R. P.: Los instrumentos, *op. cit.*, p. 494.

4. EL CONTROL SELECTIVO DE LA INMIGRACIÓN A TRAVÉS DE LA FRONTERA

En párrafos anteriores hemos destacado que los Estados mantienen activos sus mecanismos de control fronterizo a pesar de la creación de nuevos espacios como Schengen dentro de la UE. Esta tendencia se refleja en el proceso de comunitarización de la política de inmigración y asilo, que será abordado en el próximo apartado. Esta política migratoria común incluye múltiples excepciones y reservas que permiten volver a la situación previa a Schengen. Cabe recordar que la frontera como entidad física no ha desaparecido. Aunque se hayan desmantelado algunos elementos de control físico como barreras y cabinas, la frontera sigue existiendo. En resumen, todos los elementos que permiten a los Estados decidir su propia política de control migratorio siguen vigentes[58].

En rigor, no sería del todo exacto hablar de cierre fronterizo en términos absolutos, ni tampoco de una política de inmigración cero, sino más bien de una regulación severa que condiciona el acceso al territorio del país receptor en cuestión[59]. Cuando se alude a una política de inmigración cero, en realidad se hace referencia a una política que busca reducir al mínimo posible la inmigración, especialmente la irregular. En la actualidad, este arquetipo de inmigración cero sigue presente, con todas las implicaciones que ello conlleva. Sin embargo, hay varias razones que hacen inviable una limitación drástica de los flujos migratorios. En primer lugar, una sociedad democrática no puede obviar, como se ha argumentado anteriormente, las obligaciones derivadas de diversos convenios y protocolos internacionales, tales como el derecho a la vida privada y familiar, así como el derecho de asilo, consagrados en el Convenio Europeo de Derechos Humanos (en adelante, CEDH), en la Convención de Ginebra, y el Protocolo de Nueva York de 1967, respectivamente. De hecho, por mucho que se abogue por una política de inmigración cero, los países europeos tienen la obligación de recibir a personas migrantes que busquen hacer valer los derechos mencionados[60].

En segundo lugar, no existe frontera infranqueable ni regulación invulnerable. Por consiguiente, los países occidentales cuentan con un porcentaje de personas extranjeras en situación de irregularidad administrativa, ya sea porque ingresaron por vías no autorizadas o porque han permanecido en el territorio sorteando las diferentes regulaciones existentes[61].

58. DOOMERNIK, J.: Del permiso, *op. cit.*, p. 25.
59. LÓPEZ SALA, A. M.: Inmigrantes, *op. cit.*, pp. 116-117.
60. ARANGO, J.: Dificultades, *op. cit.*, p. 19.
61. *Ibid.*, pp. 19-20.

En tercer lugar, ya se ha dicho que la inmigración «deseada» es aquella que se ajusta a las necesidades del mercado laboral de los países receptores. Pues bien, cuando demanda y oferta coinciden, la realidad prevalece sobre cualquier regulación al respecto, lo que lleva a que las sociedades europeas terminen aceptando a personas extranjeras que sean útiles para satisfacer las demandas del mercado laboral, siempre y cuando cumplan con las categorías de personas migrantes que sean aceptables desde el punto de vista jurídico, económico y social[62].

En definitiva, ningún país puede evitar que un cierto número de personas extranjeras ya sea de manera regular o irregular, lleguen a su territorio. Esto puede ocurrir porque tienen derecho a hacerlo, han ingresado por vías no autorizadas, han utilizado documentación falsa o han sorteado los controles en los diversos puestos fronterizos[63].

Por todo ello, resulta más preciso referirse a la implantación de una regulación de acceso condicionada y restrictiva, donde claramente se privilegia a ciertas categorías de personas migrantes en detrimento de otras. Por lo tanto, las políticas migratorias predominantes en la actualidad podrían describirse como «políticas de acceso selectivo», en las cuales, basándose en la decisión unilateral de un Estado, se establecen las condiciones de entrada para ciertas personas extranjeras, mientras que otras se ven obligadas a vivir en la clandestinidad[64].

En esa política de acceso selectivo, la frontera desempeña un papel fundamental al actuar como un filtro que permite el paso de los llamados «inmigrantes buenos» y prohíbe la entrada de los «inmigrantes malos». En efecto, en lo que respecta a la UE, se ha establecido un modelo de gestión de los flujos migratorios que se manifiesta como una política de carácter instrumental y defensivo, orientada hacia la seguridad fronteriza y la adaptación a las necesidades del mercado de trabajo interior. Esta política de inmigración, como señala DE LUCAS, se caracteriza por negar la identidad de la persona inmigrante como tal, es decir, como alguien con un proyecto migratorio, sea cual sea, que puede implicar el deseo de permanecer en el país de acogida por un período de tiempo determinado, sin que necesariamente signifique la intención de establecerse de forma permanente. De esta manera, se le niega a

62. ARANGO, J.: Dificultades, *op. cit.*, p. 20. En sentido idéntico, BARBERO GONZÁLEZ, I., *et al.*: *La defensa de los derechos fundamentales ante la detención, internamiento y expulsión de personas extranjeras: el caso de la Comunidad Autónoma Vasca*, Tirant lo Blanch, Valencia, 2017, p. 28.
63. ARANGO, J.: Dificultades, *op. cit.*, p. 20.
64. LÓPEZ SALA, A. M.: El control, *op. cit.*, p. 30.

la persona inmigrante su verdadera condición y la posibilidad, como apunta DE LUCAS, de ser «inmigrante de verdad», privándola de emprender su experiencia migratoria basada únicamente en la libertad de circulación. En efecto, solo se acepta a la persona inmigrante que previamente haya cumplido con las condiciones restrictivas de inmigración establecidas según los intereses exclusivos del país de destino[65].

Al explicar cómo se desarrolla esta política de inmigración selectiva a través de la frontera, es obligado referirse a la forma en que se gestiona el control fronterizo en el marco de la UE. Aunque más adelante se volverá sobre ello, conviene dejar apuntado ya aquí que la llegada de personas extranjeras consideradas «indeseables» genera una sensación de invasión que, especialmente en el actual contexto de securitización, se percibe como una amenaza; un ataque no solo a la soberanía de los Estados, sino también a la propia identidad nacional. Así, la relación entre fronteras y migraciones se convierte en un punto de conflicto en el que la seguridad interna de los Estados miembros debe prevalecer, lo que conlleva que el movimiento de personas se convierta en objeto de control y criminalización.

Lo novedoso radica en que los Estados, en su afán de garantizar la seguridad nacional y conscientes de que el establecimiento de controles en los límites físicos de su territorio no es suficiente para regular la inmigración deseada, han desterritorializado sus fronteras y externalizado sus políticas[66]. De este modo, la UE, respaldada por la perspectiva securitaria, ha trasladado gran parte de la gestión de sus fronteras a otros países, estableciendo controles al inicio del proceso migratorio con el fin de anticipar la intervención en un estadio previo a la llegada a la frontera exterior. Es lo que se ha dado en llamar externalización de fronteras[67].

La idea de «externalización» contempla un mínimo de dos países que tienen una relación asimétrica no solo en términos de poder y diferencias socioeconómicas, sino también en lo que se refiere al modo de afrontar, en clave político, un mismo fenómeno: el movimiento migratorio[68].

65. DE LUCAS MARTÍN, J.: Sobre las políticas, *op. cit.*, p. 27. En sentido idéntico, BARBERO GONZÁLEZ, I.: Las transformaciones, *op. cit.*, p. 75.
66. NARANJO GIRALDO, G. E.: Desterritorialización, *op. cit.*, p. 29.
67. BARBERO GONZÁLEZ, I.: Lectura contemporánea, *op. cit.*, p. 124.
68. ZAPATA BARRERO, R. / ZARAGOZA CRISTIANI, J.: «Externalización de las políticas de inmigración en España: ¿giro de orientación política en la gestión de fronteras y flujos migratorios?, en *Panorama social*, n.º 8, 2008, p. 187.

Así, mediante la externalización del control fronterizo o de los controles migratorios, que generalmente se basa en condicionar la ayuda a los países en desarrollo[69], los países ricos, que son los destinos de las personas que emigran, subcontratan las tareas de vigilancia y control, trasladándolos a los países donde comienza el proyecto migratorio de las personas inmigrantes, o bien a los países de tránsito[70].

Delegar dicho control supone establecer nuevos requisitos en los Estados de tránsito o de origen, siendo el más común la obtención de visados, lo que afecta directamente a sus legislaciones o políticas de inmigración[71]. Estos requisitos se materializan en una serie de controles a distancia que se aplican incluso antes de llegar o cruzar físicamente una frontera. De este modo, la frontera despliega sus efectos ya en el propio país de origen, es decir, desde el momento en que una persona decide iniciar un proceso migratorio[72].

El objetivo es, además de intentar evitar que las personas extranjeras no comunitarias abandonen sus países de origen, asegurar que, en caso de que esto suceda, estas personas se queden lo más cerca posible de sus países de procedencia y lo más alejadas posible del territorio de los Estados que conforman la UE[73]. Con todo, es evidente el carácter preventivo de esta estrategia, que además variará en función de cada persona, ya que lo que realmente se busca no es defender una soberanía cada vez más amenazada, sino diferenciar entre las personas extranjeras «deseables» e «indeseables»[74]. Sin embargo, ni los Gobiernos ni los mercados disponen de mecanismos suficientes para controlar la llegada de las personas solicitantes de asilo, las personas inmigrantes irregulares o las redes transnacionales conformadas por ciertas comunidades[75].

En conclusión, la eliminación de los controles fronterizos ha obligado a los Estados europeos a considerar seriamente avanzar en la cooperación. La externalización de las fronteras, los procesos selectivos de migración

69. NARANJO GIRALDO, G. E.: Desterritorialización, *op. cit.*, p. 18.
70. Para RODIER, C.: El negocio, *op. cit.*, p. 18, lo que resulta de esta descentralización de controles, además de buscar que otros Estados lleven a cabo este trabajo, es la continuación de una relación de poder cuya señal distintiva ha sido la colonización, es decir, la dominación más allá de los límites del Estado. Por su parte, NARANJO GIRALDO, G. E.: Desterritorialización, *op. cit.*, p. 30, en línea con la referida autora, describe esta práctica refronterizadora o expansionista como «cuasicolonialismo».
71. BAGGIO, F.: Fronteras nacionales, *op. cit.*, p. 63.
72. FERNÁNDEZ BESSA, C.: Los límites, *op. cit.*, p. 8.
73. ZAPATA BARRERO, R./ZARAGOZA CRISTIANI, J.: Externalización, *op. cit.*, p. 188.
74. FERNÁNDEZ BESSA, C.: Los límites, *op. cit.*, p. 8.
75. CASTLES, S.: Globalización, *op. cit.*, pp. 35-36.

deseada o no deseada, y el propio control fronterizo requieren de amplios consensos. Estos acuerdos se han desarrollado en el seno de la UE a través de procesos normativos que tienen como objetivo final la comunitarización de la política migratoria europea, particularmente en lo que respecta a la inmigración irregular.

II. EL MARCO NORMATIVO DE LA POLÍTICA MIGRATORIA EUROPEA

1. LA COMUNITARIZACIÓN DE LA POLÍTICA MIGRATORIA EUROPEA: ENTRE LA RETICENCIA Y LA NECESIDAD

Como venimos apuntando desde el principio de este capítulo, el proceso de construcción europea se remonta a la firma del Acuerdo Schengen, mediante el cual los Estados miembros establecieron un espacio interior común libre de fronteras interiores, con el objetivo de promover primero la libertad de circulación[76] de capitales, luego la libertad de las y los trabajadores de la UE, y finalmente la circulación de las personas[77]. Históricamente, esa libertad de circulación de personas solo comprendía a las y los ciudadanos comunitarios. Las personas extranjeras de terceros países constituían un grupo completamente ignorado por el Derecho comunitario. Sin embargo, no parece aventurado afirmar que la abolición de las fronteras interiores es incompatible con la falta de una normativa comunitaria que regule la entrada y salida de las personas nacionales de terceros países[78].

Dado que en ese espacio comunitario donde se garantiza la libre circulación no existen controles en las fronteras internas, los países miembros son incapaces de seleccionar a la persona inmigrante «deseable». Esto no debería sorprendernos, ya que una vez dentro de la UE, todas las personas, sean nacionales o no, pueden desplazarse libremente por todo el territorio

76. Solo se reconoce esta facultad a las personas extranjeras comunitarias. Los derechos de estancia y residencia de las personas nacionales de terceros países dependen tanto de la duración como del propósito de su estancia. En este sentido, ROJO TORRECILLA, E.: *Inmigración y mercado de trabajo en la era de la globalización: estudio de la normativa internacional, comunitaria y española*, Lex Nova, Valladolid, 2006, p. 64.
77. BARBERO GONZÁLEZ, I./GONZÁLEZ MURUA, A. R.: «Estado, migraciones y derecho(s) en la era de la globalización», en *Nómadas: Critical Journal of Social and Juridical Sciences*, n.º 21, 2009, p. 4.
78. MARTÍN Y PÉREZ DE NANCLARES, J.: «La inmigración y el asilo en la Unión Europea: presente y futuro», en *Anuario de la Facultad de Derecho de la Universidad Autónoma de Madrid*, n.º 7, 2003, pp. 94-95.

Schengen[79]. El desmantelamiento de los diferentes controles en las fronteras interiores dificulta a los Estados miembros conocer el número exacto de personas que han conseguido entrar en su territorio, lo que, en última instancia, pone de manifiesto su incapacidad para regular los flujos migratorios de manera independiente[80].

En efecto, dado que la libre circulación de personas es un derecho que está profundamente arraigado en el seno de la UE, carece de sentido continuar manteniendo políticas estatales discordantes en lo que concierne a la inmigración y el cruce de fronteras exteriores. La entrada de personas inmigrantes en un Estado miembro va más allá de un simple hecho, ya que implica acceder al espacio Schengen. Por esta razón, la solidaridad en la gestión de los flujos migratorios es un reclamo recurrente, especialmente para los Estados encargados de controlar las fronteras exteriores[81].

La supresión de las fronteras interiores, tal y como venimos advirtiendo, es un requisito indispensable para establecer una auténtica política migratoria común en aras de la libertad de circulación de la ciudadanía europea. El espacio abierto de Schengen, sin fronteras interiores, es crucial para garantizar la efectividad de la libertad de circulación. Sin embargo, el peaje a pagar es la entrada irregular de un número de personas nacionales de terceros países[82]. El término «peaje» se refiere a las consecuencias que han surgido de la creación de una Europa abierta, a saber, el establecimiento de controles restrictivos en las fronteras exteriores. El fortalecimiento de los instrumentos de control en las fronteras exteriores refleja el deseo de los Estados miembros de protegerse contra la inmigración irregular o «indeseada»[83].

Ciertamente, los Estados que conforman el espacio Schengen no mostraron vacilación alguna al adoptar conjuntamente medidas compensatorias destinadas a mitigar los efectos no deseados derivados de la supresión de las fronteras interiores. Fue precisamente este consenso lo que los llevó a establecer medidas comunes en materia de política migratoria[84]. Es ahí donde comenzaron a tomar conciencia de la necesidad de abordar de manera conjunta la cuestión de la inmigración y la gestión de las fronteras exterio-

79. ILIES, M.: La política, *op. cit.*, p. 3.
80. PÉREZ GONZÁLEZ, C.: Migraciones, *op. cit.*, p. 141.
81. ILIES, M.: La política, *op. cit.*, p. 4.
82. OLESTI RAYO, A.: «La Unión Europea y la progresiva creación de un régimen comunitario de extranjería», en *Revista catalana de dret públic*, n.º 40, 2010, p. 2.
83. NARANJO GIRALDO, G. E.: Desterritorialización, *op. cit.*, p. 17.
84. PÉREZ GONZÁLEZ, C.: Migraciones, *op. cit.*, p. 147.

res[85]. A partir de entonces, la inmigración se convirtió en un fenómeno que debe gestionarse de manera común y eficaz, dado que, vale la pena reiterar, afecta a todos los Estados que integran el espacio Schengen[86].

Con todo, no parece difícil advertir que el fenómeno migratorio y sus consecuencias siempre han estado presentes en el proceso de construcción de la UE. Es más, como ya hemos adelantado en el epígrafe precedente, el control de la inmigración es una materia crucial que se enmarca en los objetivos prioritarios de la Unión[87]. Ello no obstante, en la búsqueda de una estrategia europea común, la cuestión migratoria ha sido la última en ser comunitarizada.

Una de las facultades más anheladas por los Estados es el derecho a decidir quiénes pueden ingresar a su territorio. Esta prerrogativa, que constituye el eje principal de la política migratoria de un Estado, afecta directamente al núcleo de su poder soberano, lo que ha llevado a que los Estados siempre se muestren reticentes a ceder competencias a la Unión en esta materia[88]. Además, la disparidad de intereses entre los distintos Estados miembros ya sea de origen, tránsito o destino, ha obstaculizado el camino hacia la comunitarización de la política de inmigración[89]. Es por ello por lo que,

85. GONZÁLEZ ENRÍQUEZ, C./SORROZA BLANCO, A.: «¿Hacia una política europea de inmigración? Un desafío para la Presidencia Española de 2010», en *Documentos de Trabajo (Real Instituto Elcano de Estudios Internacionales y Estratégicos)*, n.º 57, 2009, p. 7. En el mismo sentido, ROJO TORRECILLA, E.: Inmigración, *op. cit.*, p. 64.
86. QUINTERO NIÑO, E. M.: Hacia una política, *op. cit.*, p. 226.
87. SANDELL, R./SORROZA BLANCO, A./OLIVIÉ, I.: «Inmigración: ¿un desafío con oportunidades?», en *Documentos de Trabajo (Real Instituto Elcano de Estudios Internacionales y Estratégicos)*, n.º 19, 2007, p. 7.
88. GONZÁLEZ ENRÍQUEZ, C./SORROZA BLANCO, A.: Hacia una política, *op. cit.*, p. 7.
89. PÉREZ GONZÁLEZ, C.: Migraciones, *op. cit.*, p. 38. Como observa acertadamente DE LUCAS MARTÍN, J.: «Inmigración y globalización: acerca de los presupuestos de una política de inmigración», en *Revista electrónica de Derecho de la Universidad de La Rioja*, n.º 1, 2003, p. 53, cada Estado miembro de la UE tiene una historia única en cuanto a los flujos migratorios se refiere. Algunos, debido a su pasado colonial, mantienen relaciones estrechas con sus antiguas colonias, como es el caso de Francia, Reino Unido y Países Bajos. Otros países tienen vínculos estrechos con diferentes regiones por diversas razones, como España con Latinoamérica. Las necesidades del mercado laboral interno varían considerablemente en países como Italia, Portugal, Finlandia o Noruega. Además, países como Suecia, Países Bajos, Francia o Alemania tienen una tradición de asilo que los distingue de otros Estados y entre sí. Las diferencias entre los movimientos migratorios en Grecia o Bélgica también son significativas. Por otra parte, establecer una comparativa entre los países de tránsito o de frontera exterior con los países de origen tampoco es una tarea sencilla. En sentido similar, BENDEL, P.: «¿Blindando la fortaleza europea? Intereses, valores y cambios jurídicos en la po-

tradicionalmente, los Estados han preferido recurrir al uso de instrumentos bilaterales para gestionar el movimiento de personas, especialmente el de nacionales de terceros países[90]. Como afirma PÉREZ GONZÁLEZ, «los Estados miembros de la UE se han visto atrapados entre la necesidad de buscar soluciones comunes a un fenómeno que lo era y la resistencia a no perder capacidad de decisión en esa búsqueda»[91].

No es sino hasta la década de los ochenta cuando la UE comenzó a asumir ciertas competencias en la gestión de flujos migratorios, así como en el control de la entrada y salida, permanencia y expulsión de personas extranjeras, si bien anteriormente la política migratoria ya se había considerado un ámbito de interés común[92], como tendremos ocasión de comprobar en las líneas que prosiguen.

A decir verdad, la Unión se enfrentaba a una situación compleja, no solo debido a la heterogeneidad entre las legislaciones de extranjería de cada país miembro, sino también porque, como se ha señalado, los Estados mostraban una gran reticencia a ceder parte de su soberanía en lo que respecta a la admisión, rechazo y expulsión de personas extranjeras[93]. Los Estados eran conscientes de la necesidad de comunitarizar la gestión de las migraciones, ya que de lo contrario sería inviable la subsistencia de instrumentos como Schengen. Ahora bien, la comunitarización de este ámbito implicaba ceder parte de sus competencias en lo que posiblemente sea la médula espinal de la soberanía de un Estado: el control de la entrada y salida de personas extranjeras. Una materia que, valga la redundancia, es extremadamente sensible[94].

---

lítica migratoria de la Unión Europea», en *Migración y Desarrollo*, n.º 4, 2005, p. 56; GONZÁLEZ ENRÍQUEZ, C./SORROZA BLANCO, A.: Hacia una política, *op. cit.*, p. 7. Explican estas diferencias entre diversos países de manera más detallada, SANDELL, R./SORROZA BLANCO, A./OLIVIÉ, I.: Inmigración, *op. cit.*, pp. 6-7.

90. GORTÁZAR ROTAECHE, C. J.: «Las nuevas normativas europeas sobre inmigración: perspectivas y riesgos. Especial mención a la llamada Directiva de retorno», en *Corintios XIII: Revista de teología y pastoral de la caridad*, n.º 131, 2009, p. 30. En sentido idéntico, PÉREZ GONZÁLEZ, C.: Migraciones, *op. cit.*, p. 32; SCHAIN, M. A.: «The state strikes back: immigration policy in the European Union», en *European Journal of International Law*, vol. 20, n.º 1, 2009, p. 94.
91. PÉREZ GONZÁLEZ, C.: Migraciones, *op. cit.*, pp. 140-141.
92. OLESTI RAYO, A.: La Unión Europea, *op. cit.*, p. 2.
93. DEL VALLE GÁLVEZ, A.: «El frágil estatuto internacional y europeo del inmigrante irregular», en DEL VALLE GÁLVEZ, A./ACOSTA SÁNCHEZ, M. A. (eds.): *Inmigración irregular y Derecho*, Servicio de publicaciones de la Universidad de Cádiz, Cádiz, 2005, p. 144.
94. GORTÁZAR ROTAECHE, C. J.: Las nuevas normativas, *op. cit.*, pp. 30-31.

Resulte como resulte, parece obvio que, tal y como observa acertadamente BARBERO GONZÁLEZ, «la cooperación entre Estados que se ven afectados por el mismo fenómeno es una forma de buscar soluciones globales a problemas globales»[95], ya que los flujos migratorios repercuten, si bien no de la misma manera, a todos los países que conforman el territorio Schengen. De ahí que desde el punto de vista de la UE sea necesario establecer unos mínimos extensibles a todos los Estados miembros, con el objetivo de dar una respuesta más coordinada al fenómeno de la inmigración[96]. Ello, empero, no significa que los Estados miembros hayan cedido a la Unión todas sus competencias en materia migratoria, sino tan solo parte de ellas, por lo que, hoy por hoy, se trata de una competencia compartida. En efecto, las competencias que los Estados han atribuido a la UE solo permiten a esta última diseñar normas comunes de mínimos; más allá de estas normas, la soberanía de los Estados para regular los flujos migratorios permanece intacta[97].

El tratamiento normativo de la cuestión migratoria a nivel europeo ha experimentado varias evoluciones, todas ellas dirigidas a la contención de la inmigración irregular[98]. Es más, al observar el contenido de las distintas acciones emprendidas dentro de la Unión, se puede afirmar, sin que ello

95. BARBERO GONZÁLEZ, I./GONZÁLEZ MURUA, A. R.: Estado, *op. cit.*, p. 4.
96. SORROZA BLANCO, A.: «Crónica de una controversia anunciada: la directiva europea de Retorno de inmigrantes en situación ilegal», en *Revista de Estudios Jurídicos*, n.º 8, 2008, p. 7.
97. GORTÁZAR ROTAECHE, C. J.: Las nuevas normativas, *op. cit.*, p. 31.
98. En este trabajo hemos optado por utilizar el término «inmigración irregular» en lugar de «inmigración ilegal». Este concepto encarna, y así lo recoge la Comisión Europea, si bien lo hace en términos de «inmigración ilegal», diversos fenómenos que incluye a (1) las y los nacionales de terceros países que entran ilegalmente en el territorio de un Estado miembro por tierra, mar y aire, incluidas las zonas de tránsito aeroportuarias; (2) personas que entran legalmente con un visado válido o en régimen de exención de visado, pero «sobrepasan» la estancia o cambian el motivo de la estancia sin la aprobación de las autoridades; y, (3) las y los solicitantes de asilo rechazados que no se marchan tras una decisión final negativa. Véase, al respecto, Comisión Europea, Comunicación de la Comisión sobre las prioridades políticas en la lucha contra la inmigración ilegal de los nacionales de terceros países, COM(2006) 402 final, 19 de julio de 2006, p. 2. Es más, consideramos en línea con lo expuesto por AGUELO NAVARRO, P./CHUECA SANCHO, A.: «Directiva de Retorno. Directiva de expulsión», en *Revista de Derecho Migratorio y Extranjería*, n.º 18, 2008, pp. 126-127, que «resulta inadmisible y preocupante que en tantos documentos oficiales de la UE se hable de extranjeros ilegales o de residentes ilegales. Parece como si las instituciones de la UE ilegalizasen a diversas personas, sin caer en la cuenta de que una persona no es ilegal en sí misma, aun cuando lo puedan ser sus actos». Además, señalan con acierto que «con dicha locución se está criminalizando o al menos dando cobertura a la criminalización de personas que normalmente no han cometido otro delito que cruzar irregularmente

parezca aventurado, que la imposibilidad de los Estados para abordar unilateralmente la inmigración irregular y sus consecuencias es precisamente la razón por la que han aceptado una competencia comunitaria en una materia tan sensible como la política migratoria[99].

2. RECORRIDO CRONOLÓGICO DE LA CONSTRUCCIÓN DE UNA POLÍTICA COMÚN DE INMIGRACIÓN

Sentado lo que antecede, conviene realizar un breve recorrido cronológico por la comunitarización de la política migratoria. En este sentido, debemos de considerar como punto de partida el Tratado de la UE de 1992 (en adelante, TUE), comúnmente conocido como el Tratado de Maastricht[100]. Firmado el 7 de febrero de 1992 y en vigor desde el 1 de noviembre de 1993, este tratado es significativo por ser el primero en regular de manera específica la política migratoria a nivel comunitario.

Como resultado del Tratado de Maastricht, la materia migratoria pasa a ser una cuestión del Tercer Pilar[101] y, por lo tanto, de naturaleza intergubernamental, regulada por el Título VI del TUE, relativo a la cooperación en los ámbitos de la justicia y de los asuntos de interior. A partir de ese momento, la inmigración se convierte en un ámbito de interés común para la UE. En concreto, el artículo K1 del TUE establece que «para la realización de los fines de la Unión, en particular de la libre circulación de personas[102],

---

una frontera; en otras palabras, se criminaliza a personas que no han cometido delito alguno sino la violación de una norma administrativa».

99. MARTÍN Y PÉREZ DE NANCLARES, J.: La inmigración, *op. cit.*, p. 99.

100. Tratado de la Unión Europea. Diario oficial de la Unión Europea C 191, 29 de julio de 1992, pp. 1-112.

101. Con la entrada en vigor del Tratado de Maastricht, se modificaron los tratados anteriores y se otorgaron a la Unión ciertas competencias que pueden agruparse en tres grandes grupos, conocidos como los «Tres Pilares». El Primer Pilar, compuesto por las Comunidades Europeas, proporcionaba un marco legal para que las instituciones comunitarias pudieran ejercer las competencias transferidas por los Estados miembros en los ámbitos regulados por el Tratado de Maastricht. El Segundo Pilar, integraba la política exterior y de seguridad común, regulada en el Título V del Tratado. Por último, el Tercer Pilar estaba formado por la cooperación en los ámbitos de justicia y asuntos de interior, prevista en el Título VI del Tratado. El Primer Pilar tiene carácter comunitario, mientras que el Segundo y el Tercero tienen carácter intergubernamental. En este sentido, véase: https://www.europarl.europa.eu/ftu/pdf/es/FTU_1.1.3.pdf

102. Desde la promulgación del Acta Única Europea y, de manera más clara, a partir de la inclusión de la noción de ciudadanía europea en el Tratado de Maastricht, se reconoce en la legislación comunitaria el derecho de libre circulación, residencia y trabajo para las personas en cualquier parte de la UE en las mismas condiciones que las y los nacio-

y sin perjuicio de las competencias de la Comunidad Europea, los Estados miembros consideran de interés común (...) la política de inmigración y la política relativa a los nacionales de terceros Estados»[103]. Dentro de este ámbito general, se identifican tres campos específicos de esta política que son de sumo interés para la Unión, a saber: (a) Las condiciones de acceso al territorio de los Estados miembros y de circulación por el mismo de las y los nacionales de terceros Estados; (b) Las condiciones de acceso de las y los nacionales de los terceros Estados en el territorio de los Estados miembros, incluidos el acceso al empleo y la reagrupación familiar; y (c) La lucha contra la inmigración, la estancia y el trabajo irregulares de personas nacionales de los terceros Estados en el territorio de los Estados miembros[104].

Como puede apreciarse, el Tratado de Maastricht evidencia la necesidad de abordar los problemas compartidos a través de una auténtica política de inmigración. Por ende, se considera un «ámbito de interés común», lo que indica que requiere la cooperación entre los Estados miembros, pero sin que esto implique su inclusión como una materia estrictamente comunitaria. En consecuencia, los Estados conservarán su plena facultad soberana pera establecer su propia legislación nacional en materia de extranjería[105].

---

nales de los distintos Estados miembros. No obstante, no se recoge como un derecho fundamental de todas las personas, sino como un derecho de ciudadanía concedido únicamente a las y los nacionales de los diferentes Estados miembros. En este sentido, ROJO TORRECILLA, E.: Inmigración, *op. cit.*, pp. 64-65. A partir del Tratado de Maastricht, se consideran «personas extranjeras» únicamente aquellas que no poseen la ciudadanía europea, es decir, las extracomunitarias. Al respecto, FERNÁNDEZ SÁNCHEZ, P. A.: *Derecho comunitario de la inmigración*, Atelier, Barcelona, 2006, p. 25.

103. Con arreglo a lo dispuesto en el artículo K1 del TUE, se consideran ámbitos de interés común los siguientes: 1) La política de asilo; 2) Las normas por las que se rigen el cruce de personas por las fronteras exteriores de los Estados miembros y la práctica de controles sobre sus personas; 3) La política de inmigración y la política relativa a los nacionales de terceros Estados; 4) La lucha contra la toxicomanía; 5) La lucha contra la defraudación a escala internacional; 6) La cooperación judicial en materia civil; 7) La cooperación judicial en materia penal; 8) La cooperación aduanera; y, 9) La cooperación policial para la prevención y la lucha contra el terrorismo, el tráfico ilícito de drogas y otras formas graves de delincuencia internacional, incluidos, si es necesario, determinados aspectos de la cooperación aduanera en conexión con la organización, a escala de la Unión, de un sistema de intercambios de información dentro de una Oficina Europea de Policía (Europol).

104. Sobre este particular, ampliamente, DE LA MATA BARRANCO, N. J.: «Trata de personas y favorecimiento de la inmigración ilegal, dos conductas de muy distinto desvalor», en *Revista Electrónica de Ciencia Penal y Criminología*, n.º 23, 2021, pp. 3 y ss.

105. FERNÁNDEZ SÁNCHEZ, P. A.: Derecho comunitario, *op. cit.*, pp. 24-25. Asimismo, GARCÍA COSO, E.: *La regulación de la inmigración irregular. Derechos humanos y el control de fronteras en la Unión Europea*, Thomson Reuters Aranzadi, Cizur Menor (Navarra),

El Tratado de Maastricht marcó el inicio de una nueva configuración de la política de inmigración, la cual fue objeto de atención en el Tratado de Ámsterdam[106], firmado el 2 de octubre de 1997, y en vigor desde el 1 de mayo de 1999. Como resultado de este tratado, la cuestión de la inmigración, al ser incluida en el llamado Primer Pilar, dejó de ser una competencia intergubernamental para convertirse en una competencia de naturaleza comunitaria en sentido estricto[107]. De esta manera, se sentaron las bases para una política común que aborda las diversas cuestiones inherentes a la inmigración[108].

El Tratado de Ámsterdam marca un hito al ser el primer tratado comunitario que regula la inmigración como una política europea. Ya en ese momento, la inmigración empezaba a ser un problema en Europa debido a la gran cantidad de personas que se concentraban en algunos de los países miembros[109]. Estos países carecían de la capacidad para regular los flujos migratorios, lo que condujo a que la inmigración adquiriera un tinte negativo que posteriormente se reflejó en el tratado. A partir de entonces, la inmigración se convirtió en un asunto que debía ser restringido y controlado[110].

Entre otras disposiciones, el Tratado de Ámsterdam modifica el artículo 2 (antiguo artículo B) del TUE, donde se recoge que uno de los objetivos de la Unión será «mantener y desarrollar la Unión como un espacio de libertad, seguridad y justicia, en el que esté garantizada la libre circulación de

2014, p. 22; QUINTERO NIÑO, E. M.: Hacia una política, *op. cit.*, p. 236; SOLANES-CORELLA, A.: «La política de inmigración en la Unión Europea. Desde tres claves», en *Arbor: ciencia, pensamiento y cultura*, n.º 713, 2005, p. 81.

106. Tratado de Ámsterdam, por el que se modifican el Tratado de la Unión Europea, los Tratados constitutivos de las Comunidades Europeas y determinados actos conexos. Diario Oficial de la Unión Europea C 340, 10 de noviembre de 1997, pp. 1-144.

107. Así se recoge años más tarde en una comunicación de la Comisión, cuando se manifiesta que «con la entrada en vigor del Tratado de Ámsterdam, se estableció firmemente la competencia comunitaria en las áreas de la inmigración y del asilo. De ser una cuestión objeto de coordinación intergubernamental bajo el Tercer Pilar, la responsabilidad de desarrollar la política se trasladó al Primer Pilar, debiendo adoptar el Consejo un programa de acción destinado a establecer progresivamente un espacio de libertad, de seguridad y de justicia». En este sentido, Comisión Europea, Comunicación de la Comisión al Consejo y al Parlamento Europeo sobre una política comunitaria de migración, COM(2000) 757 final, 22 de noviembre de 2000, p. 5.

108. QUINTERO NIÑO, E. M.: Hacia una política, *op. cit.*, pp. 236-237.

109. En 1999, la OIM registró el desplazamiento de más de 80.000 personas refugiadas kosovares procedentes de la antigua república yugoslava de Macedonia. Estas personas se repartieron entre más de 30 países. Para obtener información detallada sobre la inmigración en los años 90, véase: https://www.iom.int/es/la-oim-anos-90

110. BAR CENDÓN, A.: «El Tratado de Prüm y la inmigración ilegal», en *Revista de Derecho Constitucional Europeo*, n.º 7, 2007, p. 250.

personas, junto con medidas adecuadas respecto al control de las fronteras exteriores, el asilo, la inmigración y la prevención y la lucha contra la delincuencia». Como vemos, el Tratado de Ámsterdam reconoce que el control de las fronteras exteriores, el asilo y la inmigración son aspectos que forman parte de los objetivos de la UE[111].

Con todo, el Tratado de Ámsterdam modifica el TUE e introduce un nuevo Título IV, denominado «Visados, asilo, inmigración y otras políticas vinculadas a la libre circulación de las personas»[112]. De esta manera, las cuestiones relacionadas con el cruce de fronteras, la inmigración y el asilo son trasladadas al pilar comunitario[113].

Las previsiones del Tratado de Ámsterdam, con el fin de establecer progresivamente un espacio de libertad, seguridad y justicia, permiten al Consejo adoptar «medidas destinadas a garantizar la libre circulación de personas de conformidad con el artículo 14, conjuntamente con las medidas de acompañamiento directamente vinculadas con aquella y relativas a los controles en las fronteras exteriores, el asilo y la inmigración (...) así como medidas para prevenir y luchar contra la delincuencia (...)» (art. 61.a TUE). A su vez, dicho artículo prevé el establecimiento de medidas en el ámbito de la cooperación judicial en materia civil, medidas adecuadas para fomentar e intensificar la cooperación administrativa, y medidas en el ámbito de la cooperación policial y judicial en materia penal.

Por su parte, el artículo 62 del TUE establece la adopción de las siguientes medidas: 1) Medidas encaminadas a garantizar, de conformidad con el artículo 14, la ausencia de controles sobre las personas en el cruce de las fronteras interiores, tanto de las y los ciudadanos de la Unión como de las y los nacionales de terceros países; 2) Medidas sobre el cruce de las fronteras exteriores de los Estados miembros[114]; y, 3) Medidas que establezcan las

111. FERNÁNDEZ SÁNCHEZ, P. A.: Derecho comunitario, *op. cit.*, pp. 32-33.

112. Texto aprobado tras modificar el Tratado de Maastricht. En adelante, los artículos del TUE son de la siguiente norma: Versión consolidada del Tratado constitutivo de la Unión Europea. Diario Oficial de la Unión Europea, C 325, 24 de diciembre de 2002, pp. 33-184.

113. MARTÍN Y PÉREZ DE NANCLARES, J.: *La inmigración y el asilo en la Unión Europea: hacia un nuevo espacio de libertad, seguridad y justicia*, Colex, Madrid, 2002, p. 62.

114. En las que, a su vez, se establezcan: a) las normas y los procedimientos que deben aplicar los Estados miembros para la realización de controles sobre las personas en dichas fronteras; b) las normas sobre visados aplicables a las estancias cuya duración no supere los tres meses, que incluirán: i) la lista de terceros países cuyos nacionales tengan la obligación de ser titulares de visado para cruzar una frontera exterior, y de aquellos cuyos nacionales estén exentos de esa obligación, ii) los procedimientos y las

condiciones en las que las y los nacionales de terceros países puedan viajar libremente en el territorio de los Estados miembros durante un período no superior a tres meses.

En lo que al objeto de este trabajo interesa, es obligado traer a colación el artículo 63 del TUE, especialmente su apartado 3, donde se establece que el Consejo adoptará medidas sobre política de inmigración en los ámbitos que siguen: a) Condiciones de entrada y de residencia, y normas sobre procedimientos de expedición por los Estados miembros de visados de larga duración y de permisos de residencia, incluidos los destinados a la reagrupación familiar; y, b) La inmigración y la residencia ilegales, incluida la repatriación de residentes ilegales.

Este precepto proporciona una base legal para que la UE adopte medidas destinadas al retorno de personas que se encuentren en territorio comunitario de manera irregular, así como para la negociación de acuerdos de readmisión con terceros países, los cuales son fundamentales en la gestión de la inmigración irregular[115].

Debemos destacar que la política de inmigración establecida en el Tratado de Ámsterdam se desarrolla con un amplio margen de competencia nacional. El artículo 63.4.II del TUE permite a los Estados miembros mantener o implementar disposiciones nacionales que sean compatibles tanto con el Tratado como con los acuerdos internacionales[116]. Esta cláusula de salvaguardia abarca tanto el Derecho internacional general como el particular en la materia, y establece un ámbito de competencia compartida en el que los Estados miembros desempeñan un papel principal[117]. Con todo, los Estados miembros seguirán conservando la competencia en materia de inmigración, estando sujetos únicamente a medidas comunitarias de carácter orientativo, coordinador y ligeramente armonizador, como se desprende del artículo 63 del TUE[118].

---

condiciones para la expedición de visados por los Estados miembros, iii) un modelo uniforme de visado, iv) normas para un visado uniforme.

115. JIMÉNEZ PIERNAS, C.: «La comunitarización de las políticas de inmigración y extranjería: especial referencia a España», en *Revista de Derecho Comunitario Europeo*, n.º 13, 2002, p. 879.

116. En concreto, el párrafo segundo del artículo 63.4 del TUE dice así: «Las medidas adoptadas por el Consejo en virtud de los puntos 3 y 4 no impedirán a cualquier Estado miembro mantener o introducir en los ámbitos de que se trate disposiciones nacionales que sean compatibles con el presente Tratado y con los acuerdos internacionales».

117. JIMÉNEZ PIERNAS, C.: La comunitarización, *op. cit.*, p. 875.

118. BAR CENDÓN, A.: El Tratado, *op. cit.*, p. 253.

En definitiva, las medidas adoptadas en el seno de la Unión solo armonizan ciertos aspectos formales de la política migratoria, ya que la legislación interna de cada Estado miembro sigue regulando los aspectos fundamentales de la libertad de circulación y el control de fronteras[119].

Por todo lo expuesto, se considera que la política de inmigración diseñada por el Tratado de Ámsterdam es insuficiente. Aunque se establecen directrices generales para coordinar la política de inmigración a nivel comunitario, los Estados miembros mantienen un amplio margen de autonomía en la aplicación de estas pautas en sus territorios. Como resultado, las orientaciones de la UE en materia de inmigración se ven fuertemente influenciadas por los intereses de cada Estado miembro[120].

Al margen de cuál fuera la verdadera intención de cada Estado, el Tratado de Ámsterdam permitió conferir a la UE competencias y capacidad de intervención en materia de control de fronteras, asilo e inmigración. Para lograrlo, se precisaba de un calendario y un programa para recoger los compromisos que cada Estado asumiría. Estos compromisos quedaron reflejados en los distintos documentos aprobados a partir del Tratado de Ámsterdam[121].

En el mismo año en que entró en vigor el Tratado de Ámsterdam, se celebró el Consejo Europeo de Tampere los días 15 y 16 de octubre, donde se adoptó el primer Programa en materia de política de inmigración y asilo, titulado «Espacio de Libertad, Seguridad y Justicia»[122]. Este programa tenía como objetivo la creación de un espacio de libertad, seguridad y justicia, explotando al máximo las posibilidades ofrecidas por el Tratado de Ámsterdam. Además, resultaba de interés reafirmar la importancia de dicho objetivo, por lo que el Consejo acordó una serie de orientaciones y prioridades con el fin de materializarlo[123].

En lo que concierne a la creación de una política común de inmigración, la acción de la UE se concretaba en las siguientes directrices: la colaboración con los países de origen[124]; el desarrollo de una política de integración

119. DEL VALLE GÁLVEZ, A.: El frágil estatuto, *op. cit.*, p. 144.
120. SOLANES-CORELLA, A.: La política, *op. cit.*, p. 82.
121. ROJO TORRECILLA, E.: Inmigración, *op. cit.*, p. 66.
122. Conclusiones de la Presidencia. Consejo Europeo de Tampere. Texto disponible en: https://www.europarl.europa.eu/summits/tam_es.htm
123. Tampere establece cuatro objetivos concretos: A. Una política de asilo y migración común de la Unión Europea; B. Un auténtico espacio europeo de justicia; C. Lucha contra la delincuencia a escala de la Unión; y, D. Una acción exterior más firme.
124. En concreto, el punto 11 establece que «la Unión Europea necesita un enfoque global de la migración que trate los problemas políticos, de derechos humanos y de desarrollo

cuyo objetivo es garantizar un trato justo a las y los nacionales de terceros países, además de incrementar la lucha contra el racismo y la xenofobia, y alinear tanto las legislaciones nacionales sobre las condiciones de admisión y residencia de las y los nacionales de terceros países como su estatuto jurídico con el de las personas nacionales de los Estados miembros[125]; y finalmente, combatir la inmigración ilegal mediante la gestión eficaz de los flujos migratorios[126].

Además de estas grandes directrices, cabe señalar la solicitud realizada por el Consejo para desarrollar la asistencia a los países de origen y tránsito, con el fin de promover el retorno voluntario y ayudar así a las autoridades de esos países a mejorar su capacidad para, por un lado, combatir actividades ilícitas como la trata de seres humanos y, por otro lado, cumplir las obligaciones de readmisión que les incumben frente a la Unión y los Estados miembros[127]. Esta referencia al retorno y a los acuerdos de readmisión res-

---

de los países y regiones de origen y tránsito. Para ello es necesario luchar contra la pobreza, mejorar las condiciones de vida y las posibilidades de trabajo, prevenir los conflictos, consolidar los estados democráticos y garantizar el respeto de los derechos humanos, en particular los derechos de las minorías, de las mujeres y de los niños».

125. El punto 18 dice así: «La Unión Europea debe garantizar un trato justo a los nacionales de terceros países que residen legalmente en el territorio de sus Estados miembros. Una política de inmigración más decidida debería encaminarse a concederles derechos y obligaciones comparables a los de los ciudadanos de la Unión, así como a fomentar la ausencia de discriminación en la vida económica, social y cultural y a desarrollar medidas contra el racismo y la xenofobia».
El punto 20 reza así: «El Consejo Europeo reconoce la necesidad de aproximar las legislaciones nacionales sobre las condiciones de admisión y de residencia de los nacionales de terceros países, basadas en una evaluación conjunta de la evolución económica y demográfica de la Unión, así como de la situación en los países de origen».
El punto 21 manifiesta lo siguiente: «El Estatuto jurídico de los nacionales de terceros países debería aproximarse al de los nacionales de los Estados miembros. A una persona que haya residido legalmente en un Estado miembro durante un período de tiempo por determinar y que cuente con un permiso de residencia de larga duración, se le debería conceder en ese Estado miembro un conjunto de derechos de carácter uniforme lo más cercano posible al de los ciudadanos de la Unión, que contenga, por ejemplo, el derecho a residir, recibir educación y trabajar por cuenta ajena o propia, sin olvidar el principio de no discriminación respecto de los ciudadanos del Estado de residencia».

126. A tenor del punto 22, «el Consejo Europeo destaca la necesidad de que se gestionen de forma más eficaz los flujos migratorios en todas sus etapas». Asimismo, el punto 23 subraya la importancia de «hacer frente a la inmigración ilegal en su origen, en especial luchando contra quienes se dedican a la trata de seres humanos y la explotación económica de los migrantes». Véanse, asimismo, los puntos 24-27.

127. El punto 26 reza así: «El Consejo Europeo hace un llamamiento para que se desarrolle la asistencia a los países de origen y tránsito con objeto de promover el retorno voluntario y ayudar a las autoridades de esos países a mejorar su capacidad para combatir

pecto de las personas nacionales de terceros países no es trivial, ya que evidencia la importancia que la Unión otorga a estos instrumentos como parte fundamental para combatir la inmigración irregular[128].

Posteriormente, en el Consejo Europeo celebrado en Bruselas los días 4 y 5 de noviembre de 2004, se adoptó el Programa de la Haya[129], también conocido como Tampere II, debido a que toma como base los logros alcanzados en el Consejo Europeo de Tampere. El objetivo del Programa de la Haya era, como sugiere su título, consolidar el espacio de libertad, seguridad y justicia en la UE[130], centrándose en diez prioridades[131], entre ellas, definir un enfoque equilibrado de la inmigración y elaborar una gestión integrada de las fronteras exteriores de la Unión.

La adopción del Programa de la Haya estuvo marcada por los atentados terroristas que tuvieron lugar en Nueva York el 11 de septiembre de 2001 y

---

eficazmente la trata de seres humanos y para cumplir las obligaciones de readmisión que les incumben respecto de la Unión y los Estados miembros».

128. JIMÉNEZ PIERNAS, C.: La comunitarización, *op. cit.*, p. 879.

129. Consejo Europeo, El Programa de la Haya: consolidación de la libertad, la seguridad y la justicia en la Unión Europea (en adelante, Programa de la Haya). Diario Oficial de la Unión Europea C 53, 3 de marzo de 2005, pp. 1-14.

130. En concreto, el Programa recoge que el objetivo es «la mejora de la capacidad común de la Unión y de sus Estados miembros de: garantizar los derechos fundamentales, las salvaguardias procesales mínimas y el acceso a la justicia, proporcionar a quienes la necesiten protección de acuerdo con la Convención de Ginebra sobre el estatuto de los refugiados y otros tratados internacionales, regular los flujos de migración y controlar las fronteras exteriores de la Unión, luchar contra la delincuencia organizada transfronteriza y reprimir la amenaza del terrorismo, explotar el potencial de Europol y Eurojust, proseguir con el establecimiento del reconocimiento mutuo de resoluciones judiciales y certificados tanto en materia civil como penal, y eliminar obstáculos legales y judiciales en los litigios en asuntos civiles y familiares con repercusiones transfronterizas». Además, se añade que «es un objetivo que hay que lograr en interés de nuestros ciudadanos desarrollando un sistema común de asilo y mejorando el acceso a los tribunales, la cooperación policial y judicial en la práctica, la aproximación de las legislaciones y el desarrollo de políticas comunes».

131. La Comisión considera necesario concentrar el esfuerzo en 10 prioridades: 1. Reforzar los derechos fundamentales y la ciudadanía; 2. Lucha contra el terrorismo; 3. Definir un enfoque equilibrado de la inmigración; 4. Elaborar una gestión integrada de las fronteras exteriores de la Unión; 5. Establecer un procedimiento común en materia de asilo; 6. Maximizar las repercusiones positivas de la inmigración; 7. Encontrar el equilibrio adecuado entre la protección de la vida privada y la seguridad al compartir información; 8. Elaborar un concepto estratégico relativo a la delincuencia organizada; 9. Garantizar un auténtico espacio europeo de justicia; y, 10. Compartir las responsabilidades y velar por la solidaridad. En este sentido, véase: https://eur-lex.europa.eu/ES/legal-content/summary/the-hague-programme-10-priorities-for-the-next-five-years.html

en Madrid el 11 de marzo de 2004, sucesos que afectaron negativamente a la percepción social de las personas extranjeras. A la luz de estos acontecimientos, el propio Programa de la Haya reconoce que «la seguridad de la Unión Europea y de sus Estados miembros reviste mayor urgencia», por lo que resultaba necesario que la UE adoptara «una actitud común más eficaz ante los problemas transfronterizos como la migración ilegal, la trata y la introducción clandestina de seres humanos, el terrorismo y la delincuencia organizada, así como respecto a su prevención».

Como vemos, el Programa de la Haya estaba llamado a garantizar y preservar la seguridad en la UE, especialmente en lo que respecta a la prevención y represión del terrorismo. Esto se deduce del propio texto legal, que establece que «la libertad, la justicia, el control en las fronteras exteriores, la seguridad interna y la prevención del terrorismo deberían en adelante considerarse indivisibles en la Unión en su conjunto». Sin embargo, en comparación con este objetivo, en aspectos como la integración de personas inmigrantes, la cohesión social y la adopción de nuevos instrumentos para la admisión de nacionales de terceros países, la Unión no mostró la misma ambición[132].

En lo que aquí interesa destacar, el Programa incluye diversas acciones concretas destinadas a combatir la inmigración irregular, incluida una política de repatriación y readmisión. En este Programa, el Consejo Europeo señala por primera vez la importancia de iniciar una discusión acerca de los estándares mínimos para los procedimientos de repatriación, que incluyan normas mínimas que respalden las actuaciones nacionales de repatriación. La propuesta final debería tener en cuenta, además, las preocupaciones fundamentales relacionadas con las cuestiones de seguridad y orden público[133]. Sobre ello se volverá más adelante.

Antes de abordar la política de inmigración adoptada por el Programa de Estocolmo en 2009, resulta ineludible mencionar el Pacto Europeo de Inmigración y Asilo[134]. Aprobado por el Consejo Europeo en octubre de

132. Son de esta opinión, OLESTI RAYO, A.: «Las políticas de la Unión Europea relativas al control en las fronteras, asilo e inmigración», en *Revista de Derecho Constitucional Europeo*, n.º 10, 2008, p. 17; ROJO TORRECILLA, E.: Inmigración, *op. cit.*, p. 79; BENDEL, P.: Blindando, *op. cit.*, p. 61.

133. Programa de la Haya, *op. cit.*, punto 1.6.4.

134. Consejo Europeo, Pacto Europeo sobre Inmigración y Asilo (en adelante, Pacto Europeo de Inmigración y Asilo), ref. 13440/08, 24 de septiembre de 2008. Cabe señalar que, en septiembre de 2020, la Comisión presentó el Nuevo Pacto sobre Migración y Asilo. En diciembre de ese mismo año, el Parlamento Europeo y el Consejo alcanzaron un

2008, este Pacto resalta los avances realizados en el ámbito de una política común de inmigración, haciendo énfasis en la supresión de los controles en las fronteras interiores, la adopción de una política común de visados, la cooperación en la lucha contra la inmigración irregular y, especialmente, los progresos registrados en los programas de Tampere y la Haya. Sin embargo, el Pacto también subraya la necesidad de seguir avanzando hacia nuevos objetivos[135].

El Pacto, al igual que el Programa de la Haya, comienza reconociendo que las migraciones internacionales son «una realidad que perdurará mientras subsistan las diferencias de riqueza y desarrollo entre las distintas regiones del mundo», por lo que «la hipótesis de una inmigración cero parece tan irrealista como peligrosa». Ahora bien, también señala que la UE «no dispone de medios para acoger dignamente a todos los emigrantes que esperan hallar en ella una vida mejor», luego «la organización de la inmigración debe tener en cuenta la capacidad de acogida de Europa»[136].

Otra de las ideas que el Pacto enfatiza se refiere a las consecuencias de la creación de un espacio común de libre circulación. Sin duda, la creación de este espacio ha obligado a los Estados miembros a enfrentarse a nuevos retos, ya que, tal y como venimos señalando, la entrada al territorio de un Estado supone el acceso al espacio Schengen. Esto implica que las acciones de un Estado afectarán inevitablemente a los intereses de otro u otros Estados[137].

En este contexto, el Pacto resalta la necesidad de «dar un nuevo impulso a la definición de una política común de inmigración y asilo que tenga en cuenta tanto el interés colectivo de la Unión Europea como las particularidades de cada Estado miembro»[138]. Todo esto en consonancia con los principios que hasta ahora han guiado la política común de inmigración y asilo, a saber, la responsabilidad y la solidaridad mutua entre los Estados miembros, así como la asociación y cooperación con terceros países.

En este contexto, el Pacto recoge los siguientes cinco compromisos adoptados por el Consejo Europeo: 1. Organizar la inmigración legal teniendo en cuenta las prioridades, las necesidades y la capacidad de acogida determi-

---

acuerdo político sobre este particular. Toda la información sobre la situación actual de la citada norma está disponible en: https://ec.europa.eu/commission/presscorner/detail/en/fs_23_1850

135. Pacto Europeo de Inmigración y Asilo, *op. cit.*, p. 3.
136. Pacto Europeo de Inmigración y Asilo, *op. cit.*, p. 2.
137. *Ibid.*, p. 3.
138. *Ibid.*, p. 4.

nadas por cada Estado miembro, y favorecer la integración; 2. Combatir la inmigración irregular, garantizando, entre otras cosas, el retorno a su país de origen o a un país de tránsito de las personas extranjeras en situación irregular; 3. Fortalecer la eficacia de los controles en las fronteras; 4. Construir una Europa de asilo; y, 5. Crear una colaboración global con los países de origen y de tránsito que favorezca las sinergias entre la migración y el desarrollo.

En cuanto al objetivo de combatir la inmigración irregular, el Consejo Europeo reitera su compromiso con este fin, con arreglo a tres principios fundamentales. En primer lugar, se alude a la necesidad de reforzar la cooperación con los países de origen y de tránsito. En segundo lugar, se insiste en que todas las personas extranjeras en situación de irregularidad administrativa deben abandonar el territorio del Estado miembro en el que se encuentren. En este sentido, se promueve el retorno voluntario sobre el forzoso, garantizando el respeto por los derechos y la dignidad de las personas implicadas. En tercer lugar, y en relación con lo recién apuntado, se destaca la obligación de los Estados de readmitir a sus nacionales en situación de irregularidad administrativa en el territorio de otro Estado miembro[139].

Con este propósito, el Consejo Europeo acuerda, entre otras cuestiones, limitar las regularizaciones generales, celebrar acuerdos de readmisión, impulsar la cooperación entre los Estados miembros, sancionar cualquier forma de explotación de las personas extranjeras en situación de irregularidad administrativa y promover el reconocimiento mutuo de las decisiones de expulsión[140].

Por lo demás, el texto del Pacto no presenta novedades significativas, lo que suscitó algunas dudas en cuanto a su necesidad. Muchas de las propuestas ya habían sido desarrolladas por la UE desde la adopción del Programa de la Haya en 2004, por lo que apenas se observan diferencias sustanciales[141].

El Programa de Estocolmo[142] fue aprobado por el Consejo Europeo en Bruselas el 10 y 11 de diciembre de 2009, bajo el título «Una Europa abierta y segura que sirva y proteja al ciudadano». Partiendo de los logros alcanzados

139. Pacto Europeo de Inmigración y Asilo, *op. cit.*, pp. 7-8.

140. *Ibid.*

141. ARANGO, J.: «Después del gran boom: la inmigración en la bisagra del cambio», en *Anuario CIDOB de la inmigración*, n.º 0, 2009, p. 67. De la misma opinión, GONZÁLEZ ENRÍQUEZ, C./SORROZA BLANCO, A.: Hacia una política, *op. cit.*, p. 7.

142. Consejo Europeo, Programa de Estocolmo: una Europa abierta y segura que sirva y proteja al ciudadano (en adelante, Programa de Estocolmo). Diario Oficial de la Unión Europea C 115, 4 de mayo de 2010, pp. 1-38.

por sus antecesores, los programas de Tampere y la Haya, el Programa de Estocolmo se propuso enfrentar los desafíos futuros y fortalecer el espacio de libertad, seguridad y justicia, a través de medidas centradas en los intereses y las necesidades de las y los ciudadanos.

El Programa, en lo que aquí interesa destacar, reconoce que una migración bien gestionada puede ser beneficiosa, y que la creación de políticas de inmigración flexibles contribuirá al desarrollo y a los resultados económicos a largo plazo. Asimismo, destaca la necesidad de buscar soluciones prácticas en aras de lograr una mayor coherencia entre las políticas de inmigración y otras materias, como la política exterior o la de comercio. Todo ello en un espíritu de solidaridad que apoye a los Estados miembros en una gestión adecuada de los flujos migratorios[143].

En lo que respecta al tratamiento de la inmigración irregular, el Programa de Estocolmo, al igual que sus predecesores, enfatiza la importancia de una política de retorno efectiva como un componente fundamental de un sistema de migración bien administrado.

En definitiva, el Programa de Estocolmo traza el camino hacia la consolidación de una política común de inmigración equilibrada, destinada a abordar y enfrentar las consecuencias negativas de la inmigración irregular[144].

Hoy en día, aunque no podamos hablar de una política migratoria europea propiamente dicha[145], el ámbito en el que la UE ha concentrado la mayoría de sus esfuerzos y, por tanto, donde se han logrado más avances, es en el control de la inmigración irregular, especialmente en materia de retorno de personas extranjeras en situación de irregularidad administrativa[146]. Muestra de ello es la Directiva 2008/115/CE del Parlamento y del Consejo, de 16 de diciembre de 2008, relativa a normas y procedimientos comunes en los

143. Programa de Estocolmo, *op. cit.*, apartado 1.1.
144. En este sentido, QUINTERO NIÑO, E. M.: Hacia una política, *op. cit.*, p. 247.
145. Señala GARCÍA COSO, E.: La regulación, *op. cit.*, p. 45, que la insuficiencia del marco armonizador se debe a la «naturaleza pluridimensional de la inmigración y la caracterización de la cuestión migratoria como competencia compartida».
146. TERRADILLOS BASOCO, J. M.: «Las políticas penales europeas de inmigración», en PUENTE ABA, L. M. (dir.), ZAPICO BARBEITO, M./RODRÍGUEZ MORO, L. (coords.): *Criminalidad organizada, terrorismo e inmigración: retos contemporáneos de la política criminal*, Comares, Granada, 2008, p. 211. En idéntico sentido, SANDELL, R./ SORROZA BLANCO, A./OLIVIÉ, I.: Inmigración, *op. cit.*, p. 8.

Estados miembros para el retorno de los nacionales de terceros países en situación irregular, de la que nos ocuparemos a continuación[147].

III. LA EXPULSIÓN EN EL ÁMBITO DEL DERECHO DE LA UE: LA «DIRECTIVA DE RETORNO»

1. ANTECEDENTES Y PROPUESTAS NORMATIVAS

La Directiva 2008/115/CE, conocida como la «Directiva de Retorno», no es la primera norma europea aprobada con el fin de lograr una mayor eficacia en el control de la inmigración irregular y facilitar el retorno de las personas extranjeras irregulares, un ámbito que desde antaño ha sido prioritario para los Estados miembros[148]. Antes de que la Comisión presentara una propuesta de Directiva en 2005 para establecer normas y procedimientos comunes en materia de retorno, ya se habían adoptado varios instrumentos para abordar la inmigración irregular[149].

En lo que aquí interesa, cabe citar, en primer lugar, la Directiva 2001/40/CE, de 28 de mayo de 2001, relativa al reconocimiento mutuo de las decisiones en materia de expulsión de nacionales de terceros países[150]. En este sentido, y en relación con la aplicación de la referida Directiva, se destacan la Decisión 2004/191/CE del Consejo, de 23 de febrero de 2004, por la que se establecen los criterios y modalidades prácticas para la compensación

147. Diario Oficial de la Unión Europea L 348, 24 de diciembre de 2008, pp. 98-107. Cabe señalar que el 12 de septiembre de 2018, la Comisión Europea publicó la propuesta de refundición de la Directiva de Retorno (Comisión Europea, COM(2018) 634 final, 12 de septiembre de 2018). Esta propuesta forma parte de un conjunto de medidas propuestas por la Comisión tras el Consejo Europeo del 28 de junio de 2018. En dicho encuentro, se subrayó la necesidad de aumentar considerablemente los retornos efectivos de personas migrantes irregulares, y se acogió con beneplácito la intención de la Comisión de presentar propuestas legislativas para establecer una política europea de retorno más eficaz y coherente. Para más información sobre las implicaciones y alcance de dicha propuesta, véase, NÚÑEZ HERRERA, V. E.: «Refundición de la Directiva 2008/115/CE. Garantías o retrocesos en los derechos fundamentales de los extranjeros en los procesos de retorno/expulsión», en *Revista de Derecho Migratorio y Extranjería*, n.º 52, 2019, pp. 17-53. También, BOZA MARTÍNEZ, D.: «La propuesta de reforma de la Directiva de Retorno: más criminalización de las personas migrantes», en MARÍN CONSARNAU, D. (dir.): *Retos en inmigración, asilo y ciudadanía. Perspectiva Unión Europea, internacional, nacional y comparada*, Marcial Pons, Madrid, 2021, pp. 91-103.

148. PÉREZ GONZÁLEZ, C.: Migraciones, *op. cit.*, p. 185.

149. ACOSTA ARCARAZO, D.: «The good, the bad and the ugly in EU migration law: is the European Parliament becoming bad and ugly? (The adoption of Directive 2008/115: the Returns Directive», en *European Journal of Migration and Law*, n.º 11, 2009, p. 22.

150. Diario Oficial de la Unión Europea L 149, 2 de junio de 2001, pp. 34-36.

de los desequilibrios financieros resultantes de la aplicación de la Directiva 2001/40/CE relativa al reconocimiento mutuo de las decisiones en materia de expulsión de los nacionales de terceros países[151], y la Decisión 2004/573/CE del Consejo, de 29 de abril de 2004, relativa a la organización de vuelos conjuntos para la expulsión, desde el territorio de dos o más Estados miembros, de nacionales de terceros países sobre los que hayan recaído resoluciones de expulsión[152]. Del mismo modo, conviene traer a colación la Directiva 2003/110/CE del Consejo, de 25 de noviembre de 2003, sobre la asistencia en casos de tránsito a efectos de repatriación o alejamiento por vía aérea[153].

Una mención aparte merece la Directiva 2001/40/CE, diseñada para combatir la inmigración irregular y las infracciones de las normativas de extranjería mediante el establecimiento de un sistema de cooperación conjunta entre los Estados miembros. Este sistema busca instaurar un modelo de reconocimiento mutuo de las decisiones de expulsión expedidas por cada Estado, con el fin de que todos los Estados miembros lo incorporen en sus legislaciones nacionales. De esta manera, se pretende evitar que las facilidades de movilidad y la falta de controles en las fronteras interiores del espacio Schengen se conviertan en un obstáculo para la ejecución de las decisiones de expulsión. En particular, la Directiva pretende impedir que una persona extranjera en situación de irregularidad administrativa, contra la cual se ha emitido una orden de expulsión en un Estado miembro, eluda su ejecución trasladándose a otro Estado miembro debido a la ausencia de fronteras interiores[154].

Aunque la intención era laudable, el mecanismo de reconocimiento mutuo de decisiones en materia de expulsión no tenía en cuenta las divergencias entre los Estados miembros en cuanto a los motivos de la expulsión, excepciones a su ejecución, consecuencias del retorno, recursos, garantías y otras cuestiones que llevaban a los Estados a ejecutar la medida de expulsión incluso cuando existían dudas sobre su admisibilidad en términos de principios estatales del procedimiento sancionador y garantías individuales de la persona expulsada. Ante esta realidad, y sin perder de vista el objetivo de combatir la inmigración irregular, surgió la necesidad de armonizar las regulaciones entre los Estados para garantizar un mínimo nivel de seguridad jurídica a las personas extranjeras sujetas a una medida retorno, fortaleciendo, a su vez, la eficacia supranacional de las medidas de expulsión y del

151. Diario Oficial de la Unión Europea L 60, 27 de febrero de 2004, pp. 55-57.
152. Diario Oficial de la Unión Europea L 261, 6 de agosto de 2004, pp. 28-35.
153. Diario Oficial de la Unión Europea L321, 6 de diciembre de 2003, pp. 26-31.
154. GARCÍA COSO, E.: La regulación, *op. cit.*, p. 48.

sistema de control migratorio en su conjunto[155]. No obstante, la Directiva 2001/40/CE ha servido para poner de manifiesto los aspectos principales que la Directiva de Retorno debía abordar[156].

En paralelo a este proceso legislativo, en el año 2001, la Comisión presentó la Comunicación relativa a una política común de inmigración ilegal[157], donde se destaca la necesidad de establecer una política común de retorno como un instrumento fundamental para combatir la inmigración irregular[158]. Este documento esboza las propuestas de la Comisión para abordar la cuestión de la inmigración ilegal en la UE, incluyendo medidas para prevenir y combatir la inmigración irregular, así como para repatriar a las personas inmigrantes irregulares a sus países de origen. Esta repatriación se considera una parte integral para abordar la inmigración irregular y garantizar una respuesta coordinada y eficaz al problema. Sin embargo, la propia Comisión reconoce que, dada la importancia de la cuestión del retorno, esta debe ser objeto de una reflexión más profunda[159].

Así, un año más tarde, la Comisión presentó el Libro Verde relativo a una política comunitaria de retorno de las y los residentes irregulares[160]. En la Comunicación previamente mencionada, la Comisión ya había anunciado la creación de este Libro Verde, resaltando la necesidad de establecer reglas y adoptar medidas comunes en cuanto al retorno de las personas inmigrantes[161]. Por consiguiente, además de las directrices de la Comisión, el Libro Verde analiza diversos aspectos relacionados con el retorno de las personas nacionales de terceros países, especialmente en el caso de residentes irregulares[162]. Consciente de la complejidad y sensibilidad que caracterizan este aspecto de la política migratoria, la Comisión se limita a iniciar un debate

155. MOYA MALAPEIRA, D.: «La nueva Directiva de Retorno y la armonización comunitaria de las medidas de alejamiento de extranjeros», en *Revista de Derecho Constitucional Europeo*, n.º 10, 2008, p. 127. En el mismo sentido, HAMENSTÄDT, K.: *The margins of discretion in transnational administrative acts: expulsion decisions and entry bans following a criminal conviction*, Hart, Oxford, 2022, pp. 216-217.

156. FAJARDO DEL CASTILLO, T.: «La Directiva sobre el retorno de los inmigrantes en situación irregular», en *Revista de Derecho Comunitario Europeo*, n.º 33, 2009, p. 460.

157. Comisión Europea, Comunicación de la Comisión al Consejo y al Parlamento Europeo, relativa a una política común de inmigración ilegal, COM(2001) 672 final, 15 de noviembre de 2001.

158. *Ibid.*, apartado 2.

159. *Ibid.*, apartado 4.8.

160. Comisión Europea, Libro Verde relativo a una política comunitaria de retorno de los residentes ilegales (en adelante, Libro Verde), COM(2002) 175 final, 10 de abril de 2002.

161. Libro Verde, *op. cit.*, apartado 1.

162. *Ibid.*, apartado 2.1.

sobre el retorno de las personas residentes en situación irregular, enfatizando la necesidad de definir una política común en materia de retorno y la urgencia de establecer normas comunes para los procedimientos de repatriación, priorizando, en la medida de lo posible, el retorno voluntario[163].

Por último, es importante destacar que, si bien el Libro Verde subraya la relevancia de la Directiva sobre el reconocimiento mutuo de las decisiones de expulsión como un primer paso para que una decisión de expulsión emitida por un Estado miembro pueda ser aplicada en otro Estado miembro sin la necesidad de que este último emita una nueva decisión de expulsión, reconoce que la misma carece de un marco obligatorio para el reconocimiento mutuo de estas decisiones. Por ello, en el Libro Verde se plantea la conveniencia de establecer un sistema de carácter global y vinculante de reconocimiento mutuo de las decisiones de retorno que vaya más allá de la Directiva 2001/40/CE[164].

En el mismo año, y como resultado del debate impulsado por el Libro Verde, la Comisión publicó otra Comunicación, relativa a una política comunitaria de retorno de las y los residentes ilegales[165], con el objetivo de ofrecer un pequeño esbozo sobre lo que ulteriormente sería la Propuesta de Programa de Acción para el Retorno. En la Comunicación referida la Comisión señala que «la eficacia de la acción comunitaria en materia de repatriación de los residentes ilegales es (...) un elemento esencial para la credibilidad de toda la política de lucha contra la inmigración ilegal»[166]. Con esto, la acción en materia de expulsión pasó de ser una parte integral y crucial a ser fundamental para la credibilidad de una política común contra la inmigración irregular. Por ello, la Comisión subraya la necesidad de integrar el ya existente marco jurídico sobre el reconocimiento mutuo de las decisiones de expulsión en una propuesta futura sobre los procedimientos de retorno[167].

163. *Ibid.*, apartado 2.2.
164. Libro Verde, *op. cit.*, apartado 3.1.5.
165. Comisión Europea, Comunicación de la Comisión al Consejo y al Parlamento Europeo, relativa a una política comunitaria de retorno de los residentes ilegales (en adelante, Comunicación de la Comisión relativa al retorno), COM(2002) 564 final, 14 de octubre de 2002.
166. *Ibid.*, prólogo.
167. *Ibid.*, apartado 2.3.1.

Tal y como se ha adelantado, el Consejo presentó el 25 de noviembre de 2002 la Propuesta de Programa de Acción para el Retorno[168]. En esta Propuesta se reconoce que el establecimiento de una política común de retorno global y eficaz de las personas nacionales de terceros países plantea uno de los mayores retos de la UE en el ámbito de la Justicia y los Asuntos de Interior[169]. En concreto, la Propuesta destaca la importancia del retorno forzoso para garantizar la integridad de la política de inmigración y asilo de la UE, así como los sistemas de inmigración y asilo de los Estados miembros. Por lo tanto, dado que se reconoce que, aunque el retorno voluntario tiene prioridad, los principales obstáculos a los que se enfrentan los Estados miembros se refieren a los retornos forzosos, el programa se centra en las medidas destinadas a facilitar dicho retorno[170].

Por lo demás, la Propuesta establece las bases para una cooperación reforzada entre los Estados miembros, normas mínimas comunes para la repatriación de personas residentes ilegales y una cooperación intensificada entre terceros países[171].

Finalmente, en 2004, se adoptó el Programa de la Haya, donde se insiste en la necesidad de que el Consejo Europeo inicie el debate sobre las normas mínimas para procedimientos de repatriación, lo que incluye normas mínimas de apoyo a actuaciones nacionales eficaces de repatriación[172].

Con el objetivo de dar respuesta a esta petición, el 1 de septiembre de 2005 la Comisión presentó la propuesta de Directiva de Retorno[173], con el propósito de establecer «unas normas comunes claras, transparentes y justas

168. Consejo Europeo, Propuesta de Programa de Acción para el Retorno (en adelante, Propuesta de Programa de Acción para el Retorno), ref. 14673/02, 25 de noviembre de 2002. Disponible en: https://www.refworld.org/policy/legalguidance/eu/2002/en/12158

169. *Ibid.*, apartado I.

170. Propuesta de Programa de Acción para el Retorno, *op. cit.*, apartado II.

171. *Ibid.*, apartados I y II. Para consultar una lista exhaustiva de las diferentes medidas adoptadas como seguimiento de la Propuesta de Programa de Acción para el Retorno, véase el documento de trabajo de los servicios de la Comisión titulado «Informe relativo al desarrollo de una política común en materia de inmigración ilegal, trata de seres humanos, fronteras exteriores y retorno de residentes ilegales». Comisión Europea, SEC(2004) 1349, 25 de octubre de 2004.

172. Programa de la Haya, *op. cit.*, punto 1.6.4.

173. Comisión, Propuesta de Directiva del Parlamento Europeo y del Consejo, relativa a procedimientos y normas comunes en los Estados miembros para el retorno de los nacionales de terceros países que se encuentren ilegalmente en su territorio, COM(2005) 391 final, 1 de septiembre de 2005.

en materia de retorno, expulsión, uso de medidas coercitivas, internamiento temporal y reingreso, que tengan plenamente en cuenta el respeto de los derechos humanos y las libertades fundamentales de las personas concernidas»[174].

2. PROCESO DE ELABORACIÓN

En este epígrafe, analizaremos el proceso de adopción de la Directiva de Retorno, desde que fue propuesta por la Comisión en 2005 hasta su aprobación en 2008. Como tendremos ocasión de comprobar en las líneas que siguen, el proceso de adopción de la Directiva de Retorno se caracterizó por ser especialmente largo y difícil, debido a las reticencias de los Estados para establecer mínimos comunes en materia de expulsión de personas nacionales de terceros países.

Antes que nada, se hace preciso señalar que la Directiva de Retorno es el primer instrumento importante de inmigración adoptado con arreglo al procedimiento de codecisión. Tal es la relevancia de esta cuestión que, parece procedente examinar, siquiera de manera somera, en qué consiste este procedimiento en la práctica, dado que la teoría es asaz diferente[175].

Desde un punto de vista meramente teórico, y con arreglo a lo dispuesto en el artículo 251 del TUE, el procedimiento es el siguiente: en primer lugar, la Comisión presenta una propuesta tanto al Parlamento Europeo como al Consejo. Después, el Consejo, por mayoría cualificada y previo dictamen del Parlamento Europeo, tiene la opción de 1) adoptar el acto propuesto aprobando todas las enmiendas que contiene el dictamen del Parlamento Europeo, si los tuviere; y, 2) adoptar una posición común. Es lo que se conoce como «primera lectura». En caso de que el Consejo adopte una posición común, el Parlamento Europeo puede: 1) aprobar la posición común o no tomar ninguna decisión; 2) rechazar la posición común; y, 3) introducir enmiendas, que el Consejo puede aceptar o rechazar, en la llamada «segunda lectura». En caso de falta de acuerdo, se convoca una reunión del Comité de Conciliación, el cual está compuesto por los miembros del Consejo o sus representantes, en número igual al de las y los representantes del Parlamento Europeo. El objetivo del Comité es aprobar un texto conjunto por mayoría cualificada por parte de los miembros o las y los representantes del Consejo, y por mayoría simple por parte de las y los representantes del Parlamento Europeo.

174. *Ibid.*, exposición de motivos, apartado 1.
175. En este sentido, ACOSTA ARCARAZO, D.: The good, *op. cit.*, p. 23.

Ahora bien, como ya hemos adelantado, la práctica difiere significativamente de lo establecido en la normativa con respecto al funcionamiento del procedimiento de codecisión. Esto se debe a la institucionalización de los llamados «triálogos», que pueden ser tanto formales como informales. En este trabajo, nos centraremos en los informales.

Los «triálogos» informales, como su nombre indica, son encuentros privados entre las y los representantes de la Comisión, el Consejo y el Parlamento, que tienen lugar durante el proceso legislativo. Mediante estos encuentros, se busca alcanzar acuerdos tempranos entre las tres instituciones involucradas, con el objetivo de facilitar la aprobación de una propuesta legislativa en la primera lectura. Aunque este tipo de encuentros pueden aumentar la eficacia del proceso, deben ser objeto de crítica, debido a su falta de transparencia que, en última instancia, no hace sino ensombrecer todo el proceso[176].

El procedimiento utilizado en las negociaciones de la Directiva de Retorno fue precisamente este, ya que el objetivo era alcanzar lo más rápido posible un acuerdo sobre el texto de la Directiva, evitando así un rechazo por parte del Parlamento o la introducción de enmiendas que requerirían acudir al procedimiento de segunda lectura. La urgencia del Consejo en acelerar el proceso de negociación se explica por el interés de aprovechar plenamente las transferencias del Fondo de Retorno establecido por la Decisión 575/2007/CE, del Parlamento Europeo y del Consejo, de 23 de mayo de 2007, por la que se establece el Fondo Europeo para el Retorno para el período 2008-2013 como parte del Programa general «Solidaridad y Gestión de los Flujos Migratorios»[177]. Este fondo incluía la armonización del retorno, proporcionando así una base legal para la distribución de dichos fondos[178].

Finalmente, después de tres años de arduas negociaciones, este proceso culminó con la adopción de la Directiva de Retorno, la cual entró en vigor el 13 de enero de 2009. Entre el texto original presentado por la Comisión y el texto definitivo, podemos encontrar algunas diferencias sustanciales. Sin entrar en detalles, pues excedería con mucho el objetivo de estas páginas,

---

176. ACOSTA ARCARAZO, D.: The good, *op. cit.*, p. 24. En sentido idéntico, FAJARDO DEL CASTILLO, T.: La Directiva, *op. cit.*, p. 459.
177. Diario Oficial de la Unión Europea L 144, 6 de junio de 2007, pp. 45-65. Actualmente, derogado por el Reglamento (UE) n.º 516/2014 del Parlamento Europeo y del Consejo, de 16 de abril de 2014, por el que se crea el Fondo de Asilo, Migración e Integración, por el que se modifica la Decisión 2008/381/CE del Consejo. Diario Oficial de la Unión europea L 150, 20 de mayo de 2014, pp. 168-194.
178. En este sentido, MOYA MALAPEIRA, D.: La nueva Directiva, *op. cit.*, pp. 121-122.

conviene traer a colación algunos de estos puntos que más divergen del texto final.

En primer lugar, el ámbito de aplicación establecido en la propuesta de la Comisión incluía a todas las personas nacionales de terceros países que se encontraran en situación irregular en el territorio de un Estado miembro, ya sea por no cumplir o no seguir cumpliendo con las condiciones de entrada, o por cualquier otra razón que las hiciera estar irregularmente en el territorio (art. 2.1). Se contemplaba solo una excepción, dejando a discreción de los Estados la decisión de aplicar o no la Directiva en los casos de personas nacionales de terceros países a quienes se les hubiera denegado la entrada en una zona de tránsito de un Estado miembro (art. 2.2). En la versión finalmente aprobada, empero, se recoge una excepción adicional de no poca envergadura. Nos referimos a la posibilidad otorgada a los Estados miembros de no aplicar la Directiva en el caso de que la persona nacional de un tercer país esté sujeta a una medida de retorno como consecuencia de una sanción penal, o esté sujeta a un procedimiento de extradición (art. 2.2.b).

En segundo lugar, debemos destacar los cambios que se han producido en relación con la prohibición de entrada. El texto definitivo difiere en cierta medida del propuesto por la Comisión, ya que se incluye una relación de supuestos en las que los Estados pueden revocar o suspender la prohibición de entrada, abarcando, entre otros aspectos, motivos humanitarios (art. 11.3.III). La inclusión de esta disposición responde a las insistentes demandas del Parlamento para incluir en el texto de la Directiva una adecuada protección de los derechos humanos[179].

En tercer y último lugar, debemos hacer referencia a la medida de internamiento con el fin de asegurar la expulsión. En la propuesta de Directiva presentada por la Comisión, se establecía un plazo de internamiento de un máximo de seis meses, sin posibilidad de prórroga (art. 14.4). En cambio, la situación se agrava en el texto finalmente aprobado, ya que se contempla la posibilidad de prorrogarlo hasta doce meses adicionales en determinadas circunstancias (art. 15.6).

179. Ello se desprende del conocido como Informe Weber, que contiene las enmiendas que el Parlamento realizó al texto presentado por la Comisión Europea. Véase, INFORME-A6-0339/2007, sobre la propuesta de Directiva del Parlamento Europeo y del Consejo relativa a procedimientos y normas comunes en los Estados miembros para el retorno de los nacionales de terceros países que se encuentren ilegalmente en su territorio.

En general, el texto final ha contado con varias modificaciones. Estas incluyen una mayor atención a los derechos humanos de las personas expulsadas, la concreción de ciertas circunstancias que justifican la aplicación de medidas como el internamiento o la prohibición de entrada, la ampliación del plazo para el retorno voluntario, la asistencia a las y los menores no acompañados antes de que se dicte la decisión de retorno, y en particular, la revisión del lenguaje utilizado en la Directiva[180]. Respecto a esto último, interesa destacar la supresión del término «ilegal», el cual fue sustituido por «irregular». Esta modificación no es fútil, dado que, desde el punto de vista administrativo, no se considera a las personas como «ilegales», sino como «irregulares».

A continuación, a modo de complemento de lo ya avanzado, conviene analizar con mayor detalle el contenido del texto vigente de la Directiva de Retorno.

3. ASPECTOS MÁS CONTROVERTIDOS DE SU CONTENIDO

La Directiva 2008/115/CE se considera la herramienta principal para reducir la inmigración irregular. Esta percepción se basa en el objetivo fundamental de la Directiva de Retorno, que es mitigar los problemas surgidos entre los distintos Estados miembros con el fin último de combatir eficazmente este fenómeno. Con este propósito, la Directiva busca fortalecer las medidas comunitarias ya implementadas en materia de inmigración irregular, al mismo tiempo que pretende subsanar las deficiencias e imprecisiones observadas en su aplicación[181].

Desde un punto de vista estrictamente jurídico, no cabe cuestionar la utilidad de esta Directiva, la cual establece garantías comunes, hasta ahora inexistentes, en materia de retorno. Es más, es precisamente su importancia armonizadora la que hace necesario analizar su impacto en el ámbito europeo. Dado que la expulsión es una medida severa, resulta evidente que la UE no podía seguir siendo ajena a las irregularidades y vulneraciones de derechos humanos que algunos de sus Estados miembros venían cometiendo[182].

180. Para un análisis más detallado de lo que incluía la propuesta de 2005 y sus diferencias con el texto vigente, véase, ACOSTA ARCARAZO, D.: The good, *op. cit.*, pp. 25 y ss.; PEERS, S.: «Statewatch supplementary analysis: The Returns Directive-the final stages?», en *Human Rights Centre*, University of Essex, 2008.

181. GARCÍA COSO, E.: La regulación, *op. cit.*, p. 82.

182. FAJARDO DEL CASTILLO, T.: La Directiva, *op. cit.*, p. 454, señala algunas de estas irregularidades, como el internamiento sin límite máximo, la prohibición de entrada perpetua y la falta de asistencia letrada gratuita.

La Directiva de Retorno se crea principalmente con el propósito, tal como se especifica en su artículo 1, de «establecer normas y procedimientos comunes que deberán aplicarse en los Estados miembros para el retorno de los nacionales de terceros países en situación irregular», respetando los derechos fundamentales y principios generales sobre los que se sustentan el Derecho comunitario y el Derecho internacional.

El retorno, por su parte, ha de entenderse como «el proceso de vuelta de un nacional de un tercer país bien sea en acatamiento voluntario de una obligación de retorno, bien de modo forzoso, a su país de origen, o un país de tránsito con arreglo a acuerdos de readmisión comunitarios o bilaterales o de otro tipo, u otro tercer país al que el nacional de un tercer país decida volver voluntariamente y en el cual será admitido» (art. 3.3).

Como podemos observar, la Directiva, de forma deliberada, opta por el término «retorno» en lugar de «expulsión», definiendo esta última como «la ejecución de la obligación de retornar, es decir, el trasporte físico del Estado miembro» (art. 3.5). Esto no es casual, sino que refleja las disparidades legislativas en torno a la definición de «expulsión», lo que, en última instancia, dificulta alcanzar una definición uniforme para todos los Estados miembros[183].

Ya se ha mencionado que la Directiva nace con el propósito de acercar las legislaciones nacionales de los Estados miembros en materia de retorno. No obstante, la armonización propuesta por la Directiva respeta en gran medida estas normativas internas, lo que podría considerarse como una armonización *soft* o a la carta. Es más, la Directiva permite a los Estados cumplir con las obligaciones que impone sin necesidad de renunciar a sus propios sistemas nacionales de retorno[184].

Ahora bien, el hecho de que la Directiva otorgue a los Estados un amplio margen de discrecionalidad para adaptar sus normativas nacionales a la misma no significa que carezca de un contenido mínimo destinado a garantizar una estructura y un funcionamiento común para el retorno de las y los nacionales de terceros países, extensible a todos los Estados miembros. Por el contrario, el objetivo de la Directiva es establecer un sistema que facilite la ejecución de las decisiones de retorno en un Estado miembro sin requerir

183. Es el caso de España, donde se distinguen las figuras de la expulsión, el retorno y la devolución. En este sentido, GARCÍA COSO, E.: La regulación, *op. cit.*, p. 93.

184. *Ibid.*, p. 84. Esto se debe al uso excesivo de la cláusula «podrán», que indudablemente compromete el objetivo armonizador de la Directiva.

un control previo ni trámites adicionales, lo que a su vez permite la libre circulación de estas resoluciones entre los Estados miembros[185].

Sin perjuicio de lo señalado, parte de la doctrina ha advertido de las posibles consecuencias negativas de crear una norma común a todos los Estados. En este sentido, se ha señalado que, por ejemplo, en el caso de los países más garantistas en esta materia, podrían reducir sus estándares al mínimo permitido por la Directiva[186]. Por otro lado, se ha destacado que es poco probable que los países que ya cumplen con los requisitos mínimos establecidos por la Directiva aumenten su nivel de protección. En otros casos, sin embargo, la Directiva regula la realidad existente en otros Estados que carecen de una normativa interna acorde con los derechos humanos[187]. En estas circunstancias, en palabras de los entonces eurodiputados GUARDANS Y CAMPUZANO, la Directiva concede derechos a las personas extranjeras que previamente no los tenían, debido a la falta o insuficiencia de legislación nacional en materia de retorno en sus respectivos Estados miembros[188].

Más preocupante, a nuestro entender, es que la Directiva adopte como estándar europeo medidas y prácticas que difícilmente pueden ser compatibles con las exigencias de las sociedades democráticas[189]. Por esta razón, la presente Directiva ha sido objeto de numerosas críticas, principalmente por parte de diferentes organizaciones internacionales y Estados latinoame-

185. MOYA MALAPEIRA, D.: La nueva Directiva, *op. cit.*, p. 129. De la misma opinión, GARCÍA COSO, E.: La regulación, *op. cit.*, p. 93.

186. En este sentido, en una declaración adjunta al texto de la Directiva y emitida por el Consejo, se establece explícitamente que «la aplicación de la presente Directiva no ha de ser utilizada, en sí misma, como motivo para justificar la adopción de disposiciones menos favorables para las personas a las que se aplica» (N.º de documento: 16166/08 ADD 1 REV 1).

187. ILIES, M.: La política, *op. cit.*, p. 14.

188. GUARDANS CAMBO, I./CAMPUZANO, C.: «Algunos derechos para quienes no los tenían», *El País*, 25.06.2008. Disponible en: https://elpais.com/diario/2008/06/25/opinion/1214344805_850215.html#. Para SORROZA BLANCO, A.: Crónica, *op. cit.*, p. 9, la armonización pretendida por la Directiva solo afecta a 7 de los 27 Estados miembros, por lo que, en lugar de lograr una mejora generalizada, entiende que solo ha representado un avance para aquellos países que carecían de cualquier tipo de regulación en este ámbito.

189. ARANGO, J.: Después, *op. cit.*, p. 65.

ricanos[190]. Es por ello por lo que en algunos círculos se le ha denominado la «Directiva de la vergüenza»[191].

Las críticas dirigidas al texto de la Directiva se centran en los siguientes aspectos: el ámbito de aplicación, la preferencia por el retorno voluntario, las garantías procesales, la prohibición de entrada, el internamiento y la expulsión de menores. A continuación, procedemos a exponer algunos de estos puntos, dada su relevancia en el contexto del trabajo que nos concierne.

3.1. Ámbito de aplicación

En cuanto al ámbito de aplicación de la Directiva, su artículo 2.1 establece que se aplicará «a los nacionales de terceros países en situación irregular en el territorio de un Estado miembro». Posteriormente, en el apartado 2 del mismo artículo, se menciona que los Estados miembros podrán no aplicar la Directiva en casos donde las personas nacionales de terceros países se encuentren en alguna de las situaciones descritas en el texto legal, las cuales serán analizadas a continuación.

Como vemos, la Directiva no abarca a todas las personas extranjeras nacionales de terceros países en situación irregular, sino únicamente a aquellas que no se encuentren en alguna de las circunstancias que las excluyan de su aplicación, si el Estado en cuestión así lo decide, de la aplicación de la Directiva. El hecho de que los Estados miembros puedan, en función de sus propios intereses nacionales, dejar fuera del ámbito de aplicación a una gran cantidad de personas extranjeras en situación irregular, además de reflejar

190. Véase, ACOSTA ARCARAZO, D.: «Latin American Reactions to the Adoption of the Returns Directive», en *Centre for European Policy Studies*, November 2009; CERIANI CERNADAS, P.: «La Directiva de Retorno de la Unión Europea: apuntes críticos desde una perspectiva de derechos humanos», en *Anuario de Derechos Humanos*, n.º 5, 2009, pp. 92-93.

191. Evo Morales, quien fue presidente Constitucional de la República de Bolivia desde 2006 hasta 2019, acuñó el término en una carta abierta dirigida a la UE, donde abordaba el papel real de las personas inmigrantes. En dicha carta, además de criticar con severidad las disposiciones de la Directiva, instó a la UE a elaborar, «una política migratoria respetuosa de los derechos humanos, que permita mantener este dinamismo provechoso para ambos continentes y que repare de una vez por todas la tremenda deuda histórica, económica y ecológica que tienen los países de Europa con gran parte del tercer mundo, que cierre de una vez las venas todavía abiertas de América Latina». Véase el texto completo en, MORALES AYMA, E.: «El papel real de los migrantes. Carta abierta de Juan Evo Morales Ayma, presidente constitucional de la República de Bolivia, a la Unión Europea», en *Revista Latinoamericana de Población*, vol. 2, n.º 2, 2008, pp. 157-161.

las reticencias nacionales de los Estados para ceder parte de su soberanía en este ámbito, también ejemplifica esa flexibilidad en la armonización a la que hemos hecho referencia previamente[192].

La primera excepción contemplada por la Directiva se refiere a las y los nacionales de terceros países «a los que se deniegue la entrada (...) o que sean detenidos o interceptados por las autoridades competentes con ocasión del cruce irregular de las fronteras exteriores terrestres, marítimas o aéreas de un Estado miembro y no hayan obtenido ulteriormente una autorización o derecho de estancia en dicho Estado miembro» (art. 2.2.a). Estos casos son comúnmente conocidos como «devoluciones en frontera».

La razón para aceptar esta excepción radica en que la Directiva se centra en el retorno, y no en los controles fronterizos que pueden resultar en rechazos y devoluciones. Sin embargo, esta distinción, que puede parecer clara en términos legales, se diluye en la práctica. Por ello, esta exclusión prevista por la Directiva ha recibido críticas severas por parte de organizaciones no gubernamentales de protección de derechos humanos. Estas organizaciones han alertado sobre el peligro de tratar de manera indiscriminada a las y los solicitantes de asilo y a las y los inmigrantes económicos en las devoluciones en frontera[193].

En cualquier caso, la Directiva garantiza que las personas que se encuentren en alguna de estas situaciones reciban el mismo trato y nivel de protección reconocidas en ella. Sucede lo propio con el principio de no devolución, que se aplica de igual manera que para las personas incluidas en el ámbito de aplicación de la Directiva (art. 4.4.a) y b). De esta forma, se busca evitar que los Estados miembros, basándose en la disposición mencionada, adopten normas y procedimientos diferentes a los establecidos por la Directiva para el retorno de personas extranjeras. Ahora bien, lo relevante aquí es que estas personas quedan fuera del ámbito de la Directiva y, por lo tanto, están sujetas únicamente a las leyes nacionales, lo que plantea interrogantes sobre la consecución del objetivo de proporcionar un trato similar al que establece la Directiva[194].

---

192. GARCÍA COSO, E.: La regulación, *op. cit.*, p. 84.
193. FAJARDO DEL CASTILLO, T.: La Directiva, *op. cit.*, p. 463. En este sentido, véase el informe del alto Comisionado de las Naciones Unidas para los Refugiados (ACNUR) respecto de su posición sobre la Propuesta de la Directiva de Retorno. Disponible en: https://www.acnur.org/fileadmin/Documentos/BDL/2008/6422.pdf
194. GARCÍA COSO, E.: La regulación, *op. cit.*, p. 85.

El segundo grupo excluido del ámbito de aplicación de la Directiva son las y los nacionales de terceros Estados «que estén sujetos a medidas de retorno que sean constitutivas de sanciones penales o consecuencia de sanciones penales, con arreglo a la legislación nacional, o que estén sujetos a procedimientos de extradición» (art. 2.2.b). En este sentido, cabe recordar que la Unión no tiene competencias en lo que respecta a las normativas penales de los Estados miembros, de ahí la exclusión de estas personas[195].

Esta exclusión evidencia la diferente situación jurídica en la que se encuentran las personas extranjeras que han sido objeto de una condena penal o están inmersas en un procedimiento de extradición[196]. Sin embargo, el hecho de que la Directiva incluya esta cláusula ha tenido como consecuencia —quizá indeseada— la considerable restricción de su ámbito de aplicación en aquellos Estados miembros donde la irregularidad está sancionada penalmente, como en Italia[197], o donde la expulsión es una sanción de naturaleza penal en casos en los que la persona extranjera haya delinquido, como en España. En ambos casos, la aplicación de la Directiva deja de ser preceptiva[198].

El Tribunal de Justicia de la Unión Europea (en adelante, TJUE), ha tenido la oportunidad de pronunciarse al respecto, y ha declarado que «la Directiva 2008/115 no se opone a que se impongan sanciones penales, con arreglo a las normas nacionales en materia de procedimiento penal, a los nacionales de terceros países a los que se aplique el procedimiento de retorno establecido en la citada Directiva y que se hallen en situación irregular en el territorio de un Estado miembro» (STJUE, *Achughbabian*)[199]. Sin embargo, se entiende que la Directiva de Retorno sí se opone a una sanción penal que permite el

195. FAJARDO DEL CASTILLO, T.: La Directiva, *op. cit.*, pp. 363-364.
196. BALDACCINI, A.: «The EU Directive on return: principles and protests», en *Refugee Survey Quarterly*, vol. 28, n.º 4, 2009, p. 127.
197. El artículo 10-bis.1 del Decreto Legislativo n.º 286, de 25 de julio de 1998, por el que se aprueba el texto refundido de las disposiciones en materia de inmigración y de las normas relativas al estatuto de las personas extranjeras, dispone: «Salvo que el hecho constituya un delito más grave, el extranjero que entre o permanezca en el territorio del Estado infringiendo las disposiciones del presente texto refundido, así como las previstas en el artículo 1 de la Ley n.º 68 de 28 de mayo de 2007, será castigado con una multa de 5.000 a 10.000 euros».
198. BOZA MARTÍNEZ, D.: *La expulsión de personas extranjeras condenadas penalmente: el nuevo artículo 89 CP*, Thomson Reuters Aranzadi, Cizur Menor (Navarra), 2016, p. 167.
199. Sentencia del Tribunal de Justicia de la Unión Europea (Gran Sala) en el asunto *Achughbabian*, C-329/11, de 6 de diciembre de 2001, apartado 48.

encarcelamiento, ya que esto, según el Tribunal, frustraría el objeto último de la Directiva, que es el retorno (STJUE, *El Dridi*[200]; STJUE *Affum*[201]).

El caso de Italia es especialmente relevante, ya que, durante el proceso de aprobación de la Directiva, el país adoptó varias leyes destinadas a criminalizar diversos aspectos de la inmigración irregular, incluyendo la entrada y estancia irregulares. Con esto, Italia buscaba eludir la aplicación de la Directiva, incumpliendo así sus obligaciones comunitarias[202].

En otro orden de consideraciones, el ámbito de aplicación de la Directiva de Retorno también concierne, aunque en un segundo plano, a los Estados de origen o tránsito de las personas extranjeras sujetas a una medida de expulsión, e incluso a terceros Estados no relacionados con los anteriores. Esto se debe a que, con arreglo a los acuerdos de readmisión comunitarios, bilaterales u de otro tipo, estos países tienen la obligación legal de readmitir a sus nacionales que se encuentren irregularmente en el territorio de otro Estado miembro (art. 3.3)[203].

Siguiendo con lo recién apuntado, conviene llamar la atención sobre la posibilidad de expulsar a una persona extranjera irregular a un tercer país que no sea su país de origen. La existencia en ese país de un sistema de garantías similar al establecido por el CEDH puede ser cuestionable, lo que añade dificultades para garantizar la repatriación respetando la dignidad y los derechos humanos de estas personas. Además, se suma la complejidad de determinar una recepción adecuada en dicho tercer país, que podría ser incluso peor que en el país de procedencia[204].

---

200. Sentencia del Tribunal de Justicia de la Unión Europea (Sala Primera) en el asunto *El Dridi*, C-61/11 PPU, de 28 de abril de 2011, apartados 53 a 55.
201. Sentencia del Tribunal de Justicia de la Unión Europea (Gran Sala) en el asunto *Affum*, C-47/15, de 7 de junio de 2016, apartado 63.
202. PASSALACQUA, V.: «*El Dridi* upside down: a case of legal mobilization for undocumented migrants» rights in Italy», en *Tijdschrift voor bestuurswetenschappen en publiekrecht*, n.º 4, 2016, pp. 218-219. En idéntico sentido, BALDACCINI, A.: The EU Directive, *op. cit.*, p. 127. También de interés, RAFFAELI R.: «Criminalizing irregular immigration and the Returns Directive: an analysis of the *el Dridi* case», en *European Journal of Migration and Law*, n.º 13, 2011, pp. 467-489.
203. Analiza este aspecto dentro del ámbito de aplicación de la Directiva, GARCÍA COSO, E.: La regulación, *op. cit.*, pp. 85-86.
204. PÉREZ SOLA, N.: «La Directiva de Retorno y la involución en la Europa de los derechos», en *Revista de Estudios Jurídicos*, n.º 8, 2008, pp. 1-2. En idéntico sentido, MARTÍNEZ ESCAMILLA, M.: «Inmigración, derechos humanos y política criminal: ¿hasta dónde estamos dispuestos a llegar?», en *Indret: revista para el análisis del derecho*, n.º 3, 2009, p. 37.

Junto con lo anterior, interesa a nuestros efectos recordar que la presente Directiva se circunscribe a las y los nacionales de terceros países en situación irregular, excluyendo, por mandato expreso del artículo 2.3, a las personas beneficiarias del derecho a la libre circulación[205].

3.2. Internamiento cautelar

En lo que respecta al internamiento para asegurar la expulsión[206], la Directiva establece en su artículo 15.1 que «salvo que en el caso concreto de que se trate puedan aplicarse con eficacia otras medidas suficientes de carácter menos coercitivo, los Estados miembros podrán mantener internados a los nacionales de terceros países que sean objeto de procedimientos de retorno, únicamente a fin de preparar el retorno o llevar a cabo el proceso de expulsión, especialmente cuando: a) haya riesgo de fuga; o, b) el nacional de un tercer país de que se trate evite o dificulte la preparación del retorno o el proceso de expulsión».

Como vemos, la Directiva ofrece, una vez más, la posibilidad de que los Estados adopten esta decisión con total discrecionalidad. De hecho, el uso de la cláusula «podrán» constituye la principal respuesta a las críticas dirigidas hacia esta medida, ya que los Estados miembros no están obligados a incorporarla a sus legislaciones nacionales[207]. Sin embargo, en nuestra opinión, es una opción que merece ser criticada por todas las implicaciones que conlleva.

---

205. Conforme a lo establecido en el artículo 2.5 del Código de fronteras Schengen, se considerarán personas beneficiarias del derecho a la libre circulación con arreglo al Derecho de la UE, las siguientes: a) las y los ciudadanos de la Unión según lo dispuesto en el artículo 20, apartado 1, del TFUE, así como las y los nacionales de terceros países miembros de la familia de un ciudadano o ciudadana de la Unión, que ejerzan su derecho a circular libremente y a los que se aplique la Directiva 2004/38/CE del Parlamento Europeo y del Consejo; y, b) las y los nacionales de terceros países y los miembros de su familia, cualquiera que sea su nacionalidad, que, en virtud de acuerdos celebrados entre la Unión y sus Estados miembros, por una parte, y dichos terceros países, por otra, gocen de derechos en materia de libre circulación equivalentes a los de los ciudadanos de la Unión.
206. Sobre este particular, ampliamente, SOLER GARCÍA, C.: *Los límites a la expulsión de extranjeros ante el Tribunal Europeo de Derechos Humanos y el Tribunal de Justicia de la Unión Europea*, Thomson Reuters Aranzadi, Cizur Menor (Navarra), 2019, pp. 321 y ss.; BOLLO AROCENA, M. D.: *Expulsión de extranjeros, Derecho internacional y Derecho europeo*, Thomson Reuters Aranzadi, Cizur Menor (Navarra), 2016, pp. 165 y ss.
207. En su defensa, FAJARDO DEL CASTILLO, T.: La Directiva, *op. cit.*, p. 481.

En principio, la Directiva fomenta el uso de otras medidas menos coercitivas que el internamiento, siempre y cuando estas puedan ser aplicadas con eficacia. El problema radica en que la norma no específica cuáles son estas medidas alternativas. Se podría inferir de una lectura conjunta de la Directiva, y en particular, de lo señalado en el artículo 7.3 referente a la salida voluntaria, que dichas medidas incluirían la presentación periódica ante las autoridades, el depósito de una fianza adecuada, la entrega de documentos o la obligación de permanecer en un lugar determinado[208].

En cuanto a los casos en los que se puede adoptar la medida de internamiento, la norma deja abierta la posibilidad de aplicarla en cualquier situación, siempre y cuando el único objetivo sea preparar el retorno. Merecen una consideración aparte los casos en los que exista riesgo de fuga, o cuando la persona nacional de un tercer país obstaculice la preparación del retorno o el proceso de expulsión, ya que es en estas situaciones cuando se deberá recurrir especialmente al internamiento (art. 15.1). También en este caso, la referencia a estas circunstancias resulta ambigua y difusa, lo que podría conducir a la aplicación indiscriminada de esta medida[209].

El riesgo de fuga o la obstrucción del proceso son circunstancias propias del Derecho procesal penal, en el cual la prisión provisional solo se puede decretar como *ultima ratio*[210]. Resulta, cuando menos, dudoso que la Directiva establezca una privación de libertad por una infracción administrativa equiparable a la sanción más grave existente en el Derecho penal que, cabe subrayar, se aplica por la comisión de un delito[211].

En el caso español, el internamiento se encuentra regulado en la Ley Orgánica 4/2000, de 11 de enero, sobre Derechos y Libertades de los Extranjeros en España y su Integración Social [212] (en adelante, LOEX), concretamente en los artículos 62 y siguientes. Estas disposiciones no solo detallan aspectos como los derechos y deberes de las personas internadas, sino que también establecen en qué situaciones puede ser adoptada la medida de internamiento.

---

208. Se manifiestan en este sentido, GARCÍA COSO, E.: La regulación, *op. cit.*, p. 108; BALDACCINI, A.: The EU Directive, *op. cit.*, p. 130.
209. NIETO GARCÍA, L. C.: «Derechos humanos e inmigración. Europa y la Directiva de Retorno», en *Papeles de relaciones ecosociales y cambio global*, n.º 104, 2008-2009, pp. 50-51.
210. CERIANI CERNADAS, P.: La Directiva, *op. cit.*, p. 90.
211. SÁNCHEZ FERNÁNDEZ, A.: «Inmigración y derechos humanos en la UE. Análisis de la Directiva 2008/115/CE», en *Persona y Derecho: Revista de fundamentación de las Instituciones Jurídicas y de Derechos Humanos*, vol. 68, 2013, p. 169.
212. «BOE» núm. 10, de 12 de enero de 2000, páginas 1139 a 1150 (12 págs.).

El poder conferido por la LOEX a la Administración entra en conflicto directo con lo estipulado en el artículo 25.3 de la Constitución Española (en adelante, CE), el cual establece que «la Administración civil no podrá imponer sanciones que, directa o subsidiariamente, impliquen privación de libertad». Esta cuestión fue objeto de análisis por parte del Tribunal Constitucional (en adelante, TC) en su Sentencia 115/1987, de 7 de julio[213], debido a las serias dudas que generaba el internamiento en el ámbito de la extranjería, considerando la naturaleza administrativa de la medida.

El recurso de inconstitucionalidad, presentado por el Defensor del Pueblo, tenía como objetivo declarar inconstitucionales ciertos preceptos de la ya derogada Ley Orgánica 7/1985, de 1 de julio, sobre derechos y libertades de los extranjeros en España[214] (en adelante, LO 7/1985). En concreto, se dirigía contra el apartado segundo del artículo 26 de dicha ley, el cual contemplaba la posibilidad de internar a la persona extranjera mientras se tramitaba el expediente de expulsión. En ese momento, el legislador condicionó la adopción de la medida de internamiento a la autorización de la autoridad judicial de Instrucción del lugar donde hubiera sido detenida la persona extranjera, aparentemente para disipar cualquier duda sobre la constitucionalidad de la medida. Precisamente este aspecto fue el que llevó al TC a declarar que la medida de internamiento de las personas extranjeras es acorde con la Constitución[215].

No obstante, como se ha señalado a nuestro entender acertadamente, «la declarada constitucionalidad del internamiento en relación con dicho artículo no eclipsa la extraña naturaleza jurídica de esta figura en cuanto permite suspender un derecho tan básico como la libertad ambulatoria para asegurar la ejecución de una eventual sanción de naturaleza administrativa: la expulsión, que en la mayoría de los casos da respuesta a una estancia sin permiso conceptuada no como delito sino como una mera infracción administrativa, lo cual sigue generando dudas de constitucionalidad si no desde la perspectiva del art. 25.3 CE, sí desde el prisma del propio art. 17 de la Constitución en cuanto la privación de libertad ha de estar supeditada al principio de proporcionalidad»[216].

213. Sentencia del Tribunal Constitucional (Pleno) 115/1987, de 7 de julio.
214. «BOE» núm. 158, de 3 de julio de 1985, páginas 20824 a 20829 (6 págs.).
215. MARTÍNEZ ESCAMILLA, M.: «Centros de internamiento para extranjeros: estado de la cuestión y perspectivas de futuro», en *Revista Electrónica de Ciencia penal y Criminología*, n.º 18, 2016, p. 20.
216. MARTÍNEZ ESCAMILLA, M.: Centros de internamiento, *op. cit.*, p. 21.

Lo que más controversia ha generado, además del internamiento en sí, son los plazos establecidos para el mismo. La Directiva otorga cierto margen a los Estados para determinar el período de internamiento, siempre y cuando este no exceda los seis meses (art. 15.5). Este plazo puede prorrogarse por doce meses adicionales, es decir, hasta un total de dieciocho meses, en casos en los que la expulsión se vea prolongada debido a: a) la falta de cooperación de la persona sujeta a expulsión; o, b) demoras de terceros países en la obtención de la documentación necesaria (art. 15.6).

La primera razón que justificaría la ampliación del plazo es muy ambigua, ya que deja abierta la posibilidad de invocarla ante cualquier persona extranjera que no tenga su documentación en regla. La segunda razón es aún más cuestionable, dado que es la persona extranjera quien sufre las consecuencias de la mala administración del tercer país en cuestión. No parece muy razonable culpar a la persona extranjera por la demora de un Estado, y mucho menos que como consecuencia de ello se vea perjudicada doblemente[217].

Sin perjuicio de lo apuntado hasta ahora, no cabe desconocer que la Directiva establece un período de internamiento común a todos los Estados, lo cual, sin duda, debe ser valorado positivamente, especialmente considerando la disparidad de regulaciones que existían antes de la adopción de la Directiva[218]. El problema, sin embargo, radica en el prolongado espacio de tiempo por el que ha optado el texto legal que, valga la redundancia, se sitúa en un máximo de dieciocho meses[219].

En cuanto a las condiciones del internamiento, la Directiva establece que, como norma general, este se llevará a cabo en centros especializados. No obstante, se contempla la posibilidad de cumplirlo en centros penitenciarios, siempre y cuando el Estado miembro en cuestión no pueda proporcionar alojamiento adecuado o no disponga de un Centro de Internamiento Extranjeros (en adelante, CIE) especializado (art. 16.1). En tal caso, existe el riesgo de que la persona extranjera se vea sometida a un régimen disciplinario propio de un centro penitenciario, a pesar de no haber cometido ningún delito[220].

---

217. SÁNCHEZ FERNÁNDEZ, A.: Inmigración, *op. cit.*, p. 172. En sentido similar, PÉREZ SOLA, N.: La Directiva, *op. cit.*, p. 10.

218. En este sentido, véase la tabla comparativa proporcionada por FAJARDO DEL CASTILLO, T.: La Directiva, *op. cit.*, p. 483, donde se puede observar la disparidad de las regulaciones existentes entre los diferentes Estados miembros.

219. GARCÍA COSO, E.: La regulación, *op. cit.*, p. 109.

220. PÉREZ SOLA, N.: La Directiva, *op. cit.*, pp. 11-12.

Indudablemente, merece una crítica férrea el hecho de que una normativa administrativa contemple como posibilidad el internamiento en un centro penitenciario, dado que estos están diseñados para el cumplimiento de penas privativas de libertad por la comisión de delitos. No se evalúa hasta qué punto el internamiento en un centro penitenciario puede ser más garantista que en un CIE, en términos de asegurar las necesidades básicas de las personas internas[221]. Sea como fuere, como apunta NIETO GARCÍA, «el recurso a las prisiones para internar a extranjeros indocumentados da cuenta del calado de esta Directiva»[222].

Como se acaba de adelantar, la normativa española de extranjería prevé la posibilidad de ingresar a la persona extranjera incursa en un procedimiento de expulsión en un CIE[223]. Si bien excede del objeto de estudio de estas páginas, conviene realizar ciertas consideraciones sobre este tipo de centros.

Antes que nada, parece procedente hacer una aproximación al concepto y la naturaleza de los CIE, para lo cual resulta esclarecedora la siguiente definición: «Los CIE son establecimientos públicos de carácter no penitenciario, dependientes del Ministerio del Interior, destinados a la custodia preventiva y cautelar de extranjeros para garantizar su expulsión, devolución o regreso por las causas y en los términos previstos en la legislación de extranjería, y de los extranjeros que, habiéndoseles sustituido la pena privativa de libertad por la medida de expulsión, el juez o tribunal competente así lo acuerde en aplicación de lo dispuesto por el artículo 89.6 del Código Penal»[224].

Como vemos, se trata de centros de naturaleza no penitenciaria en los cuales es posible internar, como medida cautelar, a aquellas personas extranjeras que se encuentren en alguno de los supuestos contemplados en la

221. En su informe del año 2022, el Servicio Jesuita a Migrantes señala que los CIE representan situaciones de sufrimiento y hostilidad, dando lugar a diversos sistemas internos que resultan en la desigualdad de derechos. Además, describen incidentes de detenciones injustificadas y deficiencias en el sistema que constituyen violaciones de los derechos humanos de las personas. También expresan su pesar por las deficiencias en el reglamento que permiten que ciudadanas y ciudadanos de la UE, solicitantes de protección internacional, menores y víctimas de violencia de género sean internados en estos centros. Disponible en: https://sjme.org/wp-content/uploads/2023/06/Informe-CIE-2022-SJM.pdf
222. NIETO GARCÍA, L.: Derechos humanos, *op. cit.*, p. 51.
223. Sobre los CIE, ampliamente, FERNÁNDEZ BESSA, C.: Los Centros de Internamiento, *op. cit.*
224. Artículo 1.2 del RD 162/2014, de 14 de marzo, por el que se aprueba el reglamento de funcionamiento y régimen interior de los centros de internamiento de extranjeros. «BOE» núm. 64, de 15 de marzo de 2014, páginas 23236 a 23264 (29 págs.).

LOEX, o en su caso, en el CP, con el fin de materializar la expulsión. No obstante, su naturaleza jurídica sigue siendo ambigua, lo que los convierte en «lugares propicios para prácticas contrarias a los derechos humanos (...) una especie de limbos jurídicos que difuminan la claridad de los derechos»[225]. La afectación de los derechos humanos y las libertades individuales de las personas que pasan por este tipo de centros es tan significativa que parte de la doctrina los ha llegado a calificar como auténticas cárceles[226].

3.3. Prohibición de entrada

La Directiva de Retorno también establece otra obligación para los Estados miembros, relacionada con la prohibición de entrada que debe acompañar a las decisiones de retorno en los casos descritos en el artículo 11.1. En concreto, dicho artículo establece que esta decisión se tomará en los casos en que: a) no se haya concedido ningún plazo para la salida voluntaria; o, b) no se haya cumplido con la obligación de retorno. Más problemática se torna, empero, lo dispuesto *in fine* del mismo artículo, donde se alude a que «en otros casos», las decisiones de retorno «podrán» ir acompañadas de una prohibición de entrada. Esto implica que el artículo deja a discreción de los Estados decidir qué otros casos pueden dar lugar a una prohibición de entrada. En este sentido, GARCÍA COSO ha criticado con acierto que la

225. NIETO GARCÍA, L. C.: Derechos humanos, *op. cit.*, p. 48.

226. Así los denomina RÍOS MARTÍN, J. C., *et al.*: *Invisibles en la «Última frontera». Manual jurídico para las personas extranjeras en los centros de internamiento (CIE)*, Caritas, Madrid, 2020, pp. 24-25, al considera que, aunque los CIE no tengan carácter penitenciario, «la afectación a los derechos fundamentales (libertad, intimidad y salud) tiene la misma o más intensidad que en una cárcel (...) aunque su duración temporal es limitada». Además, añade que, si el legislador hubiera querido que estos centros se desmarcaran del carácter penitenciario, tendría que haberlos diseñado de tal manera que fueran «abiertos, nunca de encierro, y con tendencia a su desaparición a medida que el éxito de políticas a medio o largo plazo redujera las situaciones de desigualdad que conducen a los movimientos de población». En la misma línea, equiparando los CIE a las cárceles, RODRÍGUEZ CANDELA, J. L.: «Las otras prisiones (II): los centros de internamiento de extranjeros», en GARCÍA ESPAÑA, E./CEREZO DOMÍNGUEZ, A. I. (coords.): *La prisión en España: una perspectiva criminológica*, Comares, Granada, 2007, pp. 365-404; DAUNIS RODRÍGUEZ, A.: «Las cárceles de los excluidos y marginados. Situación de los centros de internamiento de extranjeros tras la aprobación de su reglamento», en *Revista de Derecho Migratorio y Extranjería*, n.º 40, 2015, pp. 33-61. También el Tribunal Europeo de Derechos Humanos (en adelante, TEDH) ha subrayado la importancia de que estos centros cumplan con unas condiciones de vida mínimas. En este sentido se manifiestan la Sentencia del Tribunal Europeo de Derechos Humanos (Gran Sala) en el caso *Saadi c. Reino Unido*, de 29 de enero de 2008, y la Sentencia del Tribunal Europeo de Derechos Humanos (Sección Cuarta) en el caso *Al-Nashif c. Bulgaria*, de 20 de junio de 2002.

amplitud y falta de claridad de esta alternativa abre la puerta «a todo tipo de prácticas estatales que dificultan o impiden la existencia de supuestos equivalentes o equiparables en las legislaciones nacionales de extranjería de los Estados miembros y de efectos insospechados para las personas irregulares sometidos a este supuesto arbitrario»[227].

En lo que respecta a la duración de la prohibición de entrada, la Directiva establece en su artículo 11.2 que esta «se determinará con la debida consideración de todas las circunstancias pertinentes del caso concreto y, en principio, su vigencia no excederá de cinco años». Por lo tanto, como norma general, la prohibición de entrada tendrá una duración máxima de cinco años. Sin embargo, excepcionalmente, en los casos en que la persona extranjera «represente una amenaza grave para el orden público, la seguridad pública o la seguridad nacional», el plazo podrá exceder los cinco años. Como apunta PÉREZ SOLA, la falta de una descripción precisa sobre cuándo se consideraría una amenaza grave destaca la prioridad que se le está otorgando a la seguridad en la UE, en detrimento de la libertad y la defensa de los derechos[228].

Nuevamente, al igual que sucede con el internamiento, es digno de destacar positivamente que la Directiva haya unificado las diversas regulaciones estatales en cuanto a los plazos de prohibición de entrada[229]. Ahora bien, conviene no olvidar que la prohibición de entrada, en el contexto de esta Directiva, no es una consecuencia automática de la decisión de retorno. Por lo tanto, si se impone, la naturaleza de la figura del retorno se transforma de alguna manera en sancionadora. Esto se debe a que la prohibición de entrada constituye un «plus» de castigo que se suma a la decisión del retorno[230].

Por último, quizá no esté de más recordar que la prohibición de entrada impuesta a una persona nacional de un tercer país despliega sus efectos en todo el territorio Schengen[231]. Esto significa que la prohibición conlleva

227. GARCÍA COSO, E.: La regulación, *op. cit.*, p. 104.
228. PÉREZ SOLA, N.: La Directiva, *op. cit.*, p. 6.
229. En este sentido, véase la tabla comparativa proporcionada por FAJARDO DEL CASTILLO, T.: La Directiva, *op. cit.*, p. 485, donde se pueden observar los diferentes plazos que prevén los Estados miembros en sus legislaciones internas.
230. MOYA MALAPEIRA, D.: La nueva Directiva, *op. cit.*, pp. 143 y 146.
231. FAJARDO DEL CASTILLO, T.: La Directiva, *op. cit.*, p. 486. En este sentido, el artículo 96 del Convenio de Aplicación del Acuerdo Schengen dice así: «1. Los datos relativos a los extranjeros que estén incluidos en la lista de no admisibles se introducirán sobre la base de una descripción nacional resultante de decisiones adoptadas, observando las normas de procedimiento previstas por la legislación nacional, por las autoridades administrativas o por los órganos jurisdiccionales competentes. 2. Las decisiones

la imposibilidad de volver a ingresar a cualquier Estado que conforma el espacio Schengen durante el tiempo que dura dicha decisión. El propósito de esta medida es evitar que la persona que ha sido expulsada del territorio donde se encontraba de forma irregular pueda acceder al territorio de otro Estado miembro.

4. VALORACIÓN CRÍTICA

La expulsión como respuesta de los Estados para el control de los flujos de la migración irregular existía con anterioridad a la Directiva de Retorno. Esta Directiva pretende ofrecer una herramienta común a todos los Estados miembros de la UE a la hora de decretar la expulsión administrativa. No obstante, hemos podido comprobar que algunos Estados no logran deslindar sus propios instrumentos penales y el procedimiento establecido por la Directiva de Retorno. La preferencia por la normativa estatal sobre la comunitaria surge cuando se considera que la Directiva ofrece mayores garantías que la ley nacional, lo cual refleja el afán punitivo de algunos Estados, tal y como abordaremos en el siguiente capítulo.

La consecuencia más evidente de esta preferencia por el sistema punitivo nacional de cada Estado es la actual situación de coexistencia de dos sistemas diseñados para la expulsión de personas extranjeras en situación irregular. Resulta sumamente difícil justificar la necesidad de mantener tanto un procedimiento penal de expulsión como un procedimiento administrativo. Ciertamente, esta coexistencia entre los dos sistemas crea un efecto pernicioso. El sistema penal de expulsión refleja su efecto en las personas extranjeras sujetas a la Directiva de Retorno debido a su mera estancia irregular. La carga punitiva de la expulsión penal genera en la sociedad un prejuicio que rápidamente se transforma en una percepción que relaciona la inmigración irregular con la delincuencia.

---

podrán basarse en la amenaza para el orden público o la seguridad nacional que pueda constituir la presencia de un extranjero en el territorio nacional. Este podrá ser particularmente el caso: a) De un extranjero que haya sido condenado por una infracción sancionada con una pena privativa de libertad de un año como mínimo; b) De un extranjero sobre el cual existan razones serias para creer que ha cometido hechos delictivos graves, incluidos los contemplados en el artículo 71, o sobre el cual existan indicios reales de que piensa cometer tales hechos en el territorio de una Parte contratante. 3. Las decisiones podrán basarse asimismo en el hecho de que el extranjero haya sido objeto de una medida de alejamiento, de devolución o de expulsión que no haya sido revocada ni suspendida y que incluya o vaya acompañada de una prohibición de entrada o, en su caso, de residencia, basada en el incumplimiento de las legislaciones nacionales relativas a la entrada o a la residencia de extranjeros».

Es en este contexto donde emerge el concepto de «crimigración», resultado de la contracción de las palabras en inglés *criminalization* e *immigration*. Este concepto, acuñado por la jurista estadounidense STUMPF, refleja la compleja convergencia entre el Derecho migratorio y el Derecho penal desde un doble plano: por un lado, la tendencia a criminalizar la inmigración y, por otro, el uso del Derecho penal como herramienta de política migratoria[232].

Como posible explicación de este fenómeno, STUMPF señala la función básica que tanto el Derecho migratorio como el Derecho penal desempeñan en nuestra sociedad. Ambos sistemas contribuyen a la construcción de un perfil específico de ciudadanía, mediante el cual se determina cuándo una persona debe ser incluida o excluida. Aunque los resultados de ambos sistemas difieren —mientras que el Derecho penal utiliza el encarcelamiento para la exclusión, el Derecho migratorio recurre a la expulsión para lograr el mismo propósito—, en última instancia, ambos sistemas se orientan a decidir qué personas deben o no formar parte de la sociedad: personas cuyas cualidades o conductas justifican su pertenencia en la comunidad nacional[233].

La fusión entre el Derecho penal y el Derecho migratorio se manifiesta de varias formas, siendo las más comunes, de acuerdo con lo señalado por la literatura especializada, las siguientes: a) transformando ciertas infracciones administrativas en delito; b) asociando una sanción administrativa a una condena penal; c) criminalizando las conductas vinculadas a la inmigración mediante su inclusión en el CP; y, d) incorporando la expulsión como una consecuencia penal[234].

---

232. STUMPF, J.: «The crimmigration crisis: immigrants, crime, and sovereign power», en *American University Law Review*, vol. 56, n.º 2, 2006, pp. 376-377; GARCÍA ESPAÑA, E.: «Extranjeros sospechosos, condenados, y excondenados: un mosaico de exclusión», en *Revista Electrónica de Ciencia penal y Criminología*, n.º 19, 2017, p. 4; LARRAURI PIJOAN, E.: «Antecedentes penales y expulsión de personas inmigrantes», en *Indret: Revista para el Análisis del Derecho*, n.º 2, 2016, p. 5; BOZA MARTÍNEZ, D.: «El CP español como paradigma del derecho de la «crimigración», en DE LA CUESTA AGUADO, PAZ M., *et al.* (coords.): *Liber amicorum: estudios jurídicos en homenaje al profesor doctor Juan Ma. Terradillos Basoco*, Tirant lo Blanch, Valencia, 2018, p. 1171.

233. STUMPF, J.: The crimmigration crisis, *op. cit.*, pp. 396 y ss. Esto se explica a partir de lo que la propia autora ha denominado la «teoría de la permanencia» (*membership theory*). Esta teoría tiene el potencial para incluir o excluir a las personas del contrato social, esto es, delimita quién es considerado un miembro digno de ser aceptado en la sociedad. El resultado no deseado de esto se traduce en un mayor número de personas excluidas.

234. LARRAURI PIJOAN, E.: Antecedentes penales, *op. cit.*, p. 5; STUMPF, J.: The crimmigration crisis, *op. cit.*, p. 384. Sobre los efectos de la «crimigración» en el control migratorio, ampliamente, BRANDARIZ GARCÍA, J. A./FERNÁNDEZ BESSA, C.:

Estas consideraciones, como observa acertadamente ODRIOZOLA GURRUTXAGA, son trasladables al ordenamiento jurídico español, ya que no faltan ejemplos de lo que aquí se ha denominado «crimigración» en nuestra legislación penal[235]. Uno de tales ejemplos se refiere al artículo 318 bis del CP, el cual sanciona con pena de multa o prisión el favorecimiento de la inmigración irregular. La tipificación penal de esta conducta supone, además de la adopción de objetivos propios de la política migratoria por parte del Derecho penal, una doble criminalización de la persona extranjera. Esto se manifiesta tanto en términos simbólicos, al aislarla debido a la amenaza penal para quienes colaboren con ella, como en términos prácticos, al verse abocada a una situación de marginalidad y exclusión social, lo que podría llevarla hacia la criminalidad[236].

Ahora bien, como hemos adelantado, el CP no solo se ha convertido en un modelo de legislación en el ámbito de la —supuesta— protección de los derechos de las personas extranjeras, sino que también se pueden identificar los mismos aspectos en la respuesta penal frente a las personas extranjeras condenadas, como se observa en el artículo 89 del CP, que recoge la sustitución de la pena de prisión por la expulsión[237]. En este último caso, además, se advierte otro de los rasgos característicos de la «crimigración», ya que existe una convergencia entre la expulsión administrativa y la penal que, si algo evidencia, es la apuesta por la inocuización de la persona extranjera condenada. También aquí se sugiere un desplazamiento de los objetivos de la política criminal para servir a los fines de la política migratoria y de control de fronteras, a expensas de incidir en el estereotipo de la peligrosidad de las personas extranjeras y en claro detrimento de principios básicos del ordenamiento jurídico[238].

«La crimigración en el contexto español: el creciente protagonismo de lo punitivo en el control migratorio», en LÓPEZ SALA, A./GODENAU, D. (coords.): *Estados de contención, estados de detención. El control de la inmigración irregular en España*, Anthropos, Barcelona, 2017, pp. 119-143. Sobre la «crimigración» en el contexto de las personas extranjeras condenadas, véase, GARCÍA ESPAÑA, E.: *Enfoque criminológico de las migraciones*, Editorial Síntesis, Madrid, 2018, pp. 143 y ss.

235. ODRIOZOLA GURRUTXAGA, M.: *Expulsión penal y expulsión administrativa de personas extranjeras: análisis del art. 89 CP y del art. 57.2 LOEX*, Thomson Reuters Aranzadi, Cizur Menor (Navarra), 2022, p. 19.

236. BOZA MARTÍNEZ, D.: El CP español, *op. cit.*, p. 1177. Sobre ello, en extenso, MARTÍNEZ ESCAMILLA, M.: *La inmigración como delito. Un análisis político-criminal, dogmático y constitucional del tipo básico del art. 318 bis CP*, Atelier, Barcelona, 2007.

237. BOZA MARTÍNEZ, D.: El CP español, *op. cit.*, p. 1177.

238. ODRIOZOLA GURRUTXAGA, M.: Expulsión penal, *op. cit.*, p. 19; GARCÍA ESPAÑA, E.: Extranjeros sospechosos, *op. cit.*, p. 4.

En definitiva, las políticas fronterizas no solo han buscado gestionar los flujos migratorios, sino también definir identidades nacionales y proteger intereses económicos y sociales. La inmigración que no podemos o no queremos aceptar se percibe como una amenaza. En consecuencia, la percepción de la migración ha evolucionado bajo el prisma del riesgo, lo que ha transformado las estrategias políticas hacia un enfoque que incorpora elementos de seguridad y control. Como resultado, la percepción de la movilidad humana ha experimentado un cambio significativo, pasando de ser un fenómeno inherente a las sociedades a ser pensada desde la sociología del riesgo.

Capítulo II

Sociedad del riesgo e intervención penal: su irrupción en el fenómeno migratorio

I. LA SOCIEDAD DEL RIESGO COMO CONTEXTO DE LA SOCIEDAD CONTEMPORÁNEA

1. APROXIMACIÓN A LA TEORÍA DE LA SOCIEDAD DEL RIESGO

En el capítulo anterior hemos examinado en detalle la respuesta del Estado frente a los flujos migratorios. Ahora bien, resta señalar que esta reacción estatal no se gesta de forma independiente. Lejos de ello, surge como resultado de las demandas de la ciudadanía, que experimenta una creciente inquietud ante el aumento de los movimientos migratorios.

A lo largo de la historia, las sociedades humanas han enfrentado la constante amenaza de desastres naturales. Sin embargo, en tiempos recientes, la irrupción de la ciencia, la tecnología y la industrialización ha modificado las fuentes de riesgo, llevando a las personas y comunidades a reflexionar sobre la seguridad y el concepto de riesgo calculable. Este fenómeno es lo que BECK ha denominado la sociedad del riesgo[239].

La teoría de la sociedad del riesgo, según el sociólogo alemán, se basa en la evolución de las sociedades industriales hacia una segunda etapa de la modernidad, denominada «modernidad reflexiva»[240]. Este término refleja un período de autoconfrontación en el que la sociedad es consciente de los riesgos asociados al desarrollo científico y tecnológico, así como de la imposibilidad de controlarlos[241]. Mientras que en la sociedad industrial la preocupación principal era la gestión y distribución de la riqueza, en la sociedad del riesgo, esta atención se desplaza hacia la gestión y distribución del riesgo. Donde antes predominaban los conflictos de clases, ahora emergen situaciones de peligro. Esto explica, dicho sea de paso, por qué en la actualidad la distribución de los riesgos —o males—[242] moviliza a las sociedades contemporáneas[243]. Sin embargo, esto no implica que la lucha

239. Al respecto, véase, BECK, U.: *La sociedad del riesgo global*, Siglo Veintiuno, Madrid, 2002; BECK, U.: *La sociedad del riesgo: hacia una nueva modernidad*, Ediciones Paídos, Barcelona, 2006; BECK, U.: *La sociedad del riesgo mundial: en busca de la seguridad perdida*, Ediciones Paídos, Barcelona, 2008. Sobre el derecho en la sociedad del riesgo, VRIES DE U./FANNING, J. (eds.): *Law in the Risk Society*, Eleven International Publishing, The Netherlands, 2017.

240. GIDDENS, A.: «Sociedad de riesgo: el contexto de la política británica», en *Estudios demográficos y urbanos*, vol. 13, n.º 3, 1998, p. 525, distingue entre la modernización simple y la reflexiva. Según él, la primera es una modernización «unilineal tradicional», mientras que la segunda, «implica ajustarse a los límites y contradicciones del orden moderno». Dado que la sociedad del riesgo reconoce e incluso enfrenta sus propias limitaciones, la modernización no puede ser simplemente «más de lo mismo».

241. BECK, U.: La sociedad del riesgo global, *op. cit.*, pp. 114 y ss. En palabras de GIDDENS, A.: Sociedad de riesgo, *op. cit.*, p. 521, la sociedad del riesgo se caracteriza por ser «una sociedad cada vez más preocupada por el futuro y por la seguridad».

242. LÓPEZ CEREZO, J. A./LUJÁN, J. L.: *Ciencia y política del riesgo*, Alianza, Madrid, 2000, p. 21.

243. BECK, U.: La sociedad del riesgo, *op. cit.*, pp. 29 y ss.

de clases haya desaparecido ni que los riesgos afecten a todas las personas por igual[244].

Ciertamente, los riesgos derivados del desarrollo científico-tecnológico no se distribuyen de manera equitativa, y tampoco logran superar los escollos de las estructuras de clase. El riesgo no afecta a todos los estratos de la población de la misma manera, lo que implica que la distribución del riesgo sigue un patrón inverso al de la distribución de la riqueza. En otras palabras, mientras la riqueza tiende a concentrarse en determinados sectores, los riesgos se acumulan en los estratos menos privilegiados, lo que significa que los efectos adversos de la globalización continúan golpeando principalmente a las clases sociales más desfavorecidas. Es más, en muchos casos, especialmente en países mayormente subdesarrollados donde persisten profundas desigualdades sociales debido a la mala distribución de la riqueza, estas naciones se ven obligadas a enfrentar las repercusiones, a veces perversas, de la globalización[245]. Frente a este sombrío panorama, no parece aventurado afirmar que los riesgos contribuyen a reforzar, en lugar de eliminar, la división de clases en la sociedad[246].

En otro orden de consideraciones, cabe destacar que el término «sociedad del riesgo» no está exento de críticas[247]. Estas críticas, sin embargo, pueden resumirse en una sola pregunta[248]: si consideramos que el riesgo es inherente a cualquier sociedad y, por lo tanto, una contingencia presente en todas ellas,

244. En este sentido, CAMPIONE, R.: «El que algo quiere algo le cuesta: notas sobre la Kollateralschädengesellschaft», en DA AGRA, C., *et al.*: *La seguridad en la sociedad del riesgo. Un debate abierto*, Atelier, Barcelona, 2003, p. 16, considera que quienes sufren las consecuencias y, por ende, se convierten en los grandes perjudicados ante cualquier catástrofe, son en última instancia las clases sociales más bajas.

245. *Ibid.*, p. 15.

246. ANITUA, G. I.: *Historias de los pensamientos criminológicos*, Ediciones Didot, Argentina, 2015, p. 567.

247. SCHÜNEMANN, B.: «Consideraciones críticas sobre la situación espiritual de la ciencia jurídico-penal alemana», en *Anuario de Derecho Penal y Ciencias Penales*, Tomo 49, Fasc./Mes 1, 1996, p. 198, advierte que, lejos de calificar a la sociedad actual como de riesgo, habría que denominarla de «despilfarro, malgasto y disipación», ya que, según él, la destrucción de recursos es menor que la puesta en peligro de los mismos. Por su parte, CORCOY BIDASOLO, M.: «Límites objetivos y subjetivos a la intervención penal en el control de riesgos», en CORCOY BIDASOLO, M./MIR PUIG, S. (dirs.), GÓMEZ MARTÍN, V. (coord.): *La política criminal en Europa*, Atelier, Barcelona, 2004, pp. 27-28, aunque no rechaza del todo el término «sociedad del riesgo», considera que sería más apropiado calificar a la sociedad actual como «sociedad compleja».

248. Fue el propio BECK quien, después de ver las críticas que recibió su primera obra (*Risikogesellschaft*, 1986), puso de manifiesto tales interrogantes. Véase, en este sentido, BECK, U.: La sociedad del riesgo mundial, *op. cit.*, pp. 47-48.

¿qué de novedoso tiene calificar a las sociedades actuales como sociedades de riesgo? BECK ofrece una respuesta a esta interrogante al definir el riesgo como «el enfoque moderno de la previsión y control de las consecuencias futuras de la acción humana, las diversas consecuencias no deseadas de la modernización radicalizada. Es un intento (institucionalizado) de colonizar el futuro, un mapa cognitivo»[249].

A partir de esta conceptualización, BECK[250] identifica tres características fundamentales del riesgo. La primera es la naturaleza global e impredecible del riesgo, lo que impide que pueda ser delimitado en términos espaciales, temporales o sociales. La segunda hace referencia a la dificultad para atribuir responsabilidades según las normas tradicionales de imputación. Y la tercera se relaciona con la complejidad de indemnizar o asegurar el daño ocasionado[251]. Basándonos en estas tres características distintivas del riesgo, en las líneas que siguen conviene realizar algunas observaciones al respecto.

Es evidente, por de pronto, que la revolución industrial, seguida de los avances en la ciencia y la tecnología, ha generado una serie de beneficios tanto para el desarrollo individual como para la sociedad en su conjunto. Sin embargo, es precisamente debido al progreso científico-tecnológico que ha aumentado la probabilidad de que surjan ciertos riesgos que pueden amenazar a la sociedad. Estos riesgos, derivados de los descubrimientos en varios campos, han llevado a BECK a afirmar que las fuentes de peligro ahora radican en el conocimiento, en contraposición a la creencia anterior de que residían en la ignorancia[252]. No obstante, el conocimiento no incrementa nuestro control sobre el riesgo ni mejora su gestión; más bien, aumenta la incertidumbre y lo desconocido[253]. En términos más generales, es común asociar hoy en día el conocimiento con la incertidumbre, entendiendo que tener un alto nivel de conocimiento, en la mayoría de los casos, genera más incertidumbre. El conocimiento no equivale a control, y la incapacidad para controlar lo que nos es familiar aumenta nuestro temor ante los riesgos

249. BECK, U.: La sociedad del riesgo global, *op. cit.*, p. 5.
250. BECK, U.: *Politik in der Risikogesselschaft. Essays und Analysen*, 2.ª ed., Suhrkamp, Alemania, 2017, p. 10.
251. Esta circunstancia resulta innegable en relación con las compañías aseguradoras, las cuales no logran cubrir gran parte de los desastres provocados por la globalización y/o el desarrollo científico-tecnológico. En este sentido, BECK, U.: La sociedad del riesgo global, *op. cit.*, p. 5.
252. BECK, U.: La sociedad del riesgo, *op. cit.*, p. 237.
253. MENDOZA BUERGO, B.: «Gestión del riesgo y política criminal de seguridad en la sociedad del riesgo», en DA AGRA, C., *et al.*: *La seguridad en la sociedad del riesgo. Un debate abierto*, Atelier, Barcelona, 2003, p. 75.

que surgen en dicho contexto[254]. Con todo, es la propia sociedad la que se expone a peligros, ya que fomenta tanto la seguridad como la inseguridad de manera simultánea[255].

Esto ha dado lugar a una nueva forma de gestionar el riesgo: la precaución[256], que se define como «el mecanismo de protección frente a riesgos eventuales, todavía no constatables ni visibles, que pretende anticiparse a todo peligro imprevisto no conocido y, por tanto, no dominable»[257]. Es evidente que el surgimiento del principio de precaución no es fortuito, ya que coincide con un contexto donde predomina una baja tolerancia al riesgo, lo que a su vez aumenta las continuas demandas de seguridad[258]. Ahora bien, esto no implica que el principio de precaución actúe sin cierto grado de previsión sobre lo que podría suceder en el futuro. Como se ha mencionado anteriormente, se basa en la anticipación de la producción de un riesgo asociado a una actividad específica. Por lo tanto, lo desconocido no es el futuro en sí mismo, sino la magnitud exacta del riesgo y sus efectos. Esta incertidumbre es lo que dificulta que la comunidad científica califique de manera objetiva un riesgo que inicialmente es solo intuido como previsible. En definitiva, el principio de precaución se aplica en situaciones donde, una vez identificados los riesgos potenciales de una actividad determinada y cuando estos riesgos están al borde de materializarse, las y los expertos no pueden diagnosticar con certeza suficiente la verdadera dimensión de esos riesgos[259].

---

254. BECK, U.: La sociedad del riesgo global, *op. cit.*, p. 9.

255. BECHMANN, G.: «Riesgo y desarrollo técnico-científico. Sobre la importancia social de la investigación y valoración del riesgo», en *Cuadernos de Sección. Ciencias Sociales y Económicas,* n.º 2, 1995, p. 69.

256. En este sentido, LÓPEZ CEREZO, J. A./LUJÁN, J. L.: Ciencia y política, *op. cit.*, p. 139, observan varias formas en las que se puede afrontar la compleja cuestión de la gestión del riesgo. No obstante, en líneas generales, se puede hablar de dos enfoques: uno preventivo y otro compensatorio. El primero se basa en el diseño de políticas para reducir el riesgo, mientras que el segundo está estrechamente relacionado con la reparación, es decir, enmendar un daño que ya se ha producido.

257. MENDOZA BUERGO, B.: «El Derecho penal ante la globalización: el papel del principio de precaución», en BACIGALUPO SAGGESE, S./CANCIO MELIÁ, M. (coords.): *Derecho penal y política trasnacional*, Atelier, Barcelona, 2005, p. 327. Para un análisis en profundidad del principio de precaución, consúltense los trabajos de ROMEO CASABONA, C. M.: «Aportaciones del principio de precaución al Derecho penal», en VV.AA.: *Modernas tendencias en la ciencia del Derecho penal y en la Criminología*, UNED, Madrid, 2001, pp. 77-106 y GARCÍA ALFARAZ, A. I.: *Principio de precaución. Seguridad alimentaria y delito*, Tirant lo Blanch, Valencia, 2022.

258. MENDOZA BUERGO, B.: El Derecho penal ante, *op. cit.*, pp. 328-329.

259. ROMEO CASABONA, C. M.: Aportaciones, *op. cit.*, p. 82.

Sin que proceda en este momento seguir desarrollando tal tesis, cabe dejar apuntado que la adopción de este principio y sus implicaciones, es decir, la protección ante la mera sospecha de la producción de un riesgo, busca más bien ser una respuesta a la incertidumbre que, como apuntábamos, surge al enfrentarnos a la amenaza de los riesgos emergentes[260].

Otro aspecto a considerar en este tema es que los riesgos en las sociedades modernas son principalmente de origen humano, fruto del fenómeno de la globalización. Por consiguiente, los efectos negativos del desarrollo científico-tecnológico a los que nos hemos referido anteriormente son consecuencia de las acciones o la omisión de acciones por parte del ser humano. Esto significa que los riesgos en la era moderna no pueden atribuirse a la fortuna, al azar o a los dioses, como solía suceder en las sociedades industriales. Se entiende que la eventualidad de una catástrofe puede generar, a lo sumo, una amenaza, y que solo se considera un riesgo cuando se toma la decisión, o se opta por no hacerlo, de neutralizar dicha amenaza[261].

Discrepa de esta tesis GRACIA MARTÍN al considerar que un riesgo puede tener una naturaleza fortuita, es decir, ser consecuencia, por ejemplo, de un fallo técnico accidental[262]. Lo planteado por este autor podría representar un paradigma digno de análisis si no fuera porque en las sociedades actuales se tiende a rechazar la idea de que los riesgos puedan ser el resultado de casos fortuitos o adversidades naturales. Por lo general, se entiende que siempre habrá una decisión humana que haya contribuido a la generación del peligro, ya sea este fortuito o natural. Como consecuencia, el accidente fortuito se transforma en injusto, lo que conduce sin remedio a un aumento de conductas típicas. Partiendo de la premisa de que la producción de accidentes como resultado del desarrollo científico-técnico deviene inevitable, la cuestión fundamental en este caso estriba en determinar cuándo un fallo técnico debe considerarse como riesgo permitido o, por el contrario, debe ser clasificado como un riesgo penalmente relevante[263]. Esto, a su vez, nos lleva a la compleja cuestión de la atribución de responsabilidades que, además de tener una importancia capital, constituye uno de los rasgos más distintivos de la teoría de la sociedad del riesgo.

---

260. MENDOZA BUERGO, B.: El Derecho penal ante, *op. cit.*, p. 328.
261. BECHMANN, G.: Riesgo y desarrollo, *op. cit.*, p. 67.
262. GRACIA MARTÍN, L.: *Prolegómenos para la lucha por la modernización y expansión del Derecho penal y para la crítica del discurso de resistencia*, Tirant lo Blanch, Valencia, 2003, pp. 135-136.
263. SILVA SÁNCHEZ, J. M.: *La expansión del Derecho penal. Aspectos de la política criminal en las sociedades postindustriales*, 3.ª ed., Edisofer, Madrid, 2011, pp. 38-39.

Reparando más detenidamente en esta última cuestión, la responsabilidad en el sentido comentado tiene dos vertientes. La primera consiste en determinar quién es el sujeto responsable, mientras que la segunda tiene como objetivo establecer cuándo surge la obligación de responder.

En relación con el primer aspecto, ya hemos indicado que la atribución de la responsabilidad por el peligro o daño ocasionado presenta serias dificultades, debido a las características de las sociedades contemporáneas. De hecho, la configuración de las sociedades modernas, cada vez más complejas y fragmentadas, conduce a una mayor diversificación de las responsabilidades. Así, cuanto más compleja sea una organización, menor será la sensación de responsabilidad de cada integrante, ya que podría percibir que su contribución no es relevante por sí sola[264]. En este sentido, se ha señalado la posibilidad de estar enfrentando una especie de «irresponsabilidad organizada»[265], lo que entorpece tanto la identificación de los sujetos responsables como la aplicación de las normas tradicionales de imputación de responsabilidades. Esta circunstancia resulta de innegable relevancia, ya que contar con un sujeto responsable, generalmente la persona científica que

264. BECK, U.: La sociedad del riesgo global, *op. cit.*, p. 9. En idéntico sentido, MENDOZA BUERGO, B.: *El Derecho penal en la sociedad del riesgo*, 1.ª ed., Civitas, Madrid, 2001, p. 29. También, SEELMAN, K.: «Societat de risc i dret penal», en *Iuris: Quaderns de Política Jurídica*, n.º 1, 1994, pp. 273, en especial, pp. 276-277, quien considera que el Derecho penal dispone de dos vías para reaccionar ante la irresponsabilidad organizada. Una, procesal, con el fin de superar las dificultades de prueba. Estas dificultades se producen debido a los problemas que enfrenta la justicia al intentar esclarecer los entramados organizativos. En este caso, el Derecho penal responde con la inversión de la carga de la prueba o incluso la introducción de «agentes provocadores» en las empresas. Por otro lado, si el Derecho penal opta por la vía material, responderá mediante la flexibilización de las reglas de imputación, penalizando, por ejemplo, la mera pertenencia a una organización. En cuanto al resto de dificultades de imputación, atribuirá, en la medida de lo posible, la responsabilidad de las organizaciones al sujeto responsable y la responsabilidad individual a la organización.

265. Según BECK, U.: La sociedad del riesgo global, *op. cit.*, p. 50, el concepto de irresponsabilidad organizada indica «el movimiento circular entre la normalización simbólica y las permanentes amenazas y destrucción materiales. La administración del estado, la política, la gestión industrial y la investigación negocian los criterios que determinan qué ha de considerarse racional y seguro». Donde se puede apreciar con mayor claridad este tipo de irresponsabilidad es en el ámbito de la responsabilidad de las personas jurídicas. Al respecto, véase, PÉREZ MACHÍO, A. I.: *La responsabilidad penal de las personas jurídicas en el Código Penal español. A propósito de los programas de cumplimiento normativo como instrumentos idóneos para un sistema de justicia penal preventiva*, Comares, Granada, 2017, pp. 7 y ss. En idéntico sentido, GONZÁLEZ SIERRA, P.: *La imputación penal de las personas jurídicas. Análisis del art. 31 bis CP*, Tirant lo Blanch, Valencia, 2014, pp. 72 y ss.

ha generado el riesgo[266], es útil para restablecer los niveles de seguridad que la población demanda[267].

La segunda cuestión, como ya se ha anticipado, atañe a la necesidad de determinar los casos en los que surge la obligación de responder ante el riesgo causado. Resulta especialmente relevante establecer cuándo un riesgo puede considerarse dentro de lo permitido, es decir, cuándo puede ser asumible por el ser humano. Para ello, debemos tener en cuenta, además de su gravedad y alcance, la utilidad social del mismo. Esto se debe a que, en la cultura del riesgo, hay ciertos tipos de daños que se consideran un desafortunado efecto secundario de ciertas actividades que, en general, son valoradas positivamente[268]. Por lo tanto, parte de la doctrina entiende que las consecuencias perjudiciales derivadas del desarrollo científico-tecnológico no solo pueden, sino que deben integrarse dentro del umbral del riesgo permitido, que responde precisamente a la ponderación entre los costes y beneficios que implica la realización de una acción determinada[269].

266. CORCOY BIDASOLO, M.: «Protección de bienes jurídico-penales supraindividuales y Derecho penal mínimo», en MIR PUIG, S. (dir.): *Derecho penal del siglo XXI*, Consejo General del Poder Judicial, Madrid, 2008, pp. 377-378.

267. GRACIA MARTÍN, L.: Prolegómenos, *op. cit.*, p. 138. En el mismo sentido, MENDOZA BUERGO, B.: El Derecho penal en la sociedad, *op. cit.*, p. 44.

268. PIETERMAN, R.: «Culture in the Risk Society. An Essay on the Rise of a Precautionary Culture», en *Zeitschrift für Rechtssoziologie*, vol. 22, n.º 2, 2001, p. 149.

269. SILVA SÁNCHEZ, J. M.: La expansión, *op. cit.*, p. 36. Más problemática se torna, en cambio, la diferencia que existe entre los conceptos de riesgo y peligro. Sin ánimo de exhaustividad, consideramos pertinente citar algunas de las opiniones relevantes sobre esta cuestión. Así, para LUHMANN, L.: «El concepto de riesgo», en GIDDENS, A., *et al.*: *Las consecuencias perversas de la modernidad: modernidad, contingencia y riesgo*, Anthropos, Barcelona, 1996, pp. 144 y ss., la diferenciación entre los conceptos de riesgo y peligro «presupone la existencia de incertidumbre respecto a un daño futuro (...) el daño eventual es visto como consecuencia de la decisión, por lo cual se habla de riesgo de la decisión. Hablamos de peligro cuando el hipotético daño, entendido como causado del exterior, se le atribuye al entorno». También, GIDDENS, A.: Sociedad de riesgo, *op. cit.*, pp. 521 y ss., considera que es necesario separar el riesgo del peligro. A su entender, «los peligros se experimentan como dados. Vienen ya sea de Dios o simplemente de un mundo que se da por hecho. La idea del riesgo está ligada a la aspiración de controlar, y particularmente con la idea de controlar el futuro». Pero este autor, además de establecer la diferencia entre riesgo y peligro, categoriza dos tipos de riesgo. Por un lado, el «riesgo externo», predominante en las sociedades industriales. En sus palabras, «es el riesgo de los eventos que pueden asaltar a los individuos inesperadamente, aunque ocurren con la suficiente regularidad y frecuencia en una población completa como para ser predecibles y por tanto susceptibles a asegurarse». Por otro lado, el «riesgo manufacturado» (fabricado), que «es un riesgo creado por la progresión misma del desarrollo humano, especialmente por la progresión de la ciencia y la tecnología». Este riesgo es el predominante en las sociedades modernas.

Estos son considerados «riesgos residuales», ineludibles en todo desarrollo de actividad, o lo que es lo mismo, una consecuencia inevitable del fenómeno de la globalización[270]. Es más, parece evidente que la manifestación de los riesgos de nuevo cuño se ve en parte contrarrestada por una reducción significativa de los riesgos de origen natural[271]. En cualquier caso, el recurso al Derecho penal para afrontar las consecuencias de la sociedad del riesgo ya es una realidad, por lo que requiere ser abordado.

2. EL DERECHO PENAL EN LA SOCIEDAD DEL RIESGO

Como ha habido oportunidad de avanzar, todo riesgo tiene un factor altamente subjetivo. Para que la sociedad considere un suceso como riesgo, primero debe percibirlo como tal, es decir, como una amenaza real que acecha con desestabilizar el orden y la paz social. Es la sociedad en su conjunto la que determina y establece la magnitud del riesgo en cuestión. Por lo tanto, la trascendencia del riesgo puede variar con el tiempo: si la sociedad cambia, también lo hará la definición colectiva del riesgo. De esta manera, la percepción y valoración del riesgo por parte de una población estarán condicionadas por el contexto económico, social y cultural de la sociedad en la que residan sus miembros[272].

En este sentido, advierte PRIETO NAVARRO, «no parece fácil que el riesgo pueda deslindarse, sin más ni más, de la percepción que los individuos tienen de él, pues conviene no olvidar que este sentimiento de sentirse inseguro es precisamente el que determina la existencia real del riesgo para el sujeto. El riesgo es, innegablemente, una categoría psicológica y socialmente construida»[273]. Esto implica que allí donde la sociedad perciba un riesgo,

---

En la misma línea, afirma BECHMANN, G.: Riesgo y desarrollo, *op. cit.*, p. 69, que «el riesgo presupone una situación de toma de decisión. De la posibilidad de una catástrofe natural no se deriva todavía riesgo alguno, como máximo, una amenaza. Solamente cuando se toma una decisión sobre si se quiere realizar algo en contra o no será cuando entre en juego el riesgo». En idéntico sentido, PIETERMAN, R.: Culture, *op. cit.*, pp. 147 y ss.

270. BECK, U.: La sociedad del riesgo global, *op. cit.*, pp. 77 y 114. En idéntico sentido, PRIETO NAVARRO, E.: «Sobre los límites y posibilidades de la respuesta jurídica al riesgo», en DA AGRA, C., *et al.*: *La seguridad en la sociedad del riesgo. Un debate abierto*, Atelier, Barcelona, 2003, p. 31, quien habla de «daños residuales». También, GRACIA MARTÍN, L.: Prolegómenos, *op. cit.*, p. 138 y MENDOZA BUERGO, B.: El Derecho penal ante, *op. cit.*, p. 135.
271. SILVA SÁNCHEZ, J. M.: La expansión, *op. cit.*, p. 26.
272. BECHMANN, G.: Riesgo y desarrollo, *op. cit.*, pp. 85 y 90.
273. PRIETO NAVARRO, E.: Sobre los límites, *op. cit.*, p. 31.

aunque objetivamente no lo sea, la amenaza resultante se considerará posible y real, lo que en última instancia devendrá en una sensación generalizada y/o colectiva de inseguridad. En otras palabras, la percepción social de la inseguridad puede existir incluso sin que medien razones objetivas para ello[274]. Como acertadamente señala SILVA SÁNCHEZ, «nuestra sociedad puede definirse todavía mejor como la sociedad de la inseguridad sentida (o como la sociedad del miedo). En efecto, uno de los rasgos más significativos de las sociedades de la era postindustrial es la sensación general de inseguridad, esto es, la aparición de una forma especialmente aguda de vivir el riesgo. Es cierto, desde luego, que los nuevos riesgos existen. Pero asimismo lo es que la propia diversidad y complejidad social, con su enorme pluralidad de opciones, con la existencia de una sobreinformación a la que se suma la falta de criterios para la decisión sobre lo que es bueno o malo, sobre en qué se puede confiar y en qué no, constituye un germen de dudas, incertidumbres, ansiedad e inseguridad»[275].

Resulta, cuando menos, previsible que el empleo de términos como «miedo» o «riesgo» para definir la sociedad actual tenga importantes repercusiones en diversas esferas que conforman la realidad social. En efecto, la sensación subjetiva de inseguridad a la que nos referimos, exacerbada por los nuevos riesgos de la era postmoderna, que persiste incluso cuando el peligro no es real, genera una demanda de seguridad efectiva por parte de la ciudadanía frente a dichos riesgos[276].

Esa sensación de falta de seguridad se ve reforzada por ciertas circunstancias, como las dificultades que enfrenta la persona ciudadana común para comprender el verdadero alcance del desarrollo científico-tecnológico y los riesgos asociados, así como la amenaza que esto implica[277]. Esto se debe en parte a que la persona es despojada de su condición de persona para convertirse en un simple «eslabón mecánico de complejas organizaciones formalizadas», donde traspasar el límite de lo «permitido», del «riesgo aceptable» desemboca en una situación de inseguridad[278].

---

274. MENDOZA BUERGO, B.: Gestión del riesgo, *op. cit.*, p. 79.
275. SILVA SÁNCHEZ, J. M.: La expansión, *op. cit.*, p. 20.
276. MENDOZA BUERGO, B.: El Derecho penal en la sociedad, *op. cit.*, p. 30.
277. JIMÉNEZ DÍAZ, M. J.: «Sociedad del riesgo e intervención penal», en *Revista Electrónica de Ciencia penal y Criminología*, n.º 16, 2014, pp. 3-4.
278. TAVARES, J.: «Globalización, Derecho penal y seguridad pública», en BACIGALUPO, S./CANCIO MELIÁ, M. (coords.): *Derecho Penal y Política Transnacional*, Atelier, Barcelona, 2005, pp. 310-311.

El ser humano, al carecer de control sobre los diversos procesos que se originan en diferentes ámbitos de la vida diaria, experimenta una sensación de inseguridad y vulnerabilidad. En otras palabras, la persona promedio siente que «le están matando, pero no acaba de saber a ciencia cierta ni quién ni cómo ni a qué ritmo»[279]. En definitiva, el problema ya no se limita únicamente a las decisiones humanas que generan o podrían generar ciertos riesgos, sino que radica aún más en las decisiones humanas que los propagan[280].

Como resultado de lo que venimos comentando, el Derecho penal se ha convertido en un atractivo reclamo para combatir esa sensación de inseguridad intuida, lo que ha acentuado, más si cabe, la crisis entre la libertad y la seguridad. A pesar de los esfuerzos significativos realizados para abordar esta crisis, aún persisten numerosas preguntas sin respuesta. Una de ellas, y la que nos interesa resaltar aquí, se refiere a la relación entre ambos intereses, por lo que la cuestión a dilucidar es la siguiente: ¿A mayor seguridad, menos o más libertad? ¿Son ambos intereses excluyentes o compatibles entre sí?[281].

Por lo general, el debate se plantea desde la suposición —errónea y, en cierto punto, interesada— de que ambos intereses son excluyentes, de modo que uno de ellos siempre actuará en detrimento del otro. No obstante, consideramos necesario reformular los términos en que se plantea dicho debate, es decir, cambiar el enfoque y el punto de vista desde el que se aborda la controversia, con el fin de redefinir, o al menos intentarlo, lo que constituiría el núcleo del asunto[282]. Esto resulta de innegable relevancia, especialmente si consideramos el contexto en el que se está llevando a cabo esta polémica; un contexto en el que, como es habitual, para satisfacer las demandas de protección que surgen bajo el paradigma securitario que caracteriza a las sociedades contemporáneas, la libertad individual a menudo queda relegada a un segundo plano.

Pues bien, desde nuestro punto de vista, la seguridad no es un concepto que se oponga a la libertad. Por tanto, nuestra intención, a los efectos aquí pretendidos, es reiterar la necesidad de ponderar ambos intereses y actuar en consecuencia, buscando una intervención equilibrada.

279. SILVA SÁNCHEZ, J. M.: La expansión, *op. cit.*, p. 16.
280. *Ibid.*
281. GÓMEZ MARTÍN, V.: «Libertad, seguridad y sociedad del riesgo», en CORCOY BIDASOLO, M./ MIR PUIG, S. (dirs.), GÓMEZ MARTÍN, V. (coord.): *La política criminal en Europa*, Atelier, Barcelona, 2004, pp. 61 y ss.
282. GÓMEZ MARTÍN, V.: «La seguridad, ¿mata o garantiza la libertad? Teorización», en *Revista catalana de seguretat pública*, n.º 13, 2003, p. 59.

En un Estado democrático, los poderes públicos deben garantizar un nivel de seguridad que se ajuste al modelo social establecido, sin menoscabar la libertad de las personas más allá de lo estrictamente necesario. El aumento de la seguridad no debe llevarnos a sacrificar la libertad, ni viceversa. Cualquier restricción a las libertades individuales debe estar debidamente fundamentada y limitada, dado que la sensación de inseguridad es una percepción subjetiva de cada persona[283]. Sin embargo, responder de manera excesiva a las demandas de seguridad, incluso sin una justificación sólida, se aleja de los postulados de un Estado social y democrático de Derecho. La aspiración debería ser la conciliación de ambos ideales, lo cual requiere una política criminal transparente y respetuosa con los derechos humanos, especialmente los económicos, sociales y culturales[284].

Es bien sabido que el Derecho penal tiene la responsabilidad de proteger a las y los ciudadanos que conforman una sociedad, lo que implica necesariamente intervenir en la esfera de la libertad individual de cada persona[285]. Sin embargo, el Derecho penal no puede someterse a las continuas demandas de seguridad de la sociedad, especialmente si eso conlleva sacrificar la libertad individual. Aunque es aceptable limitar parte del ámbito de libertad de cada persona, resulta inaceptable que esta desaparezca por completo para dar paso a la seguridad. Como ha señalado la doctrina, «aunque sin seguridad difícilmente puede haber espacio para el libre desarrollo de la personalidad del individuo (...) un excesivo intervencionismo penal también podría malograr la consecución de aquel objetivo. En un Estado social y democrático de Derecho, el Derecho penal no debe perseguir la máxima eficacia o prevención posible, sino el mínimo imprescindible»[286]. No puede ser de otra manera, ya que una política criminal que no atienda a razones de estricta necesidad y ordenación social difícilmente logrará los efectos deseados ni alcanzará los resultados esperados[287].

---

283. RECASENS I BRUNET, A.: «Globalización, riesgo y seguridad: el continuóse de lo que alguien empezóse», en DA AGRA, C., *et al.*: *La seguridad en la sociedad del riesgo. Un debate abierto*, Atelier, Barcelona, 2003, p. 372.
284. ZÚÑIGA RODRÍGUEZ, L.: «¿Política criminal de la seguridad? Desafíos y propuestas», en PÉREZ MACHÍO, A. I./DE LA CUESTA ARZAMENDI, J. L. (dirs.): *Contra la política criminal de la Tolerancia cero. Libro homenaje al profesor Dr. Ignacio Muñagorri Laguía*, Thomson Reuters Aranzadi, Cizur Menor (Navarra), 2021, p. 292.
285. GÓMEZ MARTÍN, V.: La seguridad, *op. cit.*, p. 59.
286. *Ibid.*, p. 61.
287. GARLAND, D.: *La cultura del control. Crimen y orden social en la sociedad contemporánea*, Gedisa, Barcelona, 2005, p. 51. Así lo denuncia GARCÍA PABLOS, A.: «Tendencias del actual Derecho Penal», en VV.AA.: *Modernas tendencias en la Ciencia del Derecho penal y en la Criminología*, UNED, Madrid, 2001, p. 43, quien califica como nefasta la actual

A pesar de ello, en la sociedad se ha difundido la idea de que el Derecho penal puede ser una herramienta adecuada para contener los riesgos emergentes. De este modo, cuanto mayor sea la amenaza, más justificación se encuentra para activar toda la maquinaria penal. Como resultado, ha habido un aumento considerable de las voces que demandan una mayor intervención penal para ofrecer una protección efectiva frente a la creciente sensación de inseguridad que tiene atrapada a la sociedad en el miedo y la zozobra[288]. Este último aspecto ha dado lugar a lo que se conoce como el fenómeno de la expansión del Derecho penal.

II. EL RECURSO AL RIESGO Y A LA SEGURIDAD: LA PERMANENTE EXPANSIÓN DEL DERECHO PENAL

1. APROXIMACIÓN AL FENÓMENO DE LA EXPANSIÓN DEL DERECHO PENAL

La expansión del Derecho penal, entendida como la ampliación de la intervención penal a nuevos ámbitos o la incriminación de nuevas conductas en ámbitos que ya están sujetos a protección penal[289], es un fenómeno que podemos criticar, pero que en ningún caso podemos evitar[290].

La doctrina que ha abordado la controversia en torno al fenómeno de la expansión del Derecho penal ha expresado posturas divergentes al respecto. Sin embargo, estos planteamientos pueden clasificarse en líneas generales, en dos grandes corrientes. La primera, denominada «tendencia modernizadora», aboga por la modernización y expansión del Derecho penal. Por otro lado, la postura opuesta, conocida como «tendencia de resistencia a la modernización» (también llamada resistencia garantista o tendencia reduccionista), muestra reluctancia hacia cualquier tipo de transformación y aboga por mantener intacto el núcleo central del Derecho penal[291], es decir, las conductas que afectan a los bienes jurídicos individuales y/o personalísimos.

---

huida al Derecho penal, argumentando que un extremado punitivismo no solo no disuade ni previene el delito, sino que, antes al contrario, lo acrecienta.

288. MENDOZA BUERGO, B.: El Derecho penal en la sociedad, *op. cit.*, pp. 34 y 36.

289. POZUELO PÉREZ, L.: «De nuevo sobre la denominada expansión del Derecho penal: una relectura de los planteamientos críticos», en MONTEALEGRE LYNETT, E. (coord.): *El funcionalismo en Derecho penal: libro homenaje al profesor Günther Jakobs*, Universidad Externado de Colombia, Bogotá, 2003, p. 109.

290. CORCOY BIDASOLO, M.: «Expansión del Derecho penal y garantías constitucionales», en *Revista de Derechos Fundamentales*, n.º 8, 2012, p. 46.

291. JIMÉNEZ DÍAZ, M. J.: Sociedad del riesgo, *op. cit.*, pp. 5-6.

Sin lugar a duda, la tendencia modernizadora que aboga por ampliar los horizontes del Derecho penal es la que ha ganado terreno[292]. Esta tendencia se evidencia no solo en la promulgación del CP de la democracia[293], sino también en la gran cantidad de reformas que ha experimentado desde entonces, muchas de las cuales, con fines de endurecerlo, e impulsadas en parte por las constantes demandas de una población que en ocasiones se ha sentido constreñida ante ciertos acontecimientos.

Hemos empezado este epígrafe mencionando las corrientes doctrinales más importantes. Aunque cada una cuenta con su propia teoría, en la actualidad resulta complicado categorizar las diversas posturas de la literatura especializada. Por lo tanto, hemos decidido prescindir de referencias a estas teorías en términos de reduccionistas o modernizadoras. Para una mayor claridad expositiva, nos basaremos en la clasificación propuesta por el penalista español SILVA SÁNCHEZ[294], que resulta asaz ilustrativa para los efectos aquí pretendidos.

Las tres orientaciones más reseñables, según la terminología del referido autor, son las siguientes: a) la expansión sí supone una disminución de garantías, así como una flexibilización de los principios clásicos del Derecho penal. Esto no se ve contrarrestado por los beneficios que pueda ofrecer la protección de nuevos intereses, ya que, se entiende, no son susceptibles de tutela penal. En suma, el Derecho penal tal y como lo conocemos no es adecuado para dar respuesta a las conductas de nuevo cuño[295]; b) la expansión sí supone una disminución de garantías, así como una flexibilización de los principios clásicos del Derecho penal. Sin embargo, estos efectos se ven contrarrestados por los beneficios que puede ofrecer la protección de nuevos intereses. Por lo tanto, se propone una intervención penal en nuevos ámbitos,

---

292. Tanto es así, que GRACIA MARTÍN, L.: Prolegómenos, *op. cit.*, p. 146, considera que «el rechazo de la modernización del Derecho penal, sin embargo, solo puede tener lugar de *lege ferenda*, pues la crítica, obviamente, no impide que todos los aspectos que se consideran por la misma sean características de un Derecho penal que está vigente».
293. Muy crítico con el contenido material de este CP se muestra GIMBERNAT ORDEIG, E.: «La contrarreforma penal de 1995», en *Jueces para la democracia*, n.º 36, 1999, pp. 18-21, quien tacha al actual, presentado bajo el término «Código Penal de la democracia», de tener un carácter represivo, y critica su maximalismo y expansionismo.
294. SILVA SÁNCHEZ, J. M.: La expansión, *op. cit.*, pp. 197-198.
295. En contra de la expansión del Derecho penal y muy crítico con la legitimidad de la figura delictiva del peligro abstracto, destaca HASSEMER, W.: *Persona, mundo y responsabilidad: bases para una teoría de la imputación en Derecho Penal*, Tirant lo Blanch, Valencia, 1999, pp. 56 y ss. En idéntico sentido, HERZOG, F.: «Límites al control penal de los riesgos sociales. Una perspectiva crítica ante el Derecho penal en peligro», en *Anuario de Derecho Penal y Ciencias Penales*, Tomo 46, Fasc./Mes 1, 1993, pp. 317-328.

pero con una flexibilización de las garantías y principios tradicionales[296]; y, c) la expansión no supone una disminución de garantías, ni tampoco una flexibilización de los principios clásicos del Derecho penal. Según esta perspectiva, el Derecho penal es idóneo para abordar las nuevas conductas, sin que ello implique una modificación de sus postulados tradicionales[297].

De acuerdo con lo expuesto, la postura predominante en la doctrina penal actual corresponde al enunciado c), que sostiene que el Derecho penal tradicional es adecuado para dar respuesta a la nueva criminalidad. Le sigue en importancia lo planteado en el enunciado b), que indica que, si bien el Derecho penal debe extender su intervención a nuevos ámbitos, esto debe hacerse después de considerar una disminución o flexibilización de los principios y garantías tradicionales que lo han caracterizado.

Es importante señalar que no toda la doctrina que ha abordado este tema lo ha hecho de manera inequívoca, lo que ha generado cierta ambigüedad en sus argumentos y ha dado lugar a malentendidos y críticas, especialmente en relación con las orientaciones mencionadas como b) y c). Por otro lado, el enunciado a) es el que cuenta con menos apoyo y más oposición en la actualidad, ya que la mayoría coincide en que regresar al Derecho penal de la Ilustración, como propone este sector, no satisface las necesidades de las sociedades contemporáneas.

Sentado lo que antecede, en las líneas que siguen expondremos los planteamientos de la doctrina que han tenido mayor repercusión tanto en el ámbito penal alemán como en el español.

296. Sigue esta línea, MUÑOZ CONDE, F.: «Protección de bienes jurídicos como límite constitucional del Derecho penal», en QUINTERO OLIVARES, G./MORALES PRATS, F. (coords.): *El nuevo Derecho penal español. Estudios penales en memoria del Profesor José Manuel Valle Muñiz*, Aranzadi, Navarra, 2001, p. 568, quien admite que el Derecho penal no puede ser ajeno a ciertos problemas sociales que caracterizan a las sociedades actuales, y subraya la urgencia de dar respuesta a los mismos. Ahora bien, ello pasa, a su entender, por la flexibilización de ciertos principios y garantías que actualmente conforman el Derecho penal tradicional. También, MARTÍNEZ-BUJÁN PÉREZ, C.: «Algunas reflexiones sobre la moderna teoría del *Big Crunch* en la selección de bienes jurídico-penales (especial referencia al ámbito económico)», en DÍEZ RIPOLLÉS, J. L. (coord.): *La ciencia del Derecho penal ante el nuevo siglo: Libro homenaje al profesor doctor don José Cerezo Mir*, Tecnos, Madrid, 2002, p. 429.

297. En este sentido, además de los expuestos en el presente trabajo, GIMBERNAT ORDEIG, E.: «¿Las exigencias dogmáticas fundamentales hasta ahora vigentes de una parte general son idóneas para satisfacer la actual situación de la criminalidad, de la medición de la pena y del sistema de sanciones? Responsabilidad por el producto, accesoriedad administrativa del Derecho penal y decisiones colegiadas», en VV.AA.: *Modernas tendencias en la Ciencia del Derecho penal y en la Criminología*, UNED, Madrid, 2001, p. 370.

2. BREVE PANORÁMICA DE LAS DISTINTAS POSICIONES FRENTE AL DERECHO PENAL MODERNO

2.1. Derecho de intervención

El penalista alemán HASSEMER, adepto de la Escuela de Frankfurt[298], es posiblemente el máximo defensor de lo que aquí se ha dado en llamar la tendencia reduccionista. Siguiendo la clasificación previamente expuesta, HASSEMER sostiene que el Derecho penal tradicional, con sus principios y garantías inherentes, no es adecuado para dar respuesta a las conductas que surgen en los ámbitos modernos. En su opinión, el Derecho penal debe mantener intacto su núcleo esencial. Esto significa que las conductas emergentes que no se ajusten a ese núcleo duro deben quedar fuera del alcance del Derecho penal[299].

Según HASSEMER, las reformas que en los últimos años han acontecido en el Derecho penal se caracterizan, en términos generales, por varios aspectos. Primero, por la urgencia de combatir los delitos que generan mayor alarma social, como los delitos económicos y financieros, los delitos ambientales, el tráfico de drogas y la criminalidad organizada. En segundo lugar, por la preferencia otorgada a la protección de los bienes jurídicos supraindividuales, como el medioambiente o la salud pública, en detrimento de los bienes jurídicos individuales y/o tradicionales. En tercer lugar, por el aumento de los tipos de peligro abstracto, que según este autor se ha convertido en el recurso por antonomasia para proteger los bienes jurídicos de carácter supraindividual. Y finalmente, en cuarto lugar, por el incremento de las penas que responden exclusivamente a la finalidad preventiva general de la pena, es decir, la intimidación (prevención general negativa) y la retribución (prevención general positiva)[300].

Lo expuesto hasta ahora tiene su origen, en palabras de HASSEMER, en lo que él llama la «dialéctica de lo moderno»[301], la cual refleja un «cambio funcional, impulsado por un optimismo irreflexivo respecto a las posibili-

298. En la literatura especializada es común el uso de este término para referirse al conjunto de personas investigadoras e intelectuales críticas con la modernización y expansión del Derecho penal. Sin embargo, tal y como nos lo recuerda SILVA SÁNCHEZ, J. M.: «Prólogo a la edición española», en VV.AA.: *La insostenible situación del Derecho penal*, Comares, Granada, 2000, p. XII, dicha escuela no existe como tal, ya que sus miembros presentan opiniones e ideologías de diversa índole.

299. HASSEMER, W.: «Rasgos y crisis del Derecho Penal moderno», en *Anuario de Derecho Penal y Ciencias Penales*, Tomo 45, Fasc./Mes 1, 1992, pp. 235 y ss.

300. HASSEMER, W.: Persona, mundo, *op. cit.*, pp. 30-31.

301. HASSEMER, W.: Rasgos y crisis, *op. cit.*, p. 240.

dades del Derecho penal de resolver a tiempo y efectivamente problemas sociales»[302]. Ello ha conducido a la transformación del Derecho penal «en un instrumento de solución de los conflictos sociales que no se diferencia ni en su idoneidad ni en su peligrosidad de otros instrumentos de solución social. El Derecho penal se ha convertido, a pesar de la contundencia de sus instrumentos, en un *soft law*, en un medio de dirección social»[303]. En otras palabras, el Derecho penal se ha consolidado, a su entender, como un instrumento político de «primera» o «sola» solución para dar respuesta a los problemas sociales[304].

Al margen de lo que ello supone, la dialéctica de lo moderno ha transformado el Derecho penal de tal manera que ya no se percibe únicamente como un instrumento compuesto por mecanismos de actuación severos. Incluso, ya no se distingue claramente de otros sistemas de resolución de conflictos que son menos lesivos para los derechos y libertades individuales. Pese a la imagen de efectividad y dureza que proyecta, hoy en día se concibe el Derecho penal, según este autor, como una maquinaria más bien laxa y flexible. No obstante, gracias a la impresión de efectividad que ha generado, el recurso al instrumento penal es aceptado sin reservas entre la población. Esto nos sitúa en el terreno de lo que sea denominado «Derecho penal simbólico»[305]. Más adelante intentaremos ofrecer algunas pinceladas sobre el significado de dicho concepto.

Uno de los puntos donde este autor muestra una crítica especialmente aguda es en lo concerniente a la tutela de los bienes jurídicos de carácter supraindividual, así como en el uso, a su parecer excesivo, de la figura del peligro abstracto como principal instrumento para brindar protección penal a dicho tipo de bienes. De este modo, el Derecho penal moderno se aleja de los postulados clásicos que conforman el Derecho penal tradicional para convertirse, según este autor, en un instrumento de política de seguridad, aproximándose de esta manera a las funciones propias del Derecho administrativo o del Derecho civil[306].

A mayor abundamiento, HASSEMER considera que los ámbitos de actuación del Derecho penal contemporáneo mencionados anteriormente no ofrecen protección alguna a la persona ciudadana común. Antes bien, están principalmente destinados a la protección de la sociedad en su conjunto, de

302. HASSEMER, W.: Persona, mundo, *op. cit.*, p. 70.
303. *Ibid.*, p. 51. En idéntico sentido, MUÑOZ CONDE, F.: Protección, *op. cit.*, p. 572.
304. HASSEMER, W.: Persona, mundo, *op. cit.*, p. 51.
305. *Ibid.*
306. HASSEMER, W.: Persona, mundo, *op. cit.*, pp. 54-56.

sus instituciones y, en última instancia, del Estado. La prevalencia otorgada a los bienes jurídicos supraindividuales ha llevado a este autor a aseverar que la protección de los bienes jurídicos en el Derecho penal moderno se ha convertido en una protección más bien institucional[307].

Ahora bien, pese a considerar que el Derecho penal clásico no está preparado para dar respuesta a las conductas que emergen de espacios que ahora pretende abarcar, sí admite la necesidad de intervenir en ellos, dado que considera ilógico excluir del ámbito penal ciertos problemas contemporáneos, que son también sociales y que preocupan a la población. Esto implica, inevitablemente, admitir la protección de bienes jurídicos supraindividuales. Sin embargo, esta protección no se lograría a través de la vía penal[308]. La solución propuesta por HASSEMER consiste en trasladar aquellos delitos modernos, actualmente regulados por el Derecho penal clásico, al ámbito de lo que él ha denominado «Derecho de intervención». En este nuevo marco, se aseguraría una protección efectiva para estos delitos emergentes que el Derecho penal tradicional no puede brindar.

Como vemos, la propuesta de HASSEMER consiste en dos aspectos principales: primero, reducir el ámbito del Derecho penal a lo que siempre ha sido su núcleo duro, es decir, a las lesiones o puestas en peligro concretas y evidentes de los bienes jurídicos clásicos e individuales[309]. Y segundo, crear lo que él mismo ha bautizado como Derecho de intervención. Este sistema *ad hoc*, situado entre el Derecho penal y el Derecho administrativo sancionador, entre el Derecho civil y el Derecho público, estaría conformado por principios, garantías y formalidades procesales más flexibles que el Derecho penal tradicional y, por ende, también con sanciones menos severas que las contempladas en este último.

El objetivo de este nuevo Derecho sería, principalmente, liberar al Derecho penal de la carga que supone tener que lidiar con la máxima de ser el instrumento idóneo para solucionar todo tipo de conflictos sociales. Desde el punto de vista de HASSEMER, esta clase de Derecho constituye la solución para garantizar una respuesta coherente y eficaz a las preocupaciones que tienen en vilo a las sociedades actuales. De otra manera, afirma, nos acercaríamos peligrosamente a una flexibilización de las garantías tradicionales que conforman el Derecho penal, ya que solo así podría este sancionar las conductas de nuevo cuño. Con todo, considera que un Derecho penal

307. *Ibid.*, pp. 53-54.
308. *Ibid.*, p. 68.
309. *Ibid.*, pp. 67-68.

liberal debe ser conciso, riguroso y limitado en cuanto a las conductas que sanciona[310]. Por lo tanto, «para poder tratar estas nuevas formas de delitos se debería construir un sistema jurídico en el que, desde luego, se contengan elementos punitivos diseñados de forma estrictamente preventiva y que, en cualquier caso, renunciara a un reproche personal y a la pena privativa de libertad. Una forma así de Derecho de intervención podría integrar tipos de imputación colectiva»[311].

Como ha habido oportunidad de avanzar, existe otro sector doctrinal que sostiene que el Derecho penal es un instrumento adecuado para combatir la nueva criminalidad y, por lo tanto, debe expandirse e incidir necesariamente en aquellas conductas que hasta ahora han estado fuera de su ámbito de aplicación.

Dentro del ámbito de esta corriente, se pueden distinguir, aunque a veces de manera un tanto difusa, dos de las tres orientaciones doctrinales que ya han sido mencionadas al principio de este epígrafe y que ahora es conveniente traer a colación. La primera sostiene que la flexibilización de las normas del Derecho penal es *conditio sine qua non* para sancionar las conductas que tienen lugar en nuevas esferas de la realidad social. La segunda, en cambio, considera que el Derecho penal tradicional, tal y como lo conocemos, es idóneo para enfrentarse a los delitos del nuevo milenio[312].

2.2. El Derecho penal de dos velocidades

Tal y como hemos mencionado anteriormente, SILVA SÁNCHEZ, considerado el máximo exponente español del fenómeno de la expansión del Derecho penal, coincide con una de las orientaciones ya expresadas en los párrafos anteriores. Esta postura arropa la idea de un Derecho penal moderno que intervenga en nuevos ámbitos de criminalidad, siempre y cuando se flexibilicen las garantías clásicas, así como los principios tradicionales que conforman el Derecho penal tradicional. Al fin y al cabo, lo que defiende el referido autor puede resumirse como sigue: una expansión razonable del Derecho penal que, en su caso, se da mediante la creación de un Derecho penal de dos velocidades, como se expondrá en las líneas que prosiguen.

Como imprescindible punto de partida interesa destacar que este autor muestra una fuerte crítica hacia las y los adeptos de la Escuela de Frankfurt, quienes abogan por un retorno al pasado que nos sitúe nuevamente en el

310. HASSEMER, W.: Rasgos y crisis, *op. cit.*, p. 245.
311. HASSEMER, W.: Persona, mundo, *op. cit.*, p. 182.
312. GÓMEZ MARTÍN, V.: La seguridad, *op. cit.*, pp. 52 y ss.

contexto de un Derecho penal de la Ilustración. Como se ha adelantado, esta postura solo considera merecedores de protección penal los bienes jurídicos individuales. Con esto, se busca rescatar la idea del Derecho penal como un instrumento de garantías inflexibles del cual disponen las y los ciudadanos frente al *ius puniendi* del Estado[313].

No obstante, el referido autor califica de ucrónica dicha pretensión, ya que sostiene que ese Derecho penal al que cierto sector doctrinal ahora aboga nunca ha existido realmente como tal. Esto se debe, en primer lugar, a que el deseo de una vuelta al pasado no considera todos y cada uno de los elementos que conformaban el Derecho penal de esa época, desde los severos niveles de respuesta por parte del Estado hasta varios principios de cohesión y ordenación social que regían en aquel entonces. En segundo lugar, el carácter inflexible de las garantías y principios penales de ese Derecho penal de la época de la Ilustración no era más que la contrapartida de la dureza que caracterizaba a las consecuencias jurídicas imponibles. Con todo, el Derecho penal característico del siglo XIX, que hoy vuelve a estar en el punto de mira, está lejos de ser lo que nos intentan hacer creer que fue[314].

Sin perjuicio de lo apuntado, es menester advertir la posición crítica de este autor respecto al proceso de modernización que está experimentando el Derecho penal, el cual considera que se ha convertido en un instrumento clave para mantener el orden y la paz social. En consecuencia, opina que ahora busca proporcionar una respuesta fácil y rápida a diversos problemas sociales que, en realidad, requieren una solución meditada y pausada. Es evidente, por de pronto, que esta forma de proceder conlleva resultados insatisfactorios. De ahí que el autor mencionado apueste por la creación de un Derecho penal de dos velocidades, de manera que la intervención penal en aquellos ámbitos hasta ahora desconocidos para el Derecho penal sea efectiva, y así salvaguardar, junto con las conductas clásicas, los nuevos intereses que demanda la sociedad[315]. Sobre la efectividad del Derecho penal, término ambiguo donde los haya, nos ocuparemos más adelante.

Retomando la propuesta de SILVA SÁNCHEZ, resulta interesante destacar que parte del hecho de que la expansión del sistema penal es ya una realidad constatable. En este sentido, el autor sugiere una configuración dualista del Derecho penal, es decir, un Derecho penal de dos velocidades. Lo que subyace a esta propuesta es la relación entre un sistema de imputación

313. SILVA SÁNCHEZ, J. M.: La expansión, *op. cit.*, p. 165.
314. *Ibid.*
315. SILVA SÁNCHEZ, J. M.: La expansión, *op. cit.*, p. 177.

de responsabilidades específico y las consecuencias jurídicas previstas en él. Esto implica que no todos los sistemas de imputación de responsabilidades deben contar con las mismas garantías o basarse en los mismos principios, lo que inevitablemente conduce a la posibilidad de que las sanciones en cada uno de esos sistemas también sean de diversa naturaleza. Así, dentro del sistema sancionatorio en general y del penal en particular, podrían coexistir diferentes sistemas de imputación con distintos niveles de garantías, dependiendo de la naturaleza y la severidad de las sanciones que puedan imponerse en cada caso[316].

En el caso que nos concierne, el motivo por el cual el mencionado autor considera necesario crear un Derecho penal de dos velocidades radica en la posibilidad de imponer penas privativas de libertad para ciertos delitos que forman parte del Derecho penal moderno. Algunas de estas penas incluso pueden ser de duración considerable, pero no se ajustan al carácter flexible de las garantías y principios político-criminales que les son aplicables[317]. Es por esto, y en virtud de lo anteriormente expuesto, que el autor en cuestión aboga por la instauración de un Derecho penal de dos velocidades.

Cada uno de los niveles (o velocidades) que componen este modelo de Derecho penal corresponde a distintos principios, garantías y normas de imputación de alcance diverso[318]. El primero de estos niveles, denominado la «primera velocidad», es el más riguroso y se vincula con lo que se ha conocido como el Derecho penal tradicional. Este nivel implica un «Derecho penal de la cárcel», donde la pena de prisión predominaría y se mantendrían intactos los principios tradicionales de este sistema. Sin embargo, este primer nivel del Derecho penal no resulta adecuado, según el autor mencionado, para sancionar los delitos que surgen en ámbitos hasta ahora desconocidos para el Derecho penal tradicional, en tanto que estas nuevas conductas desafían los principios clásicos que lo conforman. Por tanto, el autor sugiere la creación de una «segunda velocidad», caracterizada, a riesgo de simplificar, por flexibilizar las normas clásicas del Derecho penal tradicional y, en concreto, por no contemplar la pena de prisión entre sus consecuencias jurídicas[319].

En síntesis, el objetivo de este autor con la propuesta mencionada es evitar que ciertas conductas, que necesitan una flexibilización de las garantías y

316. *Ibid.*, pp. 167-168.
317. SILVA SÁNCHEZ, J. M.: La expansión, *op. cit.*, p. 174.
318. *Ibid.*
319. *Ibid.*, p. 183.

los principios de un sistema determinado de atribución de responsabilidades para ser sancionadas, conlleven penas privativas de libertad. Por lo tanto, esa flexibilización solo será posible si el sistema en cuestión no incluye la pena de prisión entre sus consecuencias jurídicas.

Puede decirse, en definitiva, que SILVA SÁNCHEZ se muestra contrario a una modernización excesiva del Derecho penal, la cual interpreta como una ampliación desmesurada de la intervención penal. Esta ampliación se caracteriza, en su opinión, por la flexibilización de las garantías, los principios y una reconfiguración de las reglas de imputación, incluso en los casos donde se contempla la aplicación de penas privativas de libertad. Según indica el propio autor, esta propuesta no busca promover un retorno al pasado, ya que hemos adelantado que ese pasado ni siquiera existe en los términos que se pretenden sugerir en la actualidad. En cambio, el propósito de esta propuesta es preservar el sistema de principios y garantías en el que se basa el Derecho penal tradicional, evitando así su desnaturalización[320].

Asimismo, SILVA SÁNCHEZ destaca la posibilidad de incluir una «tercera velocidad» en el Derecho penal. Esta tercera velocidad, que se asemeja en buena medida a los postulados del Derecho penal del enemigo, se establecería mediante una flexibilización de las garantías político-criminales, así como de las reglas de imputación de responsabilidad y los principios procesales, al igual que la segunda velocidad mencionada anteriormente. Sin embargo, la diferencia entre una velocidad y otra radica en que, en el caso de esta tercera velocidad, no se descartan las penas privativas de libertad.

En resumidas cuentas, esta tercera velocidad del Derecho penal implica una flexibilización de las garantías y principios penales, así como de las reglas de imputación de responsabilidad y las normas procesales, con la posibilidad de aplicar la pena de prisión. Esto se debe a que esta tercera velocidad tiene como objetivo combatir las formas más graves de criminalidad que amenazan con socavar los fundamentos del Estado constitucional, como la delincuencia patrimonial profesional, la delincuencia sexual violenta o reiterada, la criminalidad organizada y el terrorismo[321].

Lejos, empero, de ser simplemente una propuesta sobre papel, el propio autor da cuenta sobre la ya inevitable existencia «de un espacio de Derecho penal de privación de libertad con reglas de imputación y procesales menos

320. SILVA SÁNCHEZ, J. M.: La expansión, *op. cit.*, p. 176.
321. *Ibid.*, pp. 183-184.

estrictas que las del Derecho penal de la primera velocidad»[322]. No obstante, subraya que esta tercera velocidad debe ser un instrumento de emergencia, aplicable tan solo en aquellos casos donde la gravedad y la excepcionalidad de la situación así lo exijan[323].

Como vemos, en consonancia con sus posturas sobre la expansión del Derecho penal, ambos autores han formulado soluciones para abordar los problemas que derivan de dicho fenómeno, aunque estos planteamientos presentan matices muy diversos. Mientras que HASSEMER aboga por la creación de un nuevo cuerpo legal para sancionar las conductas emergentes, SILVA SÁNCHEZ considera necesario establecer otro tipo de Derecho para castigar las conductas asociadas a los nuevos riesgos. De hecho, sostiene que el Derecho penal es adecuado para este propósito, ya que ofrece la dimensión sancionadora ausente en el Derecho civil compensatorio, junto con la neutralidad e imparcialidad más alejadas de la esfera política que brinda el Derecho administrativo[324]. Por consiguiente, su propuesta aboga por dividir el Derecho penal en dos e incluso, en última instancia, en tres partes, sin necesidad de crear un Derecho específico para penalizar las conductas vinculadas a la nueva criminalidad, como pretende HASSEMER.

Precisamente con ocasión de la propuesta realizada por SILVA SÁNCHEZ y, en parte, también por la de HASSEMER, ha surgido un amplio debate en la doctrina penal, aún vigente en la actualidad. Estas propuestas han llevado a una parte de la comunidad académica a cuestionar un posible trato privilegiado que el sistema penal podría estar brindando a la denominada «criminalidad de los poderosos». En resumen, la crítica sugiere que tanto la propuesta del penalista alemán como la del penalista español parecen tener un cierto cariz clasista.

En lo que respecta a la propuesta de HASSEMER, se argumenta que la creación de un Derecho de intervención busca despenalizar los delitos relacionados con la nueva criminalidad, que coincidentemente afectan a los sectores que se consideran parte de la clase poderosa (tales como delitos ambientales, delitos socioeconómicos, tráfico de drogas, entre otros). Además, se critica que el penalista alemán cuestione la legitimidad del

---

322. *Ibid.*, entiende que el Derecho penal de la tercera velocidad ya existe, según afirma, en el Derecho penal socioeconómico. Este ámbito, en su opinión, debería estar integrado tanto en la primera como en la segunda velocidad del Derecho penal.

323. *Ibid.*, pp. 186-188.

324. SILVA SÁNCHEZ, J. M.: La expansión, *op. cit.*, p. 173. En idéntico sentido, CORCOY BIDASOLO, M.: Límites objetivos, *op. cit.*, p. 28.

Estado para intervenir penalmente en ámbitos donde se comete la mencionada delincuencia[325].

La alternativa propuesta por SILVA SÁNCHEZ también ha sido objeto de críticas, ya que sugiere trasladar ciertos delitos socioeconómicos a la segunda velocidad del Derecho penal, donde, recordemos, la pena de prisión no está contemplada. Sostener tal afirmación ha llevado a una parte de la doctrina[326] a considerar su propuesta como una forma de tratar con ligereza ciertos delitos cometidos en «nichos sociales acomodados»[327], sin importar la gravedad de la conducta perpetrada.

En línea con un sector doctrinal, consideramos que los planteamientos más afines a la postura reduccionista pueden dar lugar a diversas especulaciones que podrían interpretarse como discriminatorias respecto a las propuestas de los autores mencionados, al tiempo que podrían suscitar dudas sobre los intereses subyacentes en tales regulaciones. Si bien es cierto que hay casos en los que los delitos de nueva aparición pueden ser cometidos exclusivamente por personas con poder, es pertinente evitar enredarse en esa discusión y centrarse en la necesidad de abordar penalmente la nueva criminalidad, independientemente de los sujetos involucrados. En este sentido, se ha expresado con acierto que «el *leit motiv* "criminalidad de los poderosos" no debería convertirse en una especie de prohibición de infraprotección u obligación de recurrir al Derecho penal en determinados ámbitos por definición, sin entrar en la necesidad, efectividad y eficacia real de las concretas medidas a adoptar»[328].

Al margen de lo apuntado, no podemos respaldar ninguna de las propuestas presentadas por los autores mencionados, por las razones que expondremos a continuación. Cabe reiterar que estas razones no guardan relación con la cuestión que acaba de plantearse.

---

325. En este sentido, PAREDES CASTAÑÓN, J. M.: «Los delitos de peligro como técnica de incriminación en el Derecho penal económico: bases político-criminales», en *Revista de Derecho Penal y Criminología*, n.º 11, 2003, p. 130, quien considera que este tipo de propuestas conllevan una «larvada despenalización» que, dadas las características de las sociedades actuales, carece de justificación.
326. Al respecto, LAURENZO COPELLO, P.: «Recensión: Silva Sánchez, Jesús María: La expansión del Derecho penal, 2.ª edición. Civitas, Madrid, 2001», en *Revista de Derecho Penal y Criminología*, 2ª Época, n.º 12, 2003, pp. 441-456.
327. DÍEZ RIPOLLÉS, J. L.: «El nuevo modelo penal de la seguridad ciudadana», en *Revista Electrónica de Ciencia penal y Criminología*, n.º 6, 2004, p. 32.
328. FELIP I SABORIT, D.: «Observaciones a la expansión diez años después», en ROBLES PLANAS, R./ SÁNCHEZ-OSTIZ GUTIÉRREZ, P. (coords.): *La Crisis del Derecho penal contemporáneo*, Atelier, Barcelona, 2010, pp. 82-83.

En relación con la creación de un Derecho de intervención, consideramos que no hay necesidad de establecer un nuevo modelo legal para abordar los delitos de nuevo cuño, ya que entendemos que las distintas ramas del derecho existentes actualmente son adecuadas para dar respuesta a dichas conductas. Es más, la ciudadana o el ciudadano común difícilmente comprendería la creación de un derecho sancionador *ad hoc*, así como su marco normativo o su ubicación sistemática dentro del ordenamiento jurídico[329].

En cuanto al concepto de un Derecho penal de dos velocidades, consideramos que toda conducta tipificada en el CP debe beneficiarse de las garantías tradicionales que caracterizan al Derecho penal. Asimismo, creemos que el Derecho penal así configurado es adecuado para intervenir en nuevos ámbitos que requieren protección penal. Por razones obvias, tampoco podemos respaldar la idea de un Derecho penal de tercera velocidad.

2.3. La modernización del Derecho penal

En las consideraciones que siguen, se pretende ofrecer un pequeño esbozo sobre las reflexiones de las y los autores que han apoyado con mayor énfasis la modernización del Derecho penal. Este sector doctrinal sostiene un discurso que se distancia considerablemente de los postulados de la Escuela de Frankfurt.

Debemos empezar este apartado mencionando al jurista alemán SCHÜNEMANN, uno de los autores que más crítico se ha mostrado con la postura contraria a la expansión del Derecho penal.

El autor referido realiza una austera crítica a los postulados de la Escuela de Frankfurt, particularmente a la propuesta de HASSEMER, al considerarlos un gran obstáculo para la modernización del Derecho penal. En este sentido, sostiene que HASSEMER ha pasado por alto un hecho innegable: la transformación de las sociedades y, con ello, las diferentes potencialidades de lesión. Señala que la posible lesión del bien jurídico ya no se encuentra donde solía estar. Antes de la revolución industrial, cuando abundaban las reservas y recursos ecológicos y los peligros eran principalmente de origen natural, era lógico que los esfuerzos del Derecho penal se centraran en los bienes jurídicos individuales, que entonces ocupaban el primer plano en la sociedad. Sin embargo, con la llegada de la globalización y la notable escasez de recursos de todo tipo, se produce un cambio drástico en las fuentes de peligro, lo que hace que los bienes jurídicos colectivos prevalezcan sobre

329. MARTÍNEZ-BUJÁN PÉREZ, C.: Algunas reflexiones, *op. cit.*, p. 407.

los individuales. Esto demuestra la dominancia de los bienes supraindividuales y la necesidad de protegerlos; de lo contrario, estaríamos ante «una verdadera perversión del ordenamiento de bienes jurídicos», una auténtica «*reductio ad absurdum* de la teoría personal del bien jurídico»[330].

Para SCHÜNEMANN, la modernización experimentada por la sociedad también se ha reflejado en la delincuencia, lo que hace ineludible la correspondiente evolución del Derecho penal. Sostiene que una sociedad moderna como la actual requiere un Derecho penal moderno, que obviamente no puede ser idéntico al de la época de la Ilustración. De ahí la firme defensa de este autor por los tipos de peligro abstracto[331].

Sobre esta cuestión, el penalista alemán ha destacado que esta forma delictiva no es exclusiva de la época moderna, ya que tenía cierta presencia en las leyes penales de la Ilustración. Por lo tanto, considera que el recurso a este grupo de delitos representa más un cambio cuantitativo que cualitativo. Este cambio, que ha sido necesario para proteger los bienes jurídicos supraindividuales que preocupan más a la sociedad actualmente, lleva a SCHÜNEMANN a calificar como una «política de intereses meramente disfrazada de ciencia» a la tesis que aboga por volver a los delitos de resultado. Es más, advierte que solo evitando esto «quedará abierto el camino para la necesaria aportación constructiva que la ciencia del Derecho penal debe ofrecer a la modernización legislativa del Derecho penal»[332].

En conclusión, SCHÜNEMANN considera que «es insostenible querer luchar contra la criminalidad avanzada con un Derecho penal retrógrado, rehusando toda modernización en el ámbito del Derecho penal y reclamando para la lucha contra la criminalidad del siglo XXI los medios del Derecho penal del siglo XIX»[333].

Además del autor alemán mencionado, en España debemos hacer referencia al penalista GRACIA MARTÍN, sin lugar a duda una figura destacada en la materia. Siguiendo la línea de argumentación de SCHÜNEMANN, considera que se debe otorgar la misma importancia tanto a los bienes individuales como a los supraindividuales, ya que en ocasiones estos últimos pueden tener incluso más valor que los primeros. Como aclara este autor «el hecho de que peligros o riesgos de características como las descritas

330. SCHÜNEMANN, B.: Consideraciones críticas, *op. cit.*, pp. 193-194.
331. *Ibid.*, pp. 199-202.
332. *Ibid.*
333. SCHÜNEMANN, B.: *Temas actuales y permanentes del Derecho penal después del milenio*, Tecnos, Madrid, 2002, p. 68.

tengan a una multitud de individuos como potencial destinataria, otorga a la peligrosidad de la acción, es decir, al peligro abstracto, una gravedad que no solo compensa, sino que supera con creces el déficit de peligro concreto e incluso el de lesión de un individuo determinado»[334].

Dada la naturaleza de estos riesgos —piénsese, por ejemplo, en el caso de las «vacas locas»—, el sistema penal debe intervenir incluso antes de que se produzca un peligro concreto para un sujeto determinado. Esto implica que el Derecho penal debe actuar en un estadio previo a la manifestación del peligro en cuestión. Por lo tanto, este autor respalda enérgicamente la figura del delito abstracto, considerándola un recurso necesario e insustituible en lo que respecta a la protección de los bienes jurídicos supraindividuales, e inobjetable desde el punto de vista del Estado de derecho y las garantías político-criminales que lo caracterizan, incluidos los principios de proporcionalidad, subsidiariedad y *ultima ratio*[335].

La justificación de su postura radica en que la modernización conlleva simplemente adaptar el Derecho penal tradicional para que pueda intervenir en nuevas esferas de la realidad social que requieren protección penal[336]. Sin embargo, esta adaptación no implica, según sostiene el propio autor, una flexibilización, reformulación o reinterpretación de los principios que limitan la autoridad punitiva vigente en la actualidad. Según él, «los objetos, enunciados, proposiciones e instrumentos dogmáticos y político-criminales del Derecho penal moderno gozan en su totalidad de la propiedad de ser conformes, en todo y sin fallos ni siquiera infinitesimales, con la totalidad de las garantías políticas del Estado de derecho»[337]. En definitiva, considera que el Derecho penal moderno es «uno en todo conforme a las exigencias del Estado de derecho (...)», una conformidad que «se realiza en un grado tan absoluto que la misma no admite ni excepciones ni una mínima relativización»[338].

---

334. GRACIA MARTÍN, L.: «Algunas reflexiones sobre la pretendida contrariedad del Derecho penal moderno a los principios y garantías penales del Estado de derecho», en CARBONELL MATEU, J. C./ GONZÁLEZ CUSSAC, J. L./ORTS BERENGUER, E. (dirs.), CUERDA ARNAU, M. L. (coord.): *Constitución, derechos fundamentales y sistema penal (semblanzas y estudios con motivo del setenta aniversario del profesor Tomás Salvador Vives Antón), Tomo I*, Tirant lo Blanch, Valencia, 2009, pp. 913 y 915.
335. *Ibid.*, pp. 914-916.
336. HASSEMER, W.: Rasgos y crisis, *op. cit.*, p. 241.
337. GRACIA MARTÍN, L.: Algunas reflexiones, *op. cit.*, p. 896.
338. GRACIA MARTÍN, L.: Prolegómenos, *op. cit.*, p. 156. En el mismo sentido, GIMBERNAT ORDEIG, E.: Las exigencias, *op. cit.*, p. 356, al señalar que los conceptos fundamentales

En la misma línea, y particularmente crítica con las propuestas de crear un Derecho de intervención, por un lado, y un Derecho penal de dos velocidades por el otro, se encuentra CORCOY BIDASOLO. Al igual que los dos autores mencionados anteriormente, esta autora defiende que el Derecho penal, tal como lo conocemos, es adecuado para abordar la nueva criminalidad, sin necesidad de recurrir a una flexibilización de los postulados tradicionales que lo sustentan. Con todo, se opone con firmeza a los postulados de la Escuela de Frankfurt.

A su modo de ver, los conceptos de «Derecho» y «sociedad» están estrechamente vinculados. Tanto es así, que uno no puede entenderse sin el otro. Considera que el derecho tiene la responsabilidad de responder a las demandas de la sociedad y satisfacer sus necesidades. Por lo tanto, si la sociedad experimenta cambios, ya sea una evolución o un retroceso, el derecho también debe adaptarse. En este sentido, el Derecho penal no debe retroceder ni cohibirse frente a los riesgos modernos inherentes a la época actual, sino enfrentarse a ellos. En ningún caso puede el instrumento penal obviar las nuevas formas de criminalidad[339].

Cierto es que no todos los delitos de nuevo cuño generan preocupación entre la población, en parte porque estas nuevas conductas tienden a ser más abstractas y distantes para la o el ciudadano común (como los delitos medioambientales cometidos por empresas multinacionales a miles de kilómetros de distancia de nuestra residencia, por ejemplo). Ello, empero, no significa que no causen malestar, como es el caso de los delitos de corrupción, cuyas consecuencias a largo plazo se reflejan en la sociedad. El problema radica en que estos efectos suelen ser desconocidos para la población, al menos a corto plazo. Este desconocimiento resulta en una despreocupación generalizada por este tipo de criminalidad, lo que a su vez dificulta la adopción de medidas adecuadas para combatirla. Sin embargo, es un hecho que estas conductas tienen una capacidad lesiva mucho mayor de lo que se percibe externamente y, por lo tanto, también mayor de lo que la sociedad alcanza a comprender[340].

---

de la Parte General siguen siendo adecuados —aún más: irrenunciables— para tratar —y penetrar en— estas nuevas manifestaciones jurídico-penales.

339. CORCOY BIDASOLO, M.: *Delitos de peligro y protección de bienes jurídico-penales supraindividuales: nuevas formas de delincuencia y reinterpretación de tipos penales clásicos*, Tirant lo Blanch, Valencia, 1999, p. 188.

340. FERNÁNDEZ TERUELO, J. G.: «La expansión selectiva del Derecho penal español», en *Revista Digital Facultad de Derecho*, n.º 1, 2009, p. 7.

Como señala acertadamente la autora referida, el simple hecho de que este tipo de delitos presente una mayor dificultad de persecución, investigación y enjuiciamiento no implica que deban quedar fuera del ámbito de intervención del sistema penal[341]. La respuesta penal debe estar garantizada también en estos casos. Ahora bien, esto no significa que el Derecho penal sea la única solución, y mucho menos la mejor para sancionar cualquier conducta delictiva. Para que la intervención penal sea legítima, es necesario respetar los principios de subsidiariedad, fragmentariedad y *ultima ratio*. Por lo tanto, el Derecho penal no podrá sancionar cualquier conducta que lesione un bien jurídico, ya sea individual o supraindividual, sino únicamente aquellos ataques que revistan una especial gravedad[342].

Hasta aquí el recorrido por las diferentes posturas que tanto la doctrina alemana como española han mostrado respecto al fenómeno de la expansión del Derecho penal. A continuación, pasamos a exponer los aspectos distintivos del Derecho penal moderno, así como sus consecuencias.

3. RASGOS Y RIESGOS DEL DERECHO PENAL MODERNO

3.1. Derecho penal moderno ¿simbólico?

Como ya se ha adelantado, la doctrina más crítica con el fenómeno de la expansión ha calificado al Derecho penal moderno como uno de carácter simbólico[343]. Esto se debe, en parte, al aumento significativo de los delitos de peligro abstracto como instrumento para sancionar conductas derivadas de la nueva criminalidad. La controversia generada en torno a la utilización de esta figura delictiva como medio para sancionar conductas emergentes ha llevado a cuestionar no solo la legitimidad de los delitos de peligro abstracto *per se*, sino también su eficacia[344].

---

341. CORCOY BIDASOLO, M.: Límites objetivos, *op. cit.*, p. 39. En contra de salvaguardar los bienes jurídicos supraindividuales se muestran, por ejemplo, SANTANA VEGA, D. M.: *La protección penal de los bienes jurídicos colectivos*, Dykinson, Madrid, 2000, pp. 43 y ss.; MENDOZA BUERGO, B.: El Derecho penal en la sociedad, *op. cit.*, pp. 80 y ss.

342. CORCOY BIDASOLO, M.: Límites objetivos, *op. cit.*, p. 30.

343. En efecto, tal y como pone de relieve MARTÍNEZ-BUJÁN PÉREZ, C.: Algunas reflexiones, *op. cit.*, p. 403, «detrás del fenómeno de la expansión del Derecho penal se halla la pretensión de resolver problemas sociales a través del cómodo expediente de limitarse a transmitir a la opinión pública mensajes tranquilizadores, desvinculados de la finalidad instrumental que cabalmente debe perseguir la sanción penal, esto es, la de proteger bienes jurídicos».

344. PAREDES CASTAÑÓN, J. M.: Los delitos, *op. cit.*, p. 98.

Pues bien, incluso aceptando la legitimidad de los delitos de peligro abstracto, cabe cuestionarse si el creciente recurso a esta figura como principal instrumento para intervenir en las nuevas esferas de la criminalidad está generando resultados satisfactorios. ¿Se está afrontando de manera eficaz y fructífera este tipo de delincuencia o, por el contrario, la respuesta otorgada a las conductas de nuevo cuño es indicativa de un Derecho penal simbólico? Es decir, ¿tras la aparentemente eficaz intervención penal se esconde el propósito de reducir las tasas de inseguridad frente al delito en la población, transmitiendo la sensación de que se están tomando medidas para afrontar las consecuencias nocivas de la delincuencia moderna?[345]. Sin ánimo de exhaustividad, conviene realizar algunas consideraciones sobre el concepto de Derecho penal simbólico antes de abordar la compleja cuestión de la eficacia de las leyes penales.

Tradicionalmente, se ha defendido que hablar de Derecho penal simbólico implica referirse a la discrepancia entre la realidad y la apariencia, entre lo manifiesto y lo latente, entre lo verdaderamente deseado y lo verdaderamente logrado. En puridad, se trata de una contraposición entre las funciones instrumentales y las funciones simbólicas de la pena[346]. Los efectos instrumentales, ligados a la protección de los bienes jurídicos, tienen la capacidad de modificar la realidad social al prevenir conductas humanas no deseadas[347]. Los efectos simbólicos, en cambio, son múltiples; generan diferentes emociones o valores en las conciencias de las personas, como la creación de confianza en el sistema jurídico y en sus instituciones, o la percepción de vivir en un Estado sólido y firme[348]. HASSEMER ha caracterizado esta disparidad entre la finalidad buscada y la finalidad lograda como un «engaño», una apariencia de efectividad completamente falsa[349] que resulta

345. *Ibid.*

346. En la terminología de HASSEMER, W.: «Derecho penal simbólico y protección de bienes jurídicos», en *Pena y Estado: revista latinoamericana de política criminal*, n.º 1, 1991, p. 28, se trata de funciones latentes y manifiestas. En opinión de DÍEZ RIPOLLÉS, J. L.: «El Derecho penal simbólico y los efectos de la pena», en VV.AA.: *Modernas tendencias en la Ciencia del Derecho penal y en la Criminología*, UNED, Madrid, 2001, p. 111, habría que hablar de los efectos expresivo-integradores y los efectos materiales. Este último descarta el término «simbólico» por entender que tiene una connotación negativa que produce rechazo.

347. DÍEZ RIPOLLÉS, J. L.: El Derecho penal simbólico, *op. cit.*, p. 110.

348. DÍEZ RIPOLLÉS, J. L.: El Derecho penal simbólico, *op. cit.*, p. 110. En el mismo sentido, BARATTA, A.: «Funciones instrumentales y simbólicas del Derecho penal: una discusión en la perspectiva de la criminología crítica», en *Pena y Estado: revista latinoamericana de política criminal*, n.º 1, 1991, p. 53.

349. HASSEMER, W.: Derecho penal simbólico, *op. cit.*, pp. 28-30.

en una pérdida de confianza en el Derecho penal[350], y que «a corto plazo mitiga, a largo plazo destruye»[351].

Sin perjuicio de lo señalado, lo cierto es que el cumplimiento de una función simbólica por parte del Derecho penal no necesariamente debe considerarse negativo, siempre y cuando no sea la única función que cumple. El efecto simbólico puede contribuir, por ejemplo, a que un bien jurídico adquiera reconocimiento social y, de paso, a conseguir una mayor armonía entre las valoraciones sociales y las jurídicas[352]. A decir verdad, toda ley penal produce efectos simbólicos —piénsese, por ejemplo, en la función preventiva general negativa de las penas—, por lo que no parece aventurado afirmar que la finalidad simbólica es inherente a toda norma, luego debe reconocerse su legitimidad. Sin embargo, una ley penal no debe limitarse únicamente a producir efectos simbólicos, ni tampoco permitir que estos prevalezcan sobre los efectos instrumentales[353]. Por tanto, *a priori*, no pueden descalificarse los efectos simbólicos de una norma penal, ya que desempeñan una función importante en el marco de una intervención penal[354].

El problema que late en el fondo de esta disyuntiva se concreta, como venimos señalando, en las críticas expresadas desde el sector más crítico con el fenómeno de la expansión hacia el Derecho penal moderno, al calificarlo como simbólico. Al respecto, argumentan que los nuevos tipos delictivos se presentan como una solución aparentemente adecuada para satisfacer las continuas demandas de seguridad, sin que realmente existan razones fundadas para que la intervención penal abarque ámbitos hasta ahora ajenos al sistema penal[355]. Esta falta de fundamentación conduce a la ineficacia de ciertos tipos penales, la cual, según objetan, es evidente incluso antes de la

350. HASSEMER, W.: Persona, mundo, *op. cit.*, p. 35.
351. HASSEMER, W.: Rasgos y crisis, *op. cit.*, p. 244.
352. CORCOY BIDASOLO, M.: Límites objetivos, *op. cit.*, p. 39. Podría contribuir, por ejemplo, a crear conciencia sobre la importancia, alcance y efectos de los delitos medioambientales.
353. GRACIA MARTÍN, L.: Prolegómenos, *op. cit.*, pp. 146-148.
354. DÍEZ RIPOLLÉS, J. L.: El Derecho penal simbólico, *op. cit.*, p. 123.
355. MENDOZA BUERGO, B.: «Exigencias de la moderna política criminal y principios limitadores del Derecho penal», en *Anuario de Derecho Penal y Ciencias Penales*, Tomo 52, Fasc./Mes 1-3, 1999, p. 283. Asimismo, da cuenta de estas críticas GRACIA MARTÍN, L.: Prolegómenos, *op. cit.*, pp. 146-150.

formulación de la norma penal[356], colocando así al Derecho penal moderno en el terreno de lo simbólico[357].

En el caso que nos ocupa, esto es, la consideración de sancionar penalmente ciertas conductas dentro del marco del llamado Derecho penal moderno, viene siendo común, especialmente entre aquellos sectores doctrinales más críticos con el fenómeno de la expansión, confundir la necesidad de que el instrumento penal intervenga en nuevos ámbitos con la ineficacia de ciertos tipos penales de reciente creación. Sin embargo, equiparar la intervención penal en nuevas esferas sociales con una legislación ineficaz no resulta acertado. Una cosa es que una norma diseñada para sancionar cierto tipo de conductas en un ámbito determinado sea insuficiente o ineficaz, y otra muy distinta es que los intereses afectados por esas conductas no requieran protección penal. Esta distinción nos impide calificar de ineficaz, de antemano, a un tipo penal solo porque sanciona delitos de reciente aparición, por lo que tampoco sería preciso equiparar el Derecho penal moderno con el Derecho penal simbólico. En suma, la necesidad de una norma no debe confundirse con su eficacia, ya que un tipo penal construido en base a la apariencia siempre será ineficaz[358].

Como ha señalado CORCOY BIDASOLO[359], no se puede soslayar el hecho de que, en efecto, existen ciertos tipos penales de nuevo cuño que apenas han sido objeto de análisis jurisprudencial, o que incluso han demostrado ser ineficaces. En este sentido, es importante tener en cuenta dos factores cruciales para una aplicación satisfactoria de un tipo penal. En primer lugar, la mera inclusión de un tipo penal en el CP no garantiza su aplicación efectiva; es necesario acompañar esta incorporación con diversos mecanismos que faciliten la investigación adecuada de los hechos. En segundo lugar, es indispensable que las autoridades judiciales cuenten con la formación adecuada para aplicar correctamente estos nuevos preceptos, los cuales carecen, en muchos casos, de una jurisprudencia extensa y consolidada[360].

---

356. NAVARRO CARDOSO, F.: «El Derecho penal del riesgo y la idea de seguridad: una quiebra del sistema sancionador», en PÉREZ ÁLVAREZ, F. (coord.): *Serta: in memoriam Alexandri Baratta*, Ediciones Universidad de Salamanca, Salamanca, 2004, p. 1330.
357. HASSEMER, W.: Derecho penal simbólico, *op. cit.*, p. 30.
358. POZUELO PÉREZ, L.: De nuevo, *op. cit.*, p. 115.
359. CORCOY BIDASOLO, M.: Límites objetivos, *op. cit.*, p. 39.
360. CORCOY BIDASOLO, M.: Límites objetivos, *op. cit.*, p. 39. Un claro ejemplo de esto se encuentra en la normativa sancionadora medioambiental. Para mayor abundamiento, véase, POZUELO PÉREZ, L.: De nuevo, *op. cit.*, pp. 124 y ss.

Sorprende, en esta clave, que los tipos penales modernos sean calificados de ineficaces cuando ni siquiera se ha demostrado la eficacia de los que conforman el denominado Derecho penal nuclear[361]. Desde luego, la explicación de la ineficacia o la falta de aplicación judicial de las conductas relacionadas con la nueva criminalidad no radica «en el fetiche de una legislación simbólica»[362], por lo que debemos seguir investigando[363]; solo cuando se constate la absoluta ineficacia e imposibilidad de aplicación judicial estará justificada su exclusión del CP[364].

Con todo, valga la redundancia, el Derecho penal simbólico solo será objeto de crítica cuando el legislador haya actuado con fines de engaño —en la terminología de HASSEMER—[365]. En los demás casos, nos encontraremos frente a una técnica legislativa deficiente que puede ser más o menos eficaz, pero no necesariamente simbólica. Sentado lo anterior, parece procedente intentar arrojar algo de luz al intrincado asunto de la eficacia de las leyes penales.

3.2. A vueltas con la eficacia de las leyes penales

Durante el presente trabajo se ha mencionado en repetidas ocasiones la eficacia de la norma penal. Por tanto, resulta necesario reflexionar sobre las implicaciones de dicho concepto. Se parte de la premisa de que las leyes deben ser eficaces, pero hablar sobre la eficacia de la norma no es una tarea sencilla. Esto se debe a que, si bien el concepto de eficacia tiene su propia definición, surgen varios interrogantes al intentar aplicarlo al ámbito de las leyes, especialmente a las leyes de naturaleza penal, dada la complejidad que estas presentan.

En este punto, se hace preciso abordar la controvertida cuestión de la eficacia de los tipos delictivos, en su mayoría de peligro abstracto, que conforman el Derecho penal moderno. Esta cuestión resulta de innegable rele-

361. En este sentido, NAVARRO CARDOSO, F.: El Derecho penal, *op. cit.*, p. 1330; CORCOY BIDASOLO, M.: Límites objetivos, *op. cit.*, p. 39.
362. SCHÜNEMANN, B.: Consideraciones críticas, *op. cit.*, p. 200.
363. PAREDES CASTAÑÓN, J. M.: «Recensión: GRACIA MARTÍN, Luis. Prolegómenos por la lucha por la modernización y expansión del Derecho penal y para la crítica del discurso de resistencia. Edit. Tirant lo Blanch. Valencia, 2003», en *Política Criminal: Revista Electrónica Semestral de Políticas Públicas en Materias Penales*, n.º 2, 2006, p. 26, señala la falta de formación de las autoridades judiciales sobre los nuevos tipos penales, así como los problemas político-criminales y las dificultades específicas de interpretación que presentan.
364. CORCOY BIDASOLO, M.: Límites objetivos, *op. cit.*, p. 40.
365. HASSEMER, W.: Derecho penal simbólico, *op. cit.*, p. 30.

vancia, dado que la discusión sobre la legitimidad de los tipos de peligro abstracto ha acabado afectando, como se ha expuesto anteriormente, a la cuestión de la eficacia de dicha figura delictiva[366].

En términos generales, podemos definir la eficacia como la «capacidad de lograr el efecto que se desea o se espera»[367]. Por tanto, una sanción penal será eficaz cuando logre, cumpliendo con su función instrumental, el resultado deseado. Aunque esto inicialmente no parezca presentar problema alguno, al hablar de la eficacia de las normas penales, la cuestión se vuelve compleja debido a los diversos fines que deben cumplir las penas, entre los que destaca, en lo que aquí interesa, la prevención general negativa.

La prevención general negativa, como ya se ha adelantado, es uno de los fines de la pena, que busca disuadir a las y los ciudadanos de cometer las conductas sancionadas en el CP. Ahora bien, esto no implica que para lograr este fin deban imponerse sanciones extremadamente severas. La evidencia ha demostrado que penas más largas no reducen la criminalidad ni disuaden a la población de cometer delitos[368].

Planteada la situación actual, acto seguido surgen varios interrogantes. En principio, podría parecer que una norma penal será efectiva si logra disuadir a las personas de realizar la conducta prohibida por la misma[369]. No obstante, esta afirmación, en apariencia sensata, resulta ser demasiado general, ya que descuida otros factores que pueden influir en la eficacia de una norma. Entre estos factores se encuentran el beneficio y/o el coste asociado a cualquier interferencia en las libertades individuales[370]. En definitiva,

366. PAREDES CASTAÑÓN, J. M.: Los delitos, *op. cit.*, p. 98.
367. Definición ofrecida por la Real Academia Española (RAE).
368. Para un análisis detallado sobre la relación de la tasa de criminalidad y el castigo véase, RODRÍGUEZ GARCÍA, G.: «Tasa de criminalidad y castigo: un ejercicio de derecho y economía», en *THEMIS: Revista de Derecho*, n.º 62, 2012, pp. 179-186.
369. En efecto, tal y como afirma MIR PUIG, S.: *Derecho penal. Parte General*, 10.ª ed., Reppertor, Barcelona, 2015, p. 127, «(...) la eficacia de la pena no debe medirse sobre la base de los que ya han delinquido. Precisamente en estos el hecho de haber delinquido demuestra inevitablemente que para ellos la pena ha resultado ineficaz. La eficacia de la pena no puede valorarse por esos fracasos, sino por sus posibles éxitos, y estos han de buscarse entre los que no han delinquido y acaso lo hubieran hecho de no concurrir la amenaza de la pena».
370. POZUELO PÉREZ, L.: De nuevo, *op. cit.*, p. 121. Como afirma PAREDES CASTAÑON, J. M.: Los delitos, *op. cit.*, p. 126, los únicos costes pertinentes a considerar al evaluar una posible intervención penal en un ámbito específico son aquellos que inciden en los derechos individuales. Esto implica la limitación de la libertad asociada con la incriminación de una conducta, por un lado, y la imposición de penas que implican la privación de derechos fundamentales, por otro. Se excluyen, por tanto, los costes de

«el análisis de la eficacia ha de contraerse necesariamente al contenido de la concreta propuesta legislativa (...) y en este análisis han de considerarse cuestiones como qué se está dispuesto a sacrificar y qué efectos concretos se pretenden y pueden alcanzarse»[371].

Otra cuestión importante a tener en cuenta es que la eficacia de una norma debe estar en consonancia con el respeto a los principios y garantías en los que se fundamenta el Derecho penal. Esto quiere decir que una norma penal puede ser eficaz, pero si no es válida, no puede formar parte del ordenamiento jurídico[372].

Con todo, y a modo de conclusión de lo ya avanzado, consideramos que un tipo penal será eficaz si, respetando los límites establecidos por la ley penal, logra principalmente prevenir futuras conductas delictivas y, en su caso, reducir la tasa de criminalidad mediante la imposición de sanciones. Todo esto debe basarse en la protección de bienes jurídicos que estén en consonancia con los límites y requisitos del Derecho penal tradicional. De lo contrario, correríamos el riesgo de instrumentalizar la norma penal de tal manera que se convierta en la única solución para algunos de los problemas sociales más apremiantes en las sociedades contemporáneas. Como advierte MIRÓ LLINARES, «solo así, otorgando al Derecho penal el papel de instrumento último para la protección de aquellos bienes e intereses más dignos de protección, se podrá compatibilizar la eficacia preventiva e intimidatoria del Derecho penal con el respeto a las garantías y principios que la dureza de sus sanciones exige para su aplicación en un Estado social y democrático de Derecho»[373].

3.3. El principio de exclusiva protección de bienes jurídicos

La doctrina especializada ha definido el Derecho penal como un «instrumento de defensa de los valores fundamentales de la comunidad que solo debe emplearse contra ataques muy graves a esos valores y en una

---

índole económico, a menos que estos representen una alteración sistemática autónoma, lo cual parece improbable en las sociedades contemporáneas. No resulta razonable valorar aspectos económicos cuando la cuestión en juego es la injerencia del Estado en la libertad y los derechos esenciales de las y los ciudadanos. Sin embargo, la determinación de cómo distribuir estos costes constituye un asunto distinto.

371. POZUELO PÉREZ, L.: De nuevo, *op. cit.*, p. 122.

372. *Ibid.*

373. MIRÓ LLINARES, F.: «Política comunitaria de inmigración y política criminal en España: ¿protección o exclusión penal del inmigrante?», en *Revista Electrónica de Ciencia penal y Criminología*, n.º 10, 2008, p. 31.

forma controlada y limitada por el imperio de la ley»[374]. De esta definición se pueden extraer varias conclusiones. La primera es que el Derecho penal es un instrumento de control social[375] que, además de cumplir con la función de estabilizar las condiciones del contrato social, debe evitar y, en último extremo, castigar el ataque a las libertades aseguradas por dicho contrato social[376].

La segunda conclusión es que esta intromisión en la libertad individual de las y los ciudadanos solo deberá ocurrir en aquellos casos en los que los intereses merecedores de protección hayan sido atacados de manera tan grave que sea absolutamente necesario el recurso al Derecho penal para restaurar las condiciones de vida en común establecidas en el contrato social. En otras palabras, solo las conductas que representen un daño significativo para la sociedad pueden ser objeto de reproche penal[377].

Y la tercera y última conclusión es que el Derecho penal sigue siendo un instrumento de represión, y como tal, su aplicación debe estar restringida[378]. En este sentido, uno de los principios que limita el poder punitivo del Estado y el que interesa aquí destacar, es el principio de intervención mínima.

El principio de intervención mínima se fundamenta en el carácter particularmente perjudicial de las consecuencias jurídicas previstas por el sistema penal, su naturaleza de *ultima ratio*, y la percepción de la pena como un «mal menor»[379], que solo es aceptable cuando su uso es estrictamente necesario para mantener el orden social y los valores fundamentales. En este sentido, este principio tiene como objetivo limitar el recurso al Derecho penal, es decir, restringir en la medida de lo posible su aplicación, en aras de salvaguardar la libertad de las y los ciudadanos. Esto implica que solo las conductas que lesionen o pongan en peligro un bien jurídico protegido serán merecedoras de sanción penal[380]. Más adelante ahondaremos en este

374. MUÑOZ CONDE, F./GARCÍA ARÁN, M.: *Derecho Penal. Parte General*, 11.ª ed., Tirant lo Blanch, Valencia, 2022, p. 65.
375. DE LA CUESTA ARZAMENDI, J. L.: *Nuevas fronteras del Derecho penal*, Olejnik, Buenos Aires, 2018, p. 25.
376. HASSEMER, W./MUÑOZ CONDE, F.: *La responsabilidad por el producto en Derecho penal*, Tirant lo Blanch, Valencia, 1995, p. 20.
377. HORMAZÁBAL MALARÉE, H.: *Bien jurídico y estado social y democrático de derecho: el objeto protegido por la norma penal*, 2.ª ed., Editorial Jurídica ConoSur, Santiago de Chile, 1992, pp. 13-14.
378. MUÑOZ CONDE, F./GARCÍA ARÁN, M.: Derecho Penal, *op. cit.*, pp. 65 y ss.
379. MIR PUIG, S.: *El Derecho penal en el Estado social y democrático de derecho*, Ariel, Barcelona, 1994, p. 159.
380. MUÑOZ CONDE, F./GARCÍA ARÁN, M.: Derecho Penal, *op. cit.*, p. 66.

concepto, así como en los requisitos que deben cumplirse para que un interés concreto pueda ser protegido por medio del Derecho penal.

El principio de intervención mínima incluye, a su vez, otros dos principios que son la consecuencia lógica de su aplicación. El primero de ellos es el principio de subsidiariedad, el cual busca limitar la intervención penal de manera que solo esté justificada cuando otras ramas del ordenamiento jurídico no puedan sancionar la conducta en cuestión, ya sea por la gravedad de esta o por otras razones que impidan adoptar medidas efectivas al respecto[381].

El segundo se refiere al principio de fragmentariedad. De este principio deriva que la misión del Derecho penal no consiste en proteger a todos los bienes jurídicos ni salvaguardarlos contra cualquier ataque, sino que su intervención se reserva para los ataques muy graves a los bienes jurídicos más importantes[382].

Una vez hemos explicado el principio de intervención mínima, procedemos a analizar con mayor detenimiento otro de los límites a la intervención punitiva del Estado, que a su vez constituye la función más elemental del Derecho penal: el principio de exclusiva protección de los bienes jurídicos.

El concepto de bien jurídico es un criterio negativo que tiene como objetivo evitar la criminalización excesiva de conductas. En otras palabras, si una conducta no afecta a un bien jurídico protegido, no debe considerarse delito[383]. De este modo, se excluyen del ámbito penal las conductas puramente ideológicas, políticas, religiosas o morales que no interfieren con el libre desarrollo de la persona[384].

Sin embargo, el concepto de bien jurídico, cuya evolución histórica excede los límites de este trabajo, no es suficiente para determinar cuándo la intervención penal está legitimada. De hecho, que uno de los objetivos del Derecho penal sea la exclusiva protección de los bienes jurídicos no implica que deba intervenir ante cualquier bien y en respuesta a cualquier tipo de ataque. Esto sería completamente contrario a los principios de subsidiariedad y fragmentariedad mencionados anteriormente. Por esta razón, es

381. *Ibid.*, p. 67.
382. *Ibid.*
383. HASSEMER, W./MUÑOZ CONDE, F.: La responsabilidad, *op. cit.*, p. 20.
384. MUÑOZ CONDE, F./GARCÍA ARÁN, M.: Derecho Penal, *op. cit.*, p. 80.

imprescindible distinguir entre el concepto de bien jurídico y el de bien jurídico penal[385].

Naturalmente, detrás de cualquier tipo penal hay un interés que se desea proteger, pero interés no es equivalente a bien jurídico. Todos los bienes jurídicos tienen un interés asociado, pero no todo interés tiene la suficiente entidad para ser considerado un bien jurídico, y mucho menos un bien jurídico penal[386]. En las líneas que prosiguen, se expondrán los requisitos que deben cumplirse para que un bien jurídico se convierta en un bien jurídico penal.

Sin ánimo ni posibilidades de agotar el tema, dada su complejidad, se busca ofrecer un breve esbozo sobre la actual crisis que enfrenta el principio de exclusiva protección de los bienes jurídicos, donde se cuestiona su función más significativa: limitar el *ius puniendi* del Estado.

Como imprescindible punto de partida interesa destacar que una de las cuestiones fundamentales que la teoría del bien jurídico debe abordar actualmente está estrechamente relacionada con el aumento de tipos penales que protegen bienes jurídicos supraindividuales[387]. En efecto, el debate sobre si el Derecho penal debe intervenir en nuevas esferas de la realidad social no solo afecta a la teoría del bien jurídico, sino que también ha alcanzado al fenómeno de la expansión del Derecho penal. Por lo tanto, a los efectos aquí pretendidos, nos centraremos en examinar si la intervención del Derecho penal en nuevos ámbitos es totalmente coherente con la teoría clásica del bien jurídico o si, por el contrario, esta teoría se ha transformado hoy en un criterio positivo para penalizar, en lugar de ser un criterio negativo para limitar la intervención punitiva del Estado, como denuncia parte de la doctrina[388].

Ciertamente, no cabe controvertir la importancia de esta clase de intereses en las sociedades modernas, por lo que parece evidente, como se ha defendido aquí, que deben ser protegidos por el ordenamiento jurídico. Ahora bien, no quiere esto decir necesariamente que dicha protección deba ser de carácter penal. Es precisamente en este punto donde se advierte la necesidad de definir, como complemento a la teoría del bien jurídico, qué

385. MIR PUIG, S.: Derecho penal, *op. cit.*, p. 131.
386. GIMBERNAT ORDEIG, E.: «Presentación», en VV.AA.: *La teoría del bien jurídico: ¿Fundamento de legitimación del Derecho penal o juego de abalorios dogmático?*, Marcial Pons, Madrid, 2007, p. 15.
387. DÍEZ RIPOLLÉS, J. L.: «El bien jurídico protegido en un Derecho penal garantista», en *Jueces para la democracia*, n.º 30, 1997, p. 18.
388. HASSEMER, W./MUÑOZ CONDE, F.: La responsabilidad, *op. cit.*, pp. 22-23. En idéntico sentido, TERRADILLOS BASOCO, J.: «Función simbólica y objeto de protección del Derecho penal», en *Pena y Estado*, n.º 1, 1991, p. 17.

debe considerarse como bien jurídico penal. Todo ello con el fin de determinar cuándo está justificada la intervención penal en la nueva criminalidad.

Para que un bien jurídico adquiera la categoría de bien jurídico penal, debe cumplir dos condiciones. En primer lugar, el bien en cuestión debe tener suficiente importancia social[389], es decir, debe ser considerado relevante por la población que compone una sociedad[390]. Por otro lado, también debe ser un bien necesitado de protección penal[391]. Vamos a analizar estos dos criterios con más detalle.

Por lo que hace a la primera de las condiciones, esto es, la relevancia social que debe tener un bien determinado, ya se ha señalado que solo la lesión de las libertades y valores fundamentales del contrato social puede dar lugar a una norma penal y, por ende, a un delito. Por lo tanto, es necesario definir cuándo un valor o interés es fundamental para el desarrollo de la vida social, con el fin de determinar los casos en los que la lesión de dicho interés será considerada un delito[392].

Es evidente, por de pronto, que un criterio relevante a efectos de determinar el carácter fundamental de un bien es su reconocimiento constitucional como tal[393]. Ciertamente, cualquier bien jurídico protegido en cualesquiera tipos penales del CP puede ser directa o indirectamente reconducible a alguno de los derechos fundamentales recogidos en la Constitución. Sin embargo, esta afirmación requiere ciertas matizaciones. En rigor, no todos los intereses protegidos por el Derecho penal tienen carácter fundamental según la Constitución. No obstante, en términos generales y considerando las conductas penalizadas y las sanciones correspondientes, se puede afirmar que el Derecho penal se encuentra de frente con el Título de la Constitución que regula los derechos fundamentales, así como con otros derechos y principios cuya importancia social también está amparada por la Carta Magna[394].

Lo anterior, empero, no implica que el Derecho penal sea una mera extensión del Derecho constitucional y que su única función sea brindar protección penal a los intereses que ya tienen rango constitucional[395]. De hecho, si un bien recibiera protección penal únicamente por estar reconocido

389. MIR PUIG, S.: El Derecho penal, *op. cit.*, p. 162.
390. PAREDES CASTAÑÓN, J. M.: Los delitos, *op. cit.*, p. 124
391. MIR PUIG, S.: El Derecho penal, *op. cit.*, p. 162.
392. *Ibid.*, pp. 162-163.
393. *Ibid.*, p. 163.
394. MUÑOZ CONDE, F.: Protección, *op. cit.*, pp. 561-562.
395. *Ibid.*, p. 562.

constitucionalmente, esto podría vulnerar el principio de proporcionalidad. Como se ha señalado, el Derecho penal solo debe intervenir ante los ataques más graves a los intereses en cuestión. Por lo tanto, la respuesta a la pregunta de cuándo un bien merece protección penal no se encuentra únicamente en la Constitución[396].

Al reconocimiento constitucional de un bien determinado, debemos agregar consideraciones de carácter político-criminal como la comparación de un interés concreto con alguno de los bienes jurídicos protegidos por el Derecho penal tradicional. Estos últimos conforman el núcleo del Derecho penal y afectan directamente a la persona, por lo que generalmente no encuentran oposición en la sociedad. El debate actual se centra en determinar si los intereses que afectan a toda la sociedad, es decir, los supraindividuales, merecen la misma o incluso una mayor protección que los bienes individuales[397].

Existen dos planteamientos que se han propuesto para resolver esta cuestión. El primero aduce a la relevancia de los intereses colectivos o universales para el sistema social como razón para ampliar la intervención en estos ámbitos. Sin embargo, esta propuesta se descarta por ser más característica de un Estado autoritario, ya que la persona queda subordinada a la sociedad. El segundo, más acorde con la figura del Estado social y democrático de Derecho, consiste en valorar la importancia del bien de carácter supraindividual en función de su impacto en las personas. En otras palabras, un bien de naturaleza colectiva o universal surge de la repercusión que dicho bien puede tener en la vida de las personas[398].

Con todo, el criterio a adoptar para valorar la posible protección penal de un interés supraindividual debe ser el siguiente: el Estado, sin ignorar la trascendencia que pueda tener la difusión social de un interés concreto, debe requerir que dicho interés repercuta de alguna manera a uno o varios sujetos específicos[399].

Como ya se ha adelantado, considerar la importancia social del bien no basta para determinar si merece protección penal. La necesidad de reparar en la necesidad de protección penal de un bien determinado también se fundamenta en la falta de tutela adecuada por parte de otras ramas del

396. MIR PUIG, S.: El Derecho penal, *op. cit.*, pp. 163-164.
397. *Ibid.*, p. 164.
398. MIR PUIG, S.: El Derecho penal, *op. cit.*, p. 164.
399. *Ibid.*, p. 165.

ordenamiento jurídico[400]. Esto significa que, si un bien en particular está adecuadamente protegido, por ejemplo, a través de medidas administrativas o civiles, no será necesario recurrir al sistema penal para sancionar la conducta que ha lesionado o puesto en peligro dicho bien.

Las dos condiciones anteriores se encuadran dentro de lo que se conoce como el criterio de merecimiento de pena, esto es, considerar tanto la importancia del bien en sí mismo como el ataque recibido por este (lesión o puesta en peligro), lo que nos permite determinar, a través de un juicio de valor, si el bien en cuestión debe ser objeto de protección penal o no[401]. Puede haber casos en los que la respuesta no sea absoluta en términos de otorgar o no protección penal, sino más bien un híbrido. Por ejemplo, que solo algunos aspectos del bien en cuestión merezcan ser considerados como bien jurídico penal, lo que, en última instancia, es otra forma de restringir el uso del sistema penal[402].

En caso de que existiera alguna duda sobre el merecimiento de pena de una conducta, se deberá optar por la impunidad[403]. En este sentido, se ha señalado, desde nuestro punto de vista con razón, que «la cuestión de si puede haber delitos que no afecten a un bien jurídico penal es retórica, ya que el bien jurídico es el fundamento necesario y constitucional, tanto para concebir un deber de protección como para determinar los límites a la intervención penal y su cálculo preciso»[404].

400. *Ibid.*, p. 166. Como acertadamente apunta POZUELO PÉREZ, L.: De nuevo, *op. cit.*, pp. 124 y ss., la mayoría de los ámbitos en los que el Derecho penal busca intervenir ya están regulados por el Derecho administrativo sancionador. Sin embargo, esto no implica necesariamente que la protección ofrecida por esta rama del ordenamiento jurídico sea suficiente o satisfactoria, como sucede en el caso del medioambiente. En tales situaciones, aunque lo ideal sería mejorar la respuesta administrativa, puede darse el caso de que, ante la gravedad de ciertas conductas, la única alternativa sea aumentar las sanciones a través del recurso al Derecho penal.

401. MUÑOZ CONDE, F./GARCÍA ARÁN, M.: Derecho Penal, *op. cit.*, p. 79.

402. PAREDES CASTAÑÓN, J. M.: Los delitos, *op. cit.*, p. 124.

403. MUÑOZ CONDE, F./GARCÍA ARÁN, M.: Derecho Penal, *op. cit.*, p. 80.

404. HASSEMER, W.: «¿Puede haber delitos que no afecten a un bien jurídico penal?», en VV.AA.: *La teoría del bien jurídico: ¿Fundamento de legitimación del Derecho penal o juego de abalorios dogmático?*, Marcial Pons, Madrid, 2007, p. 104. Por su parte, SEHER, G.: «La legitimación de normas penales basada en principios y el concepto de bien jurídico», en VV.AA.: *La teoría del bien jurídico: ¿Fundamento de legitimación del Derecho penal o juego de abalorios dogmático?*, Marcial Pons, Madrid, 2007, pp. 87 y ss., ha señalado la tendencia actual de incorporar al CP conductas sin víctima con el propósito de proteger ciertos valores que difícilmente pueden considerarse como bienes jurídicos penales. Al respecto, en el contexto específico de la legislación española, como señala PÉREZ MACHÍO, A. I.: «La sanción de la pornografía infantil virtual y técnica en el CP. Una

En síntesis, consideramos que debemos descartar la incriminación de conductas que no protejan ningún bien jurídico penal. Descartamos la noción de un Derecho penal moralizante que castiga comportamientos que, aunque puedan ser censurables desde un punto de vista social, moral o ético, no perjudican ni ponen en riesgo ningún interés que merezca protección penal. En definitiva, rechazamos enfáticamente la intervención penal sin bien jurídico protegido.

Ahora bien, lo anterior no implica que debemos aceptar sin más las críticas dirigidas hacia los bienes jurídicos supraindividuales que protege el Derecho penal moderno. La naturaleza difusa de los intereses que estos tipos pretenden proteger no significa que no exista un bien jurídico necesitado de protección penal. Por tanto, como se ha destacado anteriormente, la complejidad de estos bienes no debería ser óbice para la intervención penal en el contexto de la nueva criminalidad, como se verá a continuación.

4. TOMA DE POSTURA: A FAVOR DE UNA EXPANSIÓN CONTROLADA DEL DERECHO PENAL

El Derecho penal se enfrenta a una decisión crucial: mantener sus principios y reglas de imputación tradicionales, incluso a riesgo de no poder

---

manifestación más de la expansión del Derecho penal», en *Revista General de Derecho Penal*, n.º 35, 2021, pp. 25 y ss., la incriminación de lo que se conoce como pornografía infantil y virtual y técnica es objeto de controversia. En el artículo del CP, apartado primero, inciso segundo, letra b), además de la pornografía infantil real, se penaliza tanto la pornografía técnica como la virtual. El concepto de pornografía infantil según el CP abarca también, como establece en la letra c) del mencionado inciso «todo material que represente de forma visual a una persona que parezca ser un menor participando en una conducta sexualmente explícita, real o simulada, o cualquier representación de los órganos sexuales de una persona que parezca ser un menor (...)», lo que se refiere a la denominada «pornografía técnica». Del mismo modo, en la letra d) del mismo inciso, también se considera pornografía infantil el uso de «imágenes realistas de un menor participando en una conducta sexualmente explícita o imágenes realistas de los órganos sexuales de un menor, con fines principalmente sexuales». En ambos casos, es evidente la falta de una persona menor o con discapacidad necesitada de protección que haya sido afectada y, por lo tanto, no existe ninguna afectación al bien jurídico penal que se pretende proteger. La criminalización de ciertos tipos de conductas en las que no hay un ser humano perjudicado basada en el repudio social hacia la pornografía infantil no justifica la intervención del Derecho penal. En consecuencia, más que cuestionar, debemos rechazar la tipificación de las conductas que engloban la pornografía virtual y técnica, ya que constituyen una clara manifestación del Derecho penal moralizante que, casi parece una obviedad decirlo, es contrario al sistema penal que debería regir en un Estado social y democrático de Derecho.

hacer frente a los nuevos desafíos, o acomoda sus principios, lo que podría comprometer la integridad de sus postulados garantistas[405].

Como dejábamos apuntado al comienzo del presente epígrafe, es común en la literatura jurídica abordar la controversia señalada en términos de expansión o no expansión del Derecho penal. Sin embargo, enmarcar el debate de esta manera no parece ser especialmente productivo[406]. Esto se debe a que no es necesario discrepar de manera absoluta y generalizada con la expansión del Derecho penal. De hecho, si utilizamos el término «expansión» como una herramienta para afrontar los riesgos emergentes generados por la sociedad de la información y que requieren intervención penal, parece razonable estar a favor de una expansión controlada del Derecho penal.

En otras palabras, el fenómeno de la expansión del Derecho penal puede considerarse positivo si se pretende actuar frente a conductas hasta ahora no sujetas a intervención penal, pero que, sin embargo, necesitan formar parte del elenco de conductas que conforman el CP. Esto puede ser porque lesionan o ponen en peligro bienes jurídicos ya protegidos, o porque afectan a otros nuevos necesitados de protección penal.

De lo anterior se infiere lo siguiente: es completamente plausible estar en total desacuerdo con ciertas manifestaciones de la política criminal actual, como se verá en los epígrafes que siguen, y al mismo tiempo estar a favor de que el Derecho penal se expanda e intervenga en nuevas esferas de la realidad social necesitadas de protección penal[407].

Nadie cuestionó la entrada en vigor del CP de 1995. Al contrario, fue una reforma muy aplaudida, no solo por la cantidad de conductas de naturaleza moderna que tipificaba, sino también porque por aquel entonces se difundió la idea de que el Derecho penal debía ampliar sus horizontes e intervenir en nuevos ámbitos[408]. Pues bien, el mismo debate que se centraba en superar las dificultades técnico-jurídicas para encajar estas conductas en un modelo que solo regulaba la delincuencia «clásica», hoy cuestiona la expansión del

405. BRANDARIZ GARCÍA, J. A.: *El modelo gerencial-actuarial de penalidad. Eficiencia, riesgo y sistema penal*, Dykinson, Madrid, 2016, p. 21; MENDOZA BUERGO, B.: El Derecho penal en la sociedad, *op. cit.*, pp. 38 y ss.
406. En este sentido, MENDOZA BUERGO, B.: El Derecho penal en la sociedad, *op. cit.*, pp. 38 y ss.
407. Así lo perciben, por ejemplo, PAREDES CASTAÑÓN, J. M.: Recensión: GRACIA MARTÍN, L., *op. cit.*, pp. 20-21; MENDOZA BUERGO, B.: Exigencias, *op. cit.*, p. 292. En la misma línea, POZUELO PÉREZ, L.: De nuevo, *op. cit.*, p. 132.
408. DÍEZ RIPOLLÉS, J. L.: El nuevo modelo, *op. cit.*, p. 6.

Derecho penal[409]. Resulta injustificable, especialmente en la época actual y después de haber progresado tanto en la persecución de ciertos delitos que representaban un auténtico desafío para el Derecho penal, que este pretenda retroceder y, en el peor de los casos, despenalizar conductas inherentes a la nueva criminalidad. En ningún caso debe la doctrina penal favorecer un retorno al pasado[410].

Las posiciones doctrinales que abogan por limitar la intervención penal únicamente a aquellas conductas que lesionen o pongan en peligro bienes jurídicos individuales, lejos de representar un avance en la construcción de un Derecho penal garantista, implican aceptar que el poder legislativo no está preparado para dar respuesta a la nueva criminalidad que caracteriza a las sociedades contemporáneas y que preocupa tanto a la población[411]. Cierto es que el recurso, en ocasiones excesivo al Derecho penal ha generado situaciones de insatisfacción, de criminalización exagerada y de abuso de ciertas figuras como los delitos de peligro abstracto, con el fin de anticipar al máximo el momento de intervención penal, entre otras cuestiones. Esto, en última instancia, responde a la idea de querer resolver los problemas sociales mediante la expansión del Derecho penal[412].

Precisamente por ello, lo verdaderamente relevante, más allá del bien jurídico que se decida tutelar, es el método que se emplea para seleccionar aquellos bienes merecedores de protección penal. Son tres las consideraciones fundamentales que deben tenerse en cuenta. En primer lugar, definir con la máxima precisión posible el bien jurídico protegido. En este sentido, es crucial que se especifiquen claramente los verdaderos intereses subyacentes a los nuevos bienes jurídicos que el Derecho penal moderno busca proteger, ya que de lo contrario podríamos incurrir en el error de tipificar conductas que realmente no necesitan protección penal; una inidoneidad que no debe ocultarse tras la falta de concreción. En segundo lugar, decidir la estrategia político-criminal a seguir para brindar protección penal a dicho bien. Y, por

409. *Ibid.*, pp. 6-8.
410. MARINUCCI, G./DOLCINI, E.: «Derecho penal mínimo y nuevas formas de criminalidad», en *Revista de Derecho*, n.º 8, 2001, p. 249.
411. En este sentido, DÍEZ RIPOLLÉS, J. L.: El bien jurídico, *op. cit.*, pp. 18-19, considera que «la resignada admisión de que vivimos en una sociedad de riesgo, que tiene que asumir construcciones conceptuales tan poco precisas como las que actualmente ofrecen muchos bienes jurídicos colectivos, parece más bien el caballo de Troya de los partidarios de sustituir el concepto de bien jurídico por otros instrumentos técnico-jurídicos más concordes con una visión expansiva del sistema de control penal y menos respetuosos con los actuales principios estructurales de intervención penal».
412. DÍEZ RIPOLLÉS, J. L.: El bien jurídico, *op. cit.*, p. 18.

último, cumplir en todo momento con las exigencias que derivan de los principios limitadores de la intervención penal[413].

Al fin y a la postre, cualquier interés que cumpla con los requisitos que venimos comentando puede ser considerado, en lo que aquí interesa, un bien jurídico penal. Esto significa que incluso los intereses supraindividuales de naturaleza más o menos difusa pueden ser objeto de protección penal, de acuerdo con lo argumentado en las líneas precedentes[414].

Sin perjuicio de lo apuntado, es menester advertir que no debería permitirse de manera indiscriminada la expansión del Derecho penal simplemente porque no sepamos resolver los problemas con otros instrumentos jurídicos que, en ciertas ocasiones, podrían ser más adecuados para alcanzar los objetivos planteados. Incluso peor sería la falta de voluntad para recurrir a dichos instrumentos, solo porque la respuesta penal es la más rápida y cuenta con más simpatizantes en la opinión pública[415].

En definitiva, así como la libertad no puede existir sin seguridad, resulta evidente que la seguridad carece de valor sin libertad. En consecuencia, debe rechazarse un intervencionismo punitivo desmesurado que menoscabe la libertad individual de las personas. Con todo, se aboga por un Derecho penal moderno que evite la sobrecriminalización de conductas, ya que existe el riesgo de que se convierta en un sistema intimidatorio, acercándose peligrosamente hacia un modelo de Derecho penal del enemigo[416].

III. LA RETÓRICA DEL RIESGO Y LA EXPANSIÓN PUNITIVA: EL DERECHO PENAL DEL ENEMIGO

La respuesta que el legislador de diversos países ha dado a esa inseguridad sentida a la que nos hemos referido ha desembocado en una transformación significativa del Derecho penal, que se evidencia, entre otros aspectos, en el surgimiento de un Derecho penal del enemigo[417].

---

413. PAREDES CASTAÑÓN, J. M.: Los delitos, *op. cit.*, pp. 134 y 143.
414. *Ibid.*, p. 130.
415. En este sentido, MUÑOZ CONDE, F.: Protección, *op. cit.*, p. 572, advierte que «una prudente política despenalizadora en estos sectores característicos del moderno Derecho penal, por más que sea a corto plazo, menos llamativa o rentable de cara a la opinión pública, puede ser igualmente eficaz y menos gravosa que la intervención penal a toda costa».
416. JIMÉNEZ DÍAZ, M. J.: Sociedad del riesgo, *op. cit.*, pp. 20-21.
417. SILVA SÁNCHEZ, J. M., *et al.*: «La ideología de la seguridad en la legislación penal española presente y futura», en DA AGRA, C., *et al.*: *La seguridad en la sociedad del riesgo. Un debate abierto*, Atelier, Barcelona, 2003, p. 129.

Lo que subyace a la cuestión del Derecho penal del enemigo es la ya analizada relación entre la libertad y la seguridad, que tal como hemos expuesto, no ha estado exenta de polémica. Se ha advertido de las consecuencias negativas que pueden surgir de las demandas constantes de seguridad, las cuales pueden menoscabar las libertades individuales. En el caso que ahora nos ocupa, no es de extrañar que esta controvertida disputa se incline hacia la seguridad. Esto se debe a que mientras que «el Derecho penal del enemigo optimiza la protección de bienes jurídicos, el Derecho penal de ciudadanos optimiza las esferas de libertad»[418]. En definitiva, la esencia del Derecho penal del enemigo radica en la lucha del ordenamiento jurídico contra sujetos considerados altamente peligrosos[419].

No cabe controvertir que toda sociedad necesita protegerse contra las personas que representan un peligro, pero esto no significa que debamos hacerlo a cualquier precio. Resulta fundamental preguntarnos cuánto vale nuestra seguridad y hasta qué punto estamos dispuestos a llegar para garantizarla. En principio, la respuesta parece evidente, pero deja de serlo si consideramos, aunque sea por un momento, las pérdidas que las libertades individuales podrían sufrir en ese proceso para lograr la protección y la seguridad deseadas[420]. En este sentido, lo ideal sería encontrar, o al menos intentarlo, alguna solución que nos permita disfrutar de amplios niveles de seguridad al mismo tiempo que mantenemos intactas las diversas libertades garantizadas por la Constitución y que son inherentes a todo ser humano[421].

Pues bien, el Derecho penal del enemigo, como tendremos ocasión de comprobar en las líneas que prosiguen, no protege los derechos y las libertades de aquellos sujetos que han sido clasificados previamente como enemigos, precisamente porque se les niega la condición de persona. Si a esto le añadimos que la teoría del Derecho penal del enemigo se sustenta sobre la idea de la peligrosidad criminal del sujeto que delinque, esto es, en un juicio de pronóstico incierto destinado a evaluar las posibilidades de que

418. JAKOBS, G.: «Criminalización en el estadio previo a la lesión de un bien jurídico», en JAKOBS, G.: *Estudios de Derecho Penal*, Civitas, Madrid, 1997, p. 298.

419. CANCIO MELIÁ, M.: «De nuevo: ¿Derecho penal del enemigo?», en JAKOBS, G./ MELIÁ, C.: *Derecho penal del enemigo*, 2.ª ed., Thomson Civitas, Navarra, 2006, p. 118.

420. REQUEJO RODRÍGUEZ, P.: «Peligrosidad criminal y Constitución», en *Indret: Revista para el análisis del Derecho*, n.º 3, 2008, p. 3. Por su parte, SILVA SÁNCHEZ, J. M.: «El retorno de la inocuización: el caso de las reacciones jurídico-penales frente a los delincuentes sexuales violentos», en *Revista de derecho*, n.º 8, 2001, p. 185, considera que «la absolutización de la seguridad como objetivo político-criminal conduce a la reconstrucción de un Derecho penal de la peligrosidad».

421. REQUEJO RODRÍGUEZ, P.: Peligrosidad criminal, *op. cit.*, p. 3.

dicho sujeto vuelva a delinquir[422], el resultado es la creación de un escenario propicio para excluir a esos sujetos de la sociedad.

Si aceptamos la premisa de que el sujeto delincuente es el «enemigo» de la sociedad y, por ende, debe ser erradicado y apartado de esta, inevitablemente nos adentramos en los postulados de la teoría del Derecho penal del enemigo, acuñada por JAKOBS. Este autor ha sentado las bases conceptuales y ontológicas de un Derecho penal que, en realidad, se aparta considerablemente de lo que comúnmente se entiende por «Derecho». Esta construcción doctrinal responde más bien a una especie de lucha o de guerra contra la criminalidad, en especial la organizada, cuyo único objetivo es la erradicación del enemigo mediante su exclusión e inocuización[423].

Partiendo, por tanto, de un concepto amplio como la criminalidad organizada, en el cual el Derecho penal del enemigo vería legitimada y justificada su aplicación, podemos identificar las siguientes esferas de actuación: la lucha contra el terrorismo, la lucha contra el narcotráfico y la lucha contra la inmigración irregular. En otras palabras, se refiere a «aquellas luchas —en teoría— excepcionales por la emergencia o por lo anormal de las mismas, por las cuales la civilización occidental busca justificar y legitimar el hecho de dejar de lado sus más preciadas conquistas, tales como la universalización de los derechos humanos y los principios de un Derecho penal y procesal penal liberal que se basa en el respeto a tales derechos humanos»[424].

Por desgracia, esta construcción no solo es teórica, sino que, como se ha señalado, está presente materialmente en nuestra legislación penal y procesal, así como en la práctica de la política internacional[425]. La existencia de un Derecho penal diferenciado para erradicar al enemigo se aparta del Derecho penal ordinario y sus límites. Esto significa que el Derecho penal del enemigo es completamente diferente al Derecho penal ordinario, ya que incluye reglas y principios totalmente distintos. A fin de cuentas, el propósito

422. *Ibid.* En idéntico sentido, BORJA JIMÉNEZ, E.: «Peligrosidad criminal e individualización judicial de la pena», en *Revista de Derecho Penal y Criminología*, n.º 16, 2016, p. 59.

423. PRITTWITZ, C.: «Derecho penal del enemigo: ¿análisis crítico o programa del Derecho penal?», en CORCOY BIDASOLO, M./MIR PUIG, S. (dirs.), GÓMEZ MARTÍN, V. (coord.): *La política criminal en Europa*, Atelier, Barcelona, 2004, p. 108. En idéntico sentido, SILVA SÁNCHEZ, J. M.: La expansión, *op. cit.*, p. 187.

424. RIQUERT, F. L./PALACIOS, L. P.: «Teoría penal de excepción: el Derecho penal del enemigo y el Estado de derecho», en GARCÍA RIVAS, N., *et al.*: *El Derecho penal frente a la inseguridad global*, Bomarzo, Albacete, 2007, p. 153

425. DEMETRIO CRESPO, E.: «Del Derecho penal liberal al Derecho penal del enemigo», en PÉREZ ÁLVAREZ, F. (coord.): *Serta: in memoriam Alexandri Baratta*, Ediciones Universidad de Salamanca, Salamanca, 2004, pp. 1029-1030.

de «romper» con el Derecho penal ordinario es lo que le da sentido y razón al Derecho penal del enemigo, convirtiéndose así en un Derecho penal de carácter excepcional y autónomo[426].

Ahora bien, lo que constituye la piedra angular del Derecho penal del enemigo es la privación y negación de la condición de persona a ciertos sujetos. Según la teoría planteada por JAKOBS, la negación de la condición de persona a un sujeto y su consiguiente clasificación como enemigo solo es posible si entendemos que la personalidad no es algo inherente por naturaleza, sino una atribución normativa, ya sea de índole moral, social y/o jurídica[427].

En efecto, para el profesor de Bonn, un sujeto que no es capaz de utilizar adecuadamente sus habilidades o capacidades cognitivas, esto es, las aptitudes relacionadas con el procesamiento de la información, no puede pretender ser considerado persona. Es más, en opinión de este autor, es responsabilidad del Estado no reconocerlo como tal, ya que hacerlo supondría aceptar una amenaza para la seguridad de las demás personas[428]. Por ello, considera fundamental que el Estado establezca claramente la distinción entre el Derecho penal del ciudadano y el Derecho penal del enemigo. De esta manera, argumenta, se evita que este último contamine al primero[429], pues, en su opinión, la única forma de mantener una sociedad segura es integrando a las y los ciudadanos en el sistema penal de manera regular y sistemática. Según esta percepción, los «enemigos» no tienen lugar en el ideal de sociedad que propone JAKOBS, ya que constantemente se apartan del Derecho. Con todo, considera necesario excluirlos de la sociedad, convirtiéndolos en no-personas para este propósito[430].

Lo expuesto nos permite observar las dos regulaciones que componen el Derecho penal. Por un lado, está el Derecho penal del ciudadano, que requiere la exteriorización de la conducta para poder intervenir. En contraste con

426. GRACIA MARTÍN, L.: «Consideraciones críticas sobre el actualmente denominado Derecho penal del enemigo», en *Revista Electrónica de Ciencia penal y Criminología*, n.º 7, 2005, p. 22.

427. GRACIA MARTÍN, L.: Consideraciones críticas, *op. cit.*, p. 23.

428. JAKOBS, G.: «Derecho penal del ciudadano y Derecho penal del enemigo», en JAKOBS, G./MELIÁ, C.: *Derecho penal del enemigo*, 2.ª ed., Thomson Civitas, Navarra, 2006, p. 47.

429. JAKOBS, G.: «¿Terroristas como personas en Derecho?», en JAKOBS, G./MELIÁ, C.: *Derecho penal del enemigo*, 2.ª ed., Thomson Civitas, Navarra, 2006, p. 82.

430. PRITTWITZ, C.: Derecho penal, *op. cit.*, p. 115. En opinión de ZAFFARONI, E. R.: *El enemigo en el Derecho penal*, Grupo editorial Ibáñez, Bogotá, 2006, p. 29, la pérdida de la ciudadanía no conlleva la privación de la condición de persona ni de los derechos que le corresponden.

este último, se encuentra el Derecho penal del enemigo, caracterizado por tres elementos: en primer lugar, un adelantamiento notable de las barreras de intervención penal; en segundo lugar, la imposición de penas excesivamente altas y desproporcionadas; y, en tercer lugar, la flexibilización, e incluso la supresión, de ciertos principios y garantías procesales[431].

Con todo, JAKOBS insiste en la importancia de delimitar adecuadamente estos dos tipos de Derecho, ya que, en su opinión, incorporar elementos del Derecho penal del enemigo al Derecho penal del ciudadano podría generar consecuencias perjudiciales para aquellas personas a las que se les aplica el Derecho penal ordinario. Por esta razón, considera que sería más favorable y beneficioso para la sociedad la instauración de un Derecho penal del enemigo claramente definido, con sus propias características e instrumentos, que únicamente surta efecto dentro de su ámbito de aplicación[432].

En definitiva, el Derecho penal del enemigo se aplica a los sujetos con el estatus de «enemigos de la sociedad», es decir, a las «no-personas». Se considera que estos sujetos no son dignos de ser titulares de derechos, a diferencia de las y los ciudadanos que, en contraposición con los primeros, mantienen la condición de personas[433].

Ejemplos de este Derecho penal del enemigo no faltan en el CP español. Uno de ellos, y el que es obligado destacar aquí, responde a lo que ha motivado la realización de este trabajo, es decir, la expulsión sustitutiva de la pena de prisión aplicable a las personas extranjeras, regulada en el artículo 89 del CP. A diferencia de lo que ocurre con las y los ciudadanos naciones, este artículo establece la expulsión de la persona extranjera condenada.

Como podemos observar, en tanto se trata de un Derecho cuyo objetivo principal es erradicar lo que la sociedad considera como el enemigo, el único propósito es la inocuización, con la finalidad de apartar al sujeto que delinque de la sociedad y eliminar la peligrosidad que representa[434].

Considerado lo hasta aquí expuesto, se convence con evidencia que hemos presenciado un verdadero retorno a la inocuización, la cual viene a ser la consecuencia lógica de la evolución ideológica de la actual política

431. CANCIO MELIÁ, M.: De nuevo, *op. cit.*, p. 112.
432. JAKOBS, G.: Derecho penal del ciudadano, *op. cit.*, p. 55.
433. CORCOY BIDASOLO, M.: Protección de bienes, *op. cit.*, p. 373.
434. JAKOBS, G.: Derecho penal del ciudadano, *op. cit.*, p. 55. En la misma línea, DÍEZ RIPOLLÉS, J. L.: El nuevo modelo, *op. cit.*, p. 24.

criminal. Esta, a su vez, es el resultado de una baja tolerancia al riesgo y la obsesión por la seguridad[435].

Pone asimismo de relieve este autor que, aunque la inocuización de la persona delincuente vuelve a ocupar un lugar privilegiado en la discusión político-criminal, los grupos en el punto de mira ya no son los mismos, ni tampoco los métodos utilizados para evaluar la peligrosidad de los sujetos que los conforman[436]. No es este lugar para recordar que esto nos sitúa en el ámbito de las estrategias actuariales y su repercusión en el fenómeno migratorio. De ello habrá ocasión de ocuparse más adelante.

Puede decirse, en definitiva, que las distintas consecuencias jurídicas que hemos examinado ejemplifican el aumento del recurso a la peligrosidad criminal, lo cual influye directamente en el proceso de elaboración de las normas. Esto constituye un claro reflejo de las constantes demandas punitivistas de la sociedad, que buscan tanto el endurecimiento de las consecuencias jurídicas existentes como la inclusión de nuevas medidas en el CP.

Cuestión distinta es el problema de la legitimidad de un derecho de estas características en nuestro ordenamiento jurídico. Como todo, esta concepción cuenta con sus personas defensoras y detractoras[437], aunque en nuestra opinión resulta difícil defender la legitimidad de un Derecho penal del enemigo dentro de los parámetros de un Estado social y democrático de Derecho. Estamos con ZAFFARONI cuando afirma que «resulta intolerable la categoría jurídica de enemigo o extraño en el derecho ordinario de un Estado constitucional de derecho», por lo que esta concepción «solo es compatible con un modelo de Estado absoluto total»[438].

Muy a nuestro pesar, en línea con lo señalado por SILVA SÁNCHEZ, consideramos que los Estados han adoptado la lógica de la *perenne emergencia,* lo que significa que «el círculo del Derecho penal de los enemigos tenderá, ilegítimamente, a estabilizarse y a crecer»[439]. Con todo, HASSEMER

435. SILVA SÁNCHEZ, J. M.: El retorno, *op. cit.*, p. 179.
436. SILVA SÁNCHEZ, J. M.: El retorno, *op. cit.*, pp. 178-179.
437. Para un análisis pormenorizado de las diversas posturas, véase RÍOS ÁLVAREZ, R.: «El Derecho penal del enemigo. El problema de su legitimidad a la luz de algunos de sus defensores y detractores», en *Ars Boni et Aequi*, vol. 8, n.º 2, 2012, pp. 145-184.
438. ZAFFARONI, E. R.: El enemigo, *op. cit.*, pp. 20-21. En idéntico sentido, CANCIO MELIÁ, M.: De nuevo, *op. cit.*, p. 134, al afirmar que la pregunta sobre la viabilidad de un Derecho penal del enemigo debe recibir una respuesta negativa.
439. SILVA SÁNCHEZ, J. M.: La expansión, *op. cit.*, pp. 186-188. Como ha puesto de relieve CANCIO MELIÁ, M. De nuevo, *op. cit.*, p. 140, «el actual Derecho penal del enemigo no es un simple retorno de una política criminal autoritaria, sino una fase evolutiva».

tiene razón al afirmar que tanto los límites del Derecho penal como los del Derecho procesal penal se ven debilitados ante el sentimiento generalizado de inseguridad y la creencia consiguiente de que el Derecho penal es un instrumento idóneo para combatir esa criminalidad no deseada[440].

En conclusión, no podemos aceptar que el Derecho penal del enemigo continúe formando parte de nuestro ordenamiento jurídico. Aunque su aplicación pueda justificarse por la gravedad y excepcionalidad de los delitos que pretende combatir, parece que la práctica legislativa está inclinándose hacia la transformación de la excepción en la norma, cuando no en generalidad.

IV. LA EVOLUCIÓN DEL DERECHO PENAL DEL RIESGO HACIA UN MODELO GERENCIAL-ACTUARIAL: IMPLICACIONES EN EL FENÓMENO MIGRATORIO

1. BREVES CONSIDERACIONES SOBRE EL MODELO GERENCIAL-ACTUARIAL DE PENALIDAD

En el marco de una transformación que afecta al sistema penal en su totalidad, se observa una creciente tendencia del Derecho penal hacia la consecución de los objetivos de eficiencia y gestión de riesgos. Esta evolución surge como consecuencia de la expansión del Derecho penal, que ahora debe abordar un espectro más amplio de conductas, lo que requiere una optimización más cuidadosa de los recursos disponibles. Así las cosas, la transformación mencionada está demostrando ejercer una influencia creciente en una variedad de instituciones y prácticas[441].

Uno de los aspectos fundamentales del modelo gerencial-actuarial radica en la existencia de una racionalidad economicista en la estructuración del poder punitivo, la cual prioriza los costes y la eficiencia del sistema y se distingue por concebir la penalidad a partir del principio de escasez de recursos[442].

No es casual que el actuarialismo y el gerencialismo se hayan arraigado en las políticas penales precisamente en una época en la que los riesgos han adquirido una importancia capital en la comprensión de la sociedad. Más en concreto, en lo que respecta a los conflictos sociales y la criminalidad, se ha observado un aumento en la percepción social de la inseguridad frente a los

440. HASSEMER, W./MUÑOZ CONDE, F.: La responsabilidad, *op. cit.*, p. 25.
441. BRANDARIZ GARCÍA, J. A.: El modelo, *op. cit.*, pp. 19-21 y p. 25.
442. *Ibid.*, 27-28.

riesgos modernos y el delito. Dado que la delincuencia es una realidad en las sociedades, la demanda de seguridad frente al crimen se ha convertido en un asunto de primer orden en la agenda política de todos los partidos. Entre estas políticas se incluyen, inevitablemente, las políticas de gestión y control de la inmigración[443].

En efecto, en una época donde estamos asistiendo al declive del Estado social, una de las causas más relevantes que ha propiciado el giro funcional del sistema penal es la sensación social de inseguridad, tan característica de la llamada sociedad del riesgo. Si bien esta sensación de inseguridad puede derivar de factores objetivos de peligro, lo verdaderamente relevante no es la existencia de tales factores, sino su percepción subjetiva, que a menudo es irracional e incluso colectiva, como riesgos. Como venimos advirtiendo, la percepción subjetiva de los riesgos suele ser desproporcionada en relación con la magnitud real de dichos riesgos[444], lo que puede llevarnos a reducir significativamente nuestros niveles de tolerancia hacia los colectivos más vulnerables o marginados socialmente, y a desarrollar una obsesión desmesurada por la vigilancia y el control[445].

En esta dirección, bajo nuestro punto de vista, se manifiesta el fenómeno migratorio. El auge de la extrema derecha y los continuos discursos en contra del colectivo migrante han contribuido al clima de crispación actual en nuestra sociedad. Esta situación ha desembocado en una percepción generalizada de inseguridad frente a la creciente presencia de personas extranjeras en nuestro territorio. Asimismo, han aflorado sentimientos de odio y rechazo, que han llevado a establecer un vínculo causal entre la inmigración y la delincuencia[446].

Existen varias formas de entender el concepto de riesgo, lo que implica que, dependiendo de la perspectiva adoptada, el análisis sobre su alcance en el ámbito penal será diferente. Desde una perspectiva alineada con la teoría de la sociedad del riesgo, sería necesario examinar qué efecto tiene o cómo afecta al sistema punitivo el sentido alarmista del concepto de sociedad del riesgo. En el caso que nos ocupa, empero, nos centraremos en el concepto instrumental de dicho término, ya que nuestro objetivo no es otro que estu-

---

443. BRANDARIZ GARCÍA, J. A.: El modelo, *op. cit.*, pp. 107-108.
444. BRANDARIZ GARCÍA, J. A.: *Política criminal de la exclusión. El sistema penal en tiempo de declive del Estado social y de crisis del Estado-nación*, Comares, Granada, 2007, p. 53.
445. *Ibid.*, pp. 65-66.
446. DA AGRA, C./CASTRO, J.: «¿Los extranjeros son un grupo de riesgo? Investigación en las prisiones portuguesas», en DA AGRA, C., *et al.*: *La seguridad en la sociedad del riesgo. Un debate abierto*, Atelier, Barcelona, 2003, p. 280.

diar el rápido afianzamiento que ciertas políticas y prácticas actuariales han tenido en el ámbito penal, así como su impacto[447].

Sentado lo que antecede, cabe dejar apuntado ya aquí que la implantación del pensamiento actuarial en el sistema penal está estrechamente ligada a la transformación gerencial que han experimentado las políticas públicas. Es precisamente esta correlación la que nos permite hablar de la existencia de un modelo gerencial-actuarial de penalidad[448].

2. LA GESTIÓN DEL RIESGO EN EL ÁMBITO PENAL: EL ACTUARIALISMO PUNITIVO

El debate que nos interesa se centra, pues, en las distintas prácticas, estrategias y tácticas político-criminales diseñadas en el marco de la sensación social de inseguridad que venimos señalando. Todo ello se inscribe, en términos generales, en la nueva corriente adoptada por el Derecho penal actual, conocida en materia de política criminal como «estrategia actuarial»[449].

El actuarialismo punitivo, según la definición ofrecida por HARCOURT, es una tendencia que utiliza predicciones basadas en las tasas de criminalidad de un grupo determinado o en ciertos elementos que lo caracterizan, con el fin de predecir el comportamiento pasado, presente y futuro de cada uno de sus miembros y, de esta manera, aplicarles la consecuencia jurídica correspondiente[450].

FEELEY y SIMON, dos reconocidos académicos del campo de la Criminología y la Sociología, fueron los primeros en sugerir y señalar la irrupción de lo que ellos consideraban una nueva formación estratégica en el ámbito penal, a la que denominaron «nueva penología». A su entender, el pensamiento o la justicia actuarial no constituye una teoría del crimen o de la criminología, sino que, en realidad, implica una manera específica de entender la política criminal. Su singularidad reside, según ellos, en un enfoque común de ciertos problemas y una forma compartida de abordar-

447. BRANDARIZ GARCÍA, J. A.: El modelo, *op. cit.*, p. 112.

448. *Ibid.* También en este sentido, GARLAND, D.: «Governmentality» and the problem of crime: Foucault, Criminology, Sociology», en *Theoretical Criminology*, vol. 1, n.º 2, 1997, pp. 173-214.

449. En este sentido, PÉREZ MACHÍO, A. I.: «Trata de personas: la globalización del delito y su incidencia en la criminalización de la víctima inmigrante irregular a partir de las dinastías actuariales», en *Estudios penales y criminológicos*, n.º 36, 2016, pp. 428 y ss.

450. HARCOURT, B. E.: *Política criminal y gestión de riesgos. Genealogía y crítica*, Ad Hoc, Buenos Aires, 2013, p. 85.

los[451]. Es precisamente esta circunstancia la que otorga poder y significado a la justicia actuarial. Al no estar vinculada a un pensamiento rigurosamente estructurado ni a una tecnología determinada, la estrategia actuarial se convierte en un modelo difícil de refutar. Es precisamente en esta indefinición donde el actuarialismo cobra poder[452].

En lo que aquí interesa destacar, la nueva penología o el actuarialismo penal no toma en consideración cuestiones tan relevantes como el principio de culpabilidad, el delito o la atención que recibe la persona delincuente. El objetivo de la justicia penal actuarial es simplemente lo que tradicionalmente se ha conocido como el «manejo» de determinados grupos sociales que previamente han sido caracterizados como peligrosos, es decir, la gestión del riesgo, entre los que hoy se encuentra, como ya se ha adelantado, el colectivo migrante. Además de esto, y en línea con lo apuntado, el sustento de la articulación de la maquinaría penal y sus privilegios con el mayor coste-beneficio es otro de los grandes fines perseguidos por el actuarialismo punitivo[453].

Se trata, en suma, de analizar el colectivo en su conjunto, sin atender a las circunstancias personales de cada miembro. Por lo tanto, se prescinde de considerar cualquier conducta y/o circunstancia personal del sujeto en cuestión. El objetivo es gestionar el riesgo mediante la neutralización de la peligrosidad de determinados grupos[454]. Cabe asumir, por tanto, que una persona puede ser considerada peligrosa por el mero hecho de pertenecer a un colectivo que los métodos actuariales han calificado como peligroso o riesgoso, incluso si dicha persona no ha cometido ningún delito.

De esta manera, el actuarialismo sitúa como destinatarios prioritarios del sistema penal a sujetos sociales concretos; a tal fin, la mayor o menor propensión al delito de dichos sujetos deja de ser relevante[455]. El objetivo principal

451. FEELEY, M. M./SIMON, J.: «The Ney Penology: notes on the emerging strategy of corrections and its implications», en *Criminology*, vol. 30, n.º 4, 1992, p. 452. En idéntico sentido, DEL ROSAL BLASCO, B.: «La estrategia actuarial de control del riesgo en la política criminal y en el Derecho penal», en CARBONELL MATEU, J. C./ GONZÁLEZ CUSSAC, J. L./ORTS BERENGUER, E. (dirs.), CUERDA ARNAU, M. L. (coord.): *Constitución, derechos fundamentales y sistema penal (semblanzas y estudios con motivo del setenta aniversario del profesor Tomás Salvador Vives Antón), Tomo I,* Tirant lo Blanch, Valencia, 2009, pp. 483-484.

452. ANITUA, G. I.: Historias, *op. cit.*, p. 557.

453. *Ibid.*

454. HARCOURT, B. E.: Política criminal, *op. cit.*, p. 85.

455. BRANDARIZ GARCÍA, J. A.: «Funcionalidad de la construcción de los migrantes como sujetos de riesgo en el sistema penal español», en CARBONELL MATEU, J. C./

es identificar, clasificar y gestionar de manera eficiente los grupos sociales de riesgo[456]. Es más, la identificación negativa de lo que se ha calificado como «enemigos apropiados», es decir, un sujeto social merecedor de vigilancia y control, más allá de la economización de recursos, desempeña una función evidente e indiscutible en el ámbito de una cohesión social deficiente[457]. De esta forma, se promueve la construcción de un riesgo concreto —el enemigo—, proyectando sobre este cualquier sentimiento de inseguridad[458]. Esto no debería ser sorprendente, ya que una política criminal basada en la economización de recursos, asociada a la racionalidad gerencial, debe ser capaz de identificar los grupos humanos prioritarios para el control[459].

Con todo, las tendencias político-criminales que se orquestan en torno al actuarialismo parten de ciertas hipótesis respecto al control del delito, similares a la lógica empleada por la tecnología de seguros. En primer lugar, se parte de la premisa de la exclusión de una determinada parte de la sociedad que debe ser controlada y vigilada, es decir, el grupo de riesgo, como una realidad innegable. No es casualidad que el actuarialismo penal haya surgido en una época en la que la sensación de inseguridad y el riesgo son temas recurrentes[460].

En segundo lugar, y en consonancia con lo anterior, cabe señalar que los riesgos, las inseguridades y los problemas derivados de lo que se conoce como la «modernidad tardía»[461] han llevado a replantear nuestra respuesta

GONZÁLEZ CUSSAC, J. L./ORTS BERENGUER, E. (dirs.), CUERDA ARNAU, M. L. (coord.): *Constitución, derechos fundamentales y sistema penal (semblanzas y estudios con motivo del setenta aniversario del profesor Tomás Salvador Vives Antón), Tomo I,* Tirant lo Blanch, Valencia, 2009, p. 299.

456. ANITUA, G. I.: Historias, *op. cit.*, p. 558.
457. BRANDARIZ GARCÍA, J. A.: *El gobierno de la penalidad. La complejidad de la Política criminal contemporánea*, Dykinson, Madrid, 2014, p. 143.
458. IGLESIAS SKULJ, A.: *El cambio en el estatuto de la Ley penal y en los mecanismos de control: flujos migratorios y gubernamentalidad neoliberal*, Comares, Granada, 2011, p. 191.
459. BRANDARIZ GARCÍA, J. A.: El gobierno, *op. cit.*, p. 126.
460. BRANDARIZ GARCÍA, J. A.: «La difusión de lógicas actuariales y gerenciales en las políticas punitivas», en *Indret: Revista para el Análisis del Derecho*, n.º 2, 2014, p. 8.
461. Según el sociólogo escocés GARLAND, D.: La cultura, *op. cit.*, p. 26, la «modernidad tardía» es una expresión simplificada que alude a una serie compleja de tendencias transformadoras que impactaron en la mayoría de los países capitalistas avanzados durante la segunda mitad del siglo XX. Se refiere a un patrón distintivo de relaciones sociales, económicas y culturales. Sin embargo, el sociólogo polaco-británico BAUMAN, Z.: *Modernidad líquida*, 3.ª reimpresión, Fondo de Cultura Económica, Buenos Aires, 2004, p. 23, introduce este concepto como «modernidad líquida», caracterizada por las economías capitalistas globales que se distinguen por la privatización cada vez mayor de servicios y la revolución de la información.

frente al delito[462]. El delito se ha vuelto una parte integral de nuestras vidas, hemos aceptado que no podemos erradicar por completo la delincuencia, y las altas tasas de criminalidad se han convertido en un fenómeno común y corriente en la sociedad actual[463]. Parece evidente que «el mal siempre existirá porque es consustancial a la condición humana»[464], por tanto, la idea de una sociedad sin delincuencia es un objetivo prácticamente inalcanzable. Frente a esta realidad, la lógica actuarial no busca eliminar por completo la criminalidad, sino más bien reducir la sensación de inseguridad frente a ella[465].

En definitiva, la razón de ser del actuarialismo estriba en afrontar ciertos problemas, como la criminalidad, a partir de su consideración como riesgos; no tanto como una amenaza directa, sino como riesgos. El riesgo, entendido como la capacidad de cálculo o estimación, permite transformar la amenaza en probabilidad. Esto se debe a que, cuando el riesgo es examinado desde una perspectiva científica, no es más que el cálculo de probabilidades[466]. Como resultado, los recursos destinados a mitigar los riesgos se enfocarán, desde la perspectiva de la racionalidad gerencial, en aquellos grupos o sujetos que presenten mayor peligrosidad.

Uno de estos colectivos que aquí interesa destacar es el colectivo migrante. En las líneas que siguen expondremos las implicaciones que la implementación del actuarialismo como forma de gestionar el riesgo en el ámbito penal ha tenido para este colectivo.

3. EL ACTUARIALISMO Y EL FENÓMENO MIGRATORIO: LA CONSTRUCCIÓN DE LAS PERSONAS EXTRANJERAS COMO CATEGORÍA DE RIESGO

Algunos grupos sociales, colectivos o personas suelen ser criminalizadas debido a su categorización como grupos o sujetos de riesgo. Esta criminalización, empero, no siempre se debe a las conductas cometidas por los miembros de tales colectivos; por el contrario, en la mayoría de los casos,

462. GARLAND, D.: La cultura, *op. cit.*, p. 11. Sobre las políticas de control del crimen en la sociedad del riesgo, véase, STENSON, K./SULLIVAN, R. R. (eds.): *Crime, risk and justice: the politics of crime control in liberal democracies*, Willan Publishing, Portland, 2001.
463. GARLAND, D.: La cultura, *op. cit.*, p. 184.
464. ZÚÑIGA RODRÍGUEZ, L.: Política criminal, *op. cit.*, p. 281.
465. DÍEZ RIPOLLÉS, J. L.: *La política criminal en la encrucijada*, BdeF, Buenos Aires, 2007, p. 76.
466. BECK, U.: La sociedad del riesgo global, *op. cit.*, p. 217.

surge de las definiciones realizadas por el grupo dominante. Como afirma acertadamente ALBRECHT, «no es el autor, sino los grupos sociales o las condiciones de vida lo que está bajo sospecha»[467].

Por su parte, el sistema penal también contribuye a la criminalización de ciertas clases o grupos de personas. Desde luego, el hecho de que el Derecho penal actúe tan rotunda y categóricamente frente a los grupos más vulnerables constituye una clara razón por la cual se criminaliza solamente a determinados sujetos y/o grupos. En definitiva, «la utilización del Derecho penal no solo refuerza la polarización y la identificación del enemigo, también afianza determinados estereotipos»[468], como se verá en las líneas que prosiguen.

En este contexto, es común que afloren actitudes discriminatorias hacia personas que consideramos que no pertenecen a nuestro «grupo» y, por tanto, tampoco son acreedoras de los mismos derechos. En efecto, frente a un fenómeno tan característico de nuestra sociedad como la inseguridad ciudadana, creamos una nueva categoría de riesgo, un «chivo expiatorio», lo que nos permite atribuirle todos nuestros miedos y problemas a los cuales el Estado no puede dar respuesta. Si a esto le añadimos que las sociedades actuales, tal y como se ha defendido aquí, son sociedades de riesgo, puede parecer incluso lógico que la población necesite un «enemigo» —en el sentido comentado por JAKOBS[469]— a quien atribuir responsabilidades por diversos problemas sociales, en tanto que «nos permite simplificar la realidad, haciéndola más comprensible y cómoda (…)»; en definitiva, «facilita eludir nuestros problemas»[470].

Amén de lo expuesto, no parece aventurado afirmar que un modelo en el que alguien es considerado un sujeto peligroso por el mero hecho de pertenecer a un colectivo concreto, esto es, por ser quien es, puede tener similitudes razonables con un Derecho penal de autor[471] orientado a criminalizar la «actitud interna» del sujeto en cuestión[472]. Se ha consolidado así

---

467. ALBRECHT, P. A.: «El Derecho penal en la intervención de la política populista», en VV.AA.: *La insostenible situación del Derecho penal*, Comares, Granada, 2000, p. 474.
468. CIGÜELA SOLA, J.: «Populismo penal y justicia paralela», en *Revista Electrónica de Ciencia penal y Criminología*, n.º 22, 2020, p. 11.
469. Véase arriba.
470. DE LUCAS MARTÍN, J./TORRES PÉREZ, F.: «Introducción», en DE LUCAS MARTÍN, J./TORRES PÉREZ, F. (eds.): *Inmigrantes: ¿cómo los tenemos? Algunos desafíos y (malas) respuestas*, Talasa, Madrid, 2002, p. 14.
471. BRANDARIZ GARCÍA, J. A.: El modelo, *op. cit.*, p. 250.
472. CANCIO MELIÁ, M.: De nuevo, *op. cit.*, p. 137.

un Derecho penal que forja la figura del enemigo apropiado como enemigo interior, y que se asemeja, salvando las distancias, a los «extraños de la comunidad»[473] del sistema penal nacionalsocialista[474]. Todo lo cual pone de manifiesto la huida hacia un Derecho penal de la peligrosidad que, como observa con acierto SILVA SÁNCHEZ, se concibe como «un Derecho de estricta seguridad frente al futuro (puramente preventivo) y no respuesta frente al pasado»[475].

En el paradigma actual, es el colectivo migrante el que desempeña el papel del enemigo. De hecho, las personas extranjeras no solo son consideradas como simples enemigos, sino que también parecen haber adoptado la figura del enemigo adecuado, ya que, por un lado, son fácilmente identificables como grupo y, por otro, compiten en ocasiones con las personas autóctonas por los mismos recursos[476].

En relación con la primera de las cuestiones, en el caso de las personas extranjeras, rasgos como su color de piel, idioma o vestimenta hacen que sean claramente reconocibles, al menos, como sujetos ajenos, y en última

473. El concepto de «extraños de la comunidad» deriva de un proyecto propuesto por Edmund Mezger y Franz Exner, con el propósito de trasladar fuera de los campos de concentración a personas que, según su criterio, llevaban un estilo de vida inadecuado y representaban una supuesta peligrosidad pese no haber cometido delito alguno. En este sentido, ZAFFARONI, E. R.: El enemigo, *op. cit.*, p. 137. El proyecto de ley sobre el tratamiento de «extraños de la comunidad», en su versión del 17 de marzo de 1944, establecía en su artículo 1 quiénes eran considerados como tales: «1. Quien, por su personalidad o forma de conducción de vida, especialmente por sus extraordinarios defectos de comprensión o de carácter es incapaz de cumplir con sus propias fuerzas las exigencias mínimas de la comunidad del pueblo; 2. Quien, a) por una actitud de rechazo al trabajo o disoluta lleva una vida inútil, dilapidadora o desordenada y con ello molesta a otras personas o a la comunidad, o por tendencia o inclinación a la mendicidad o al vagabundaje, al trabajo ocasional, pequeños hurtos, estafas u otros delitos menos graves, o en estado de embriaguez provoca disturbios o por estas razones infringe gravemente sus deberes asistenciales; o, b) por su carácter asocial o pendenciero perturba continuamente la paz de la generalidad; o, 3. Quien por su personalidad o forma de conducción de vida revela que su mente está dirigida a la comisión de delitos graves (delincuentes enemigos de la comunidad y delincuentes por tendencia)». Sobre ello, MUÑOZ CONDE, F.: *Edmund Mezger y El Derecho penal de su tiempo: estudios sobre el Derecho penal en el Nacionalsocialismo*, 3.ª ed., Tirant lo Blanch, Valencia, 2002, pp. 206 y ss., quien expresa una crítica férrea hacia dicho proyecto, calificándolo de «monstruosidad jurídica y humana».
474. MUÑAGORRI LAGUÍA, I.: «Las actuales políticas criminales como institucionalización de la inseguridad», en MANZANOS BILBAO, C. (coord.): *Políticas sociales para la seguridad ciudadana*, Ikusbide, Vitoria-Gasteiz, 2005, p. 163.
475. SILVA SÁNCHEZ, J. M.: El retorno, *op. cit.*, p. 186.
476. ZAFFARONI, E. R.: El enemigo, *op. cit.*, p. 87.

instancia, como enemigos. Esto se debe en parte a que para la población resulta mucho más sencillo etiquetar como enemigos a aquellos sujetos que, simplemente por su apariencia, son diferentes a las y los nacionales[477]. Como bien señala BAUMAN, «la representación del afuera, visible y fácil de distinguir, trata al extranjero como signo de atributos ocultos, lo cual le hace más detestable y peligroso»[478].

En cuanto a la segunda de las cuestiones, el hecho de que una persona extranjera opte por las mismas ayudas que una autóctona puede ser motivo para calificarla como el enemigo, lo cual dice mucho sobre el tipo de inmigración que la sociedad está dispuesta a aceptar. Como ha destacado GARCÍA ÁLVAREZ, se rechaza a la persona extranjera «pobre», lo que indica que la creación del enemigo no es tanto una cuestión de raza, sino de clase. Es por ello por lo que también se rehúsa la mano de obra extranjera, aunque esto sea en parte beneficioso para la sociedad[479]. Sea como fuere, la persona extranjera «pobre» no puede llevar una vida en condiciones de igualdad, lo que conduce a su exclusión e intensifica la línea entre las personas autóctonas y las extranjeras, fomentando así el aumento de sentimientos de odio e intolerancia hacia este colectivo[480]. No solo se percibe a estas personas como diferentes, sino como inferiores en algún sentido[481], lo que inevitablemente

477. *Ibid.*, pp. 87-88.
478. BAUMAN, Z.: «Modernidad y ambivalencia», en GIDDENS, A., *et al.*: *Las consecuencias perversas de la modernidad: modernidad, contingencia y riesgo*, Anthropos, Barcelona, 1996, p. 111.
479. GARCÍA ÁLVAREZ, P.: «El Derecho penal y la discriminación de los extranjeros», en MUÑOZ CONDE, F. (dir.): *Problemas actuales del Derecho penal y de la criminología. Estudios penales en memoria de la Profesora Dra. María del Mar Díaz Pita*, Tirant lo Blanch, Valencia, 2008, pp. 241-242.
480. Debido a esta construcción social, la persona inmigrante se convierte en una auténtica amenaza para el Estado de bienestar y nuestra identidad. En primer lugar, la inmigración se percibe como una amenaza para el mercado laboral nacional. En segundo lugar, se considera que genera un elevado gasto público para el Estado, además de beneficiarse de recursos que se consideran propios del país receptor. En tercer lugar, se ve a la persona inmigrante como un obstáculo para la convivencia. Por último, se argumenta que la presencia de la persona inmigrante contribuye a la creación de un estado de inseguridad, ya que se asocia con el aumento de la delincuencia. En este sentido, DAUNIS RODRÍGUEZ, A.: *El Derecho penal como herramienta de la política migratoria*, Comares, Granada, 2009, pp. 30-31.
481. Como ha señalado BILBAO UBILLOS, J. M.: «Prohibición de discriminación y relaciones entre particulares», en *Teoría y Realidad Constitucional*, n.º 18, 2006, p. 154, la noción de discriminación posee un componente adicional que la simple diferencia de trato carece: su carácter ofensivo y vejatorio. Esto conduce a estigmatizar a un grupo social, generalmente marginado, al cual se le impide u obstaculiza el pleno ejercicio de sus derechos simplemente por poseer ciertas características. De este modo, las personas

genera sentimientos negativos en una parte de la población; sentimientos que, a su vez, alimentan el racismo y la xenofobia[482] y que se producen en un contexto de opinión pública que legitima el establecimiento de políticas severas y restrictivas con el objetivo de obstaculizar la integración de las personas migrantes.

En este orden de cosas, GARCÍA ESPAÑA nos da cuenta de la existencia de una serie de creencias sobre el binomio inmigración-delincuencia que se fundamenta en sesgos etnocéntricos. Dicho en términos más generales, los estereotipos, los prejuicios y las discriminaciones favorecen la creación y la consolidación de la criminalización de la inmigración. En este punto, posiblemente no esté de más realizar algunas observaciones al respecto[483].

Tal y como hemos adelantado, la creación de distintas categorías sociales conlleva sesgos etnocéntricos (estereotipos, perjuicios y discriminaciones). En consecuencia, puede ocurrir que, debido a razones de diversa índole, una determinada clase, grupo o categoría social sea objeto de discriminación. Sin embargo, estos actos discriminatorios son precedidos necesariamente por estereotipos. Los estereotipos son generalizaciones, una idea fija sobre los miembros de un grupo o el colectivo en su conjunto, lo que se puede definir como «el conjunto de creencias compartidas sobre las características personales y los comportamientos de un grupo social»[484]. De esta manera, se aplica un atributo particular a todos los miembros de un grupo simplemente por pertenecer a él. El estereotipo, es decir, el atributo en discordia puede ser positivo, pero esto no es lo habitual. De hecho, suele ser común exagerar las similitudes entre las personas dentro del mismo grupo, por un lado, y las diferencias con aquellas que no lo son, por el otro[485]. En suma, los estereotipos permiten reconocer la —presunta— peligrosidad de ciertas per-

---

que integran tales grupos son tratadas como seres inferiores, privadas del mismo respeto que el resto, convirtiéndose así en ciudadanas de segunda. Además, señala con acierto que «el motivo de la distinción es algo más que irrazonable, es odioso, y de ningún modo puede aceptarse porque resulta humillante para quienes sufren esa marginación».

482. AGUILAR IDÁÑEZ, M. J./BURASCHI, D.: «El racismo institucional en las políticas e intervenciones sociales dirigidas a inmigrantes y algunas propuestas prácticas para evitarlo», en *Documentación social,* n.º 162, 2011, p. 144.

483. GARCÍA ESPAÑA, E.: «¿Qué hay de cierto en la relación inmigración y delincuencia?» Sesgos etnográficos y realidad», en *Estudios jurídicos,* n.º 2011, 2011, pp. 1 y ss.

484. GARCÍA ESPAÑA, E.: Qué hay de cierto, *op. cit.,* p. 2.

485. *Ibid.*

sonas, prescindiendo de considerar cualquier otra acción, contexto o factor que podría haber influido en la categorización de riesgo de una persona[486].

Los prejuicios, en cambio, se refieren a «actitudes negativas hacia los miembros de un grupo, que se fundamentan en una generalización errónea y rígida»[487]. En otras palabras, consisten en tener una imagen negativa de una persona sin ningún motivo justificado; en última instancia, el prejuicio se manifiesta como una actitud que incluye sentimientos como el desprecio. Mientras que el prejuicio es una actitud, la discriminación, por otro lado, es una acción. Por lo tanto, cuando el prejuicio se traduce en una acción, nos encontramos frente a la discriminación. Esta última se define como «el comportamiento negativo dirigido hacia los miembros de un exogrupo hacia el cual proyectamos prejuicios»[488].

En suma, el prejuicio es una actitud negativa hacia los miembros de un mismo grupo; el estereotipo constituye el componente cognitivo, una suerte de «estructura cognitiva compuesta por conocimientos, creencias y expectativas sobre un grupo humano»[489]; y la discriminación es la acción que surge del prejuicio[490]. Esta cuestión, de innegable relevancia a efectos de comprender la problemática aquí planteada, merecería un desarrollo más extenso del que se puede proporcionar en este trabajo.

Con todo, la sociedad construye la imagen de la persona migrante, que como se ha explicado, suele tener una connotación negativa. De hecho, son los discursos políticos y mediáticos los que plagan la sociedad y construyen la imagen de la persona extranjera, asignándole ciertas características y reclamando seguridad frente a ella, ya sea irregular o no, pues la persona extranjera en sí misma es percibida como no-persona, no-sujeto, no-individuo[491]. Lo que explica, dicho sea de paso, su acusada alteridad[492].

486. En palabras de CIGÜELA SOLA, J.: Populismo penal, *op. cit.*, p. 11, ello no es sino una «simplificación de la realidad».
487. GARCÍA ESPAÑA, E.: Qué hay de cierto, *op. cit.*, p. 2.
488. *Ibid.*
489. ECHEBARRÍA ECHABE, A., *et al.*: *Psicología Social del Prejuicio y el Racismo*, Editorial Centro de Estudios Ramón Areces, S.A., Madrid, 1995, p. 13.
490. GARCÍA ESPAÑA, E.: Qué hay de cierto, *op. cit.*, p. 2.
491. DAL LAGO, A.: «Personas y no-personas», en SILVEIRA GORSKI, H. C. (ed.): *Identidades comunitarias y democracia*, Trotta, Madrid, 2000, p. 141. En idéntico sentido, MUÑAGORRI LAGUÍA, I.: Las actuales políticas, *op. cit.*, p. 163.
492. BRANDARIZ GARCÍA, J. A./FERNÁNDEZ BESSA, C.: «La construcción de los migrantes como categoría de riesgo para el sistema penal español», en PALIDDA, S./ BRANDARIZ GARCÍA, J. A. (dirs.), IGLESIAS SKULJ, A./RAMOS VÁZQUEZ, J. A.

La alteridad es una construcción social que surge como resultado de la existencia de una relación de diferencia que se percibe como extrañeza. Esta extrañeza se produce porque no hay una identificación con el «otro». Este fenómeno se debe a la presencia de un endogrupo dominante en términos culturales, sociales, políticos y económicos, lo que genera relaciones de diferencia[493]. El colectivo migrante es considerado un grupo minoritario en comparación con el nacional, tanto cuantitativa como cualitativamente, lo que facilita su identificación como grupo. Esta circunstancia, en el contexto de la alteridad, resalta la idea de que son sujetos «potencialmente incardinables» en la categoría de riesgo[494]. En consecuencia, percibimos a las personas extranjeras como peligrosas, lo que nos lleva a establecer relaciones de diferenciación y exclusión a nivel cognitivo. Es aquí donde comienzan a emerger los estereotipos sobre el exogrupo, asignando generalmente características positivas al endogrupo y negativas al exogrupo[495]. Asimismo, las políticas públicas constituyen uno de los instrumentos más poderosos para la construcción social de la persona extranjera[496].

El Derecho y las instituciones desempeñan un papel significativo e influyen de manera importante en la construcción social de esa realidad que asocia la inmigración con el crimen. Además de orientar conductas y regular instituciones, el Derecho también contribuye a crear identidad, lo que indirectamente genera racismo y discriminación[497]. Esto corresponde a lo que en la literatura jurídica se denomina racismo institucional.

El racismo institucional, de forma resumida, se compone de diversas políticas, prácticas y procedimientos que perjudican seriamente a un determinado grupo racial o étnico, evitando que este alcance una situación real de igualdad frente al de los nacionales[498]. Esta desigualdad se utiliza para ahondar más en la discriminación. De este modo, lo característico se con-

(coords.): *Criminalización racista de los migrantes en Europa*, Comares, Granada, 2010, p. 276.

493. OLMOS ALCARAZ, A.: «Cuando migrar se convierte en estigma: un estudio sobre construcción de alteridad hacia la población inmigrante extranjera en la escuela», en *Imagonautas: revista interdisciplinaria sobre imaginarios sociales*, vol. 2, n.º 1, 2012, p. 62.
494. BRANDARIZ GARCÍA, J. A./FERNÁNDEZ BESSA, C.: La construcción, *op. cit.*, p. 276.
495. OLMOS ALCARAZ, A.: Cuando migrar, *op. cit.*, p. 62.
496. AGUILAR IDÁÑEZ, M. J./BURASCHI, D.: El racismo institucional, *op. cit.*, p. 145.
497. AÑON ROIG, M. J.: «Discriminación racial: el racismo institucional desvelado», en ARCOS RAMÍREZ, F. (dir.): *La justicia y los derechos en un mundo globalizado*, Dykinson, Madrid, 2016, p. 137.
498. AGUILAR IDAÑEZ, M. J./BURASCHI, D.: «Prejuicio, etnocentrismo y racismo institucional en las políticas sociales y los profesionales de los servicios sociales que trabajan

vierte en una marca imborrable que consolida la desigualdad y conduce a la exclusión[499]. En rigor, el racismo institucional y social son proporcionales, ya que el primero legitima y ampara al segundo.

Sin pretender abordar la controvertida cuestión del colectivo migrante y el racismo social e institucional[500], en lo que sigue queremos dejar apuntado que son precisamente las actuaciones que resultan de esa exacerbación las que excluyen a la persona extranjera de la sociedad, la colocan en una situación de continua marginalidad y refuerzan el mensaje de que viola el Derecho. De ahí que se asocie con cierta facilidad la inmigración con la delincuencia.

Frente a esto, se considera necesaria la creación de estatutos jurídicos especiales que otorguen a las personas migrantes un trato diferenciado respecto a las nacionales[501]. Con este propósito, las personas extranjeras se ven sometidas a un régimen jurídico especialmente severo que, además de criminalizarlas, perpetúa su potencial marginación[502]. En este sentido, no cabe dejar de apuntar que es la propia LOEX y, más en concreto, su régimen sancionador, la que traza la línea entre la regularidad y la irregularidad. Dicho de otro modo, es la propia normativa la que, al definir en negativo lo que se considera una persona extranjera[503], determina las situaciones que

---

con personas migrantes», Conferencia llevada a cabo en el VII Congreso Migraciones Internacionales en España, Bilbao, 2012, p. 2.

499. AÑON ROIG, M. J.: Discriminación, *op. cit.*, p. 141.

500. REY MARTÍNEZ, F.: «Racismo líquido», en *Claves de razón práctica*, n.º 237, 2014, pp. 91-92, ha caracterizado la forma en que se percibe y se experimenta el racismo en las sociedades contemporáneas como «neo-racismo» o «racismo líquido». A su entender, «el neo-racismo hace compatible sus prejuicios con una visión favorable de la igualdad de trato; al mismo tiempo, se rechaza la discriminación (...) la crítica a las minorías es sutil (...) se rechazan los estereotipos burdos y la discriminación descarada. Se exageran las diferencias culturales. Este racismo líquido disimula la hostilidad racial, utiliza un lenguaje tan políticamente correcto como falso, genera una aceptación pública, pero un rechazo privado, produce reacciones de evitación de la convivencia, desplaza la idea biológica de raza hacia la cultura («nuestra cultura» frente a la de otros) y la desigualdad hacia la diferencia (...)».

501. BARBERO GONZÁLEZ, I.: Las transformaciones, *op. cit.*, p. 15.

502. BRANDARIZ GARCÍA, J. A.: Política criminal, *op. cit.*, p. 133. Sin embargo, lejos de ajustarse al perfil criminal que se les atribuye, en la gran mayoría de los casos, estas personas emigran en busca de nuevas oportunidades y condiciones de vida que les faltan en sus países de origen. En este sentido, MARTÍNEZ DE PISÓN CAVERO, J. M.: La (no) política, *op. cit.*, p. 134.

503. El artículo 1 de la LOEX, al establecer su ámbito de aplicación, emplea una definición negativa al referirse a la persona extranjera como aquella que no ostenta la nacionalidad

se ubican al margen de la regularidad[504] y, en última instancia, refuerza el binomio irregularidad-criminalidad.

Abundando en esta idea, parece procedente detenerse a examinar, si quiera de manera somera, los factores que contribuyen a criminalizar la imagen de la persona inmigrante irregular. Cabe señalar, en primer lugar, los estrictos controles de fronteras para impedir la entrada de las personas extranjeras irregulares en el territorio nacional (art. 25 y ss. LOEX). En este sentido, destaca el fenómeno previamente mencionado de la «externalización de fronteras», que tiene como objetivo criminalizar no solo la entrada, sino también la salida irregular del país de origen[505].

En segundo lugar, debemos hacer referencia a la restricción de derechos y libertades fundamentales que implica la mencionada ley, cuyo ejercicio queda condicionado a la obtención de la regularidad[506]. Como señala el profesor MUÑAGORRI LAGUÍA, la mayoría de las alusiones a las personas extranjeras se centran en reforzar la figura de la expulsión y en restringir aún más sus derechos. Sorprende en esta clave que la normativa de extranjería hable en términos de «derechos», «libertades» e «integración»[507]. En cualquier caso, el hecho de que los derechos y libertades de estas personas se vean significativamente restringidos contribuye a fortalecer la imagen de la inmigración como una amenaza.

Por último, conviene traer a colación las severas medidas contempladas por la LOEX para las personas migrantes que se encuentran en una situación administrativa de irregularidad: la expulsión (art. 57 y ss., y art. 64 LOEX) y el internamiento (art. 62 y ss. LOEX). Son precisamente este tipo de sanciones las que más contribuyen a aumentar la confusión entre irregularidad y criminalidad[508]. Esta circunstancia no es de extrañar, ya que son medidas administrativas que evocan las consecuencias jurídico-penales del delito, como puede ser, por ejemplo, la prisión provisional.

---

española. Esta elección inicial de la norma no es fortuita; denota un punto de partida definido respecto a la distinción entre «los de aquí» y «los de allí».

504. BARBERO GONZÁLEZ, I., *et al.*: La defensa, *op. cit.*, p. 23.

505. BRANDARIZ GARCÍA, J. A./FERNÁNDEZ BESSA, C.: La construcción, *op. cit.*, pp. 277-278.

506. *Ibid.*, p. 279.

507. MUÑAGORRI LAGUÍA, I.: Las actuales políticas, *op. cit.*, p. 160.

508. BRANDARIZ GARCIA, J. A.: Política criminal, *op. cit.*, pp. 136-137. Sobre ello, MONCLÚS MASÓ, M./BRANDARIZ GARCÍA, J. A.: *Políticas y prácticas de control migratorio: estudio comparativo del control de los migrantes en los contextos latinoamericano y europeo*, Ediciones Didot, Buenos Aires, 2015, pp. 38 y ss.

Está en lo cierto FERRAJOLI al afirmar que estamos frente a una verdadera «estafa de etiquetas consistente en calificar como administrativas, sanciones restrictivas de la libertad personal que son sustancialmente penales»[509]. Es más, se ha señalado con acierto que en el caso de la expulsión «se castiga una forma de ser: inmigrante-desempleado, inmigrante-pobre, inmigrante-clandestino»[510]. Del mismo modo, lleva razón DAL LAGO cuando asevera que «a los extranjeros se les hace desaparecer legalmente del ámbito de la ley en nombre de una necesidad superior», motivada por la peligrosidad que se les atribuye y la alarma social que genera ese carácter peligroso en la sociedad. En suma, una persona extranjera en situación irregular «ni existe socialmente, o bien existe, tolerado o no visto, en un limbo del cual se le puede alejar o hacer desaparecer en todo momento»[511].

Amén de lo expuesto, no parece aventurado afirmar que hemos asistido a la creación de un derecho *ad hoc*, que tiene como fin, por un lado, la seguridad, y por otro, la creación de un instrumento útil en términos de política y economía[512].

Sin perjuicio de lo apuntado, lo cierto es que la extranjería siempre ha tenido una connotación inquietante. Lo desconocido suele ser alarmante y amenazador, y la condición de persona extranjera, además de lo ya mencionado, genera incomodidad. ZAFFARONI tiene razón al afirmar que «lo desconocido, como todo lo misterioso, siempre es fuente potencial de peligro y, por consiguiente, abre el llamado espacio paranoide. Se facilita enormemente atribuir al desconocido diferente todo lo negativo, dado que no se le puede oír, los sistemas simbólicos no coinciden y, por ende, se pueden traducir los signos a voluntad y hacer de ellos los chivos emisarios de múltiples males, desde la criminalidad hasta las enfermedades, desde la sexualidad a la instintividad incontrolada y la inmoralidad total»[513]. En consecuencia, la persona migrante se convierte «en un espejo en el cual las contradicciones de la sociedad contemporánea hallan maneras de reflejarse»[514]. Esto responde al plano no tecnológico y más desconocido de la sociedad del riesgo[515].

509. FERRAJOLI, L.: *Derecho y Razón. Teoría del garantismo penal*, Trotta, Madrid, 1995, p. 479.
510. DE GIORGI, A.: *Tolerancia Cero. Estrategias y prácticas de la sociedad de control*, Virus, Barcelona, 2005, p. 95.
511. DAL LAGO, A.: Personas, *op. cit.*, p. 141.
512. BARBERO GONZÁLEZ, I.: Las transformaciones, *op. cit.*, p. 15.
513. ZAFFARONI, E. R.: «Minorías desplazadas, delincuencia y poder punitivo», en *Eguzkilore: Cuaderno del Instituto Vasco de Criminología*, n.º Extra 7, 1994, p. 87.
514. DE GIORGI, A.: Tolerancia Cero, *op. cit.*, p. 41.
515. SILVA SÁNCHEZ, J. M.: La expansión, *op. cit.*, pp. 14 y 19.

Con todo, recurrir a la estrategia actuarial y a las prácticas que le acompañan conlleva adentrarse en una suerte de circulo vicioso en el que, por un lado, las diversas técnicas de control y vigilancia se centran única y exclusivamente en aquellas personas que han sido tachadas de potenciales delincuentes —por el mero hecho de su pertenencia a un grupo previamente calificado como peligroso, en este caso, las personas inmigrantes—, por lo que resulta obvio que tienen más posibilidades de ser descubiertas y/o detenidas, y por otro, y como consecuencia de que se descubran más delitos realizados por las personas extranjeras, se alimenta la creencia de que, en efecto, el colectivo migrante es un grupo de riesgo que hay que controlar. En estos casos, viene siendo común hablar en términos de una profecía autocumplida, que en realidad no es más que el resultado normal que se puede esperar habida cuenta de la lógica seguida por las estrategias de control de corte actuarial[516].

En este apartado se han querido exponer de forma somera los cambios que la implantación del actuarialismo ha producido en la gestión del fenómeno migratorio en particular. Tal y como se ha podido constatar, es una cuestión compleja que requiere, para su mayor comprensión, ser relacionada con uno de los principios que caracterizan a la sociedad actual: el gerencialismo.

4. EL GERENCIALISMO Y LA GESTIÓN DE LA INMIGRACIÓN: LA TRANSFORMACIÓN GERENCIAL DE LA POLÍTICA MIGRATORIA

Como ya se ha adelantado, el pensamiento actuarial está intrínsecamente ligado a la racionalidad gerencial que ha permeado en las instituciones y políticas públicas, lo cual nos remite a la tesis del *New Public Management* o Nuevo Modelo de Gestión Pública (en adelante, NPM)[517].

Unas de las razones por las cuales esta racionalidad de corte neoliberal ha cobrado relevancia es la preocupación por el elevado coste de las políticas públicas. De este modo, esta nueva forma de gestionar el gasto público, que parte de la premisa de la escasez de recursos y se basa, por ende, en los principios de economización de recursos y maximización de beneficios,

516. FERNÁNDEZ BESSA, C./ORTUÑO AIX, J. M./MANAVELLA SUÁREZ, A.: «Los efectos de la cultura de emergencia en la criminalización de los inmigrantes», en PUENTE ABA, L. M. (dir.), ZAPICO BARBEITO, M./RODRÍGUEZ MORO, L. (coords.): *Criminalidad organizada, terrorismo e inmigración*, Comares, Granada, 2008, p. 228.

517. BRANDARIZ GARCÍA, J. A.: El gobierno, *op. cit.*, p. 116.

impulsa un cambio en el pensamiento, la organización y el funcionamiento de la Administración[518]. Expresado de otra forma, el NPM consiste en asignar recursos siempre limitados a aquellos ámbitos donde se espera que puedan generar mayores beneficios, especialmente en lo que se refiere al control de grupos de riesgo[519]. En última instancia, el gerencialismo busca administrar los recursos disponibles de manera eficiente a través de la implementación de diversas prácticas en las políticas públicas.

En lo que al objeto de nuestro estudio interesa, sabido es que el nuevo contexto económico del Estado español ha tenido un gran impacto en las políticas migratorias y en su gestión. Antes de la crisis económica de 2008, esto es, antes de que nos viéramos inmersos en un país regido por la lógica de la crisis, con su consiguiente influencia no solo en el ámbito económico sino también en las condiciones de vida de las personas y en las formas de gobernar, la organización del control migratorio difería considerablemente de la actualidad. Como afirma BRANDARIZ GARCÍA, se ha producido una transformación gerencial de las políticas de control migratorio. El gerencialismo, como ya se ha avanzado, es una forma de racionalidad que influye en la organización y ejecución de las políticas públicas, priorizando la eficiencia sobre la eficacia; es decir, los Gobiernos no realizan todas las acciones que podrían, sino las que pueden, considerando la mejor relación coste-beneficio[520]. La reestructuración selectiva del sistema de deportación y el funcionamiento de los CIE, entre otros aspectos, son indicadores de que la lógica gerencial ha sido integrada en la penalidad española[521].

Como ya se ha adelantado, uno de los ámbitos donde el gerencialismo ha tenido mayor impacto es en el sistema de deportaciones, reflejado en una reducción significativa[522] entre los expedientes de expulsión incoados y aquellos finalmente ejecutados. Es importante tener en cuenta que la ejecución de la medida de expulsión es en muchos casos difícil de llevar a cabo debido a diversas causas que van más allá de los aspectos jurídicos que la regulan. Sea como fuere, el cambio aludido no puede considerarse superficial, al menos no desde la perspectiva de los derechos fundamentales. Es

518. BRANDARIZ GARCÍA, J. A.: El gobierno, *op. cit.*, p. 116.
519. BRANDARIZ GARCIA, J. A.: Política criminal, *op. cit.*, pp. 83-84.
520. BRANDARIZ GARCÍA, J. A.: El gobierno, *op. cit.*, pp. 116 y ss.
521. BRANDARIZ GARCÍA, J. A.: El modelo, *op. cit.*, p. 147.
522. Para un análisis detallado sobre la evolución del número de expulsiones impuestas y finalmente ejecutadas, véase, FERNÁNDEZ BESSA, C. / BRANDARIZ GARCÍA, J. A.: «Transformaciones de la penalidad migratoria en el contexto de la crisis económica. El giro gerencial del dispositivo de deportación», en *Indret: Revista para el Análisis del Derecho*, n.º 4, 2016, pp. 8 y ss.

evidente que el coste humano que implica para las personas extranjeras vivir con un expediente de expulsión es extremadamente alto, ya que las coloca en una situación de exclusión social que a menudo las lleva a subsistir en la economía sumergida, bajo un riguroso control policial.

En la actualidad, las políticas migratorias adoptan un enfoque más eficiente y gerencial, buscando hacer más y mejor con menos recursos[523]. Sin embargo, lejos de beneficiar a las personas migrantes, quienes en última instancia sufren las consecuencias de estas medidas, esto ha dado lugar a la creación de ciertas prácticas que, ciertamente, rozan los límites de la legalidad, como se verá a continuación.

Debemos comenzar haciendo referencia a las llamadas «expulsiones cualificadas»[524], que según la definición proporcionada por el Ministerio del Interior son repatriaciones de «extranjeros reincidentes, autores de hechos de especial violencia o gravedad, terroristas, presos a los que se les sustituye la pena, están en prisión preventiva o concluyen su condena»[525]. La cuestión básica por dilucidar es qué tipo de expulsiones están comprendidas en la definición proporcionada por el Ministerio, dado que se trata de una redacción algo difusa y, quizá, demasiado amplia. Sin que proceda en este momento seguir insistiendo en ello, queremos dejar apuntado que esta descripción podría llevarnos a relacionar la inmigración con la criminalidad, lo cual no es trivial, ya que como hemos podido observar en el capítulo precedente, la llamada «crimigración» tiene graves consecuencias en los derechos humanos del colectivo migrante[526].

La definición proporcionada por el Ministerio del Interior, como ya se ha adelantado, es bastante ambigua y puede inducir a error. En una primera lectura, podría parecer que se busca reforzar las expulsiones de naturaleza penal mediante las expulsiones cualificadas. Sin embargo, como advierte BRANDARIZ GARCÍA, ese no es el único objetivo perseguido. Desde la

523. FERNÁNDEZ BESSA, C./BRANDARIZ GARCÍA, J. A.: Transformaciones, *op. cit.*, pp. 9 y ss.
524. Sobre ello, ampliamente, BRANDARIZ GARCÍA, J. A./FERNÁNDEZ BESSA, C.: La crimigración, *op. cit.*, pp. 129 y ss.; ODRIOZOLA GURRUTXAGA, M.: Expulsión penal, *op. cit.*, pp. 180 y ss.; GARCÍA ESPAÑA, E.: Extranjeros sospechosos, *op. cit.*, pp. 5 y ss.
525. Definición recogida en el último Balance de lucha contra la inmigración irregular de 2016 hasta la fecha. Disponible en: https://www.interior.gob.es/opencms/es/prensa/balances-e-informes/. No obstante, más que un concepto jurídico, podríamos considerarlo como un criterio de organización gerencial, ya que se basa en la idea de establecer objetivos para asignar recursos y metas según sea necesario o factible.
526. MARTÍNEZ ESCAMILLA, M.: *Mujeres en el CIE: Género, inmigración e internamiento*, Tercera Prensa, Donostia-San Sebastián, 2013, p. 119.

perspectiva del pensamiento gerencial, tampoco tendría mucho sentido que ese fuera el único propósito, considerando que la imposición de la medida de expulsión penal recae en la decisión de la autoridad judicial que, tras la reforma de 2015, tiene cierto margen para actuar con discrecionalidad. Precisamente por esta razón, debido a la incapacidad de la Administración para influir en las expulsiones de carácter penal, gran parte de los expedientes de expulsión incoados son por sanciones de naturaleza administrativa[527].

Dejando de lado el propósito que pueda perseguirse a través de este tipo de expulsiones, nos centraremos en la prioridad otorgada a las mismas en este contexto. Esta prioridad responde a dos motivos de eficiencia. En primer lugar, la ejecución de las expulsiones penales contribuye a reducir la tasa penitenciaria, una de las más altas de Europa[528]. En segundo lugar, el proceso de deportación es más rápido y eficaz, ya que el Ministerio cuenta con toda la información necesaria para localizar en todo momento a la persona inmigrante sujeta a expulsión[529].

En este orden de cosas, no puede tampoco desconocerse el fenómeno comúnmente conocido como «expulsiones exprés». Entre las diversas opciones para materializar una orden de expulsión, esta práctica se destaca por ser especialmente severa, lo que plantea serios recelos desde el punto de vista de los derechos humanos de las personas migrantes. Sin ánimo de exhaustividad, cabe exponer el concepto y alcance de esta forma de ejecutar las órdenes de expulsión.

La práctica de las «expulsiones exprés» se basa en la disponibilidad de un transporte colectivo con destino a un país determinado, a través del cual se expulsa a las personas extranjeras a sus respectivos Estados. Estas expulsiones se llevan a cabo en un plazo de 72 horas, sin necesidad de internamiento en un CIE[530]. Uno de los aspectos que caracteriza a las «expulsiones exprés» es precisamente la ausencia de internamiento, lo que evita los procedimientos que pueden implicar la intervención de un letrado o letrada y la tramitación por parte de la autoridad judicial de la solicitud

527. BRANDARIZ GARCÍA, J. A.: El modelo, *op. cit.*, pp. 153-154.
528. España tiene una tasa de criminalidad baja en comparación con otros Estados miembros de la UE; y aún menor si la comparamos con otros países del mundo. No obstante, la tasa penitenciaria se considera alta, debido a la severidad de su sistema penal, ya que numerosas conductas recogidas en el CP español conllevan pena de prisión. Para un análisis comparativo de la tasa de encarcelamiento en los diferentes países de la UE, véase: https://ec.europa.eu/eurostat/statistics-explained/index.php?oldid=486317
529. BRANDARIZ GARCÍA, J. A.: El modelo, *op. cit.*, p. 155.
530. BARBERO GONZÁLEZ, I.: Lectura contemporánea, *op. cit.*, p. 142.

de internamiento. Esta falta de internamiento hace que la práctica sea más «cómoda», lo que la convierte en un recurso atractivo para el control de los flujos migratorios[531].

A pesar de lo anterior, las «expulsiones exprés» siguen siendo un aspecto poco conocido del sistema administrativo sancionador, posiblemente debido al enorme coste humano y a la consiguiente violación de derechos y libertades que conllevan. Este modelo de ejecución de las expulsiones implica que una persona sea repatriada a su país de origen de manera repentina y sin previo aviso, sin tener la oportunidad de presentar alegaciones en contra de dicha decisión. Aunque se pretenda presentar esta práctica como menos gravosa que las expulsiones realizadas desde un CIE, sigue siendo igualmente perjudicial para las personas extranjeras, por lo que en ningún caso puede considerarse una alternativa legítima al internamiento en un CIE[532].

Esta práctica, por sorprendente que parezca, encuentra respaldo legal en el artículo 64 de la LOEX. Según lo establecido en el apartado primero de dicho artículo, «expirado el plazo de cumplimiento voluntario sin que el extranjero haya abandonado el territorio nacional, se procederá a su detención y conducción hasta el puesto de salida por el que se deba hacer efectiva la expulsión». Esto nos sitúa en el ámbito de la ejecución forzosa de los actos administrativos, por lo que las disposiciones de la legislación en materia de extranjería deben complementarse con el régimen general de ejecución forzosa de actos administrativos, recogida en la Ley 39/2015, de 1 de octubre, del Procedimiento Administrativo Común de las Administraciones Públicas[533] (en adelante, LPACAP).

En este sentido, cabe destacar lo dispuesto en el artículo 100 de la LPACAP. Este artículo contempla distintos mecanismos para llevar a cabo la ejecución forzosa de un acto administrativo. La técnica de las «expulsiones exprés», también conocida como la ejecución exprés de una orden de expulsión, puede equipararse a una de las vías por las cuales la Administración ejecuta los actos administrativos. En concreto, se refiere a la modalidad prevista en la letra d) del artículo 100.1, que consiste en la compulsión sobre las personas, similar al desahucio y otras actuaciones administrativas que requieren el uso de la fuerza física sobre la persona para ejecutar un acto administrativo.

531. BARBERO GONZÁLEZ, I., *et al.*: La defensa, *op. cit.*, p. 124.
532. GARCÍA ESPAÑA, E.: «Centros de Internamiento de extranjeros: motivos para su desaparición», en *Boletín criminológico*, vol. 23, n.º 172, 2017, p. 5.
533. «BOE» núm. 236, de 2 de octubre de 2015, páginas 89343 a 89410 (68 págs.).

La cuestión controvertida estriba en que suele asociarse el respaldo legal de esta práctica con la posibilidad de actuar de forma automatizada. La LPACAP, en su artículo 99, establece la obligatoriedad del previo apercibimiento como requisito indispensable para llevar a cabo la ejecución forzosa de un acto administrativo. Sin embargo, esta garantía, que en principio se aplica a todos los actos administrativos por igual, no suele ser observada cuando el acto administrativo a ejecutar es una orden de expulsión que recae sobre la persona extranjera nacional de un tercer país, ya que la normativa de extranjería nada dice al respecto. Sin duda, este hecho plantea un paradigma digno de análisis del cual debemos prescindir por el momento.

Por lo demás, el rendimiento gerencial de este tipo de deportaciones resulta, cuando menos, evidente, ya que la implementación de este mecanismo solo requiere una gestión rigurosa de la información personal de cada persona extranjera que vaya a ser repatriada a su país de origen, con el fin de identificar y detener, en su caso, a aquellas que coincidan con el destino del trasporte de repatriación[534].

A la luz de lo expuesto, surge la pregunta de por qué el régimen de deportaciones se ha convertido en el blanco perfecto para la implementación de la racionalidad gerencial y las prácticas inherentes a ella. Las razones pueden ser diversas. En primer lugar, este ámbito requiere una cantidad significativa de recursos públicos. En segundo lugar, existe una preocupante situación deficitaria que ha caracterizado siempre al sistema de deportaciones. Y en tercer y último lugar, se trata de un ámbito de penalidad más expuesto a la sociedad, lo que lo convierte en un espacio fácilmente cuestionable y criticable. Además, la UE ha desempeñado un papel importante en este cambio, ya que se basa en una cultura institucional que promueve la lógica gerencial en sus políticas públicas. De hecho, la tradición política y administrativa de la UE ha demostrado ser propensa a las políticas públicas gerenciales, lo que sin duda ha influido en la decisión de España de seguir el mismo sendero[535].

Una vez expuesta la realidad que enfrenta el colectivo migrante como resultado de todo lo que hemos señalado, procedemos a examinar las deficiencias del modelo gerencial-actuarial de penalidad que, en parte, ha contribuido a fortalecer la asociación entre inmigración y criminalidad.

---

534. FERNÁNDEZ BESSA, C./BRANDARIZ GARCÍA, J. A.: Transformaciones, *op. cit.*, p. 14.
535. BRANDARIZ GARCÍA, J. A.: El modelo, *op. cit.*, pp. 163-164.

5. PARADOJAS DEL MODELO GERENCIAL-ACTUARIAL DE PENALIDAD

Sin duda, el actuarialismo se ha erigido como la principal forma de control social en la modernidad tardía. Su aparición ha desplazado la preocupación por la justicia y ha centrado la atención a la minimización del daño. Las estrategias adoptadas dentro de este nuevo paradigma de control social están orientadas, como ya se ha dicho, hacia el control del riesgo y, como tales, no atienden a las causas que podrían haber contribuido a la creación de un riesgo específico[536].

El riesgo no es un concepto neutro ni apolítico; tampoco tiene una única interpretación. Por tanto, las prácticas penales surgidas en el contexto del riesgo no son resultado de la necesidad, sino de decisiones políticas. Esta dimensión política de las técnicas de gestión del riesgo subraya que estas no se fundamentan únicamente en la eficiencia o en consideraciones estadísticas; el discurso que apela a la necesidad de proteger a la ciudadanía busca simplemente proyectar una imagen de neutralidad. En resumen, se emplean la estadística y la eficiencia para legitimar la intervención penal en la gestión del riesgo, que es el objetivo principal del actuarialismo. Nos han llevado a creer que a través del método actuarial se puede prevenir el riesgo e identificar a futuras personas delincuentes. Sin embargo, el actuarialismo no puede superar los desafíos inherentes a cualquier método matemático en cuanto a certeza se refiere[537].

El problema radica en que este tipo de análisis pretende tomar decisiones en el presente basándose en datos del pasado. No obstante, lo relevante en realidad no son tanto esos datos, sino las previsiones sobre el futuro. Es decir, los análisis de riesgo buscan obtener conocimiento sobre eventos futuros que son inciertos, circunstanciales y aleatorios. Es precisamente esta naturaleza aleatoria la que determina la imposibilidad de que las predicciones del riesgo eliminen la incertidumbre inherente al futuro. En otras palabras, el riesgo se expresa en términos probabilísticos y, por lo tanto, implica incertidumbre[538]. Ahora bien, cabe destacar que los métodos matemáticos utilizados para calcular el riesgo no son completamente objetivos ni científicos, a pesar de los intentos por resaltar este aspecto. La dificultad que presenta el modelo actuarial en términos de certeza no

536. YOUNG, J.: *La sociedad «excluyente». Exclusión social, delito y diferencia en la Modernidad tardía,* Marcial Pons, Barcelona, 2003, p. 110.
537. BRANDARIZ GARCÍA, J. A.: El gobierno, *op. cit.*, pp. 131-132; BRANDARIZ GARCÍA, J. A.: El modelo, *op. cit.*, p. 241.
538. BRANDARIZ GARCÍA, J. A.: El modelo, *op. cit.*, p. 241.

se debe a un error estadístico; más bien, los métodos de riesgo trabajan con variables selectivas, incluso políticas, elegidas con criterios altamente subjetivos. Es precisamente este extremo, junto con lo ya mencionado, lo que genera incertidumbre[539].

En otro orden de cosas, el modelo objeto de análisis dista mucho de adherirse a los principios de un Estado social y democrático de Derecho. Como hemos señalado, está orientado a prever el riesgo delictivo futuro. Considerar la posibilidad de daños futuros crea el escenario ideal para identificar como sujetos prioritarios de control a personas que no pueden ser responsables penalmente, ya que aún no han cometido delito alguno. A mayor abundamiento, en la determinación de la pena influyen predicciones o evaluaciones basadas en variables grupales. En consecuencia, una persona se convierte en un riesgo simplemente por ser parte de un grupo previamente calificado como peligroso según las estadísticas del grupo en su conjunto. En definitiva, el modelo gerencial-actuarial contraviene los principios de presunción de inocencia, proporcionalidad y responsabilidad por el hecho propio, así como el axioma de igualdad y no discriminación[540].

A pesar de las disfunciones aparentes que presenta este modelo en relación con los postulados de nuestro ordenamiento jurídico, no se establecen límites al respecto. Esto se debe a que, en este caso, la selectividad con la que tiende a operar el Derecho penal es vista como una virtud y un objetivo prioritario. En efecto, en la lógica actuarial, la selectividad del Derecho penal prevalece sobre otros principios, como los mencionados anteriormente[541].

Por lo demás, ya se ha advertido de los riesgos asociados al uso excesivo y erróneo del concepto de «peligrosidad», entre los cuales destaca, por su gravedad, la posibilidad de crear un Derecho penal del enemigo. No puede ser de otra manera, ya que los perfiles de riesgo se fundamentan en gran medida en las características ontológicas de los sujetos, lo que implica que una persona no es considerada peligrosa por sus acciones, sino por su identidad, es decir, por su similitud con un perfil predefinido de un determinado modelo psicosocial o sociodemográfico[542]. En suma, no parece aventurado afirmar que nos enfrentamos a una «política criminal

539. *Ibid.*, p. 245.
540. *Ibid.*, pp. 246-249. Destaca también la vulneración de principios fundamentales del ordenamiento jurídico, DEL ROSAL BLASCO, B.: La estrategia actuarial, *op. cit.*, p. 497.
541. BRANDARIZ GARCÍA, J. A.: El modelo, *op. cit.*, p. 247.
542. *Ibid.*, pp. 249-250.

contra los débiles» que guarda estrecha relación con la política criminal del enemigo[543].

Otro aspecto del modelo gerencial-actuarial que plantea interrogantes desde la perspectiva de los principios y garantías constitucionales radica en nuestra respuesta ante los actos percibidos como delitos. Los métodos actuariales generan la expectativa, incluso antes de su verificación, de identificar posibles focos de riesgo, lo que contribuye a convertir a la sociedad en una sociedad del riesgo. En otras palabras, al sembrar la creencia de que es factible detectar riesgos potenciales antes de que se materialicen, e incluso de reducir la criminalidad, las técnicas actuariales promueven la búsqueda de mayor control y vigilancia por parte de la sociedad para mantener al «enemigo» bajo supervisión[544]. Es precisamente en estas demandas de seguridad donde el Estado encuentra la legitimidad necesaria para poner en marcha toda la maquinaria penal.

Se afirma a este respecto que hemos aceptado la adopción de este modelo gerencial-actuarial debido a la sensación de seguridad que nos produce conocer a la persona delincuente, establecer categorías y prevenirnos contra los peligros futuros. En efecto, el anhelo de lograr una certeza total acerca de la persona criminal convierte a las técnicas actuariales en una propuesta atractiva, especialmente en la sociedad del riesgo. En este proceso, hemos diluido nuestra noción de una pena justa al tiempo que hemos configurado la figura del enemigo adecuado, basándonos en las proyecciones de los métodos actuariales; hemos llegado incluso a considerar justo que la pena se determine en función de una evaluación actuarial del riesgo. No obstante, el recurso a las técnicas de predicción puede ofrecer beneficios colectivos al contribuir al mantenimiento del orden y la cohesión social, al proporcionarnos una visión sobre las personas que podrían ser potenciales delincuentes o sujetos de riesgo[545]. Pero ¿a qué precio?

Lo expuesto hasta ahora no solo afecta a la efectividad del modelo, sino que también tiene implicaciones en cuanto a la eficiencia, que es el objetivo principal del gerencialismo. Con todo, existen motivos para creer que, frente al razonamiento gerencial, el actuarialismo penal no considera los costes asociados a una política penal de control del riesgo, los cuales son claramente desproporcionados en relación con los resultados insuficientes que ofrece.

543. ANITUA, G. I.: «La inmigración y los discursos de la seguridad», en BERGALLI, R. (coord.): *Flujos migratorios y su (des)control. Puntos de vista pluridisciplinares*, Anthropos, Barcelona, 2006, p. 143.

544. BRANDARIZ GARCÍA, J. A.: El modelo, *op. cit.*, p. 251.

545. HARCOURT, B. E.: Política criminal, *op. cit.*, pp. 125-126.

Estos costes no solo son de naturaleza económica, sino también humanos, ya que representan una grave afectación de los derechos y libertades de las personas sujetas a control, que en última instancia son quienes sufren las consecuencias negativas de la implantación de este modelo[546].

Todos estos avatares nos llevan a cuestionarnos si realmente es necesario mantener este modelo como forma de proteger nuestros intereses y bienestar, o si, por el contrario, esta política socava los principios fundamentales de nuestro Estado social y democrático de Derecho y resulta en graves violaciones de los derechos humanos. Nuestra respuesta es clara: debemos rechazar el modelo actuarial y «perseguir y castigar con independencia del color de la piel, de género y de la clase». En suma, «perseguir y castigar, en sustancia, sin prestar atención a la predicción»[547].

En fin y a la postre, cabe preguntarse, como lo hace el sociólogo y criminólogo YOUNG, lo siguiente: «¿Qué clase de Estado democrático liberal es el que es incapaz de proteger a su población del delito y, sin embargo, ubica en una porción cada vez mayor de su población bajo supervisión penal?»[548]. He ahí el *quid* de la cuestión.

546. BRANDARIZ GARCÍA, J. A.: El gobierno, *op. cit.*, p. 135.
547. HARCOURT, B. E.: Política criminal, *op. cit.*, p. 148.
548. YOUNG, J.: «Escribiendo en la cúspide del cambio: una nueva criminología para una modernidad tardía», en SOZZO, M. (coord.): *Reconstruyendo las criminologías críticas*, Ad Hoc, Buenos Aires, 2006, p. 77.

Capítulo III

Fenómeno migratorio y riesgo: la expulsión de personas extranjeras del artículo 89 del CP

SUMARIO: I. APROXIMACIÓN AL ESTADO DE LA CUESTIÓN. II. EVOLUCIÓN LEGISLATIVA DE LA EXPULSIÓN COMO MEDIDA SUSTITUTIVA DE LAS PENAS PRIVATIVAS DE LIBERTAD. 1. Texto original: la inclusión de la expulsión sustitutiva a través de la LO 10/1995. 2. La exclusión de determinados delitos en la aplicación del artículo 89 del CP: LO 8/2000. 3. LO 11/2003: endurecimiento de la expulsión penal. 4. LO 5/2010: un nuevo acercamiento a la normativa de extranjería. 5. Situación actual: LO 1/2015. III. LA CONTROVERTIDA NATURALEZA JURÍDICA DE LA EXPULSIÓN PENAL. 1. La expulsión penal como sustitutivo de las penas privativas de libertad. 2. La expulsión penal como pena. 3. La expulsión penal como medida de seguridad. 4. La expulsión penal como suspensión de la ejecución de las penas privativas de libertad. 5. La expulsión penal como sanción administrativa. IV. Ámbito subjetivo. V. ÁMBITO OBJETIVO. 1. Penas de prisión de hasta un año. 2. Penas de prisión de un año y un día hasta cinco años. 3. Penas de prisión superiores a cinco años, o penas de prisión que sumadas superen los cinco años. VI. EXCEPCIONES EN LA APLICACIÓN DE LA EXPULSIÓN COMO MEDIDA SUSTITUTIVA. 1. Excepción relativa por razones de política-criminal. 2. Excepción absoluta por razones de proporcionalidad. VII. LÍMITES A LA EXPULSIÓN DERIVADOS DEL ESTATUTO JURÍDICO DE ALGUNAS PERSONAS EXTRANJERAS. 1. Ciudadanas y ciudadanos de la UE. 2. Personas extranjeras beneficiarias de protección internacional. VIII. EJECUCIÓN DE LA MEDIDA DE EXPULSIÓN Y SUS CONSECUENCIAS. 1. Procedimiento para llevar a cabo la expulsión. 2. El internamiento como medida para asegurar la expulsión. 3. Prohibición de entrada y consecuencias de su quebrantamiento. IX. VALORACIÓN CRÍTICA Y PROPUESTA DE LEGE FERENDA. CONCLUSIONES. BIBLIOGRAFÍA. RELACIÓN DE JURISPRUDENCIA CITADA.

I. APROXIMACIÓN AL ESTADO DE LA CUESTIÓN

Tal y como se ha venido advirtiendo en los capítulos precedentes, una de las consecuencias de lo que aquí se ha dado en llamar «la sociedad del riesgo» es la creciente sensación de inseguridad social, donde satisfacer las demandas de seguridad de la población se ha vuelto una prioridad. En los últimos años, en el debate sobre los riesgos que enfrentan las sociedades contemporáneas, la cuestión migratoria ha cobrado especial relevancia. A pesar de que la movilidad internacional de las personas es uno de los fenómenos más significativos en el mundo moderno, las migraciones actuales son percibidas como una amenaza en las sociedades receptoras.

El paradigma actual de seguridad se fundamenta en la construcción de la figura de la persona migrante como una amenaza. Es peligrosa porque se encuentra en la esencia del imaginario de la criminalidad, compite por recursos escasos en la actualidad, y representa una amenaza simbólica en la medida en que cuestiona los valores tradicionales e identitarios de las personas nacionales[549]. Esta construcción social de las personas inmigrantes como un «problema» profundiza la brecha entre las personas autóctonas y las extranjeras, perpetuando la exclusión de estas últimas. Esta circunstancia, a su vez, hace que el colectivo migrante sea más proclive a sufrir la excepcionalidad legal. Los discursos continuos en contra de la inmigración crean un caldo de cultivo idóneo que favorecen la creación y consolidación de prejuicios y estereotipos sobre las personas extranjeras, legitiman argumentos basados en la prioridad nacional y normalizan la xenofobia[550]. Estos discursos no se corresponden con la realidad, pero paradójicamente, desempeñan un papel fundamental en el diseño de prácticas y políticas sociales que definen los grupos sujetos a persecución penal[551].

En este sentido, debemos mencionar lo que podría considerarse la evidencia más contundente del tratamiento diferenciado que reciben las personas extranjeras en comparación con las autóctonas: la expulsión. La normativa española en materia de extranjería define la expulsión como la ejecución de la obligación de retornar. Esta medida puede ser ordenada judicialmente, en los casos establecidos por la ley penal, o decretada por la

549. AGUILAR IDÁÑEZ, M. J./BURASCHI, D.: «Indiferencia, fronteras morales y estrategias de resistencia», en *Documentación social*, n.º 180, 2016, p. 136.

550. AGUILAR IDÁÑEZ, M. J./BURASCHI, D.: «Del racismo y la construcción de fronteras morales a la resistencia y el cambio social: la sociedad civil frente a las migraciones forzosas», en *Servicios Sociales y Política Social*, n.º 111, 2016, pp. 32-33.

551. FERNÁNDEZ BESSA, C./ORTUÑO AIX, J. M./MANAVELLA SUÁREZ, A.: Los efectos de la cultura, *op. cit.*, p. 228.

autoridad gubernativa, siguiendo lo dispuesto en la normativa administrativa. En ambos casos, la expulsión conlleva la salida forzosa de la persona extranjera de nuestro país, acompañada de la prohibición de regresar al territorio nacional por el tiempo estipulado en la normativa vigente[552].

Como ya ha sido señalado en otro lugar, la expulsión ha sido el principal instrumento de control de los flujos migratorios, contemplado en las normativas de extranjería de varios Estados europeos —de ahí la necesidad de comunitarizar esta materia— y, en los últimos años, también en las legislaciones penales. Esto ha generado no pocas confusiones y solapamientos. En el ordenamiento jurídico español, encontramos la regulación de la expulsión como sanción en la normativa de extranjería, en concreto en los artículos 53 y siguientes de la LOEX, y su inclusión en el CP a través del artículo 89. Por tanto, para un estudio detenido de la expulsión penal, es a todas luces necesario referirse a la expulsión como sanción administrativa en la normativa de extranjería, y al mismo tiempo, observar las directrices establecidas por la Directiva de Retorno, tal como hemos hecho en los capítulos precedentes.

En nuestro ordenamiento jurídico, la expulsión penal está prevista desde la entrada en vigor de la LO 7/1985, donde se recogía la posibilidad de sustituir la condena impuesta a una persona extranjera por su expulsión del territorio nacional. Posteriormente, esta figura fue incorporada al CP de 1995, ubicada en la Sección 2ª del Capítulo III, bajo la rúbrica «de la sustitución de las penas privativas de libertad», concretamente, en el artículo 89. La expulsión judicial cobró mayor relevancia en ese momento al ser dotada de una regulación más extensa que la dispuesta en su ley precursora. Desde entonces, dicho precepto ha sido modificado en cuatro ocasiones, dando lugar a una redacción notablemente distinta a la original[553].

Si enumeramos las leyes que han marcado un cambio de rumbo en este campo en el orden que fueron promulgadas, debemos empezar mencionando, en primer lugar, la Ley Orgánica 8/2000, de 22 de diciembre, de reforma de la Ley Orgánica 4/2000, de 11 de enero, sobre derechos y libertades de los extranjeros en España y su integración social[554] (en adelante, LO 8/2000), por la que se prohíbe la aplicación de la expulsión sustitutiva para determinados delitos. En segundo lugar, cabe traer a colación la Ley Orgánica

552. ALASTUEY DOBÓN, C.: «Sobre la naturaleza jurídica de la expulsión de extranjeros en el Derecho español», en *Revista Aragonesa de Administración Pública*, n.º 56, 2021, p. 64; DÍAZ Y GARCÍA CONLLEDO, M.: *Protección y expulsión de extranjeros en Derecho penal*, La Ley, Madrid, 2007, p. 591.

553. ALASTUEY DOBÓN, C.: Sobre la naturaleza, *op. cit.*, pp. 64-65.

554. «BOE» núm. 307, de 23 de diciembre de 2000, páginas 45508 a 45522 (15 págs.).

11/2003, de 29 de septiembre, de medidas concretas en materia de seguridad ciudadana, violencia doméstica e integración social de los extranjeros[555] (en adelante, LO 11/2003), que supuso un claro endurecimiento del texto hasta entonces vigente. En tercer lugar, la Ley Orgánica 5/2010, de 22 de junio, por la que se modifica la Ley Orgánica 10/1995, de 23 de noviembre, del Código Penal[556] (en adelante, LO 5/2010), con la que se volvieron a reformar ciertas previsiones de la expulsión penal. Y, por último, la Ley Orgánica 1/2015, de 30 de marzo, por la que se modifica la Ley Orgánica 10/1995, de 23 de noviembre, del Código Penal[557] (en adelante, LO 1/2015), que volvió a cambiar el precepto de manera sustancial, entre otras cosas, ampliando el ámbito subjetivo a todas las personas extranjeras, independientemente de su situación administrativa[558].

Antes que nada, por tanto, conviene realizar un recorrido por la evolución legislativa de esta institución en el marco de la normativa española. Ello no solo proporcionará una perspectiva cronológica, sino que también permitirá identificar las modificaciones que la legislación relativa a la medida de expulsión objeto de análisis ha experimentado a lo largo de todos estos años.

II. EVOLUCIÓN LEGISLATIVA DE LA EXPULSIÓN COMO MEDIDA SUSTITUTIVA DE LAS PENAS PRIVATIVAS DE LIBERTAD

La expulsión es una figura propia del Derecho administrativo, al menos en nuestro ordenamiento jurídico, y no sería aventurado afirmar que también lo es en el resto de los ordenamientos europeos. Tanto es así, que la primera regulación de la expulsión como sustitutivo de una pena privativa de libertad impuesta a una persona extranjera se recogía en una ley de naturaleza administrativa, en concreto, en la LO 7/1985. En su artículo 21.2, segundo párrafo, se establecía que «si el extranjero fuere condenado por delito menos grave y en sentencia firme, el juez o tribunal podrán acordar, previa audiencia de aquel, su expulsión del territorio nacional como sus-

555. «BOE» núm. 234, de 30 de septiembre de 2003, páginas 35398 a 35404 (7 págs.).
556. «BOE» núm. 152, de 23 de junio de 2010, páginas 54811 a 54883 (73 págs.).
557. «BOE» núm. 77, de 31 de marzo de 2015, páginas 27061 a 27176 (116 págs.).
558. En este sentido, ALASTUEY DOBÓN, C.: Sobre la naturaleza, *op. cit.*, pp. 64-66. Asimismo, véase, GARCÍA ESPAÑA, E.: «La expulsión como sustitutivo de la pena de prisión en el Código Penal de 2015: ¿de la discriminación a la reinserción?», en *Revista Electrónica de Ciencia penal y Criminología*, n.º 18, 2016, pp. 16-18, quien en un cuadro comparativo analiza los cambios experimentados por el artículo 89 del CP desde su inclusión por primera vez en 1995 hasta la última reforma de 2015.

titutiva de las penas que le fueren aplicables, asegurando en todo caso la satisfacción de las responsabilidades civiles a que hubiere lugar, todo ello sin perjuicio de cumplir, si regresara a España, la pena que le fuere impuesta». En efecto, este artículo confería a la autoridad judicial la facultad de sustituir la pena impuesta a una persona extranjera por la comisión de un delito menos grave por la expulsión del territorio nacional, independientemente de su situación administrativa[559].

Desde un punto de vista formal, causaba cierta inquietud que una ley de naturaleza administrativa, diseñada para regular diversas situaciones jurídicas de las personas extranjeras, fuera la encargada de incluir disposiciones que afectaban directamente al sistema de cumplimiento de las penas, lo cual alteraba, en cierta medida, la normativa del CP. En términos sustanciales, resultaba altamente cuestionable que los criterios de la política de extranjería primaran sobre los principios generales que inspiran el sistema penal, especialmente considerando la falta de pautas claras para ponderar las circunstancias que aconsejaban la expulsión en lugar de la persecución de hechos delictivos[560].

Ahondando en esta última cuestión, no debería hacer falta observar que los fines de la política de inmigración se rigen por principios distintos a los que informan el sistema penal. Precisamente por esta divergencia, la combinación de ambas políticas genera problemas de congruencia que demandan una explicación clara de los fundamentos que justifican la subordinación de las funciones del Derecho penal a los objetivos del control de los flujos migratorios[561].

Las objeciones de carácter formal fueron superadas con la aprobación del CP de 1995, que incluyó en su artículo 89 la expulsión como medida susti-

559. Según lo dispuesto en el artículo 21.2, párrafo primero, los delitos «menos graves» eran aquellos castigados en nuestro ordenamiento jurídico con una «pena igual o inferior a prisión menor». De acuerdo con lo establecido en el artículo 30 del CP vigente en ese momento, aprobado por el Decreto 3096/1973, de 14 de septiembre, por el que se publica el Código Penal, texto refundido conforme a la Ley 44/1971, de 15 de noviembre, la duración de la prisión menor oscilaba entre seis meses y un día y seis años. «BOE» núm. 297, de 12 de diciembre de 1973, páginas 24004 a 24018 (15 págs.).

560. ASÚA BATARRITA, A.: «La expulsión del extranjero como alternativa a la pena: incongruencias de la subordinación del Derecho penal a las políticas de control de la inmigración», en LAURENZO COPELLO (coord.): *Inmigración y Derecho penal: bases para un debate*, Tirant lo Blanch, Valencia, 2002, p. 25.

561. ASÚA BATARRITA, A.: La expulsión del extranjero, *op. cit.*, pp. 26-27.

tutiva de la pena privativa de libertad impuesta a la persona extranjera[562]. No ocurrió lo propio con las críticas de fondo, que persistieron debido a la ampliación del ámbito objetivo de la medida. A partir de la entrada en vigor del artículo 89 del CP, se volvieron sustituibles tanto las penas privativas de libertad de duración igual o inferior a seis años como aquellas que llevaban aparejada una pena de prisión igual o superior a seis años, siempre y cuando, en este último caso, la persona extranjera condenada hubiera cumplido las tres cuartas partes de la condena[563].

Como ha habido oportunidad de avanzar al comienzo de este capítulo, desde que se introdujo por primera vez la figura de la expulsión sustitutiva en el CP de 1995, el artículo 89 ha sido objeto de reforma en cuatro ocasiones hasta la fecha (LO 8/2000; LO 11/2003; LO 5/2010; LO 1/2015)[564]. Sin necesidad de extenderse en exceso sobre este punto, parece procedente analizar los aspectos más relevantes de cada una de las redacciones que ha tenido el referido artículo. Esto nos permitirá comprender los antecedentes de la redacción actual, resultado de la reforma operada por la LO 1/2015.

1. TEXTO ORIGINAL: LA INCLUSIÓN DE LA EXPULSIÓN SUSTITUTIVA A TRAVÉS DE LA LO 10/1995

En el CP de 1995, por primera vez se incluyó la expulsión como medida sustitutiva de la pena impuesta a una persona extranjera[565]. En concreto, en el apartado 1 del artículo 89 de este Código se recogía que «las penas

562. *Ibid.*, p. 37. Queda así derogada la disposición recogida en el artículo 21.2, segundo párrafo, de la LO 7/1985. También en este sentido, GARCÍA ESPAÑA, E.: La expulsión como sustitutivo, *op. cit.*, p. 9.
563. ASÚA BATARRITA, A.: La expulsión del extranjero, *op. cit.*, p. 25.
564. Según la Circular 7/2015 de la fiscalía general del Estado (en adelante, FGE), de 17 de noviembre de 2015, sobre la expulsión de ciudadanos extranjeros como medida sustitutiva de la pena de prisión tras la reforma operada por LO 1/2015 (en adelante, Circular 7/2015 de la FGE), apartado 1, estas reformas han estado motivadas por el aumento significativo de la población reclusa extranjera en las cárceles españolas.
565. Para un análisis más detallado de las figuras asimilables a la expulsión contempladas en las diversas normativas penales anteriores a la entrada en vigor del CP de 1995, véase, BOZA MARTÍNEZ, D.: La expulsión de personas extranjeras, *op. cit.*, pp. 235 y ss.; MUÑOZ LORENTE, J.: «La expulsión del extranjero como medida sustitutiva de las penas privativas de libertad: el artículo 89 del CP tras su reforma por la Ley Orgánica 11/2003», en *Revista de Derecho Penal y Criminología*, n.º Extra 2, 2004, pp. 418 y ss.; FLORES MENDOZA, F.: «La expulsión del extranjero en el Código Penal español», en LAURENZO COPELLO (coord.): *Inmigración y Derecho penal: bases para un debate*, Tirant lo Blanch, Valencia, 2002, p. 98; DÍAZ Y GARCÍA CONLLEDO, M.: Protección y expulsión, *op. cit.*, p. 606; BRANDARIZ GARCÍA, J. A.: *Sistema penal y*

privativas de libertad inferiores a seis años impuestas a un extranjero no residente legalmente en España podrán ser sustituidas por su expulsión del territorio nacional»[566]. El traslado de esta disposición al CP implicó ciertos cambios que, dada su importancia, merecen ser señalados[567].

En lo que respecta al ámbito personal, cabe recordar que la LO 7/1985 no hacía mención expresa a la condición de irregularidad o residencia legal de la persona extranjera condenada, lo que implicaba que todas las personas extranjeras podían estar sujetas a expulsión. El artículo 89 del CP, empero, revierte esta situación al incluir la referencia al «extranjero no residente legalmente en España»[568]. De este modo, dicho precepto redujo significativa-

control de los migrantes: gramática del migrante como infractor penal, Comares, Granada, 2011, pp. 155 y ss.

566. El artículo 89 del CP, en la redacción dada por el CP de 1995, rezaba así: «1. Las penas privativas de libertad inferiores a seis años impuestas a un extranjero no residente legalmente en España podrán ser sustituidas por su expulsión del territorio nacional. Igualmente, los jueces o tribunales, a instancia del Ministerio Fiscal, podrán acordar la expulsión del territorio nacional del extranjero condenado a pena de prisión igual o superior a seis años, siempre que haya cumplido las tres cuartas partes de la condena. En ambos casos será necesario oír previamente al penado.
2. El extranjero no podrá regresar a España en un plazo de tres a diez años contados desde la fecha de su expulsión, atendida la duración de la pena impuesta. Si regresare antes de dicho término, cumplirá las penas que le hayan sido sustituidas.
3. No obstante lo dispuesto en el apartado anterior, el extranjero que intentara quebrantar una decisión judicial de expulsión con prohibición expresa de regresar al territorio español y fuese sorprendido en la frontera, será expulsado por la autoridad gubernativa».

567. En la redacción dada al artículo 89 del CP, se mantuvo el carácter potestativo de la expulsión, lo que implica que, al igual que sucedía con el precepto establecido en la LO 7/1985, la decisión de aplicar la medida sustitutiva quedaba a discreción de la autoridad judicial.

568. Esto generó otros inconvenientes, como la necesidad de definir claramente quiénes eran consideradas residentes legales entre las personas extranjeras. En este contexto, el artículo 13.4 de la LO 7/1985 establecía que solo se reconocería como residentes legales a aquellas personas extranjeras que contasen con un permiso de residencia, incluyendo el permiso unificado de trabajo y residencia, así como aquellas respaldadas por el reconocimiento de la condición de refugiadas. Por lo tanto, quedaban excluidas del concepto de residentes legales y podían enfrentar una expulsión judicial como medida alternativa, no solo aquellas que carecían de documentación y se encontraban irregularmente en España sujetas a una expulsión administrativa, sino también aquellas que se encontraban regularmente en España amparadas por un período de estancia. En este sentido, RODRÍGUEZ CANDELA, J. L.: «La expulsión del extranjero en el nuevo Código Penal», en *Jueces para la democracia*, n.º 33, 1998, p. 62. Para determinar si una persona extranjera cuenta con residencia legal, VELÁZQUEZ VIOQUE, D.: «Expulsión de extranjeros no residentes legalmente en España», en ORTIZ DE URBINA GIMENO, I. (coord.): *Memento Experto Reforma Penal 2010*, Francis Lefebvre,

mente el ámbito subjetivo de su antecesor y pasó a ser aplicable únicamente a las personas extranjeras en situación de irregularidad administrativa. Esto generaba un doble perjuicio en la persona extranjera condenada: uno derivado del delito cometido y otro de su condición de irregular[569].

Como señala acertadamente MUÑOZ LORENTE, la reducción del ámbito de aplicación personal a las personas extranjeras que carecen de residencia legal confirma lo observado a lo largo de este trabajo: el CP se convierte en una herramienta más de la política migratoria, destinada a reducir la presencia de personas extranjeras irregulares en nuestro territorio. Como denuncia el autor mencionado, esta no es en absoluto una función propia de un CP democrático[570]. Aunque se volverá más adelante sobre ello, cabe dejar sentado ya aquí que la regulación actual del artículo 89 del CP es aplicable a todas las personas extranjeras, incluidas las comunitarias, lo que evidencia aún más la «política de exclusión y repudio» dirigida hacia el colectivo migrante[571].

Por otro lado, la disposición mencionada amplió considerablemente el ámbito objetivo, ya que la previsión recogida en la LO 7/1985 solo era aplicable cuando la persona extranjera condenada lo era por la comisión de un delito menos grave, esto es, aquellos castigados con una pena de prisión igual o inferior a seis años. Así, en la redacción dada por el CP, el artículo 89 fijó dos ámbitos objetivos. El primero de ellos regulaba la sustitución completa, que podía acordarse cuando se tratara de penas privativas de libertad inferiores a seis años. En este caso, el total de la pena (o penas) impuesta podía ser sustituido por la expulsión que, según el tenor literal del precepto, no necesariamente tenía que ser la de prisión, pero sí privativa de libertad. Esto difería de lo previsto en el artículo 21.2, párrafo segundo, de

Madrid, 2010, p. 682, señala que es necesario considerar el momento en que ocurrieron los hechos por motivos de seguridad jurídica. Esto se hace con el fin de evitar fraudes contra la finalidad de la norma, como podría ser la prolongación del proceso penal con el objetivo de obtener la regularización. Por su parte, DÍAZ Y GARCÍA CONLLEDO, M./DURÁN SECO, I./OLAIZOLA NOGALES, I./JERICÓ OJER, L.: «Extranjería y Derecho penal: las últimas reformas», en *Revista Jurídica de Castilla y León*, n.º 12, 2007, p. 87, consideraron criticable la expresión «extranjero no residente legalmente en España», argumentando que la referencia al «extranjero en situación irregular» resultaba mucho más clara.

569. SÁNCHEZ YLLERA, I.: «Extranjeros en prisión: doble condena», en *Jueces para la democracia*, n.º 10, 1990, p. 65.

570. MUÑOZ LORENTE, J.: La expulsión del extranjero, *op. cit.*, p. 423. En sentido idéntico, DAUNIS RODRÍGUEZ, A.: El Derecho penal como herramienta, *op. cit.*, p. 229.

571. LAURENZO COPELLO, P.: «Prólogo», en LAURENZO COPELLO (coord.): *Inmigración y Derecho penal: bases para un debate*, Tirant lo Blanch, Valencia, 2002, p. 13.

la LO 7/1985, donde se preveía la sustitución por expulsión de cualquier pena impuesta a la persona extranjera condenada[572].

El segundo supuesto, en cambio, recogía la sustitución parcial, aplicable únicamente cuando la pena privativa de libertad fuera igual o superior a seis años. En este caso, para que la expulsión pudiera ser decretada, era necesario que la persona extranjera penada hubiese cumplido las tres cuartas partes de la condena. Si bien este supuesto podía presentar similitudes con la institución de la libertad condicional[573], todo apunta a que el fundamento de esta sustitución residía en impedir que las personas extranjeras condenadas disfrutaran de este beneficio penitenciario, lo que presentaba no pocas contradicciones con la regulación de esta institución[574]. En puridad, según entiende SERRANO PASCUAL, este precepto venía a reconocer, de forma un tanto cruda, la realidad de las personas extranjeras irregulares una vez obtenían la libertad: la dificultad de integrarse en sociedad motivada por la falta de arraigo[575]. A ello se añadía la opción de expulsar por vía administrativa a las personas extranjeras condenadas a pena privativa de libertad superior a un año (art. 26.1.d) LO 7/1985)[576].

Por lo demás, la ausencia de una referencia explícita a la condición de irregularidad de la persona extranjera en esta segunda modalidad de expulsión sustitutiva podía dar pie a pensar que incluso aquellas que gozaban de residencia legal en el país receptor eran susceptibles de ser expulsadas.

---

572. FERNÁNDEZ ARÉVALO, L.: «Expulsión judicial y reforma de la LO 5/2010», en *Revista de Derecho Migratorio y Extranjería*, n.º 24, 2010, p. 16.

573. En este sentido, DÍAZ Y GARCÍA CONLLEDO, M.: Protección y expulsión, *op. cit.*, pp. 623 y ss.; BRANDARIZ GARCÍA, J. A.: Sistema penal, *op. cit.*, pp. 166-167.

574. Como bien señala TORRES FERNÁNDEZ, M. E.: *La expulsión de extranjeros en Derecho Penal*, La Ley, Madrid, 2012, p. 84, «no sustituye propiamente a la privación de libertad, sino que más bien está llamado a reemplazar a las formas atenuadas de cumplimiento de condena características de las fases más avanzadas de la ejecución penitenciaria, representadas por la clasificación en tercer grado y la libertad condicional».

575. SERRANO PASCUAL, M.: *Las formas sustitutivas de la prisión en el Derecho penal español*, Trivium, Madrid, 1999, p. 387. Muestra una postura crítica hacia esta afirmación, CANCIO MELIÁ, M.: «La expulsión de ciudadanos extranjeros sin residencia legal (art. 89 CP)», en VV.AA.: *Homenaje al profesor Dr. Gonzalo Rodríguez Mourullo*, Civitas, Madrid, 2005, pp. 194-195, al entender que presupone que las personas que conforman el grupo de migrantes en situación irregular presentan una mayor peligrosidad que el resto. Sin duda, como señala acertadamente este autor, sería necesario establecer como requisito fundamental para abordar la posible justificación de la institución en estos términos una base empírica mínima que respalde tal afirmación y, en particular, que tenga en cuenta las características socioeconómicas particulares de este colectivo, marcado por su situación administrativa de irregularidad.

576. SERRANO PASCUAL, M.: Las formas sustitutivas, *op. cit.*, p. 387.

Sin embargo, la lógica del artículo indicaba que también en este caso era necesario que la persona extranjera estuviera en una situación administrativa de irregularidad[577].

En otro orden de cosas, hay que señalar que, en ambos supuestos, se debe entender que el CP se refiere a la pena en concreto, y no a la pena señalada en abstracto como lo hacía la LO 7/1985[578].

Asimismo, se suprimió la exigencia de satisfacer las responsabilidades civiles derivadas del delito, un requisito que, en muchos casos, dificultaba o retrasaba la ejecución de la expulsión. La renuncia a esta condición podría haber sido un reconocimiento implícito de que las personas extranjeras sujetas a expulsión carecían de capacidad económica suficiente para hacer frente al coste de dichas responsabilidades[579].

Otro de los puntos a destacar respecto a la versión original del artículo 89 del CP es la necesidad de oír previamente a la persona extranjera penada como medida para garantizar el respeto de ciertos derechos[580]. Nada se decía acerca de la audiencia del Ministerio Fiscal cuando se ordenaba la expulsión en sustitución de una pena privativa de libertad inferior a seis años. Su intervención solo era preceptiva cuando se trataba de decidir sobre la expulsión de la persona extranjera condenada a una pena privativa de libertad igual o superior a seis años, siempre y cuando hubiera cumplido las tres cuartas partes de la condena[581].

577. BOZA MARTÍNEZ, D.: La expulsión de personas extranjeras, *op. cit.*, p. 239; MANZANARES SAMANIEGO, J. L.: *Suspensión, sustitución y ejecución de las penas privativas de libertad*, Comares, Granada, 2011, p. 92; ASÚA BATARRITA, A.: La expulsión del extranjero, *op. cit.*, p. 87.

578. Así lo manifestaba la Circular 1/1994 de la FGE, de 15 de febrero, sobre intervención del Ministerio Fiscal en relación con determinadas situaciones de los extranjeros en España (en adelante, Circular 1/1994 de la FGE), apartado II.2. También en este sentido, MUÑOZ LORENTE, J.: La expulsión del extranjero, *op. cit.*, p. 422; RODRÍGUEZ CANDELA, J. L.: La expulsión del extranjero, *op. cit.*, p. 60.

579. MUÑOZ LORENTE, J.: La expulsión del extranjero, *op. cit.*, p. 422; ASÚA BATARRITA, A.: La expulsión del extranjero, *op. cit.*, p. 45.

580. Unas garantías que, como recuerda la Sentencia del Tribunal Constitucional (Sala Primera) 242/1994, de 20 de julio, (en adelante, STC 242/1994), FJ 7, «solo se entenderían cubiertas en el marco de una consulta específica sobre las medidas de expulsión, y de las razones que el afectado pueda oponer a su puesta en práctica».

581. BOZA MARTÍNEZ, D.: La expulsión de personas extranjeras, *op. cit.*, p. 240. No obstante, a pesar de ese silencio del CP, consideramos, de acuerdo con lo señalado en la Circular 1/1994 de la FGE, *op. cit.*, apartado II.2, que la audiencia del Ministerio Fiscal también debería ser obligatoria cuando se trate de penas iguales o inferiores a seis años. Tal como se razona en la citada Circular, si la misma se autoriza en las expulsio-

Por último, el artículo 89 del CP estableció una prohibición de entrada para la persona extranjera que hubiera sido expulsada del territorio nacional, la cual podía tener una duración de tres a diez años[582]. En este caso, se concedía a la autoridad judicial un amplio margen de discrecionalidad para determinar el período de prohibición de entrada aplicable a la persona extranjera condenada, atendiendo a la duración de la pena impuesta. Lo mismo ocurría en los casos en los que la expulsión se acordaba una vez cumplidas las tres cuartas partes de la condena, debiendo considerarse, para establecer la duración exacta de la prohibición de entrada, la parte restante de la pena que quedaba por cumplir, incluso en ausencia de mención expresa[583].

Junto con ello, el apartado 3 del artículo 89 del CP indicaba que, en caso de incumplimiento de la prohibición de entrada, esto es, si la persona extranjera regresaba al territorio nacional antes del plazo establecido por la autoridad judicial, estaría obligada a cumplir las penas que le fueron sustituidas[584]. Sin embargo, si el sujeto fuera sorprendido en la frontera, el punto 3 del referido precepto señalaba que sería expulsado por la autoridad gubernativa, lo que nuevamente parecía ser, como señala ASÚA BATARRITA, «una insólita injerencia de la autoridad gubernativa»[585].

En definitiva, como se deduce de las consideraciones anteriores, desde la inclusión de la expulsión sustitutiva en el CP, se podía intuir la verdadera intención de la medida, la cual, a lo largo de las sucesivas reformas, no ha hecho sino confirmarse: facilitar la consecución de los fines de la política

---

nes adoptadas por la vía administrativa, con mayor razón debería preverse para las expulsiones penales. Además, la Circular recuerda que es al Ministerio Fiscal a quien corresponde velar por el cumplimiento de las resoluciones judiciales que afecten al interés público y social.

582. Aunque la redacción literal del precepto menciona la prohibición de entrada a España, según lo dispuesto en el artículo 96 del Convenio de Aplicación del Acuerdo Schengen, ya citado, la prohibición de regreso se extiende a todos los Estados miembros del espacio Schengen. Esta disposición es aplicable a todas las versiones posteriores del artículo 89 del CP.

583. RODRÍGUEZ CANDELA, J. L.: La expulsión del extranjero, *op. cit.*, p. 66.

584. Desde la primera redacción del artículo 89 del CP, la doctrina destacó la conveniencia de descontar el tiempo transcurrido entre la expulsión y el quebrantamiento de la prohibición de entrada para el cómputo de la duración de la pena a cumplir. En este sentido, véase, RODRÍGUEZ CANDELA, J. L.: La expulsión del extranjero, *op. cit.*, pp. 67-68.

585. ASÚA BATARRITA, A.: La expulsión del extranjero, *op. cit.*, p. 46. Como señala acertadamente RODRÍGUEZ CANDELA, J. L.: La expulsión del extranjero, *op. cit.*, p. 67, sería más preciso el término «devolución».

migratoria, ampliando el número de supuestos en los que es aplicable la expulsión y agilizando considerablemente su ejecución[586].

2. LA EXCLUSIÓN DE DETERMINADOS DELITOS EN LA APLICACIÓN DEL ARTÍCULO 89 DEL CP: LO 8/2000

La primera reforma del artículo 89 del CP no se hizo esperar. Pocos años después de su incorporación al CP, la LO 8/2000 añadió un cuarto punto al referido precepto[587]. En este se establecía que quedaban excluidas de la expulsión penal las condenas por delitos tipificados en los artículos 312 (tráfico ilegal de mano de obra), 318 bis (favorecimiento de la inmigración irregular) y 515.6°, 517 y 518 (relativos a las asociaciones ilícitas) del CP[588]. Con ello se buscaba fortalecer la persecución de actividades u organizaciones que tuviesen como sujeto pasivo a la persona inmigrante en situación de irregularidad administrativa[589].

De esta manera, se evidenciaba la preocupación del legislador respecto a uno de los aspectos que había generado mayor controversia en relación con el artículo 89 del CP: su ambivalencia. No es este el momento de abordar esta cuestión, pero conviene dejar apuntado ya aquí que la

586. MUÑOZ LORENTE, J.: La expulsión del extranjero, *op. cit.*, pp. 422-423.

587. Así quedaba el artículo:
«1. Las penas privativas de libertad inferiores a seis años impuestas a un extranjero no residente legalmente en España podrán ser sustituidas por su expulsión del territorio nacional. Igualmente, los jueces o tribunales, a instancia del Ministerio Fiscal, podrán acordar la expulsión del territorio nacional del extranjero condenado a pena de prisión igual o superior a seis años, siempre que haya cumplido las tres cuartas partes de la condena. En ambos casos será necesario oír previamente al penado.
2. El extranjero no podrá regresar a España en un plazo de tres a diez años contados desde la fecha de su expulsión, atendida la duración de la pena impuesta. Si regresare antes de dicho término, cumplirá las penas que le hayan sido sustituidas.
3. No obstante lo dispuesto en el apartado anterior, el extranjero que intentara quebrantar una decisión judicial de expulsión con prohibición expresa de regresar al territorio español y fuese sorprendido en la frontera, será expulsado por la autoridad gubernativa.
4. Las disposiciones establecidas en los apartados anteriores no serán de aplicación a los extranjeros que hubieren sido condenados por la comisión de delitos a que se refieren los artículos 312, 318 bis, 515.6.o, 517 y 518 del Código Penal».

588. Para GONZÁLEZ TASCÓN, M. M.: «La cuarta reforma del artículo 89 del CP relativo a la expulsión del extranjero condenado a pena de prisión», en *Estudios penales y criminológicos*, vol. XXXVI, 2016, p. 141, esta decisión fue el resultado del compromiso que adquirieron los diferentes Estados europeos para combatir la inmigración irregular.

589. DÍAZ Y GARCÍA CONLLEDO, M./DURÁN SECO, I./OLAIZOLA NOGALES, I./JERICÓ OJER, L.: Extranjería y Derecho penal, *op. cit.*, p. 66.

expulsión como alternativa a la pena impuesta puede, en ocasiones, resultar más gravosa y desproporcionada que el cumplimiento de la propia pena. Este es especialmente el caso de aquellas personas extranjeras que, aunque se encuentren en una situación de irregularidad administrativa, tienen lazos personales y familiares en nuestro territorio. Por el contrario, para ciertos perfiles, la expulsión puede tener efectos criminógenos, ya que al no tener que cumplir la pena sustituida en el país de origen, puede situar al sujeto infractor en una posición favorable para reanudar la actividad delictiva que motivó la condena[590]. Esto puede llevar a entender que, en España, los delitos de cierta entidad no conllevan ninguna sanción más allá de la expulsión, por lo que esta medida puede llegar a ser percibida como un beneficio en lugar de un castigo[591].

En relación con lo comentado, como señala acertadamente MUÑOZ LORENTE, el efecto criminógeno que el legislador pretendía evitar no solo se manifiesta en los delitos para los que se prohibió la expulsión, sino también respecto a otro tipo de conductas tipificadas en el CP que, sin embargo, quedaron fuera de dicha prohibición (por ejemplo, el delito de tráfico de drogas[592]). Esto resulta, cuando menos, incongruente[593].

590. DÍAZ Y GARCÍA CONLLEDO, M.: Protección y expulsión, *op. cit.*, p. 660; MUÑOZ LORENTE, J.: La expulsión del extranjero, *op. cit.*, p. 424.

591. BOZA MARTÍNEZ, D.: La expulsión de personas extranjeras, *op. cit.*, p. 241; ASÚA BATARRITA, A.: La expulsión del extranjero, *op. cit.*, p. 47; RODRÍGUEZ MESA, M. J.: «El sistema penal ante el reto de la inmigración clandestina: funciones instrumentales y simbólicas», en PÉREZ ÁLVAREZ, F. (ed.): *Serta: in memoriam Alexandri Baratta*, Ediciones Universidad de Salamanca, Salamanca, 2004, p. 860; GONZÁLEZ TASCÓN, M. M.: La cuarta reforma, *op. cit.*, p. 140; MUÑOZ LORENTE, J.: La expulsión del extranjero, *op. cit.*, p. 424; PÉREZ CÉPEDA, A. I.: *Globalización, tráfico internacional ilícito de personas y Derecho penal: Ley Orgánica 11/2003, de 29 de septiembre, de medidas concretas en materia de integración social de extranjeros*, Comares, Granada, 2004, p. 345.

592. Sobre este particular, véase, DEL RÍO FERNÁNDEZ, L. J.: «Garantías en la detención y expulsión de extranjeros», en *Diario La Ley*, Ref. D-33, 1998, p. 15.

593. MUÑOZ LORENTE, J.: La expulsión del extranjero, *op. cit.*, p. 424. Asimismo, ASÚA BATARRITA, A.: La expulsión del extranjero, *op. cit.*, p. 47, considera que la previsión referida reconoce que la expulsión sustitutiva no satisface las finalidades preventivas del sistema penal. En términos similares, TORRES FERNÁNDEZ, M. E.: La expulsión, *op. cit.*, p. 83, considera que «tal opción de política criminal no deja de resultar, cuando menos, paradójica, pues cabe renunciar a la sanción penal en un considerable espectro de delitos de cierta consideración, obviándose con ello la protección de importantes bienes jurídicos, pero no es renunciable el castigo penal cuando de proteger los intereses del Estado en la gestión de flujos migratorios se trata, subordinándose a ese interés el resto de los objetivos de política criminal del Estado y convirtiendo el Derecho penal en el medio cualificado para la lucha contra la inmigración ilegal». En sentido similar, MANZANARES SAMANIEGO, J. L.: Suspensión, *op. cit.*, p. 101, señala

Sorprende, pues, que no estuvieran sujetas a esta restricción, entre otros, el delito de tráfico de personas con fines de explotación sexual (art. 188.1 CP) o la inmigración ilegal de trabajadoras y trabajadores (art. 313.1 CP). Igual de desconcertante es la inclusión del delito de tráfico ilegal de mano de obra (art. 312 CP), dado que este delito tiene como sujeto activo a la persona empleadora. Ciertamente, parecería difícil concebir que la conducta pudiera ser cometida por una persona extranjera en situación administrativa de irregularidad. La única explicación plausible es que el legislador, debido a la premura con la que se llevó a cabo la reforma, solo considerara los artículos afectados por la entrada en vigor de la LOEX. Esta omisión sería corregida posteriormente en la reforma operada por la LO 5/2010[594].

3. LO 11/2003: ENDURECIMIENTO DE LA EXPULSIÓN PENAL

La segunda reforma del artículo 89 del CP vino dada, como venía siendo habitual, por una ley de naturaleza administrativa, a saber, la LO 11/2003[595]. Esta reforma tenía como objetivo, tal como se declaraba en la exposición de

que, aunque la observación es razonable —en algunos casos la expulsión puede tener efectos criminógenos—, no lo es tanto la disparidad de trato en comparación con las personas condenadas por otros delitos, como el tráfico de drogas, por ejemplo.

594. RODRÍGUEZ MESA, M. J.: El sistema penal, *op. cit.*, p. 860; GONZÁLEZ TASCÓN, M. M.: La cuarta reforma, *op. cit.*, p. 141.

595. Según lo dispuesto en el artículo 1.3, se modifican los apartados 1, 2 y 3 del artículo 89 del CP, por lo que el texto del precepto quedaba redactado como sigue:
«1. Las penas privativas de libertad inferiores a seis años impuestas a un extranjero no residente legalmente en España serán sustituidas en la sentencia por su expulsión del territorio español, salvo que el juez o tribunal, previa audiencia del Ministerio Fiscal, excepcionalmente y de forma motivada, aprecie que la naturaleza del delito justifica el cumplimiento de la condena en un centro penitenciario en España.
Igualmente, los jueces o tribunales, a instancia del Ministerio Fiscal, acordarán en sentencia la expulsión del territorio nacional del extranjero no residente legalmente en España condenado a pena de prisión igual o superior a seis años, en el caso de que se acceda al tercer grado penitenciario o una vez que se entiendan cumplidas las tres cuartas partes de la condena, salvo que, excepcionalmente y de forma motivada, aprecien que la naturaleza del delito justifica el cumplimiento de la condena en un centro penitenciario en España.
La expulsión se llevará a efecto sin que sea de aplicación lo dispuesto en los artículos 80, 87 y 88 del Código Penal.
La expulsión así acordada llevará consigo el archivo de cualquier procedimiento administrativo que tuviera por objeto la autorización para residir o trabajar en España.
En el supuesto de que, acordada la sustitución de la pena privativa de libertad por la expulsión, esta no pudiera llevarse a efecto, se procederá al cumplimiento de

motivos, lograr «una mayor eficacia en la medida de expulsión»[596]. Con este propósito, el artículo 1.3 de la mencionada ley modificó los tres primeros apartados del artículo 89 del CP, lo que ocasionó cambios sustanciales en la figura de la expulsión sustitutiva.

Una de las modificaciones más significativas afectó a la propia filosofía que hasta entonces había inspirado la expulsión sustitutiva: su carácter facultativo. Con la reforma operada por la LO 11/2003, la expulsión pasó a ser automática[597]. Con todo, la nueva redacción del apartado 1 del artículo 89 del CP, sustituyó la cláusula «podrán ser sustituidas» por «serán sustituidas». Sin embargo, a continuación, se introdujo una excepción estipulando que la expulsión sería automática siempre que la naturaleza del delito justificara el cumplimiento de la condena en un centro penitenciario en España[598]. Con

---

la pena privativa de libertad originariamente impuesta o del período de condena pendiente.

2. El extranjero no podrá regresar a España en un plazo de 10 años, contados desde la fecha de su expulsión, y, en todo caso, mientras no haya prescrito la pena.

3. El extranjero que intentara quebrantar una decisión judicial de expulsión y prohibición de entrada a la que se refieren los apartados anteriores será devuelto por la autoridad gubernativa, empezando a computarse de nuevo el plazo de prohibición de entrada en su integridad.

4. Las disposiciones establecidas en los apartados anteriores no serán de aplicación a los extranjeros que hubieren sido condenados por la comisión de delitos a que se refieren los artículos 312, 318 bis, 515.6.o, 517 y 518 del Código Penal».

596. Exposición de motivos de la LO 11/2003, apartado IV. En opinión de MUÑOZ LORENTE, J.: La expulsión del extranjero, *op. cit.*, p. 425, los cambios introducidos por la reforma de 2003 estaban «encaminados a facilitar las posibilidades de expulsión haciendo más eficaz la instrumentalización de la medida de acuerdo con las finalidades de la política migratoria».

597. Así lo reconoce la Sentencia del Tribunal Supremo (Sala de lo Penal) 901/2004, de 8 de julio (en adelante, STS 901/2004), FD 2, al señalar que «la expulsión se convierte en una conminación legal dirigida al juzgador, de suerte que lo que antes de la LO 11/2003, era una excepción frente a la regla general de cumplimiento de las penas de prisión, ahora se invierte, de modo y manera que solo excepcionalmente se admite el cumplimiento de la pena en un centro penitenciario». En este sentido, BOZA MARTÍNEZ, D.: La expulsión de personas extranjeras, *op. cit.*, p. 243; DURÁN SECO, I.: «El extranjero delincuente «sin papeles» y la expulsión (a propósito de la STS 8-7-2004)», en *Revista de Derecho penal y Criminología*, n.º 15, 2005, pp. 316-317; SÁNCHEZ TOMÁS, J. M.: «Garantismo e insumisión judicial en la expulsión penal de extranjeros», en GARCÍA VALDÉS, C., *et al.* (coords.): *Estudios penales en homenaje a Enrique Gimbernat, Tomo II*, Edisofer S. L., Madrid, 2008, pp. 1561-1562.

598. Como observó acertadamente el Consejo General del Poder Judicial en su Informe sobre el Anteproyecto de Ley Orgánica de Medidas Concretas en materia de Seguridad Ciudadana, Violencia Doméstica e Integración Social de los Extranjeros, de 26 de marzo de 2003 (en adelante, Informe de 26 de marzo de 2003 del CGPJ), p. 47, la «naturaleza

ello, el legislador buscaba evitar, como se afirma en la exposición de motivos de la ley que comentamos, que «la pena y su cumplimiento se convirtieran en formas de permanencia en España»[599]. No son pocas las razones que nos llevan a cuestionar este argumento.

En primer lugar, incluso si la persona extranjera condenada lograra evitar la aplicación de la medida de expulsión, seguiría inmersa en una causa de expulsión administrativa por haber sido condenada por un delito doloso que lleva aparejada una pena privativa de libertad superior a un año. Esto significa que, al igual que ocurría con la LO 7/1985, el hecho de que no se aplicara el artículo 89 del CP no excluía la posibilidad de expulsar a la persona extranjera por vía administrativa (art. 57.2 LOEX[600]), una vez hubiera cumplido su condena[601].

Abundando en esta cuestión[602], el artículo 26 del Reglamento Penitenciario[603] establece que, en caso de que la persona condenada sea extranjera y esté sujeta a una medida de expulsión posterior al cumplimiento de la condena, de acuerdo con lo dispuesto en la normativa de extranjería,

---

del delito» es un concepto jurídico indeterminado que pasa por alto las circunstancias personales de la persona extranjera condenada que podrían aconsejar no llevar a cabo la expulsión; así lo han reconocido tanto el Tribunal Supremo (en adelante, TS) como el TEDH. Así, la STS 901/2004, *op. cit.*, FD 2, sostiene que «para lograr la adecuada ponderación y la salvaguarda de derechos fundamentales superiores, en principio, al orden público o a una determinada política criminal, parece imprescindible ampliar la excepción de la expulsión, incluyendo un estudio de las concretas circunstancias del penado, arraigo y situación familiar (...)».

599. Exposición de motivos de la LO 11/2003, apartado IV.

600. En concreto, el artículo 57.2 de la LOEX establece que «constituirá causa de expulsión, previa tramitación del correspondiente expediente, que el extranjero haya sido condenado, dentro o fuera de España, por una conducta dolosa que constituya en nuestro país delito sancionado con pena privativa de libertad superior a un año, salvo que los antecedentes penales hubieran sido cancelados».

601. GARCÍA ESPAÑA, E.: La expulsión como sustitutivo, *op. cit.*, p. 11. De hecho, en la propia exposición de motivos se reconoce que la medida de expulsión «se alcanzaría de todas maneras por la vía administrativa al tratarse de personas que no residen legalmente en España y que han delinquido». Sin embargo, en línea con NAVARRO CARDOSO, F.: «Expulsión penal de extranjeros: una simbiosis de Derecho penal «simbólico» y Derecho penal del «enemigo», en *Revista de Derecho Penal y Criminología*, n.º 17, 2006, p. 157, consideramos que tal argumentación no resulta útil para justificar la automaticidad de la expulsión, ya que, siendo posible alcanzar el mismo resultado mediante el Derecho administrativo sancionador, la intervención de un instrumento más costoso como es el Derecho penal no puede ser aceptada.

602. Véase, GARCÍA ESPAÑA, E.: La expulsión como sustitutivo, *op. cit.*, pp. 11-12.

603. Real Decreto 190/1996, de 9 de febrero, por el que se aprueba el Reglamento Penitenciario. «BOE» núm. 40, de 15 de febrero de 1996, páginas 5380 a 5435 (56 págs.).

«el director notificará, con una antelación de tres meses o en el momento de formular la propuesta de libertad definitiva a que se refiere el artículo 24.2, la fecha previsible de extinción de la condena a la autoridad competente, para que provea lo necesario con arreglo a lo dispuesto en la legislación vigente». Asimismo, el artículo 256.4 del Reglamento de Extranjería[604] establece que las y los directores de los establecimientos penitenciarios «notificarán a la Oficina de Extranjería y a la comisaría provincial de policía correspondientes a su demarcación, con tres meses de anticipación, la excarcelación de extranjeros que hubieran sido condenados en virtud de sentencia judicial por delito, a los efectos de que en su caso se proceda a la expulsión de conformidad con lo establecido en la Ley Orgánica 4/2000, de 11 de enero. A estos efectos, en los expedientes personales de los extranjeros condenados se hará constar si les ha sido incoado expediente de expulsión, así como en su caso el estado de tramitación en que se halle».

Dada la existencia de estas previsiones legales, es posible que la persona extranjera condenada en virtud de una sentencia judicial pueda, a lo sumo, retrasar su expulsión, pero no evitarla[605]. Por otro lado, el legislador, al transformar la expulsión en automática, parecía presuponer, sin contar con datos empíricos que lo respaldaran, que la persona extranjera delinque con el propósito de garantizar su permanencia en España[606].

La conclusión anterior es extensible a los casos en los que se acordaba la expulsión de la persona extranjera condenada a una pena privativa de libertad igual o superior a seis años, una vez se accedía al tercer grado o se entendían cumplidas las tres cuartas partes de la condena. Para cierto sector doctrinal, esto implicó poner a disposición de Instituciones Penitenciarias un instrumento más destinado a reducir el número de la población reclusa extranjera y los costes asociados a ella[607].

604. Real Decreto 557/2011, de 20 de abril, por el que se aprueba el Reglamento de la Ley orgánica 4/2000, sobre derechos y libertades de los extranjeros en España y su integración social, tras su reforma por Ley Orgánica 2/2009. «BOE» núm. 103, de 30 de abril de 2011, páginas 43821 a 44006 (186 págs.).

605. GARCÍA ESPAÑA, E.: La expulsión como sustitutivo, *op. cit.*, p. 12.

606. *Ibid.* Como señalan acertadamente CANCIO MELIÁ, M./MARAVER GÓMEZ, M.: «El Derecho penal español ante la inmigración: un estudio político-criminal», en BACIGALUPO, S./CANCIO MELIÁ, M. (coords.): *Derecho Penal y Política Transnacional*, Atelier, Barcelona, 2005, pp. 383 y 386, para validar este argumento sería esencial contar con una base empírica que respalde la existencia del fenómeno de cometer delitos con el propósito de permanecer en territorio nacional. Consideran que tal justificación no es más que una «mera reafirmación de prejuicios xenófobos».

607. LAURENZO COPELLO, P.: «Últimas reformas en el Derecho penal de extranjeros: un nuevo paso en la política de exclusión», en *Jueces para la democracia*, n.º 50, 2004, p. 30;

A partir de las premisas mencionadas sobre el automatismo de la expulsión sustitutiva, acontece otro cambio como resultado de la reforma de 2003: la eliminación del requisito de oír previamente a la persona extranjera penada[608]. Esta circunstancia no es de extrañar, ya que mantener la audiencia de la persona condenada habría entrado en conflicto con el carácter automático de la medida de expulsión[609]. Con la introducción de esta modificación, la necesidad de motivar la decisión acordada únicamente se contemplaba cuando la autoridad judicial —excepcionalmente— apreciaba que la naturaleza del delito justificaba el cumplimiento de la pena en un centro penitenciario en España[610].

HERNÁNDEZ OLIVEROS, J. C.: «La expulsión de cada vez más ciudadanos extranjeros implicados en hechos delictivos», en *La Ley Penal*, n.º 138, 2019, p. 5; TORRES FERNÁNDEZ, M. E.: La expulsión, *op. cit.*, p. 77; NAVARRO CARDOSO, F.: Expulsión penal de extranjeros, *op. cit.*, p. 156; FLORES MENDOZA, F.: La expulsión, *op. cit.*, p. 108; MANZANARES SAMANIEGO, J. L.: Suspensión, *op. cit.*, p. 92; RODRÍGUEZ YAGÜE, C.: «El modelo político-criminal español frente a la delincuencia de inmigrantes», en *Revista Electrónica de Ciencia penal y Criminología*, n.º 14, 2012, p. 25; MUÑOZ LORENTE, J.: La expulsión del extranjero, *op. cit.*, pp. 405 y ss.; GONZÁLEZ TASCÓN, M. M.: La cuarta reforma, *op. cit.*, pp. 134-135; GARCÍA ESPAÑA, E.: La expulsión como sustitutivo, *op. cit.*, pp. 11 y 14; BRANDARIZ GARCÍA, J. A.: Sistema penal, *op. cit.*, pp. 229-231. Para FERNÁNDEZ ARÉVALO, L.: Expulsión judicial, *op. cit.*, p. 15, constituye «la respuesta frente a la realidad de la celda como un bien escaso». Así nos lo recuerda también la STS 901/2004, *op. cit.*, FD 2, al hacer referencia a la incidencia directa que la medida de expulsión tiene en la población reclusa, al provocar una disminución constatable del número de personas extranjeras en prisión.

608. Por contraposición a lo establecido en la STC 242/1994, *op. cit.*, FJ 6, que sostuvo la necesidad de brindar a la persona extranjera condenada una oportunidad adecuada para exponer sus argumentos a favor o en contra de la expulsión, considerando esta como la única forma de salvaguardar los derechos contemplados en los artículos 24 y 19 de la CE.

609. Sobre ello, ampliamente, DURÁN SECO, I.: El extranjero delincuente, *op. cit.*, pp. 333 y ss. También critica con la eliminación de este trámite, la STS 901/2004, *op. cit.*, FD 2, al señalar que «(…) la exigencia de la audiencia viene dictada (…) por la existencia de derechos relevantes que pueden ser sacrificados o anulados con tal decisión de expulsión, por lo que es preciso una relectura del precepto en clave constitucional (…)».

610. Critica con dureza esta omisión la STS 901/2004, *op. cit.*, FD 2, al señalar que la motivación de la decisión resulta imprescindible para la adecuada ponderación y salvaguarda de los derechos fundamentales de las personas extranjeras. Como señala con acierto SÁNCHEZ TOMÁS, J. M.: Garantismo, *op. cit.*, p. 1562, las intenciones del legislador de automatizar la medida y hacer que la no expulsión sea una situación excepcional culminaron con la omisión de la necesidad de motivar, en todo caso, la decisión acordada. Al respecto, considera que «no es solo el nunca inocente uso del lenguaje, sino algo de mucho más calado y si cabe, más concluyente: en primer lugar, que sea la decisión de no suspensión la que esté sometida expresamente al requisito

Asimismo, se estableció que la expulsión llevaría consigo el archivo de cualquier procedimiento administrativo que tuviera como objeto la obtención del permiso de residir o trabajar en España (art. 89.1.IV CP). Esta disposición evidenció nuevamente la intersección entre el Derecho penal y el Derecho administrativo sancionador, ya que la concesión de permisos de residencia y trabajo se fundamenta en aspectos de política migratoria que están al margen de la lógica preventiva propia del sistema penal[611]. De hecho, la normativa de extranjería ya cuenta con disposiciones suficientes que pueden impedir la regularización una persona extranjera condenada, entre ellas, la ausencia de antecedentes penales[612]. Sin embargo, como señala IGLESIAS RÍO, esta disposición refuerza la prevención general negativa, ya que al perjuicio inherente a la expulsión se le suma el archivo de cualquier procedimiento de regularización que estuviera en curso[613].

Otra de las novedades introducidas por la LO 11/2003 se refería a la imposibilidad de ejecutar la expulsión una vez acordada esta. En el último párrafo del apartado uno del artículo 89 del CP, se estableció que «en el supuesto de que, acordada la sustitución de la pena privativa de libertad por la expulsión, esta no pudiera llevarse a efecto, se procederá al cumplimiento de la pena privativa de libertad originariamente impuesta o del período de condena pendiente».

De la lectura literal del precepto se sigue que si la expulsión no podía llevarse a cabo[614] y, en consecuencia, la persona extranjera condenada debía cumplir finalmente la pena en un centro penitenciario español, no podían aplicarse otras alternativas al cumplimiento de las penas privativas de liber-

de audiencia, pero del Ministerio Fiscal, y, en segundo lugar, que sea la decisión de no suspensión la que tenga que ser motivada».

611. Así lo consideran TERRADILLOS BASOCO, J. M./BOZA MARTÍNEZ, D.: «La expulsión del extranjero: art. 88 CP», en ÁLVAREZ GARCÍA, F. J. (dir.): *Estudio crítico sobre el anteproyecto de reforma penal de 2012*, Tirant lo Blanch, Valencia, 2013, pp. 370-371, quienes señalan a su vez que «la ejecución de la decisión del juez penal asegura los objetivos pretendidos por el precepto, sin que este pueda, incurriendo en desmesura punitiva y en incoherencia jurídica, extender sus efectos *ultra vires*».

612. *Ibid.*, p. 371. En este sentido, el artículo 31.5 de la LOEX dispone que: «Para autorizar la residencia temporal de un extranjero será preciso que carezca de antecedentes penales en España o en los países anteriores de residencia, por delitos existentes en el ordenamiento español, y no figurar como rechazable en el espacio territorial de países con los que España tenga firmado un convenio en tal sentido».

613. IGLESIAS RÍO, M. A.: «La expulsión de los extranjeros», en QUINTERO OLIVARES, G. (dir.): *Comentarios a la reforma penal de 2015*, Thomson Reuters Aranzadi, Cizur Menor (Navarra), 2015, p. 176.

614. Sobre dichas causas, DURÁN SECO, I.: El extranjero delincuente, *op. cit.*, p. 320.

tad, como los trabajos en beneficio de la comunidad o la multa, ni tampoco la suspensión de la ejecución de la pena. No obstante, en línea con lo señalado por MARTÍNEZ ESCAMILLA, esta interpretación del precepto es contraria a la Constitución.

Siguiendo a esta autora, es evidente, por de pronto, que la situación administrativa de irregularidad no puede ser óbice para que la persona extranjera condenada pueda acceder al régimen general de suspensión de la ejecución y sustitución de las penas privativas de libertad si concurren todos los requisitos para ello. Con todo, esta autora advirtió ya entonces sobre la necesidad de modificar la redacción del último párrafo del artículo 89 del CP, con el propósito de evitar cualquier interpretación que infringiera el principio de igualdad de trato y no discriminación[615]. Dicha modificación se reflejó en las posteriores reformas del artículo 89 del CP, por lo que será objeto de un análisis ulterior.

Otra cuestión a tener en cuenta es la relativa al plazo de prohibición para regresar a España. Fiel a su severidad, la LO 11/2003 estableció en diez años el plazo de prohibición de entrada[616], suprimiendo así cualquier posibilidad de que la autoridad judicial pudiera considerar la naturaleza del delito o la pena concreta impuesta por el delito cometido, lo cual le permitiría modular la duración de dicha prohibición[617]. A la vista de lo apuntado, no debería hacer falta observar que esta disposición entra en clara contradicción con el principio de proporcionalidad, ya que el plazo de prohibición de entrada era el mismo tanto para los delitos castigados con pena inferior a seis años como para aquellos sancionados con pena igual o superior a seis años[618].

Asimismo, se introdujo como novedad que la persona extranjera expulsada no podría volver a entrar en territorio español hasta que la pena impuesta por el delito cometido no estuviera prescrita. Esto significaba que, en algunos casos, el período de prohibición de entrada podía extenderse más allá de los

615. MARTÍNEZ ESCAMILLA, M.: Inmigración, *op. cit.*, pp. 23-25.

616. Al respecto, el Informe de 26 de marzo de 2003 del CGPJ, *op. cit.*, p. 49, consideró que la regulación anterior a la reforma operada por la LO 11/2003 era más adecuada en cuanto al respeto de los derechos humanos y a lo establecido en el artículo 58 de la LOEX.

617. BOZA MARTÍNEZ, D.: La expulsión de personas extranjeras, *op. cit.*, pp. 245-246.

618. PÉREZ CÉPEDA, A. I.: Globalización, *op. cit.*, p. 346; MANZANARES SAMANIEGO, J. L.: Suspensión, *op. cit.*, p. 99. En idéntico sentido, el Informe de 26 de marzo de 2003 del CGPJ, *op. cit.*, p. 49.

diez años, lo que nuevamente puso de manifiesto la severidad de la reforma operada por la LO 11/2003[619].

Junto con ello, se estableció que la persona extranjera que intentara quebrantar la prohibición de entrada sería devuelta —y no expulsada— por la autoridad gubernativa, en cuyo caso el plazo de prohibición de entrada volvería a computarse de nuevo en su integridad. Esto sin duda refleja la severidad que define la reforma que comentamos.

Considerando lo expuesto hasta ahora, no parece aventurado afirmar que la LO 11/2003 supuso un endurecimiento de la regulación de la medida de expulsión. Este cambio fue tan significativo que se llegó a sugerir que «cuando el legislador le puso por título a la LO 11/2003, entre otras cosas, "de medidas concretas en materia de integración social de los extranjeros", en lo que posiblemente estaba pensando era, solo y exclusivamente, en la integración social de los extranjeros "en su país de origen"»[620].

La nueva redacción del artículo 89 del CP dispensada por la LO 11/2003 resultó en una multitud de problemas teóricos como prácticos en su aplicación. Esto llevo a considerar, en los borradores de las reformas posteriores, la necesidad de modificar la regulación de la expulsión como medida sustitutiva[621]. Finalmente, esta modificación se llevó a cabo mediante la LO 5/2010.

4. LO 5/2010: UN NUEVO ACERCAMIENTO A LA NORMATIVA DE EXTRANJERÍA

La tercera reforma del artículo 89 del CP vino dada por la LO 5/2010[622]. El preámbulo de esta ley no mencionaba los objetivos que se buscaban alcanzar

---

619. DURÁN SECO, I.: El extranjero delincuente, *op. cit.*, p. 321. La inclusión de esta previsión estuvo motivada por la observación que el Informe de 26 de marzo de 2003 del CGPJ, *op. cit.*, p. 49, realizó al Anteproyecto de la ley que comentamos, señalando que «sería conveniente relacionar dicho plazo con los de prescripción de la pena indicados en el art. 133 CP, pues podría darse el caso de que delitos muy graves con penas muy elevadas (más de doce años de pena privativa de libertad) quedarán sin sanción efectiva al reducirse el tiempo de expulsión a un plazo muy inferior al de duración de la pena o plazo de prescripción, mientras que, por el contrario, delitos sancionados con penas menos graves podrían suponer una prohibición de regresar a España muy superior a la pena impuesta o a la prescripción de la misma».
620. NAVARRO CARDOSO, F.: Expulsión penal de extranjeros, *op. cit.*, p. 177.
621. BRANDARIZ GARCÍA, J. A.: Sistema penal, *op. cit.*, p. 162; SÁNCHEZ TOMÁS, J. M.: Garantismo, *op. cit.*, p. 1563.
622. Tras la reforma, el artículo 89 del CP quedaba redactado de la siguiente manera: «1. Las penas privativas de libertad inferiores a seis años impuestas a un extranjero

mediante las modificaciones realizadas al texto legal que regula la expulsión sustitutiva. En este sentido, la doctrina ha señalado que la intención de la reforma podría haber sido la de adaptar la regulación de la medida de expulsión a las exigencias de las más altas instancias judiciales, incluso a expensas de asumir un papel que no les correspondería, como ha sido señalado por parte de un sector de la doctrina penal[623]. Con todo, es preciso analizar detenidamente los cambios introducidos por la LO 5/2010.

---

no residente legalmente en España serán sustituidas en la sentencia por su expulsión del territorio español, salvo que el juez o tribunal, previa audiencia del penado, del Ministerio Fiscal y de las partes personadas, de forma motivada, aprecie razones que justifiquen el cumplimiento de la condena en un centro penitenciario en España.
También podrá acordarse la expulsión en auto motivado posterior, previa audiencia del penado, del Ministerio Fiscal y de las demás partes personadas.
2. El extranjero no podrá regresar a España en un plazo de cinco a diez años, contados desde la fecha de su expulsión, atendidas la duración de la pena sustituida y las circunstancias personales del penado.
3. La expulsión llevará consigo el archivo de cualquier procedimiento administrativo que tuviera por objeto la autorización para residir o trabajar en España.
4. Si el extranjero expulsado regresara a España antes de transcurrir el período de tiempo establecido judicialmente, cumplirá las penas que fueron sustituidas. No obstante, si fuera sorprendido en la frontera, será expulsado directamente por la autoridad gubernativa, empezando a computarse de nuevo el plazo de prohibición de entrada en su integridad.
5. Los jueces o tribunales, a instancia del Ministerio Fiscal y previa audiencia del penado y de las partes personadas, acordarán en sentencia, o durante su ejecución, la expulsión del territorio nacional del extranjero no residente legalmente en España, que hubiera de cumplir o estuviera cumpliendo cualquier pena privativa de libertad, para el caso de que hubiera accedido al tercer grado penitenciario o cumplido las tres cuartas partes de la condena, salvo que previa audiencia del Ministerio Fiscal y de forma motivada aprecien razones que justifiquen el cumplimiento en España.
6. Cuando, al acordarse la expulsión en cualquiera de los supuestos previstos en este artículo, el extranjero no se encuentre o no quede efectivamente privado de libertad en ejecución de la pena impuesta, el juez o tribunal podrá acordar, con el fin de asegurar la expulsión, su ingreso en un centro de internamiento de extranjeros, en los términos y con los límites y garantías previstos en la Ley para la expulsión gubernativa.
En todo caso, si acordada la sustitución de la pena privativa de libertad por la expulsión, esta no pudiera llevarse a efecto, se procederá a la ejecución de la pena originariamente impuesta o del período de condena pendiente, o a la aplicación, en su caso, de la suspensión de la ejecución de la misma o su sustitución en los términos del artículo 88 de este Código.
7. Las disposiciones establecidas en los apartados anteriores no serán de aplicación a los extranjeros que hubieran sido condenados por la comisión de delitos a que se refieren los artículos 312, 313 y 318 bis de este Código».

623. GONZÁLEZ TASCÓN, M. M.: La cuarta reforma, *op. cit.*, p. 145. Muestra de ello es la STS 901/2004, *op. cit.*, calificada por SÁNCHEZ TOMÁS, J. M.: Garantismo, *op. cit.*, pp. 1565 y ss., como un claro ejemplo de «insumisión judicial». Pará un análisis

Conviene recordar, en primer término, el automatismo con el que se venía aplicando la expulsión después de las modificaciones introducidas por la LO 11/2003. Pues bien, la reforma operada por la LO 5/2010 siguió apostando por uso del imperativo «serán»[624], lo que ha llevado a parte de la doctrina a afirmar que la penúltima reforma del artículo 89 del CP no eliminó el carácter automático de la expulsión, sino que, antes al contrario, lo mantuvo[625]. De este modo, el legislador desoyó las reiteradas críticas tanto por parte de la doctrina como de la jurisprudencia, incluso lo señalado por diversos proyectos de reforma posteriores a la regulación introducida por la LO 11/2003, los cuales también habían denunciado de manera insistente esta circunstancia[626].

Cabe advertir, sin embargo, que a diferencia de lo que sucedía con la regulación de 2003, que solo permitía como excepción a la aplicación de la expulsión la naturaleza del delito, el nuevo texto amplió la relación de causas que podían justificar la improcedencia de adoptar la medida de expulsión. Sin embargo, el uso de la expresión «razones» resultaba algo ambiguo y no dejaba claro cuáles eran las circunstancias concretas que podían ser apreciadas para no decretar la expulsión[627].

---

detallado de dicha sentencia, véase, DURÁN SECO, I.: El Extranjero delincuente, *op. cit.*, pp. 307-353, en especial, p. 342, quien también sostiene que, en esta sentencia, el TS excedió los límites al realizar una «relectura» del artículo 89 del CP.

624. ACALE SÁNCHEZ, M.: «Regulación penal de diversos aspectos de la extranjería», en BOZA MARTÍNEZ, D./DONAIRE VILLA, F. J./MOYA MALAPEIRA, D. (coords.): *La nueva regulación de la inmigración y la extranjería en España. Régimen jurídico tras la LO 2/2009, el Real Decreto 557/2011 y la Ley 12/2009*, Tirant lo Blanch, Valencia, 2012, p. 593.

625. GONZÁLEZ TASCÓN, M. M.: La cuarta reforma, *op. cit.*, p. 145, considera que, con esta reforma, la expulsión deja de ser un régimen automático para convertirse en preferente. Por el contrario, MIR PUIG, S.: Derecho penal, *op. cit.*, p. 736, señala que con la nueva redacción dada al artículo 89 del CP, la expulsión ha pasado a ser facultativa.

626. MUÑOZ RUIZ, J.: «La expulsión penal: nuevas tendencias legislativas», en *Revista Electrónica de Ciencia penal y Criminología*, n.º 16, 2014, p. 28. En sentido idéntico, BOZA MARTÍNEZ, D.: La expulsión de personas extranjeras, *op. cit.*, p. 248. Asimismo, GUISASOLA LERMA, C.: «Consideraciones político-criminales para una reformulación de la expulsión penal de condenados extranjeros sin residencia legal», en *Estudios penales y criminológicos*, vol. XXX, 2010, p. 207, considera «especialmente lamentable» el retorno al carácter automático de la expulsión, desoyendo las reiteradas críticas tanto por parte de la doctrina como de la jurisprudencia.

627. BOZA MARTÍNEZ, D.: La expulsión de personas extranjeras, *op. cit.*, pp. 248-249. En términos similares, VELÁZQUEZ VIOQUE, D.: Expulsión de extranjeros, *op. cit.*, p. 682; CUGAT MAURI, M.: «La desaprovechada reforma de la expulsión de extranjeros (art. 89)», en QUINTERO OLIVARES, G. (dir.): *La reforma penal de 2010: Análisis y comentarios*, Thomson Reuters Aranzadi, Cizur Menor (Navarra), 2010, pp. 99 y ss. Al

En este sentido, GUISASOLA LERMA ha señalado con acierto que hubiera sido deseable que el legislador, además de suprimir categóricamente el carácter automático de la expulsión, hubiera establecido de manera explícita los criterios que la autoridad judicial debía tener en cuenta al decidir sobre la procedencia o no de la expulsión. Siguiendo la línea de la autora citada, consideramos que, junto con la naturaleza del delito, debería haberse incluido alguna referencia a las circunstancias personales de la persona extranjera condenada (como arraigo, situación familiar y laboral, respeto de los derechos humanos en el país de origen, entre otras), como presupuesto para justificar su permanencia en España. Esto conduciría a una aplicación individualizada y no automática de la medida de expulsión, lo que, dicho sea de paso, sería acorde con la jurisprudencia del TEDH sobre el derecho a la vida privada y familiar reconocido en el artículo 8 del CEDH[628]. Estas exigencias serán tenidas en cuenta por el legislador, como tendremos ocasión de comprobar más adelante, en la reforma operada por la LO 1/2015.

La regulación del artículo 89 del CP tras la reforma de 2010 mantuvo el primer supuesto de expulsión, es decir, la sustitución completa de las penas privativas de libertad inferiores a seis años. Sin embargo, generalizó la sustitución parcial a «cualquier pena privativa de libertad», para el caso de que la persona extranjera penada hubiera accedido al tercer grado o cumplido las tres cuartas partes de la condena.

respecto, FERNÁNDEZ ARÉVALO, L.: Expulsión judicial, *op. cit.*, pp. 23-24, entiende que «(...) no puede aceptarse la tesis de que esta expresión conlleve la improcedencia de la expulsión por apreciación de causas personales, sociales y familiares, ya que la exclusión de la expulsión se afirma por razones no derivadas de una hipotética integración social del reo, sino porque se entiende que las circunstancias concurrentes convierten la expulsión en un acto de lenidad, en una medida escasamente enérgica, pues lo procedente socialmente debiera ser el internamiento del reo en un centro penitenciario para el cumplimiento material de la pena impuesta. La literalidad finalista de la exclusión de la expulsión conlleva así que dicha medida es inadecuada porque existen razones de prevención general positiva o de retribucionismo punitivo que imponen el cumplimiento material de la pena en situación de efectivo internamiento». Con todo, señala que «al margen de la exclusión imperativa *propter rem* del artículo 89.7 CP, se introduce su extensión a otros supuestos, que deben quedar sujetos a un criterio valorativo y discrecional judicial, donde de entrada podría formularse como regla general la posibilidad de los casos de infracciones en los que las penas solicitadas o efectivamente impuestas excedan grandemente en su conjunto de 6 años, pues en estos casos existen razones que imponen por proporcionalidad cuantitativa el cumplimiento material de la pena desde una perspectiva retribucionista y de prevención general; y entendemos que igualmente deben tenerse en cuenta las consideraciones negativas en orden a supuestos de crimen organizado».

628. GUISASOLA LERMA, C.: Consideraciones político-criminales, *op. cit.*, pp. 208-209; VELÁZQUEZ VIOQUE, D.: Expulsión de extranjeros, *op. cit.*, p. 682.

En otro orden de consideraciones, merece una valoración positiva que la reforma que comentamos reintrodujera la audiencia de la persona penada, la cual había sido suprimida, como hemos tenido oportunidad de observar, por la LO 11/2003. En este caso, la reforma operada por la LO 5/2010 sí tuvo en consideración las críticas vertidas contra el texto legal de 2003. De hecho, el Consejo General del Poder Judicial (en adelante, CGPJ) había advertido la necesidad de restablecer la audiencia de la persona penada, incluso antes de la entrada en vigor de la reforma, la cual resultaba fundamental para el análisis de las circunstancias concretas de cada caso[629].

Otro aspecto de la reforma de 2010 que merece un juicio positivo se refiere a la posibilidad de modular la duración de la prohibición de entrada. Fijada en diez años tras la redacción dada por la LO 11/2003[630], la modificación introducida por la LO 5/2010 estableció un período que podía variar desde los cinco hasta los diez años, considerando la duración de la pena sustituida y las circunstancias personales de la persona extranjera condenada.

En lo que hace al régimen del incumplimiento de la medida sustitutiva, la reforma de 2010 reinstauró la obligación de cumplir las penas que fueron sustituidas como consecuencia del quebrantamiento de la prohibición de entrada, retomando así la solución originalmente formulada en el artículo 89 del CP, que la reforma de la LO 11/2003 dejó sin abordar[631]. En cambio, si la persona extranjera fuera sorprendida en la frontera, la reforma en cuestión, al igual que sus predecesores, contemplaba su expulsión. Como vemos, la redacción dada al artículo 89 del CP por la reforma de 2010 volvió a emplear, en nuestra opinión de manera incorrecta, el término «expulsión directa», el cual fue suprimido por la LO 11/2003 debido a las críticas recibidas. Además, como señala acertadamente BOZA MARTÍNEZ, la locución «expulsión directa» carece de respaldo en la normativa de extranjería[632].

629. En este sentido, el Informe de 26 de marzo del CGPJ, *op. cit.*, p. 47, señalaba que la autoridad judicial debía ponderar todas las circunstancias que concurren en la causa, garantizando así el debate contradictorio, lo cual solo podía lograrse con la audiencia de la persona extranjera. En el mismo sentido, la STS 901/2004, *op. cit.*, FD 2. En términos similares, GUISASOLA LERMA, C.: Consideraciones político-criminales, *op. cit.*, pp. 208-209; BOZA MARTÍNEZ, D.: La expulsión de personas extranjeras, *op. cit.*, p. 249.

630. ACALE SÁNCHEZ, M.: Regulación penal, *op. cit.*, p. 594.

631. FERNÁNDEZ ARÉVALO, L.: Expulsión judicial, *op. cit.*, p. 35.

632. BOZA MARTÍNEZ, D.: La expulsión de personas extranjeras, *op. cit.*, p. 250. En sentido idéntico, FERNÁNDEZ ARÉVALO, L.: Expulsión judicial, *op. cit.*, pp. 35-36, al entender que «es claro que la terminología no es del todo punto correcto, ya que no asistimos a una expulsión gubernativa, sino a una denegación de entrada por vigencia de una prohibición de entrada (artículos 26 y 60 LOEX), si se le localiza en puesto habilitado,

Con relación a todo ello, GUISASOLA LERMA sugiere que el legislador podría haber considerado, como criterio para reducir la duración de la condena a cumplir, el tiempo transcurrido desde la ejecución de la medida hasta su quebrantamiento[633], tal y como había sido señalado por la doctrina desde la inclusión de esta figura en el CP de 1995[634]. Según ACALE SÁNCHEZ, la omisión en el texto legal de reducir el tiempo ya cumplido podría constituir una violación del principio *non bis in idem*, lo cual también podría ocurrir cuando la persona extranjera condenada fuera sorprendida en la frontera y «expulsada directamente» por la autoridad gubernativa[635].

Sin lugar a duda, una de las novedades más controvertidas de la reforma llevada a cabo por la LO 5/2010 fue la posibilidad de ordenar el internamiento de la persona extranjera condenada en un CIE, con el fin de asegurar su expulsión, cuando esta no estuviera o no quedara efectivamente privada de libertad en cumplimiento de la pena impuesta, «en los términos y con los límites y garantías previstos en la ley para la expulsión gubernativa» (art. 89.6 CP). La remisión a la normativa de extranjería sin mayores precisiones supone adoptar el plazo máximo de 60 días como período de internamiento (art. 62.2 LOEX), contraviniendo así al plazo previsto en la LO 19/2003, de 23 de diciembre, de modificación de la LO 6/1985, de 1 de julio, del Poder Judicial[636]. En esta última se indica que «la autoridad gubernativa deberá hacer efectiva la expulsión en el plazo más breve posible y, en todo caso, dentro de los treinta días siguientes, salvo causa justificada que lo impida» (disposición adicional decimoséptima)[637], si bien en este caso se refiere a

y a una devolución si el intento de entrada no se produjo por puesto habilitado (artículo 58 LOEX)». Por todo lo cual, considera que «la especialidad del CP consiste en una puesta de kilometraje a cero en caso de denegación de entrada, que no aparece contemplada en la LOEX, extendiendo a esta la solución contemplada en caso de devolución por el artículo 58 LOEX».

633. GUISASOLA LERMA, C.: Consideraciones político-criminales, *op. cit.*, p. 212. En idéntico sentido, FERNÁNDEZ ARÉVALO, L.: Expulsión judicial, *op. cit.*, p. 35; VELÁZQUEZ VIOQUE, D.: Expulsión de extranjeros, *op. cit.*, p. 686.

634. Véase arriba.

635. ACALE SÁNCHEZ, M.: Regulación penal, *op. cit.*, p. 595.

636. «BOE» núm. 309, de 26 de diciembre de 2003, páginas 46025 a 46096 (72 págs.).

637. En este sentido, GUISASOLA LERMA, C.: «La reforma del Código Penal en materia de expulsión judicial de extranjeros como medida sustitutiva de penas privativas de libertad: (art. 89)», en ÁLVAREZ GARCÍA, F. J./GONZÁLEZ CUSSAC, L. (dirs.): *Comentarios a la Reforma Penal de 2010*, Tirant lo Blanch, Valencia, 2010, p. 135; BOZA MARTÍNEZ, D.: La expulsión de personas extranjeras, *op. cit.*, p. 250. En este sentido, el Consejo de Estado, Dictamen 1404/2009, relativo al Anteproyecto de Ley Orgánica por la que se modifica la Ley Orgánica 10/1995, de 23 de noviembre, del Código Penal, consideración novena, recomendó una reflexión sobre la mencionada remisión, con-

la posibilidad de ingresar a la persona extranjera condenada en un centro penitenciario. Sobre esta cuestión se regresará con posterioridad.

Interesa a nuestros efectos mencionar que, en atención a los principios constitucionales de igualdad e interdicción de la arbitrariedad, como destaca GUISASOLA LERMA, el legislador de 2010 optó por suprimir el último apartado del artículo 89.1 del CP, el cual no contemplaba la posibilidad de que la persona extranjera condenada accediera al régimen general de suspensión de la ejecución y sustitución de las penas privativas de libertad (arts. 80, 87 y 88 CP)[638]. Tras la reforma efectuada por la LO 5/2010, el artículo 89.6 del CP dispuso que, cuando la expulsión no pudiera llevarse a cabo, «se procederá a la ejecución de la pena originariamente impuesta o del período de condena pendiente, o a la aplicación, en su caso, de la suspensión de la ejecución de esta o su sustitución en los términos del artículo 88 de este Código».

De esta manera, el último párrafo del apartado primero del artículo 89 del CP se ajustó a la doctrina establecida por el ATC 132/2006, de 4 de abril[639], la cual inadmite a trámite la cuestión de inconstitucionalidad planteada por el Juzgado de lo Penal núm. 3 de Alicante en relación con este particular, en la redacción dada al mismo por la LO 11/2003, por posible vulneración del derecho a la igualdad en relación con el derecho a la libertad (art. 17 CE). El TC consideró que el juzgado había llegado a una conclusión a la cual no tenía obligación de llegar, ya que en el caso de no haber sido posible la ejecución de la expulsión cabría la aplicación, si se dieran los requisitos legalmente previstos para ello, del sistema general de suspensión o sustitución de las penas privativas de libertad[640]. Por todo lo cual, el Alto Tribunal entendió que el último párrafo del apartado primero del artículo 89 del CP, en la redacción dispensada por la LO 11/2003, era susceptible de

---

siderando la posibilidad de que pudieran existir ciertas disfunciones en la normativa aplicable a las personas extranjeras que estuvieran en proceso de expulsión.

638. GUISASOLA LERMA, C.: Consideraciones político-criminales, *op. cit.*, p. 215.

639. Auto del Tribunal Constitucional (Pleno) 132/2006, de 4 de abril (en adelante, ATC 132/2006).

640. En esta dirección se manifestaba, a nuestro juicio de forma plenamente coherente, MARTÍNEZ ESCAMILLA, M.: Inmigración, *op. cit.*, p. 24, que ya desde la entrada en vigor de la LO 11/2003 advertía, tal como se anticipaba en el epígrafe anterior, sobre la necesidad de ajustar esta disposición a las exigencias constitucionales. En sentido idéntico, GUISASOLA LERMA, C.: Consideraciones político-criminales, *op. cit.*, p. 215; MANZANARES SAMANIEGO, J. L.: Suspensión, *op. cit.*, p. 97. Por su parte, VELÁZQUEZ VIOQUE, D.: Expulsión de extranjeros, *op. cit.*, p. 689, entiende que, si la imposibilidad ha sido originada por la actitud especialmente rebelde u obstruccionista de la persona extranjera, se debería optar por cumplir la pena inicialmente impuesta.

una interpretación conforme a la Constitución y, por tanto, acorde con los derechos fundamentales de igualdad y libertad[641].

Finalmente, no puede quedar sin mencionar la relación de delitos excluidos de la aplicación de la expulsión sustitutiva, también modificada por la LO 5/2010. Tras las críticas vertidas contra las conductas contempladas en el último apartado del artículo 89 del CP, la reforma introdujo ciertas modificaciones que conviene destacar. En primer lugar, desaparecieron los

641. ATC 132/2006, *op. cit.*, FJ 2. Se expone a continuación, por su relevancia, el razonamiento del Tribunal: «Como ha quedado dicho, el texto legal cuestionado no obliga a llegar a esta conclusión. No obliga a ello su interpretación literal. En primer lugar, es obvio que el último párrafo del art. 89.1 CP no establece expresamente ninguna previsión sobre la imposibilidad de aplicar los art. 80, 87 y 88 CP en los supuestos en que la expulsión no pueda finalmente verificarse. Tampoco a esta conclusión puede llevar la utilización en este párrafo del término «cumplimiento», puesto que, como ya destacara el fiscal general del Estado, dicho término en el contexto del Código Penal no es sinónimo de ingreso en prisión, tal como se acredita con su utilización, por ejemplo, en los arts. 73, 75 y 76 CP en relación al establecimiento de los límites máximos de cumplimiento en supuestos de concursos reales de delitos, utilización que, evidentemente, no prejuzga la aplicabilidad de los sustitutivos penales. Y, en segundo lugar, la exclusión de la aplicación de estos sustitutivos en el párrafo tercero del art. 89.1 CP viene prevista en el marco de una disposición que comienza diciendo que «la expulsión se llevará a efecto», lo que no es el caso del supuesto regulado en el último párrafo en el que se prevén los efectos legales cuando la expulsión no se puede llevar a efecto. La conclusión interpretativa de la que parte el órgano judicial para fundamentar el cuestionamiento del precepto tampoco resulta obligada a partir de su interpretación sistemática, puesto que, mientras la regulación establecida en el tercer párrafo del art. 89.1 CP se está refiriendo a una expulsión posible, para descartar que pueda dejarse de practicar por aplicación de los preceptos penales que rigen la suspensión de la ejecución de las penas privativas de libertad o su sustitución por otras penas menos gravosas, no obstante reunir el penado extranjero los requisitos legales para ello; sin embargo, el último párrafo del art. 89.1 CP constituye una cláusula de cierre que solo es aplicable cuando la expulsión no es posible, en cuyo caso nada obsta a que se apliquen, en su caso, las previsiones establecidas en los arts. 80, 87 y 88 CP. Por último, tampoco obliga a alcanzar la conclusión de referencia una interpretación teleológica del mencionado precepto. La finalidad de las formas sustitutivas de las penas privativas de libertad es favorecer la reinserción y rehabilitación social de los penados con penas cortas privativas de libertad mediante su suspensión condicional o su sustitución por otras medidas distintas que eviten el eventual efecto desocializador que podría tener el efectivo ingreso en prisión durante un corto período de tiempo. Esta finalidad quedaría frustrada en el caso de entenderse que el penado extranjero no residente legalmente en España condenado a una pena corta privativa de libertad y cuya expulsión no resultara posible ejecutar se vería obligado indefectiblemente a ingresar en un centro penitenciario para cumplir dicha pena corta privativa de libertad sin posibilidad de que le fueran aplicados, si se cumplen los requisitos legales, los sustitutivos penales».

artículos 515.6º, 517 y 518 del CP, y en su lugar se añadió el artículo 313 del CP, el cual, como hemos mencionado anteriormente, guarda similitudes con los artículos 312 y 318 bis del CP, ya recogidos en la redacción dada a este precepto por la LO 11/2003[642]. Asimismo, se evidenció que el legislador debería haber incluido en la lista de los delitos no susceptibles de sustitución el artículo 177 del CP, relativo a la trata de seres humanos, de reciente incorporación al catálogo de penas del CP por ese entonces[643].

5. SITUACIÓN ACTUAL: LO 1/2015

Mediante la LO 1/2015, de 30 de marzo, se llevó a cabo una modificación sustancial en la regulación de la sustitución de la ejecución de la pena por la expulsión del territorio nacional. Según el preámbulo de la ley, la reforma del artículo 89 del CP parece haber estado motivada por el deseo del legislador de mantener la proporcionalidad de las penas y ajustar el CP a las disposiciones de la LOEX. Este mismo objetivo, con un escrupuloso respeto por los derechos individuales, justificaría esta cuarta modificación del artículo 89 del CP, donde convergen aspectos relacionados tanto con las penas y los derechos humanos como consideraciones sobre la política migratoria. Todo ello con el propósito de conciliar los objetivos de dicha política con los fines preventivos de las penas, tanto en términos de prevención general como de prevención especial[644].

---

642. DÍAZ Y GARCÍA CONLLEDO, M.: Protección y expulsión, *op. cit.*, p. 661; BOZA MARTÍNEZ, D.: La expulsión de personas extranjeras, *op. cit.*, p. 251; TERRADILLOS BASOCO, J. M.: «Reflexiones y propuestas sobre inmigración», en *Indret: Revista para el análisis del Derecho*, n.º 1, 2010, p. 10.

643. GUISASOLA LERMA, C.: Consideraciones político-criminales, *op. cit.*, p. 217; CUGAT MAURI, M.: La desaprovechada reforma, *op. cit.*, p. 106, considera que dicha omisión se explica porque el legislador, absorto en combatir la inmigración irregular, no tuvo en cuenta la posibilidad, ni siquiera eventual, de que la persona extranjera pudiera continuar con la actividad delictiva en su país de origen.

644. Preámbulo de la LO 1/2015, apartado IV. En concreto, dice así: «También se modifica la regulación de la sustitución de la ejecución de la pena de prisión por la expulsión del territorio nacional. De nuevo, la reforma combina la búsqueda de la eficacia con un escrupuloso respeto de los derechos individuales: se ajusta el límite de pena a partir del cual podrá acordarse la expulsión a la regulación contenida en la legislación de extranjería; los jueces y tribunales deberán establecer, en todo caso, qué parte de la pena impuesta debe ser cumplida efectivamente en prisión, cuando se hayan impuesto penas de más de tres años; y la sustitución se condiciona, en todos los casos, a la proporcionalidad de la medida». Véase, al respecto, GONZÁLEZ TASCÓN, M. M.: La cuarta reforma, *op. cit.*, pp. 147-148.

Aunque la configuración actual de la expulsión recogida en el artículo 89 del CP será examinada con más detalle en los apartados que siguen, cabe señalar que la concreción de las modificaciones introducidas por la reforma operada por la LO 1/2015 ha conducido a una reorganización y ampliación del artículo 89 del CP. Actualmente, este artículo consta de nueve apartados con los siguientes contenidos:

«1. Las penas de prisión de más de un año impuestas a un ciudadano extranjero serán sustituidas por su expulsión del territorio español. Excepcionalmente, cuando resulte necesario para asegurar la defensa del orden jurídico y restablecer la confianza en la vigencia de la norma infringida por el delito, el juez o tribunal podrá acordar la ejecución de una parte de la pena que no podrá ser superior a dos tercios de su extensión, y la sustitución del resto por la expulsión del penado del territorio español. En todo caso, se sustituirá el resto de la pena por la expulsión del penado del territorio español cuando aquel acceda al tercer grado o le sea concedida la libertad condicional.

2. Cuando hubiera sido impuesta una pena de más de cinco años de prisión, o varias penas que excedieran de esa duración, el juez o tribunal acordará la ejecución de todo o parte de la pena, en la medida en que resulte necesario para asegurar la defensa del orden jurídico y restablecer la confianza en la vigencia de la norma infringida por el delito. En estos casos, se sustituirá la ejecución del resto de la pena por la expulsión del penado del territorio español, cuando el penado cumpla la parte de la pena que se hubiera determinado, acceda al tercer grado o se le conceda la libertad condicional.

3. El juez o tribunal resolverá en sentencia sobre la sustitución de la ejecución de la pena siempre que ello resulte posible. En los demás casos, una vez declarada la firmeza de la sentencia, se pronunciará con la mayor urgencia, previa audiencia al Fiscal y a las demás partes, sobre la concesión o no de la sustitución de la ejecución de la pena.

4. No procederá la sustitución cuando, a la vista de las circunstancias del hecho y las personales del autor, en particular su arraigo en España, la expulsión resulte desproporcionada.

La expulsión de un ciudadano de la Unión Europea solamente procederá cuando represente una amenaza grave para el orden público o la seguridad pública en atención a la naturaleza, circunstancias y gravedad del delito cometido, sus antecedentes y circunstancias personales.

Si hubiera residido en España durante los diez años anteriores procederá la expulsión cuando, además:

a) Hubiera sido condenado por uno o más delitos contra la vida, libertad, integridad física y libertad e indemnidad sexuales castigados con pena máxima de prisión de más de cinco años y se aprecie fundadamente un riesgo grave de que pueda cometer delitos de la misma naturaleza.

b) Hubiera sido condenado por uno o más delitos de terrorismo u otros delitos cometidos en el seno de un grupo u organización criminal.

En estos supuestos será en todo caso de aplicación lo dispuesto en el apartado 2 de este artículo.

5. El extranjero no podrá regresar a España en un plazo de cinco a diez años, contados desde la fecha de su expulsión, atendidas la duración de la pena sustituida y las circunstancias personales del penado.

6. La expulsión llevará consigo el archivo de cualquier procedimiento administrativo que tuviera por objeto la autorización para residir o trabajar en España.

7. Si el extranjero expulsado regresara a España antes de transcurrir el período de tiempo establecido judicialmente, cumplirá las penas que fueron sustituidas, salvo que, excepcionalmente, el juez o tribunal, reduzca su duración cuando su cumplimiento resulte innecesario para asegurar la defensa del orden jurídico y restablecer la confianza en la norma jurídica infringida por el delito, en atención al tiempo transcurrido desde la expulsión y las circunstancias en las que se haya producido su incumplimiento.

No obstante, si fuera sorprendido en la frontera, será expulsado directamente por la autoridad gubernativa, empezando a computarse de nuevo el plazo de prohibición de entrada en su integridad.

8. Cuando, al acordarse la expulsión en cualquiera de los supuestos previstos en este artículo, el extranjero no se encuentre o no quede efectivamente privado de libertad en ejecución de la pena impuesta, el juez o tribunal podrá acordar, con el fin de asegurar la expulsión, su ingreso en un centro de internamiento de extranjeros, en los términos y con los límites y garantías previstos en la ley para la expulsión gubernativa.

En todo caso, si acordada la sustitución de la pena privativa de libertad por la expulsión, esta no pudiera llevarse a efecto, se procederá a la ejecución de la pena originariamente impuesta o del período de condena pendiente, o a la aplicación, en su caso, de la suspensión de la ejecución de la misma.

9. No serán sustituidas las penas que se hubieran impuesto por la comisión de los delitos a que se refieren los artículos 177 bis, 312, 313 y 318 bis».

III. LA CONTROVERTIDA NATURALEZA JURÍDICA DE LA EXPULSIÓN PENAL

Entre todos los aspectos problemáticos que rodean la figura de la expulsión penal, destaca especialmente su naturaleza jurídica. Desde que la LO 7/1985 introdujo por primera vez la medida de expulsión como alternativa a la pena, su naturaleza jurídica ha sido objeto de debate entre la doctrina y la jurisprudencia, ya que de ello depende su justificación. La inclusión en el CP de una institución que previamente había sido exclusivamente administrativa auguraba que la determinación de su naturaleza jurídica no sería una cuestión pacífica.

El origen de la discusión radica en que la configuración de la medida de expulsión no se corresponde con ninguna de las consecuencias jurídicas o figuras tradicionales contempladas en el CP. La solución a este problema, propuesta tanto por la doctrina como por la jurisprudencia, ha experimentado cambios a lo largo de las diversas versiones del artículo 89 de CP, debido a las numerosas reformas que han afectado a dicho precepto. Esto ha dificultado aún más alcanzar una respuesta unánime respecto al complejo asunto de su naturaleza jurídica[645]. Actualmente, tras la reforma operada por la LO 1/2015, de 30 de marzo, esta cuestión está lejos de ser resuelta.

De lo que se trata aquí no es únicamente, y quizá ni siquiera fundamentalmente, de realizar un recorrido meramente descriptivo por las diversas interpretaciones que han surgido a lo largo de todos estos años. Más bien, se busca poner de manifiesto que una figura cuya naturaleza ni siquiera se conoce no debería formar parte del cuerpo normativo del CP. Como tendremos ocasión de comprobar en las líneas que siguen, las diferentes propuestas que han emergido en torno a este tema han intentado aclarar la naturaleza jurídica de la expulsión sustitutiva utilizando conceptos conocidos y propios

645. Como señala con acierto BRANDARIZ GARCÍA, J. A.: Sistema penal, *op. cit.*, p. 164, el debate ha adoptado principalmente un tono negativo, ya que parece haber un consenso más amplio sobre lo que la expulsión penal no es que sobre lo que es. De estas afirmaciones, sin embargo, no resulta fácil deducir una posición clara acerca de la naturaleza jurídica de la expulsión prevista en el artículo 89 del CP.

del ámbito penal, lo que ha resaltado su carácter excepcional y las dificultades que plantea su integración en el orden penal.

Como imprescindible punto de partida cabe recordar que la expulsión implica, a riesgo de incurrir en simplificaciones, dos aspectos fundamentales: la salida coercitiva del territorio y la consiguiente prohibición de entrada por un período determinado de tiempo. No es posible desconocer, por de pronto, que la medida de expulsión afecta al derecho a la libertad de circulación y de fijación de residencia, reconocido en el artículo 19 de la CE[646]. Esta afirmación es respaldada por la STC 242/1994, que señala que la expulsión así configurada —art. 21.2.II, LO 7/1985— constituye «una medida restrictiva de los derechos de los extranjeros que se encuentran residiendo legítimamente en España, en este caso del derecho de permanecer en nuestro país»[647]. Ello no obstante, una vez expuesto lo anterior, es menester realizar varias observaciones al respecto.

Lo primero que cabe observar es que la STC 242/1994 se refiere al antiguo artículo 21.2, segundo párrafo, de la LO 7/1985, el cual era aplicable a cualquier persona extranjera, excluyendo a las y los ciudadanos de la UE, independientemente de su situación administrativa. En segundo lugar, interesa destacar que, tal como establece la sentencia mencionada, el sujeto titular del derecho a permanecer en nuestro país, de acuerdo con los artículos 12 y 13 del Pacto Internacional de Derechos Civiles y Políticos (en adelante, PIDCP), es el extranjero que reside legalmente en España[648]. Por lo tanto, para

646. El artículo 19 de la CE dispone que: «Los españoles tienen derecho a elegir libremente su residencia y a circular por el territorio nacional. Asimismo, tienen derecho a entrar y salir libremente de España en los términos que la ley establezca. Este derecho no podrá ser limitado por motivos políticos o ideológicos». Por tanto, el artículo citado reconoce cuatro derechos fundamentales: el derecho a elegir libremente la residencia, el derecho a circular por el territorio nacional, el derecho a entrar en España y el derecho a salir libremente del territorio nacional. En este sentido, ASÚA BATARRITA, A.: La expulsión del extranjero, *op. cit.*, p. 58; SÁNCHEZ TOMÁS, J. M.: Garantismo, *op. cit.*, pp. 1573-1574; NAVARRO CARDOSO, F.: Expulsión penal de extranjeros, *op. cit.*, p. 168; LEGANÉS GÓMEZ, S.: *Clasificación penitenciaria, permisos de salida y extranjeros en prisión: nuevo régimen jurídico*, Dykinson, Madrid, 2009, pp. 523-524.

647. STC 242/1994, *op. cit.*, FJ 4.

648. El artículo 12 del PIDCP reconoce el derecho de toda persona que se encuentre legalmente en el territorio de un Estado —por ende, también de las extranjeras— a «circular libremente por él y a escoger libremente en él su residencia». Asimismo, garantiza el derecho de todas las personas a «salir libremente de cualquier país, incluso del propio», y establece que nadie debe ser «arbitrariamente privado del derecho a entrar en su propio país». Por otro lado, el artículo 13 del PIDCP reconoce el derecho de la persona extranjera que se encuentre legalmente en el territorio de un Estado a ser expulsada

la persona extranjera expulsada en aplicación del entonces vigente artículo 21.2, segundo párrafo, de la LO 7/1985, la medida constituía una restricción de derechos, en concreto del derecho a permanecer en nuestro país[649]. Con la actual configuración de la expulsión tras la regulación dispensada por la LO 1/2015, la afectación de los derechos amparados por el artículo 19 de la CE solo se produce en relación con las personas extranjeras que residen legalmente en España, incluidas las y los ciudadanos de la UE, ya que son los únicos destinatarios de la protección proporcionada por dicho artículo. Sin embargo, esta caracterización no arroja luz al debate sobre la naturaleza jurídica de la medida recogida en el artículo 89 del CP, toda vez que tales efectos son extensibles a cualquier modalidad de expulsión[650].

En la sentencia que comentamos, como ya se ha señalado, el TC hace referencia a la regulación establecida por la LO 7/1985, la cual, vale la pena reiterar, tiene naturaleza administrativa. Esta circunstancia resulta de innegable relevancia, ya que, para determinar la naturaleza jurídica de la expulsión sustitutiva, consideramos crucial tener en cuenta, entre otros aspectos, su ubicación normativa. No parece difícil advertir que una institución regulada tanto en el ámbito administrativo como en el penal no puede tener, por razones obvias, la misma condición. Por lo tanto, el hecho de que el contenido de la figura sea el mismo en ambos casos no implica que su naturaleza jurídica sea idéntica, ya que esta puede variar en función del marco legal en el que se encuentre.

A continuación, se procura abordar las diferentes posiciones que tanto la doctrina como la jurisprudencia han sostenido respecto a la naturaleza jurídica de la expulsión sustitutiva desde que esta fuera incluida, por primera vez, en el conjunto de disposiciones del CP.

«solo en cumplimiento de una decisión adoptada conforme a la ley». En este sentido, STC 242/1994, *op. cit.*, FJ 5.

649. Más tarde, la Sentencia del Tribunal Constitucional (Sala Primera) 72/2005, de 4 de abril (en adelante, STC 72/2005), FJ 7, confirma esta doctrina al señalar que «a partir de la regulación contenida en sus arts. 12 y 13 ha declarado este Tribunal que los extranjeros que se hallen legalmente en España tienen derecho a residir en España, gozan de la protección que brinda el art. 19 CE, aun cuando no sea necesariamente en idénticos términos que los españoles, y son titulares del derecho fundamental a no ser expulsados del territorio nacional, si no es en virtud de una causa legal aplicada razonablemente y con un mínimo esencial de garantías de procedimiento, en los términos dispuestos por el art. 13 PIDCP».

650. TORRES FERNÁNDEZ, M. E.: La expulsión, *op. cit.*, p. 61.

1. LA EXPULSIÓN PENAL COMO SUSTITUTIVO DE LAS PENAS PRIVATIVAS DE LIBERTAD

Como se ha indicado previamente, la inclusión de la expulsión sustitutiva en el CP está ligada a las críticas, principalmente de índole formal, dirigidas hacia su anterior ubicación normativa en la Ley de Extranjería de 1985. En un intento de superar estas críticas y dotar de mayor contenido a la medida, se trasladó al artículo 89 del CP, el cual actualmente se encuentra ubicado en el Capítulo III, del Título III, del Libro I del CP, relativo a «las formas sustitutivas de la ejecución de las penas privativas y de la libertad condicional», a pesar de que el TC la hubiera calificado como una modalidad de suspensión de penas privativas de libertad. En concreto, la medida se incluye dentro de la Sección 2ª de dicho Capítulo, bajo la rúbrica «de la sustitución de las penas privativas de libertad»[651].

Tras la reforma operada por la LO 1/2015 es la única modalidad de sustitución contemplada en el CP[652]. Pese a ello, se ha venido entendiendo, posiblemente debido a su ubicación sistemática, que la expulsión recogida en el artículo 89 del CP corresponde a la figura de un sustitutivo penal[653].

La institución de la sustitución de las penas privativas de libertad se caracteriza por la búsqueda de mecanismos de respuesta penal que, sin descuidar la protección de la sociedad, resulten igualmente eficaces para lograr los objetivos que se persiguen, con un menor coste personal para la persona condenada. Esto implica evitar los efectos nocivos y la desocialización asociados a la prisión, al mismo tiempo que se atienden las necesi-

651. Como advierte BARQUÍN SANZ, J.: «De las formas sustitutivas de la pena de prisión y de la libertad condicional», en MORILLAS CUEVA, L. (dir.): *Estudios sobre el Código Penal reformado: (Leyes Orgánicas 1/2015 y 2/2015)*, Dykinson, Madrid, 2015, p. 249, a pesar de que la rúbrica de la sección segunda continúe mencionando «las penas privativas de libertad», el artículo 89 del CP tan solo hace referencia a la «pena de prisión» en sentido estricto.

652. El antiguo artículo 88 del CP, derogado tras la reforma operada por la LO 1/2015, preveía en su apartado primero la sustitución de «las penas de prisión que no excedan de un año por multa o por trabajos en beneficio de la comunidad, y en los casos de penas de prisión que no excedan de seis meses, también por la localización permanente (...) cuando las circunstancias personales del reo, la naturaleza del hecho, su conducta y, en particular, el esfuerzo para reparar el daño causado así lo aconsejen».

653. Así lo entiende, por ejemplo, la Circular 7/2015 de la FGE, *op. cit.*, apartado 1, que la califica como «una medida sustitutiva de la pena de prisión por la que se restringen los derechos a entrar, residir o transitar por territorio nacional para favorecer la realización de los fines de la política inmigratoria que corresponde al Gobierno». En la misma línea, FERNÁNDEZ ARÉVALO, L.: Expulsión judicial, *op. cit.*, p. 16; BRANDARIZ GARCÍA, J. A.: Sistema penal, *op. cit.*, p. 169.

dades de prevención especial. Bien es cierto que, mientras la pena no sea suspendida sino sustituida por otra, se puede entender que las necesidades de prevención general continúan estando presentes y, por ende, son tenidas en cuenta[654].

Es fácil deducir de lo que antecede que los sustitutivos penales deben ser idóneos para cumplir, aunque de manera subsidiaria, los objetivos de la pena[655]. Sin embargo, no necesariamente tienen que perseguir los mismos fines que la pena de prisión, ni tampoco ser idénticos en su contenido y efectos. En puridad, las formas sustitutivas permiten prescindir de ciertos efectos o fines, principalmente desocializadores, de la pena de prisión, los cuales no se consideran necesarios desde la perspectiva de la mínima exclusión social. Por esta razón, el legislador solo ha incluido criterios de prevención especial para orientar a la autoridad judicial en su decisión sobre la expulsión[656].

La regulación actual del artículo 89 del CP, al igual que las versiones anteriores, no se ajusta ni al fundamento ni a los objetivos que caracterizan al instituto de la sustitución de las penas privativas de libertad. En rigor, una primera lectura del precepto podría sugerir que la expulsión opera como un sustitutivo penal genuino, ya que, materialmente, el artículo establece la sustitución de una pena de prisión por otra consecuencia, en este caso, la expulsión del territorio nacional. Por consiguiente, su ubicación sistemática podría parecer apropiada inicialmente. Sin embargo, como se expondrá a continuación, la regulación de la expulsión penal no se compadece con la institución de la sustitución —antiguo art. 88 del CP— aquí señalada[657].

---

654. TORRES FERNÁNDEZ, M. E.: La expulsión, *op. cit.*, pp. 61-62; ASÚA BATARRITA, A.: La expulsión del extranjero, *op. cit.*, p. 57; ALASTUEY DOBÓN, C.: Sobre la naturaleza, *op. cit.*, p. 112. Con más detalle, GRACIA MARTÍN, L./ALASTUEY DOBÓN, C.: «Suspensión de la ejecución y sustitución de las penas privativas de libertad (I)», en GRACIA MARTÍN, L. (coord.): *Tratado de las consecuencias jurídicas del delito*, Tirant lo Blanch, Valencia, 2006, pp. 293 y ss., 327 y ss.; NAVARRO CARDOSO, F.: Expulsión penal de extranjeros, *op. cit.*, p. 167.
655. Sobre la necesidad de que los sustitutivos penales tengan la naturaleza jurídica de pena, véase, GRACIA MARTÍN, L./ALASTUEY DOBÓN, C.: Suspensión, *op. cit.*, p. 330. En sentido idéntico, SERRANO PASCUAL, M.: Las formas sustitutivas, *op. cit.*, p. 369.
656. En este sentido, SERRANO PASCUAL, M.: Las formas sustitutivas, *op. cit.*, pp. 369-370; ALASTUEY DOBÓN, C.: Sobre la naturaleza, *op. cit.*, p. 112; RODRÍGUEZ BALADO, E.: «La intervención de la jurisdicción penal en el ámbito de la expulsión de extranjeros: autorización de la expulsión administrativa y autorización sustitutiva», en *Revista de Derecho Migratorio y Extranjería*, n.º 26, 2011, p. 39.
657. Niegan que la expulsión tenga el carácter de sustitutivo penal, por ejemplo, LAURENZO COPELLO, P.: Últimas reformas, *op. cit.*, p. 30; FLORES MENDOZA, F.: La expulsión,

En primer lugar, cabe observar que el apartado 1 del artículo 89 del CP, tras la redacción dada por la LO 1/2015, establece un límite mínimo —penas de prisión de más de un año— por debajo del cual no cabe la sustitución. Por tanto, la lógica seguida por este precepto es opuesta a la de la sustitución, la cual estableció un límite máximo por encima del cual no cabía la sustitución. Mientras que la expulsión puede aplicarse a delitos de cierta gravedad, la sustitución estaba diseñada para penas privativas de libertad no superiores a un año y, excepcionalmente, para penas privativas de libertad no superiores a dos años[658].

En segundo lugar, como ya se ha dicho, la sustitución de las penas privativas de libertad consistía en sustituir, por razones de prevención especial, la pena de prisión por una consecuencia menos gravosa. En lo que aquí interesa destacar, puede darse el caso de que la medida de expulsión, debido a su naturaleza ambivalente, resulte en ocasiones más perjudicial que la pena de prisión que busca sustituir[659]. Esta particularidad se ve acentuada tras la

op. cit., pp. 104-105 y 108; DÍAZ Y GARCÍA CONLLEDO, M.: Protección y expulsión, *op. cit.*, p. 631; DAUNIS RODRÍGUEZ, A.: El Derecho penal como herramienta, *op. cit.*, pp. 230-231; ASÚA BATARRITA, A.: La expulsión del extranjero, *op. cit.*, p. 60; ODRIOZOLA GURRUTXAGA, M.: Expulsión penal, *op. cit.*, p. 31; RODRÍGUEZ BALADO, E.: La intervención, *op. cit.*, p. 39; ROMA VALDÉS, A.: «La sustitución de las penas cortas de prisión en el caso de delincuentes extranjeros», en *Actualidad Penal*, Ref. XLV, 1999, p. 7; TORRES FERNÁNDEZ, M. E.: La expulsión, *op. cit.*, pp. 72 y 74; MONCLÚS MASÓ, M.: *La gestión penal de la inmigración. El recurso al sistema penal para el control de los flujos migratorios*, Editores del Puerto, Buenos Aires, 2008, p. 446; NAVARRO CARDOSO, F.: «Análisis del artículo 89 del Código Penal español, y unas reflexiones con perspectiva aporofóbica», en *Revista Penal*, n.º 47, 2021, pp. 203 y ss.; CANCIO MELIÁ, M.: La expulsión, *op. cit.*, p. 214; RODRÍGUEZ MESA, M. J.: «La expulsión del extranjero en el ordenamiento jurídico español. Una valoración crítica», en RUIZ RODRÍGUEZ, R./RODRÍGUEZ MESA, M. J. (coord.): *Inmigración y sistema penal: retos y desafíos para el siglo XXI*, Tirant lo Blanch, Valencia, 2006, p. 274; MUÑOZ LORENTE, J.: La expulsión del extranjero, *op. cit.*, pp. 478 y ss.

658. ALASTUEY DOBÓN, C.: Sobre la naturaleza, *op. cit.*, p. 113; MONCLÚS MASÓ, M.: La gestión penal, *op. cit.*, p. 446; MUÑOZ LORENTE, J.: La expulsión del extranjero, *op. cit.*, p. 479; SERRANO PASCUAL, M.: Las formas sustitutivas, *op. cit.*, pp. 27-28.

659. Como señala acertadamente ASÚA BATARRITA, A.: La expulsión del extranjero, *op. cit.*, p. 48, «la expulsión no significa lo mismo para quien emigra por desesperación en busca de trabajo, que para quien mantiene sobrados recursos en otro país y llega a España para ampliar las posibilidades de negocios clandestinos». Así, como señala DAUNIS RODRÍGUEZ, A.: El Derecho penal como herramienta, *op. cit.*, p. 229, «para penas de larga duración, la expulsión sustitutiva parece, *a priori*, una medida ventajosa para el reo; en cambio, cuando se aprecie en sustitución de penas privativas de libertad de corta duración, puede resultar especialmente aflictiva para el extranjero que tuviere como objetivo alcanzar la normalización de su situación administrativa». Al respecto, un estudio realizado en las prisiones de Daroca (Zaragoza), Carabanchel (Madrid) y

reforma operada por la LO 1/2015, que amplió el ámbito subjetivo del artículo 89 del CP a todas las personas extranjeras, incluidas las comunitarias[660].

En general, la mayoría de la doctrina sostiene que la expulsión no constituye beneficio alguno[661], aunque es innegable la existencia de ciertos casos donde la expulsión se presenta como la opción más favorable para la persona extranjera condenada[662]. Estas vicisitudes también han sido reconocidas y destacadas por el TC, el cual reconoce la importancia de distinguir entre la expulsión a instancia de parte y la expulsión de oficio. Mientras que en este último caso la expulsión puede ser considerada una «medida restrictiva de derechos», tal como fue señalado por la STC 242/1994, cuando la expulsión es solicitada por la persona extranjera penada «lo que se está planteando es la concesión de un beneficio consistente en evitar la privación de libertad personal, al adquirir esta consecuencia una evidente prevalencia sobre la

---

Alhaurín de la Torre (Málaga) demuestra que la ambivalencia aflictiva de la expulsión no solo depende de las circunstancias personales del sujeto afectado, sino también de la parte de la pena cumplida o por cumplir. En este sentido, GARCÍA ESPAÑA, E.: La expulsión como sustitutivo, *op. cit.*, pp. 8-9. Asimismo, ejemplifican el carácter ambivalente de la expulsión, por ejemplo, PÉREZ CÉPEDA, A. I.: Globalización, *op. cit.*, pp. 345-346; MARTÍNEZ ESCAMILLA, M.: Inmigración, *op. cit.*, p. 20; RECIO JUÁREZ, M.: *La expulsión de extranjeros en el proceso penal*, Dykinson, Madrid, 2016, p. 89; DÍAZ Y GARCÍA CONLLEDO, M.: Protección y expulsión, *op. cit.*, p. 631; CANCIO MELIÁ, M.: La expulsión, *op. cit.*, pp. 198 y ss., y 202 y ss.; ODRIOZOLA GURRUTXAGA, M.: Expulsión penal, *op. cit.*, p. 31; GUISASOLA LERMA, C.: «Reformas penales y tendencias político-criminales en materia de inmigración», en *La Ley penal*, n.º 67, 2010, p. 5; BRANDARIZ GARCÍA, J. A.: Sistema penal, *op. cit.*, pp. 217-219.

660. RECIO JUÁREZ, M.: La expulsión, *op. cit.*, p. 87; BOZA MARTÍNEZ, D.: La expulsión de personas extranjeras, *op. cit.*, p. 266.

661. NAVARRO CARDOSO, F.: Expulsión penal de extranjeros, *op. cit.*, p. 170; RODRÍGUEZ CANDELA, J. L.: La expulsión del extranjero, *op. cit.*, p. 59; MONCLÚS MASÓ, M.: La gestión penal, *op. cit.*, p. 450; BOZA MARTÍNEZ, D.: La expulsión de personas extranjeras, *op. cit.*, pp. 270-271; ODRIOZOLA GURRUTXAGA, M.: Expulsión penal, *op. cit.*, p. 31. Por su parte, TORRES FERNÁNDEZ, M. E.: La expulsión, *op. cit.*, pp. 78-80, niega que la expulsión tenga un carácter ambivalente que varíe en función de las circunstancias personales de la persona extranjera penada. Así, señala que «(...) su intensidad aflictiva es menor que la que acompaña a la privación de libertad, propia de la prisión, que afecta más radicalmente a las posibilidades de actuación del condenado». Con todo, considera que la expulsión supone, en cualquier caso, «un tratamiento más beneficioso que el cumplimiento de la pena privativa de libertad, pues evita la entrada en la cárcel, con todos los efectos negativos que ello implica para el penado, siendo la prisión la pena más grave de las previstas en el CP».

662. Como apunta NAVARRO CARDOSO, F.: Análisis del artículo 89, *op. cit.*, pp. 203-204, puede darse el caso de personas extranjeras que ingresan en el país con el único propósito de delinquir. En estos supuestos, como se ha expuesto con anterioridad, la expulsión puede tener efectos criminógenos.

limitación consistente en la privación de la libertad de residencia por el territorio nacional»[663].

Sin embargo, consideramos que la caracterización de la naturaleza de la medida de expulsión, la cual se determina de manera objetiva, no puede estar condicionada por el grado de afectación que la expulsión pueda suponer en cada caso concreto[664]. Esto no implica, claro está, desconocer la variedad de situaciones que hacen que la expulsión sea una institución, cuando menos, difícil de definir.

Además, se puede constatar que la expulsión no constituye un sustitutivo debido al hecho de que puede ser adoptada una vez se haya cumplido la mayor parte de la condena, esto es, cuando la persona alcance el tercer grado o la libertad condicional[665]. En estos casos, como se ha señalado previamente, podría hablarse de una acumulación de condena y no de una mera sustitución de la pena[666].

Otra razón que impide clasificar la expulsión como un sustitutivo penal radica en que su regulación no se ajusta al régimen general de sustitución en sentido estricto —antiguo art. 88 del CP—, el cual se centraba en la prevención especial y tenía como objetivo la reinserción y la reeducación de la persona penada. Difícilmente puede la expulsión cumplir con el mandato resocializador si su materialización implica

---

663. Auto del Tribunal Constitucional (Sección Primera) 33/1997, de 10 de febrero, FJ 2. Al respecto, la Sentencia del Tribunal Constitucional (Sala Primera) 203/1997, de 25 de noviembre (en adelante, STC 203/1997), FJ 2, señala la relevancia constitucional de los problemas que plantean tanto la expulsión a instancia de la parte interesada como la expulsión de oficio. Asimismo, ASÚA BATARRITA, A.: La expulsión del extranjero, *op. cit.*, pp. 48-49; BOZA MARTÍNEZ, D.: La expulsión de personas extranjeras, *op. cit.*, p. 267.

664. BOZA MARTÍNEZ, D.: La expulsión de personas extranjeras, *op. cit.*, p. 267; TORRES FERNÁNDEZ, M. E.: La expulsión, *op. cit.*, p. 80.

665. BRANDARIZ GARCÍA, J. A.: Sistema penal, *op. cit.*, p. 166; BOZA MARTÍNEZ, D.: La expulsión de personas extranjeras, *op. cit.*, p. 268; DÍAZ Y GARCÍA CONLLEDO, M.: Protección y expulsión, *op. cit.*, p. 623; DÍEZ RIPOLLÉS, J. L.: *Derecho penal español. Parte general*, 5.ª ed., Tirant lo Blanch, Valencia, 2020, p. 697.

666. IGLESIAS RÍO, M. A.: La expulsión, *op. cit.*, p. 178, se refiere a una «acumulación sucesiva sancionatoria, un castigo añadido, un nuevo cumplimiento penitenciario respecto de hechos que, en su mayor parte, ya han resultado suficientemente castigados en el período anterior, pudiendo constituir una infracción al principio *ne bis in idem* y, consecuentemente, al principio de proporcionalidad». En idéntico sentido, NAVARRO CARDOSO, F.: Expulsión penal de extranjeros, *op. cit.*, p. 165, al señalar que, en estos casos, «la expulsión pasa de ser una consecuencia sustitutoria de la pena a una acumulativa de esta».

precisamente la expulsión del territorio nacional de la persona extranjera condenada[667].

Así se reconoce en el ATC 106/1997, al señalar que la expulsión «no persigue a diferencia de otros sustitutivos de las penas cortas privativas de libertad, surtir efectos positivos en orden a la reeducación y reinserción social del extranjero en España (...) dado su carácter puntual o de agotamiento en un solo acto, no puede considerarse adecuada para el cumplimiento de esas finalidades preventivo-especiales que, desde luego, no están absolutamente garantizadas por el simple regreso del penado extranjero a su país»[668]. En otras palabras, las oportunidades de reinserción de la persona extranjera condenada pasan por el cumplimiento de la pena, ya que la expulsión las elimina por completo[669]. Sobre ello se volverá con posterioridad.

En definitiva, el artículo 89 del CP no busca, ni siquiera pretende, ofrecer un medio alternativo al cumplimiento de la pena privativa de libertad que sea igual o incluso más apropiado para satisfacer los fines de los sustitutivos penales. De ello se deduce que la expulsión no puede ser considerada una pena. Esto ha llevado a parte de la doctrina a calificar el artículo 89 del CP como una forma de sustitución «*sui generis*», al margen de los fines y fundamentos del régimen general de sustitución[670].

---

667. ACALE SÁNCHEZ, M.: Regulación penal, *op. cit.*, p. 592. En sentido idéntico, MUÑOZ LORENTE, J.: La expulsión del extranjero, *op. cit.*, p. 481.

668. Auto del Tribunal Constitucional (Sección Segunda) 106/1997, de 17 de abril (en adelante, ATC 106/1997), FJ 2.

669. ALASTUEY DOBÓN, C.: Sobre la naturaleza, *op. cit.*, p. 113. Como señala acertadamente NAVARRO CARDOSO, F.: Análisis del artículo 89, *op. cit.*, p. 202, «no sería la expulsión la que se acercase a la función (o finalidad) de prevención especial, sino justo lo contrario, su excepción».

670. RECIO JUÁREZ, M.: La expulsión, *op. cit.*, pp. 88, 95 y 97; ASÚA BATARRITA, A.: La expulsión del extranjero, *op. cit.*, p. 79; FLORES MENDOZA, F.: La expulsión, *op. cit.*, p. 109; DAUNIS RODRÍGUEZ, A.: El Derecho penal como herramienta, *op. cit.*, p. 228. Por su parte, RODRÍGUEZ CANDELA, J. L.: La expulsión del extranjero, *op. cit.*, p. 60, considera que la expulsión es el único sustitutivo que en el CP no tiene naturaleza de pena. En estos casos, sostiene que se sustituye la pena de prisión por una medida restrictiva de derechos —en los términos empleados por la STC 242/1994— vinculada a la política de extranjería.

2. LA EXPULSIÓN PENAL COMO PENA

Aunque algunos sectores de la doctrina han argumentado a favor de considerar la expulsión contemplada en el artículo 89 del CP como una pena[671], no compartimos esta postura. Esto se debe a varios motivos tanto formales como materiales que, en nuestra opinión, impiden caracterizarla como tal.

Desde una perspectiva formal, en línea con lo apuntado por cierto sector doctrinal[672], la expulsión no puede considerarse una pena, debido a que no está incluida en el catálogo de penas del artículo 33 del CP[673]. Por el con-

---

671. Así, según BRANDARIZ GARCÍA, J. A.: Sistema penal, *op. cit.*, p. 169, dado que los sustitutivos penales son penas que sustituyen a otras penas, no cabe sino concluir que la expulsión, materialmente hablando, tiene naturaleza jurídica de pena. También considera la expulsión una pena, BOZA MARTÍNEZ, D.: La expulsión de personas extranjeras, *op. cit.*, p. 270, aunque excepcional, desde en el momento en el que no se contempla en el catálogo de penas del artículo 33 del CP. Por su parte, MONCLÚS MASÓ, M.: La gestión penal, *op. cit.*, p. 450, entiende que la expulsión es claramente un mal para la persona extranjera a la que se le aplica, lo que le lleva a afirmar que tanto la expulsión prevista en el artículo 89 del CP como las modalidades de expulsión contempladas en la legislación de extranjería son sanciones penales y, por tanto, tienen naturaleza de pena. Por su parte, PÉREZ CÉPEDA, A. I.: Globalización, *op. cit.*, p. 347, considera que es el propio legislador quien, a través de las distintas redacciones dadas al artículo 89 del CP, especialmente tras la LO 11/2003, transforma la expulsión en una auténtica pena. Defiende asimismo la naturaleza de pena de la expulsión, MACÍAS ESPEJO, B.: «Sustitución y expulsión de extranjeros», en MORILLAS CUEVA, L. (dir.): *La pena de prisión entre el expansionismo y el reduccionismo punitivo*, Dykinson, Madrid, 2016, p. 263.
672. FLORES MENDOZA, F.: La expulsión, *op. cit.*, p. 105; MUÑOZ LORENTE, J.: La expulsión del extranjero, *op. cit.*, p. 479; MAPELLI CAFFARENA, B./TERRADILLOS BASOCO, J.: *Las consecuencias jurídicas del delito*, 3.ª ed., Civitas, Madrid, 1996, p. 109; ACALE SÁNCHEZ, M.: Regulación penal, *op. cit.*, p. 592; RODRÍGUEZ MESA, M. J.: El sistema penal, *op. cit.*, p. 861; RODRÍGUEZ CANDELA, J. L.: La expulsión del extranjero, *op. cit.*, p. 60; ROIG TORRES, M.: «La expulsión de los extranjeros en el Proyecto de reforma del Código Penal. Análisis desde la perspectiva del TEDH: unas notas sobre el Derecho británico», en *Estudios penales y criminológicos*, vol. XXXIV, 2014, p. 475; TORRES FERNÁNDEZ, M. E.: La expulsión, *op. cit.*, p. 63; DAUNIS RODRÍGUEZ, A.: El Derecho penal como herramienta, *op. cit.*, p. 228; RECIO JUÁREZ, M.: La expulsión, *op. cit.*, p. 89; DÍAZ Y GARCÍA CONLLEDO, M.: Protección y expulsión, *op. cit.*, p. 628; NAVARRO CARDOSO, F.: Expulsión penal de extranjeros, *op. cit.*, p. 168.
673. NAVARRO CARDOSO, F.: Análisis del artículo 89, *op. cit.*, p. 201; MUÑOZ LORENTE, J.: La expulsión del extranjero, *op. cit.*, p. 478; ROMA VALDÉS, A.: La sustitución, *op. cit.*, p. 7; FERNÁNDEZ ARÉVALO, L.: Expulsión judicial, *op. cit.*, p. 16; FLORES MENDOZA, F.: La expulsión, *op. cit.*, p. 105; RODRÍGUEZ BALADO, E.: La intervención, *op. cit.*, p. 38; DÍEZ RIPOLLÉS, J. L.: Derecho penal, *op. cit.*, p. 696; TORRES FERNÁNDEZ, M. E.: La expulsión, *op. cit.*, p. 63; ORTS BERENGUER, E./GONZÁLEZ CUSSAC, J. L.: *Compendio de Derecho penal. Parte General*, 10.ª ed., Tirant lo Blanch,

trario, un sector minoritario de la doctrina sostiene que lo que realmente sustituye a la pena de prisión no es la expulsión del territorio nacional, sino la prohibición de regresar a España durante un período de tiempo determinado, lo cual, considera este sector, constituye una modalidad comprendida dentro de la pena de «privación del derecho a residir en determinados lugares o acudir a ellos» que puede ser grave, menos grave o leve en función del tiempo establecido (art. 33 CP)[674]. Según esta corriente, la expulsión es una medida ejecutiva de la prohibición de regreso al territorio nacional, ya que la prohibición de entrada no puede comenzar a computar hasta que se haya materializado la expulsión[675]. Este planteamiento, no exento de crítica, merece ser considerado.

Valencia, 2023, p. 572; RECIO JUÁREZ, M.: La expulsión, *op. cit.*, p. 89; ROIG TORRES, M.: La expulsión, *op. cit.*, p. 475; ODRIOZOLA GURRUTXAGA, M.: La expulsión, *op. cit.*, p. 34; DE LA ROSA CORTINA, J. M.: «La expulsión de los extranjeros no residentes legalmente condenados a pena privativa de libertad inferior a seis años tras la Ley Orgánica 11/2003», en *Diario La Ley*, n.º 6042, 2004, p. 3. También niega el carácter de pena bajo este presupuesto, el ATC 106/1997, *op. cit.*, FJ 2, al señalar que «(...) ni en rigor puede decirse que tal expulsión sea una pena (...) lo que quedaría demostrado, entre otras cosas, por el hecho de no venir expresamente mencionada en el catálogo que de las mismas se establece en el art. 33 del Código Penal de 1995». Cierto es que, para un sector doctrinal, el hecho de que la expulsión no esté incluida en el catálogo de penas del CP no constituye un obstáculo insalvable para considerarla como tal. En este sentido, BRANDARIZ GARCÍA, J. A.: Sistema penal, *op. cit.*, p. 169; BOZA MARTÍNEZ, D.: La expulsión de personas extranjeras, *op. cit.*, pp. 270-271; MACÍAS ESPEJO, B.: Sustitución y expulsión, *op. cit.*, p. 263. Pese a compartir dicho argumento, niegan la naturaleza de pena de la expulsión penal, por ejemplo, ASÚA BATARRITA, A.: La expulsión del extranjero, *op. cit.*, p. 62; CANCIO MELIÁ, M.: La expulsión, *op. cit.*, p. 214; LEGANÉS GÓMEZ, S.: Clasificación penitenciaria, *op. cit.*, p. 524. En opinión de MONCLÚS MASÓ, M.: La gestión penal, *op. cit.*, pp. 450-451, negar el carácter de pena de la expulsión atendiendo a su mera calificación legal o ubicación normativa es tanto como «posibilitar el fraude a todas las garantías penales y procesales-penales procedentes de la tradición ilustrada y que constituyen su más preciada herencia». Además, añade que la Constitución acoge todas estas garantías, por lo que no es posible eludirlas adoptando un concepto nominalista o formal de la pena. En contra, IZQUIERDO ESCUDERO, F. J.: «Naturaleza jurídica de la sustitución prevista en el artículo 89 del Código Penal. Comentario al auto del TC 106/1997 de 17 de abril», en *Diario La Ley*, D-288, 1997, p. 3, por entender que deben tomarse en consideración dos aspectos: por un lado, el artículo 33 del CP, que establece un listado *numerus clausus* de penas, entre las que no se encuentra la expulsión sustitutiva y, por otro lado, el artículo 34 del CP, que opera, en sus palabras, como un «catálogo antipena», en el que tampoco se encuentra la expulsión. Al no estar contemplado en ninguno de los preceptos citados, sostiene que la lógica constitucional debe llevarnos a entender que la expulsión «ni sería pena, ni dejaría de serlo».

674. IZQUIERDO ESCUDERO, F. J.: Naturaleza jurídica, *op. cit.*, p. 3.

675. *Ibid.*

En primer lugar, es importante destacar que la privación del derecho a residir en determinados lugares o acudir a ellos no puede equipararse, dada la limitada extensión espacial del término «lugar», con una prohibición de entrada que se extiende no solo a todo el territorio nacional, sino a todo el espacio Schengen. La amplitud de los efectos de esta prohibición no se ajusta a los apretados límites establecidos para la prohibición del derecho a residir o acudir a determinados lugares, ya que esta última requiere una mayor precisión de los lugares a los que se prohíbe el acceso, los cuales se determinan atendiendo a la naturaleza del delito, a diferencia de lo que ocurre con la expulsión. Por lo tanto, se conviene con evidencia que la magnitud de las consecuencias derivadas de la aplicación de la medida de expulsión la hace incomparable con la pena de prohibición de residir o acudir a determinados lugares, debido al alcance más limitado de esta última[676].

En segundo lugar, cabe traer a colación la STC 72/2005, la cual aborda, entre otros aspectos, la cuestión de si existe un derecho fundamental de las personas extranjeras a entrar en España. Como punto de partida, el Tribunal se basa en el artículo 13.1 de la CE, el cual establece que «los extranjeros gozarán en España de las libertades públicas que garantiza el presente Título en los términos que establezcan los tratados y la ley». Según la sentencia, esto demuestra que «la regulación de dicho precepto constitucional no tiene como finalidad reconocer derechos, en general, a los miles de millones de ciudadanos extranjeros que se encuentran en otros países ni, en concreto, convertir en derecho fundamental la eventual expectativa de entrar en España de todos los extranjeros que están fuera de nuestro país y que se presenten en nuestras fronteras, sino, precisamente, regular la posición jurídica de los extranjeros que ya se encuentran en España»[677].

Por lo tanto, el sujeto titular de los derechos reconocidos en el artículo 13.1 de la CE es el extranjero que ya se encuentra en España[678]. El propio tenor literal del artículo 13.1 de la CE impide que este se proyecte sobre el derecho a entrar en España, lo que excluye a las personas extranjeras como titulares de este derecho, reservándolo únicamente para las y los ciudadanos españoles[679].

Cabe inferir lo propio de los artículos 12 y 13 del PIDCP, ya citados, así como de la regulación prevista en la DUDH, a la cual hace referencia explícita

676. TORRES FERNÁNDEZ, M. E.: La expulsión, *op. cit.*, pp. 64-66; ASÚA BATARRITA, A.: La expulsión del extranjero, *op. cit.*, p. 62.

677. STC 72/2005, *op. cit.*, FJ 6.

678. *Ibid.*

679. *Ibid.*

el artículo 10.2 de la CE. La Declaración reconoce el derecho de todas las personas a salir de cualquier país, pero no garantiza el derecho a ingresar en otro país que no sea el propio. En la misma línea se manifiesta el Protocolo número 4 al Convenio para la Protección de los Derechos Humanos y de las Libertades Fundamentales, donde el derecho a ingresar en un país solo se reconoce con respecto al territorio del Estado del cual se es ciudadana o ciudadano[680].

Con todo, el Tribunal concluye que «no hay ambigüedad ninguna ni en la literalidad del artículo 13.1 de la CE, ni en la interpretación sistemática que lo proyecta sobre el artículo 19 de la CE en relación con los tratados internacionales en materia de derechos fundamentales, de suerte que hemos de concluir que el derecho a entrar en España, con el carácter de fundamental, solo corresponde a los españoles y no a los extranjeros»[681].

Como vemos, el TC se muestra contundente al excluir a las personas extranjeras como titulares del derecho a entrar en España, luego no se les puede privar de un derecho que no poseen. En consecuencia, entendemos que la prohibición de entrada vinculada a la expulsión no constituye una modalidad de la pena de privación del derecho a residir en determinados lugares o acudir a ellos.

Desde una perspectiva material, la expulsión tampoco puede ser considerada una pena, ya que no concurren en esta medida los fines de prevención general y especial que deben cumplir las penas[682]. En cuanto a la prevención especial, ya se ha adelantado que la expulsión penal no cumple

680. *Ibid.*, FJ 7.

681. STC 72/2005, *op. cit.*, FJ 7. En los mismos términos, la Sentencia del Tribunal Constitucional (Sala Primera) 94/1993, de 22 de marzo, FJ 2, referente en esta cuestión, y el Auto del Tribunal Constitucional (Sección Segunda) 55/1996, de 6 de marzo, FJ 3.

682. DAUNIS RODRÍGUEZ, A.: El Derecho penal como herramienta, *op. cit.*, pp. 228-229; CANCIO MELIÁ, M.: La expulsión, *op. cit.*, p. 214; ASÚA BATARRITA, A.: La expulsión del extranjero, *op. cit.*, p. 62; NAVARRO CARDOSO, F.: Análisis del artículo 89, *op. cit.*, pp. 201-202; RECIO JUÁREZ, M.: La expulsión, *op. cit.*, pp. 89-91; DÍAZ Y GARCÍA CONLLEDO, M.: Protección y expulsión, *op. cit.*, pp. 228-229; ODRIOZOLA GURRUTXAGA, M.: Expulsión penal, *op. cit.*, pp. 33 y ss. No comparte esta opinión BRANDARIZ GARCÍA, J. A.: Sistema penal, *op. cit.*, p. 170, al señalar que «si bien es cierto que la adecuación de la institución a los fines preventivos de las penas no resulta carente de fricciones —lo que se deriva de la tensión entre estos fines y los propios del control de fronteras—, es dudoso que se produzca una desatención absoluta de aquellas funciones de las sanciones punitivas (…) una cosa es que la institución del art. 89 CP se oriente por finalidades punitivas que en un marco de Estado de derecho deberían ser cuestionadas, y otra bien distinta que no se adecue en absoluto a los fines de la pena».

con el mandato resocializador reconocido en el artículo 25.2 de la CE. Esta circunstancia no es de extrañar, dado que el propio contenido de la medida se fundamenta en la exclusión de la persona extranjera de un territorio y de una sociedad[683].

No deja de apuntarse en ocasiones, sin embargo, que en el caso concreto de las personas extranjeras que carecen de arraigo solvente en nuestro territorio, la pena de prisión no cumple de manera eficaz su función preventivo-especial. En tales casos, el cumplimiento de la pena en España resulta infructuoso e incapaz de satisfacer el mandato resocializador, al mismo tiempo que perjudica la política de extranjería[684]. Esto se debe, en parte, a

683. BRANDARIZ GARCÍA, J. A.: Sistema penal, *op. cit.*, p. 224; DAUNIS RODRÍGUEZ, A.: El Derecho penal como herramienta, *op. cit.*, p. 228; NAVARRO CARDOSO, F.: Análisis del artículo 89, *op. cit.*, pp. 201 y ss.; BOZA MARTÍNEZ, D.: La expulsión de personas extranjeras, *op. cit.*, p. 363; ROIG TORRES, M.: La expulsión, *op. cit.*, p. 475; PÉREZ CÉPEDA, A. I.: Globalización, *op. cit.*, p. 348. En este sentido, el ATC 106/1997, *op. cit.*, FJ 2. Asimismo, niegan que la expulsión tenga carácter de pena, la STC 242/1994, *op. cit.*, FJ 4, y la Sentencia del Tribunal Supremo (Sala de lo Penal) 1231/2006 de 23 de noviembre, (en adelante, STS 1231/2006), FJ 5.

684. RECIO JUÁREZ, M.: La expulsión, *op. cit.*, p. 88. En sentido idéntico, RODRÍGUEZ CANDELA, J. L.: La expulsión del extranjero, *op. cit.*, pp. 59-60, al señalar que «al planear sobre el extranjero todas estas consecuencias, difícilmente la pena va a poder estar orientada hacia la reeducación y reinserción social del delincuente». Asimismo, TERRADILLOS BASOCO, J. M./BOZA MARTÍNEZ, D.: La expulsión, *op. cit.*, p. 363. Muy crítico, CANCIO MELIÁ, M.: La expulsión, *op. cit.*, pp. 195 y ss., al señalar que, para considerar una posible justificación de la institución en estos términos, sería crucial exigir una base empírica sólida que respalde dicha afirmación, tomando en cuenta las características socioeconómicas del colectivo migrante. Con todo, sostiene que «no es que no sea posible reinsertar a los extranjeros, sino que, desde un principio, se excluye respecto de ellos tal fin de la pena». En sentido similar, ASÚA BATARRITA, A.: La expulsión del extranjero, *op. cit.*, p. 57. En cualquier caso, como bien señala GONZÁLEZ TASCÓN, M. M.: La cuarta reforma, *op. cit.*, p. 153, el argumento sobre las dificultades que puede comportar la reinserción de las personas extranjeras que carecen de lazos con el país de acogida habría decaído necesariamente tras la ampliación del ámbito subjetivo a todas las personas extranjeras, con independencia de su situación administrativa. En cualquier caso, señala con acierto que los problemas específicos que pueden surgir debido a las particularidades de las personas extranjeras para implementar programas de tratamiento penitenciario no deberían conducir, sin más, a la expulsión. Con todo, tiene razón al afirmar que «la presencia de personas extranjeras en nuestras prisiones efectivamente plantea nuevos y desafiantes retos a la Administración penitenciaria a los que necesariamente hay que enfrentarse porque así lo exige la CE en su artículo 25.2, desde el momento en que en su proclamación de la reeducación y reinserción social de los condenados a penas privativas de libertad como fin de esas penas no contempla un trato desigual de los condenados en consideración a factor alguno, como pudiera ser su vinculación con un Estado».

la posibilidad de expulsar a la persona extranjera una vez haya cumplido la pena con arreglo a la normativa de extranjería. Esta expectativa ulterior de expulsión, en palabras de BRANDARIZ GARCÍA, hace que la finalidad rehabilitadora de la prisión sea considerada innecesaria e incluso inviable[685]. Pese a ello, considera que la expulsión no implica un abandono total del fin preventivo-especial, sino que, antes al contrario, cumple una función de prevención especial o resocialización negativa. En su opinión, la medida de expulsión es particularmente adecuada para incapacitar a la persona extranjera delincuente, al menos en lo que respecta a posibles delitos futuros que pueda cometer en el espacio Schengen. La expulsión cumpliría así con un objetivo meramente inocuizador o incapacitador, lo que sin duda debe llevarnos a cuestionar su legitimidad[686].

Ciertamente, si la expulsión desatiende el fin preventivo-especial de la pena, al menos debería respaldarse en los fines de prevención general, los cuales, no obstante, pueden entrar en conflicto con la expulsión[687]. En cuanto a la prevención general positiva, el hecho de que la expulsión de personas extranjeras condenadas sea inicialmente obligatoria cumple una función simbólica en el conjunto de la ciudadanía, ya que transmite el mensaje de que toda persona extranjera infractora será expulsada. Sin embargo, la ampliamente difundida creencia de que la mayoría de las expulsiones no se llevan a cabo socava la reafirmación del ordenamiento jurídico, por lo que el artículo 89 del CP no cumpliría con las exigencias de la prevención general positiva[688].

---

685. BRANDARIZ GARCÍA, J. A.: Sistema penal, *op. cit.*, p. 224. En este sentido, GARCÍA ESPAÑA, E.: La expulsión como sustitutivo, *op. cit.*, p. 14, entiende que la expulsión es una figura especialmente idónea para la incapacitación. En los mismos términos, RODRÍGUEZ CANDELA, J. L.: La expulsión del extranjero, *op. cit.*, p. 59; RECIO JUÁREZ, M.: La expulsión, *op. cit.*, p. 97.
686. BRANDARIZ GARCÍA, J. A.: Sistema penal, *op. cit.*, pp. 225-226; MUÑOZ LORENTE, J.: La expulsión del extranjero, *op. cit.*, p. 406; ALASTUEY DOBÓN, C.: Sobre la naturaleza, *op. cit.*, p. 73; GARCÍA ESPAÑA, E.: La expulsión como sustitutivo, *op. cit.*, p. 14.
687. IGLESIAS RÍO, M. A.: La expulsión, *op. cit.*, p. 177; RODRÍGUEZ YAGÜE, C.: El modelo político-criminal, *op. cit.*, pp. 24-25; GARCÍA ESPAÑA, E.: La expulsión como sustitutivo, *op. cit.*, p. 14; MANZANARES SAMANIEGO, J. L.: Suspensión, *op. cit.*, p. 92; LACRUZ LÓPEZ, J. M.: «El extranjero en el Derecho penal español», en VV.AA.: *El extranjero en el Derecho penal español*, Dykinson, Madrid, 2016, p. 416; BRANDARIZ GARCÍA, J. A.: Sistema penal, *op. cit.*, pp. 222 y ss.; DÍAZ Y GARCÍA CONLLEDO, M.: Protección y expulsión, *op. cit.*, pp. 628-629; PÉREZ CÉPEDA, A. I.: Globalización, *op. cit.*, pp. 347-348.
688. BRANDARIZ GARCÍA, J. A.: Sistema penal, *op. cit.*, p. 223; GARCÍA ESPAÑA, E.: La expulsión como sustitutivo, *op. cit.*, p. 14; DAUNIS RODRÍGUEZ, A.: El Derecho penal

Que la expulsión no cumple con la prevención general positiva se hace más evidente, si cabe, a raíz de las nuevas exigencias de prevención general introducidas por la LO 1/2015. Aunque la expulsión sigue siendo la norma general, se contempla que, excepcionalmente, se proceda a la ejecución de la pena impuesta «cuando resulte necesario para asegurar la defensa del orden jurídico y restablecer la confianza en la vigencia de la norma infringida por el delito». Con ello, el legislador viene a reconocer que el instrumento adecuado para atender a las exigencias de prevención general positiva no es la expulsión, sino la pena de prisión[689], como tendremos ocasión de comprobar más adelante.

Sin embargo, cabe valorar positivamente el hecho de vincular esta medida, entre otras consideraciones, a la naturaleza y gravedad del delito. Esto se hace con el fin de evitar que esta forma de sustitución de la condena pierda su efecto disuasorio y contribuir a prevenir la falsa y, en ocasiones, peligrosa percepción de que las personas extranjeras, sin importar la gravedad del delito cometido, nunca cumplirán la pena de prisión, sino que, a lo sumo, serán expulsadas a su país de origen[690], como se indicaba en las páginas precedentes.

La prevención general negativa tampoco queda satisfecha con la expulsión penal. Dada la ambivalencia aflictiva de la figura, el alcance del efecto intimidatorio de la norma dependerá de diversos factores, principalmente de las circunstancias personales de cada sujeto y la duración de la pena impuesta[691].

Con todo, podemos concluir, siguiendo a FLORES MENDOZA, que si la renuncia al cumplimiento de la pena hubiera estado realmente motivada por fines preventivo-generales, la existencia del artículo 89 del CP carecería de sentido, dado que nuestro ordenamiento jurídico prevé otros mecanismos para abordar la reinserción social de personas extranjeras condenadas. Es el caso de la extradición y la ejecución de sentencias penales extranjeras,

---

como herramienta, *op. cit.*, p. 228; ODRIOZOLA GURRUTXAGA, M.: La expulsión, *op. cit.*, p. 39.

689. ALASTUEY DOBÓN, C.: Sobre la naturaleza, *op. cit.*, p. 113; IGLESIAS RÍO, M. A.: La expulsión, *op. cit.*, p. 178. En este sentido, GONZÁLEZ TASCÓN, M. M.: La cuarta reforma, *op. cit.*, p. 170, se refiere al «sinsentido» que supone afirmar que la vigencia del derecho requiere del cumplimiento parcial de la pena y que, sin embargo, no siempre se procederá a ello, sino solo excepcionalmente.
690. IGLESIAS RÍO, M. A.: La expulsión, *op. cit.*, p. 178.
691. DAUNIS RODRÍGUEZ, A.: El Derecho penal como herramienta, *op. cit.*, pp. 228-229; BRANDARIZ GARCÍA, J. A.: Sistema penal, *op. cit.*, p. 223.

mediante los cuales se posibilita el cumplimiento de la pena de prisión en el país al que la persona extranjera ha sido expulsada, generalmente su país de origen o su país de residencia habitual. Estas instituciones satisfacen mejor las demandas de prevención especial y ofrecen un pronóstico más favorable para la reinserción social, sin que ello implique un menoscabo de las exigencias de prevención general y reafirmación del ordenamiento jurídico del país en el que se ha dictado la sentencia condenatoria[692].

Por todo lo cual, aunque consideramos que la opción punitiva principal para las personas extranjeras condenadas debería ser el cumplimiento de la pena en un centro penitenciario español, en su lugar, parece preferible acudir a las figuras aludidas, descartando así el uso de la expulsión como sustitutivo de la pena.

3. LA EXPULSIÓN PENAL COMO MEDIDA DE SEGURIDAD

Tampoco podemos defender que la expulsión recogida en el artículo 89 del CP sea una medida de seguridad, a pesar de que su inclusión en el catálogo de medidas de seguridad del artículo 96 del CP y su tradicional delimitación a las personas extranjeras no residentes legalmente en España podrían sugerirlo[693]. En efecto, el artículo 96.3.2ª del CP incluye, entre las medidas de seguridad no privativas de libertad, «la expulsión de los extranjeros no residentes legalmente en España».

Este razonamiento sistemático deja de sostenerse desde la entrada en vigor de la LO 1/2015, la cual, como se ha mencionado anteriormente, ha reformado el artículo 89 del CP ampliando su ámbito subjetivo a todas las personas extranjeras, incluidas las comunitarias. Resulta difícil concebir que

692. FLORES MENDOZA, F.: La expulsión, *op. cit.*, p. 111; ASÚA BATARRITA, A.: La expulsión del extranjero, *op. cit.*, p. 57.

693. MANZANARES SAMANIEGO, J. L.: Suspensión, *op. cit.*, p. 91; COMAS D'ARGEMIR, M./SÁNCHEZ-ALBORNOZ, C./NAVARRO, E.: «Sustitución de la pena por expulsión: principio de proporcionalidad, audiencia del acusado y del penado, distintas fases procesales (art. 89 CP)», Ponencia en Jornadas de la comisión penal de Jueces para la Democracia, Valencia, 2012, p. 4; LEGANÉS GÓMEZ, S.: Clasificación penitenciaria, *op. cit.*, p. 531; SERRANO PACUAL, M.: Las formas sustitutivas, *op. cit.*, p. 389. Por su parte, DÍEZ RIPOLLÉS, J. L.: Derecho penal, *op. cit.*, pp. 696-697, entiende que el artículo 89 del CP contiene dos supuestos distintos. Así, un primer grupo de casos donde la pena de prisión se sustituye por una medida de seguridad, y un segundo donde la expulsión es una modalidad específica de libertad condicional. Asimismo, se refiere al supuesto contemplado en el artículo 89.1 del CP como un caso de «peligrosidad criminal no plena». De ahí que también la STS 901/2004, *op. cit.*, FD 2, afirme que la expulsión sustitutiva es una medida de seguridad.

mientras la expulsión sea considerada una medida de seguridad para las personas extranjeras sin residencia legal en España, tenga una naturaleza diferente para el resto[694]. El hecho de que el artículo 96.3.2ª del CP no haya sido modificado tras la reforma llevada a cabo por la LO 1/2015, manteniendo así su redacción original, hace aún más evidente que la expulsión no puede ser clasificada como una medida de seguridad.

Ahora bien, dejando a un lado estas consideraciones formales, lo cierto es que la medida de expulsión contemplada en el artículo 89 del CP, ni en sus versiones anteriores ni en su redacción actual, se ajusta a los presupuestos de las medidas de seguridad[695], y ello por varias razones.

Antes que nada, interesa destacar que las medidas de seguridad se fundamentan en la peligrosidad criminal del sujeto al que se impongan, manifestada en la comisión de un hecho delictivo (art. 6.1 CP). La imposición de una medida de seguridad solo puede justificarse por la existencia de una necesidad de aseguramiento frente al sujeto infractor en el futuro. Su propósito no es reaccionar ante el delito cometido, sino evitar que la persona peligrosa reincida.

Estos presupuestos materiales establecen límites tanto en la gravedad como en la duración de las medidas de seguridad aplicables en el supuesto concreto. En ningún caso pueden resultar más gravosas ni de mayor duración que la pena abstractamente aplicable al hecho cometido, ni exceder el límite de lo necesario para prevenir la peligrosidad del sujeto (art. 6.2 CP).

Desde luego, la configuración legal de la expulsión no proporciona los elementos necesarios para inferir los presupuestos y las finalidades que caracterizan a las medidas de seguridad. El artículo 89 del CP no requiere un análisis individualizado de la peligrosidad criminal que pueda fundamentar

694. BOZA MARTÍNEZ, D.: La expulsión de personas extranjeras, *op. cit.*, p. 264.

695. En contra de considerar la expulsión como medida de seguridad, por ejemplo, ASÚA BATARRITA, A.: La expulsión del extranjero, *op. cit.*, p. 60; DÍAZ Y GARCÍA CONLLEDO, M.: Protección y expulsión, *op. cit.*, pp. 629-631; RECIO JUÁREZ, M.: La expulsión, *op. cit.*, pp. 91-92; CANCIO MELIÁ, M.: La expulsión, *op. cit.*, p. 214; BRANDARIZ GARCÍA, J. A.: Sistema penal, *op. cit.*, pp. 165 y ss.; BOZA MARTÍNEZ, D.: La expulsión de personas extranjeras, *op. cit.*, pp. 261-263; TORRES FERNÁNDEZ, M. E.: La expulsión, *op. cit.*, pp. 67-69; ODRIOZOLA GURRUTXAGA, M.: Expulsión penal, *op. cit.*, pp. 32-33; ROIG TORRES, M.: La expulsión, *op. cit.*, pp. 473-474; MONCLÚS MASÓ, M.: La gestión penal, *op. cit.*, p. 448; NAVARRO CARDOSO, F.: Análisis del artículo 89, *op. cit.*, pp. 201-202; MUÑOZ LORENTE, J.: La expulsión del extranjero, *op. cit.*, p. 479. En sentido idéntico, la STS 1231/2006, *op. cit.*, FJ 5, niega que la expulsión sea una medida de seguridad.

la imposición de la medida, conforme al artículo 95.1 del CP, ya que la preferencia por la expulsión en lugar del cumplimiento de la pena de prisión lo impide[696]. Este argumento se sostiene a pesar de los límites introducidos por la última reforma operada por la LO 1/2015 en la ejecución de la expulsión (art. 89.4 CP, primer párrafo), donde se hace referencia a las circunstancias del hecho y personales de la persona extranjera condenada, especialmente su arraigo en España[697].

La expulsión de las y los ciudadanos de la UE podría llevarnos a una conclusión diferente, dado que se requiere que representen «una amenaza grave para el orden público o la seguridad pública, en atención a la naturaleza, circunstancias y gravedad del delito cometido, sus antecedentes y circunstancias personales» (art. 89. 4 CP, segundo párrafo). Sin embargo, este pronóstico no necesariamente debe estar relacionado con la peligrosidad criminal, ya que la perturbación del orden público o la seguridad pública puede manifestarse también a través de una infracción administrativa, siempre y cuando esté establecido así por ley[698].

En este caso, tampoco se cumple con el mandato constitucional recogido en el artículo 25.2 de la CE[699]. El artículo 89 del CP difícilmente puede cumplir con este propósito cuando su aplicación consiste en expulsar del territorio nacional a la persona extranjera condenada.

Lo anterior, a su vez, descarta la posibilidad de aplicar el artículo 97 del CP, que contempla la opción de mantener, cesar, sustituir o suspender la medida de seguridad impuesta[700]. En el caso de la expulsión sustitutiva, al perderse cualquier conexión con la persona extranjera expulsada, el control de dicha medida carece de sentido.

En nuestra opinión, la cuestión fundamental radica en determinar si la medida de expulsión sustitutiva implica la suposición de que la persona extranjera condenada, debido a su condición de delincuente, presenta un estado de peligrosidad presunto, derivado de su condición de persona extranjera[701]. Consideramos que el legislador, al incluir la expulsión del

696. TORRES FERNÁNDEZ, M. E.: La expulsión, *op. cit.*, pp. 67-68; RECIO JUÁREZ, M.: La expulsión, *op. cit.*, p. 92.
697. RECIO JUÁREZ, M.: La expulsión, *op. cit.*, pp. 92-93.
698. ROIG TORRES, M.: La expulsión, *op. cit.*, p. 479; RECIO JUÁREZ, M.: La expulsión, *op. cit.*, p. 91.
699. TORRES FERNÁNDEZ, M. E.: La expulsión, *op. cit.*, p. 68.
700. RODRÍGUEZ CANDELA, J. L.: La expulsión del extranjero, *op. cit.*, p. 69.
701. RECIO JUÁREZ, M.: La expulsión, *op. cit.*, p. 92. En este sentido, GRACIA MARTÍN, L./ALASTUEY DOBÓN, C.: «Suspensión de la ejecución y sustitución de las penas

territorio nacional entre las medidas de seguridad aplicables a las personas extranjeras condenadas a pena privativa de libertad en el CP de 1995, asumió, aunque de manera implícita, que este colectivo presenta, *per se,* un pronóstico de peligrosidad criminal[702].

Prescindiendo en este momento de la discusión al respecto, cabe concluir que la expulsión recogida en el artículo 89 del CP no se ajusta a los presupuestos de las medidas de seguridad, por lo que debemos inevitablemente rechazar su consideración como tal[703]. Ahora bien, lo que sí afirmamos es que se trata de una medida puramente inocuizadora[704], pues busca apartar

privativas de libertad», en BOLDOVA PASAMAR, M. A./ALASTUEY DOBÓN, C. (coords.): *Tratado de las consecuencias jurídicas del delito*, 2.ª ed., Tirant lo Blanch, Valencia, 2023, p. 534, señalan que «a raíz de la condena se presume *iuris et de iure* un estado de peligrosidad del extranjero».

702. Como señala acertadamente RODRÍGUEZ BALADO, E.: La intervención, *op. cit.*, p. 51, incluir la expulsión sustitutiva entre las medidas de seguridad genera una distorsión en el sistema penal, ya que se vincula a la persona extranjera «a un juicio automático de peligrosidad basado exclusivamente en el concepto de nacionalidad». En similares términos, TORRES FERNÁNDEZ, M. E.: La expulsión, *op. cit.*, p. 68, señala que la expulsión no obedece a ningún fin terapéutico o correctivo con vistas a la reinserción social de la persona extranjera, sino que responde únicamente a «un criterio asegurativo inocuizador para proteger a la sociedad». Ampliamente, VIEIRA DA COSTA, P. L.: «La expulsión de los extranjeros sin papeles», en *Revista jurídica Universidad Autónoma de Madrid*, n.º 21, 2010, pp. 153-154. Por su parte, NAVARRO CARDOSO, F.: Análisis del artículo 89, *op. cit.*, p. 203, sugiere que, en lugar de centrarse en la noción de peligro social o criminal, sería más apropiado referirse a la carga económico-social, considerando los objetivos perseguidos por la política de migratoria. De hecho, como acertadamente señala MARTÍNEZ ESCAMILLA, M.: Inmigración, *op. cit.*, p. 5, la política migratoria europea se guía por motivos utilitaristas económicos, donde el coste-beneficio se convierte en una herramienta para adoptar las decisiones correspondientes en esta materia.

703. NAVARRO CARDOSO, F.: Expulsión penal de extranjeros, *op. cit.*, p. 170; BRANDARIZ GARCÍA, J. A.: Sistema penal, *op. cit.*, pp. 165-166; MUÑOZ LORENTE, J.: La expulsión del extranjero, *op. cit.*, p. 479; CANCIO MELIÁ, M.: La expulsión, *op. cit.*, p. 214; ODRIOZOLA GURRUTXAGA, M.: Expulsión penal, *op. cit.*, pp. 32-33.

704. RECIO JUÁREZ, M.: La expulsión, *op. cit.*, p. 97; MUÑOZ LORENTE, J.: La expulsión del extranjero, *op. cit.*, p. 481; ODRIOZOLA GURRUTXAGA, M.: Expulsión penal, *op. cit.*, p. 37; CANCIO MELIÁ, M.: La expulsión, *op. cit.*, pp. 211 y ss.; BRANDARIZ GARCÍA, J. A.: Sistema penal, *op. cit.*, pp. 169-170; RODRÍGUEZ CANDELA, J. L.: La expulsión del extranjero, *op. cit.*, p. 69; LAURENZO COPELLO, P.: Últimas reformas, *op. cit.*, p. 30; BOZA MARTÍNEZ, D.: La expulsión de personas extranjeras, *op. cit.*, pp. 320 y ss. En este sentido, TORRES FERNÁNDEZ, M. E.: La expulsión, *op. cit.*, pp. 71-72 y 77, entiende que ello responde a la idea de «bloqueo de oportunidades». Así, según DAUNIS RODRÍGUEZ, A.: El Derecho penal como herramienta, *op. cit.*, p. 231, la expulsión «viene determinada por las nuevas formas de reacción al delito, que la configuran como una medida apropiada para la neutralización del riesgo, la

a la persona extranjera delincuente de la sociedad donde cometió el delito, construida a partir de métodos predictivos de corte actuarial basados en un pronóstico de peligrosidad grupal[705].

4. LA EXPULSIÓN PENAL COMO SUSPENSIÓN DE LA EJECUCIÓN DE LAS PENAS PRIVATIVAS DE LIBERTAD

Ciertos planteamientos defienden que la expulsión recogida en el artículo 89 del CP guarda mayor similitud con el instituto de la suspensión de la ejecución de las penas privativas de libertad contemplada en los artículos 80 y siguientes del CP. Esta figura se basa en buscar alternativas a la prisión para enfrentar la delincuencia primaria o de baja intensidad. Su objetivo es evitar que el cumplimiento de las penas de prisión de corta duración resulte contraproducente al no permitir, debido a restricciones temporales, la aplicación de tratamientos efectivos para delincuentes de baja peligrosidad. Además, busca prevenir la interacción con otras personas delincuentes, ya que esto podría tener efectos desocializadores e incluso criminógenos para el sujeto infractor ocasional[706].

A diferencia de la sustitución, esta figura no está diseñada para reemplazar una pena por otra menos gravosa. Al igual que en la expulsión, la persona extranjera condenada queda exonerada de cumplir la pena, aunque esto conlleva la imposición de ciertas condiciones que deberá cumplir durante el período de suspensión[707].

En el caso de la expulsión recogida en el artículo 89 del CP, los planteamientos que defienden que se trata de una modalidad de suspensión de la ejecución de las penas privativas de libertad, han interpretado que la condición requerida por esta institución es la prohibición de entrada al territorio nacional por el período de tiempo determinado en sentencia[708].

---

persecución de enemigos y el control de la excedencia». En la misma línea, GRACIA MARTÍN, L./ALASTUEY DOBÓN, C.: Suspensión, 2.ª ed., *op. cit.*, pp. 534 y 537.

705. DEL ROSAL BLASCO, B.: La estrategia actuarial, *op. cit.*, p. 485.
706. RECIO JUÁREZ, M.: La expulsión, *op. cit.*, p. 87; ASÚA BATARRITA, A.: La expulsión del extranjero, *op. cit.*, p. 60; MIR PUIG, S.: Derecho penal, *op. cit.*, p. 726.
707. FLORES MENDOZA, F.: La expulsión, *op. cit.*, p. 105; MUÑOZ LORENTE, J.: La expulsión del extranjero, *op. cit.*, pp. 480-481; MIR PUIG, S.: Derecho penal, *op. cit.*, p. 726; DAUNIS RODRÍGUEZ, A.: El Derecho penal como herramienta, *op. cit.*, pp. 229-230.
708. TORRES FERNÁNDEZ, M. E.: La expulsión, *op. cit.*, p. 73. Así lo entiende también, ROMA VALDÉS, A.: La sustitución, *op. cit.*, p. 7, al considerar que «en puridad, no se sustituye una pena, sino que se condiciona su efectiva aplicación al cumplimiento de una condición particular referida en un auto penalmente relevante que tiene la vir-

Esta posición fue inicialmente adoptada por la STC 242/1994, la cual señaló que la expulsión sustitutiva es una «alternativa al cumplimiento de la verdadera pena, que en todo caso deberá cumplirse si el extranjero regresa a España, porque la expulsión, en sí misma, no satisface la responsabilidad penal o civil derivada del delito, siendo, de alguna manera una posibilidad de suspender la potestad estatal de hacer ejecutar lo juzgado, que se aplica al extranjero para salvaguardar los fines legítimos que el Estado persigue con ello»[709]. Ulteriormente, la Circular 3/2001 de la FGE, señalo que, en estos casos, la expulsión «se configura como una suspensión de la potestad jurisdiccional en su modalidad de hacer ejecutar lo juzgado en aras de preservar otros fines igualmente valiosos para el Estado relacionados con su política de extranjería (...) la expulsión no sustituye la condena, la suspende para facilitar la aplicación de la normativa administrativa y de los fines de la política de extranjería forzando la salida de quienes no se hallan debidamente autorizados para residir en España»[710].

En definitiva, tanto el TC como la FGE reconocen que la expulsión constituye una modalidad de suspensión de la ejecución de las penas privativas de libertad, con el propósito de facilitar la consecución de los fines de la política migratoria[711]. Sin embargo, como señala acertadamente MONCLÚS MASÓ, ni el Tribunal ni la Fiscalía aclaran por qué los objetivos de la política de extranjería prevalecen sobre los de la política criminal, en particular, los

tualidad de otorgar eficacia a un acto administrativo particular y previo a su dictado». Por su parte, LASCURAÍN SÁNCHEZ, J. A.: «De la sustitución de las penas privativas de libertad», en RODRÍGUEZ MOURULLO, G. (dir)., JORGE BERREIRO, A. (coord.): *Comentarios al Código Penal*, 1.ª ed., Civitas, Madrid, 1997, p. 291, entiende que estamos ante una medida de exención condicional de penas.

709. STC 242/1994, *op. cit.*, FJ 4.

710. Circular 3/2001 de la FGE, de 21 de diciembre, sobre actuación del Ministerio Fiscal en materia de extranjería, apartado III.3.A. En sentido idéntico, RODRÍGUEZ MESA, M. J.: La expulsión, *op. cit.*, pp. 274-275. Por su parte, ASÚA BATARRITA, A.: La expulsión del extranjero, *op. cit.*, p. 61, entiende que «la sustitución de la pena implica en realidad la renuncia de la ejecución de la pena condicionada a que se cumpla la previsión administrativa de expulsión, aunque se le denomine pena sustitutiva». En contra, RECIO JUÁREZ, M.: La expulsión, *op. cit.*, p. 97, al considerar que en este caso debería hablarse de sustitución y no suspensión, «porque pese a que la medida implica la no ejecución de la pena privativa de libertad, no solo implica la libertad del inculpado, sino que se sustituye por la efectiva expulsión del territorio nacional con —además— la prohibición de regresar a España durante el período que se fije».

711. En opinión de ASÚA BATARRITA, A.: La expulsión del extranjero, *op. cit.*, p. 66, el fundamento de la expulsión, como se reconoce en las sentencias arriba citadas, ciertamente hay que buscarlo en la política de inmigración.

relacionados con la pena, lo que, a su entender, solo puede explicarse desde la lógica de la exclusión[712].

A nuestro juicio, la expulsión no puede equipararse, en cuanto a su fundamento y fines, con el instituto de la suspensión de la ejecución de las penas privativas de libertad. En este sentido, cabe recordar que una de las condiciones esenciales para la aplicación de la suspensión se refiere a la prohibición de cometer delitos durante el período de tiempo determinado por la autoridad judicial[713]. No ocurre lo propio en el caso de la expulsión, donde la única condición es que la persona extranjera condenada no regrese al territorio nacional antes de lo estipulado[714]. Es más, como señala con acierto MUÑOZ LORENTE, «al artículo 89 tampoco le importa si el sujeto delinque durante el tiempo que dura su expulsión; lo único que le importa es que el sujeto no delinca en nuestro país»[715].

---

712. MONCLÚS MASÓ, M.: La gestión penal, *op. cit.*, p. 447; GARCÍA ESPAÑA, E.: La expulsión como sustitutivo, *op. cit.*, p. 15. Así lo entiende también, la STS 901/2004, *op. cit.*, FD 2, al señalar que el Derecho penal en este caso responde a «una filosofía puramente defensista de devolver a sus países de origen a los que hayan cometido un delito en España dentro del marco legal previsto en el artículo». Destaca en este sentido el planteamiento de CANCIO MELIÁ, M.: La expulsión, *op. cit.*, p. 214, quien entiende que la expulsión así configurada es «una causa de levantamiento de la pena cuya finalidad es excluir del sistema jurídico a una categoría de personas». Por su parte, GRACIA MARTÍN, L./ALASTUEY DOBÓN, C.: Suspensión, 2.ª ed., *op. cit.*, p. 536, entienden que «el estado renuncia a la sanción, total o parcialmente, para imponer en su lugar una medida de carácter asegurativo».

713. SERRANO PASCUAL, M.: Las formas sustitutivas, *op. cit.*, p. 267, si bien la autoridad judicial puede condicionar la suspensión de la ejecución de la pena al cumplimiento de ciertas prohibiciones o deberes y/o a ciertas prestaciones o medidas.

714. FLORES MENDOZA, F.: La expulsión, *op. cit.*, p. 106; TORRES FERNÁNDEZ, M. E.: La expulsión, *op. cit.*, p. 73.

715. MUÑOZ LORENTE, J.: La expulsión del extranjero, *op. cit.*, p. 482. En efecto, como afirma TORRES FERNÁNDEZ, M. E.: La expulsión, *op. cit.*, p. 77, «con la expulsión no se pretende evitar que el extranjero no reincida, sino que no lo haga contra nuestro ordenamiento jurídico penal, en una *sui generis* finalidad incouizadora, que responde a la idea de bloque de oportunidades limitado al territorio nacional, privándole para ello de ejercer su libertad ambulatoria en España». En sentido idéntico, DAUNIS RODRÍGUEZ, A.: El Derecho penal como herramienta, *op. cit.*, p. 230; BRANDARIZ GARCÍA, J. A.: Sistema penal, *op. cit.*, p. 167; ASÚA BATARRITA, A.: La expulsión del extranjero, *op. cit.*, p. 66, FERNÁNDEZ ARÉVALO, L.: Expulsión judicial, *op. cit.*, p. 14. Quizá por ello, MAPELLI CAFFARENA, B./TERRADILLOS BASOCO, J.: Las consecuencias, *op. cit.*, p. 109, han caracterizado la expulsión como una «combinación de suspensión de pena y aplicación de la medida de seguridad de expulsión del territorio nacional agravada». Por su parte, MONCLÚS MASÓ, M.: La gestión penal, *op. cit.*, p. 447, señala que entender la expulsión como una suspensión de la pena es

Además, como observa BOZA MARTÍNEZ, esta interpretación acerca de la naturaleza de la expulsión contemplada en el artículo 89 del CP solo puede ser válida para la modalidad prevista en el apartado primero del citado precepto, esto es, la sustitución completa de la pena. En cambio, en la modalidad recogida en el apartado segundo, es decir, la sustitución parcial, no puede hablarse de condición suspensiva, y menos aún de exención condicional, dado que en estos casos la mayor parte de condena ya se ha cumplido y la expulsión opera como sustitutivo parcial[716].

5. LA EXPULSIÓN PENAL COMO SANCIÓN ADMINISTRATIVA

Desde la primera versión de la expulsión como sustitutivo de la pena impuesta a la persona extranjera condenada, se ha destacado la estrecha relación de esta figura con la política de extranjería. En este sentido, la STC 242/1994, en relación con el antiguo artículo 21.2, segundo párrafo, de la LO 7/1985, señaló que «no se concibe como modalidad de ejercicio del *ius puniendi* del Estado frente a un hecho legalmente tipificado como delito, sino como medida frente a una conducta incorrecta del extranjero en el Estado en que legalmente reside puede imponerle en el marco de una política criminal, vinculada a la política de extranjería, que a aquel incumbe legítimamente diseñar»[717].

Considerando que en nuestro ordenamiento jurídico la medida de expulsión sustitutiva se incluyó por primera vez en la ley de extranjería, esta afirmación del TC no debería sorprendernos en exceso. De ahí, como señalábamos al comienzo de este epígrafe, la importancia de atender, entre otras cosas, a la ubicación normativa de esta institución.

Es cierto que la jurisprudencia posterior a la entrada en vigor del artículo 89 del CP ha seguido vinculando la expulsión a los fines de la política de extranjería. Destaca, por su tono especialmente crítico, la STS 1231/2006, al señalar que el legislador ha incluido en el sistema penal «una decisión de política administrativa de emigración (...) que resulta totalmente anómala e incompatible con las posibilidades punitivas que se han adoptado por el legislador a través de la fórmula combinada de penas y medidas de seguri-

ignorar que a la persona extranjera condenada se le está imponiendo un mal que, en ocasiones, puede ser incluso más gravoso que la propia pena que ha sido suspendida.

716. BOZA MARTÍNEZ, D.: La expulsión de personas extranjeras, *op. cit.*, p. 266.

717. STC 242/1994, *op. cit.*, FJ 4.

dad (...) lo que la convierte en un cuerpo extraño en el esquema legalmente establecido para sancionar conductas delictivas»[718].

La doctrina, por su parte, también ha secundado este planteamiento. Un importante sector ha destacado la subordinación del Derecho penal a las a exigencias de la política de extranjería y control de fronteras[719]. Ciertamente,

718. STS 1231/2006, *op. cit.*, FFJJ 2 y 5.

719. RECIO JUÁREZ, M.: La expulsión, *op. cit.*, p. 90; LAURENZO COPELLO, P.: Últimas reformas, *op. cit.*, p. 30; FLORES MENDOZA, F.: La expulsión, *op. cit.*, p. 108; LEGANÉS GÓMEZ, S.: Clasificación penitenciaria, *op. cit.*, p. 528; ORTS BERENGUER, E./ GONZÁLEZ CUSSAC, J. L.: Compendio, *op. cit.*, p. 572; GRACIA MARTÍN, L./ ALASTUEY DOBÓN, C.: Suspensión, 2.ª ed., *op. cit.*, p. 536; LARRAURI PIJOAN, E.: Antecedentes penales, *op. cit.*, p. 222; MUÑOZ LORENTE, J.: La expulsión del extranjero, *op. cit.*, p. 405; RODRÍGUEZ YAGÜE, C.: El modelo político-criminal, *op. cit.*, pp. 24-25 y 39; RODRÍGUEZ MESA, M. J.: La expulsión, *op. cit.*, pp. 274-275; MARTÍNEZ ESCAMILLA, M.: Inmigración, *op. cit.*, pp. 20-21; BOZA MARTÍNEZ, D.: La expulsión de personas extranjeras, *op. cit.*, p. 270; RODRÍGUEZ CANDELA, J. L.: La expulsión del extranjero, *op. cit.*, p. 60; ASÚA BATARRITA, A.: La expulsión del extranjero, *op. cit.*, pp. 61 y 67; GARCÍA ESPAÑA, E.: La expulsión como sustitutivo, *op. cit.*, pp. 14-15; LACRUZ LÓPEZ, J. M.: El extranjero, *op. cit.*, p. 416; DAUNIS RODRÍGUEZ, A.: El Derecho penal como herramienta, *op. cit.*, p. 231; DÍAZ Y GARCÍA CONLLEDO, M.: Protección y expulsión, *op. cit.*, p. 631; NAVARRO CARDOSO, F.: Análisis del artículo 89, *op. cit.*, p. 204. Difiere de este planteamiento CANCIO MELIÁ, M.: La expulsión, *op. cit.*, pp. 205-206 y 214, al entender que no parece que exista una suerte de invasión o intromisión del Derecho administrativo en la regulación penal. En este sentido, entiende que una lectura en clave de eficiencia, que considera la regulación —restrictiva— penal como un instrumento de apoyo a la política de inmigración, se enfrenta a varios obstáculos. En primer lugar, la búsqueda de una generalización en la aplicación de la expulsión se ve obstaculizada por la presencia de un grupo significativo de personas extranjeras que no son susceptibles de ser expulsadas, ya sea porque se desconoce su país de origen o porque las condiciones políticas de dicho país hacen imposible la expulsión. En relación con este grupo, la medida no puede desplegar los efectos positivos que se pretenden para la política de extranjería. En otros casos, la expulsión afectará a personas extranjeras que ya han establecido su residencia en España y no forman parte del grupo de población en constante movimiento, sino que han superado la fase de inestabilidad para integrarse plenamente en nuestra sociedad. Todo ello contradice lo que debería ser y significar una normativa penal destinada a servir a la política de inmigración. Con todo, al intentar buscar al responsable de la regulación de la expulsión, parece evidente, en palabras del autor, que no es el Derecho administrativo quien subordina al ordenamiento penal para cumplir sus objetivos. Es más, considera que la actual regulación de la expulsión no solo no es funcional, sino que puede llegar a ser contraproducente para una política de inmigración restrictiva. Con todo, concluye que la medida de expulsión «no es una medida de policía en materia de inmigración, porque no existe una planificación de la actuación administrativa y porque la aleatoriedad de sus efectos impide considerarla un instrumento integrante de una verdadera política». En sentido similar, BRANDARIZ GARCÍA, J. A.: Sistema

tal vinculación estaba respaldada por las redacciones anteriores del artículo 89 del CP, en las que el ámbito subjetivo se restringía a la persona extranjera no residente legalmente en España, de tal manera que una circunstancia ajena al Derecho penal —la irregularidad administrativa— constituía el presupuesto de aplicación de la medida.

Con la reforma operada por la LO 1/2015, como ya se ha adelantado, el ámbito subjetivo de aplicación se amplía a todas las personas extranjeras, independientemente de su situación administrativa. Con la eliminación del requisito de irregularidad, pudiera parecer que la tesis que hasta ahora se venía sosteniendo sobre el sometimiento del Derecho penal al Derecho administrativo ha perdido cierto peso. Sin embargo, en tanto que la medida de expulsión sigue aplicándose en sustitución de la pena impuesta, subsiste el conflicto entre los fines inherentes al Derecho penal, ya que, en los casos de sustitución íntegra, la medida desatiende las exigencias de la prevención general y especial.

Amén de lo expuesto, puede decirse que existe una clara intención de priorizar la consecución de los fines de la política migratoria sobre los de la política criminal[720]. Es más, es el propio legislador quien en el preámbulo de la LO 1/2015 señala que, en aras de la eficacia de la medida, «se ajusta el límite de pena a partir del cual podrá acordarse la expulsión a la regulación contenida en la legislación de extranjería»[721].

penal, *op. cit.*, p. 169, que, pese a admitir que llevan razón las y los autores que destacan la tensión entre los fines de la pena y los de la política de inmigración ligados al control de fronteras presentes en el artículo 89 del CP, considera que la conclusión que extraen de dicho postulado exegético podría no ser la más acertada.

720. RECIO JUÁREZ, M.: La expulsión, *op. cit.*, pp. 93-94; BOZA MARTÍNEZ, D.: La expulsión de personas extranjeras, *op. cit.*, p. 269; DAUNIS RODRÍGUEZ, A.: El Derecho penal como herramienta, *op. cit.*, p. 231; ASÚA BATARRITA, A.: La expulsión del extranjero, *op. cit.*, p. 61. Es más, como señala NAVARRO CARDOSO, F.: Análisis del artículo 89, *op. cit.*, p. 222, «la generalización de la expulsión a todo extranjero no pone en aprietos el argumento del control de flujos migratorios en tanto, al final, los penalmente expulsados responden a un muy determinado perfil». Sobre ello, ampliamente, LARRAURI PIJOAN, E.: Antecedentes penales, *op. cit.*, pp. 20 y ss.

721. Preámbulo de la LO 1/2015, apartado IV. A favor, RECIO JUÁREZ, M.: La expulsión, *op. cit.*, p. 99, al señalar que «(...) si la comisión de un delito por un extranjero, con independencia de su situación administrativa, lleva aparejada la pérdida del derecho a residir en España, con la consiguiente obligación de salida del territorio nacional, al que también se prohíbe regresar por cierto período de tiempo, no parece incoherente que sea la jurisdicción penal la que agote el examen de todas las consecuencias que lleva aparejada la comisión del delito, y sea quien examine, con todas las garantías inherentes al proceso penal y a la aplicación del Derecho penal, la pertinencia de dicha expulsión, en vez de desdoblar el tratamiento de las consecuencias de la comisión

La absoluta falta de fundamentación penal, junto con las disfunciones de la medida para ser clasificada en alguna de las categorías tradicionales del Derecho penal y, en consecuencia, su inadecuación para satisfacer los fines propios de este, han llevado a cierto sector doctrinal a considerar que la expulsión recogida en el artículo 89 del CP es en realidad una sanción administrativa revestida de consecuencia jurídico-penal; es tanto como reconocer que la expulsión así configurada está a caballo entre el Derecho penal y el Derecho administrativo. De ahí que la doctrina haya destacado su naturaleza híbrida[722].

En cualquier caso, esta contribución a la efectividad de la política migratoria no es, en absoluto, una función que le corresponda cumplir al Derecho penal, cuyo fin principal es la protección de los bienes jurídicos. El uso del mecanismo punitivo no debería ser instrumentalizado con fines políticos que, aunque legítimos, corresponden, por su propia naturaleza, al ámbito del Derecho administrativo; máxime si esos fines entran en manifiesta contradicción con los que tradicionalmente se le han atribuido al Derecho penal, como la prevención general y especial[723].

En efecto, mientras que el Derecho penal carece de legitimación para atender a las pretensiones regulatorias propias del Derecho administrativo, este último no posee la capacidad necesaria para alcanzar los objetivos de prevención general y especial que justifican la intervención penal[724]. Como señala NAVARRO CARDOSO, el Derecho penal, al renunciar a la lógica preventiva que le caracteriza «corre el serio riesgo de terminar convertido, más que en el brazo armado, en el brazo tonto de la legislación de extranjería, en tanto no somete su intervención a los criterios racionales que justifican materialmente su intervención»[725].

---

de una infracción criminal por un extranjero y trasladar al ámbito administrativo la valoración de las circunstancias que permiten adoptar la medida de expulsión».

722. ASÚA BATARRITA, A.: La expulsión del extranjero, *op. cit.*, pp. 61 y 67; NAVARRO CARDOSO, F.: Expulsión penal de extranjeros, *op. cit.*, p. 171; DAUNIS RODRÍGUEZ, A.: El Derecho penal como herramienta, *op. cit.*, p. 231; DÍAZ Y GARCÍA CONLLEDO, M.: Protección y expulsión, *op. cit.*, p. 631; RECIO JUÁREZ, M.: La expulsión, *op. cit.*, p. 93; LEGANÉS GÓMEZ, S.: Clasificación penitenciaria, *op. cit.*, p. 528; ORTS BERENGUER, E./GONZÁLEZ CUSSAC, J. L.: Compendio, *op. cit.*, p. 572.

723. MUÑOZ LORENTE, J.: La expulsión del extranjero, *op. cit.*, p. 405; PÉREZ CÉPEDA, A. I.: Globalización, *op. cit.*, p. 350; RODRÍGUEZ YAGÜE, C.: El modelo político-criminal, *op. cit.*, p. 4.

724. NAVARRO CARDOSO, F.: Expulsión penal de extranjeros, *op. cit.*, p. 157.

725. *Ibid.* En el mismo sentido, LAURENZO COPELLO, P.: Últimas reformas, *op. cit.*, p. 30, considera que la expulsión recogida en el artículo 89 del CP es «un mero instrumento

A modo de resumen, cabe destacar la nota común presente en los diferentes pronunciamientos doctrinales y jurisprudenciales expuestos: su excepcionalidad. En efecto, se ha intentado justificar la inclusión de la medida de expulsión en el Derecho penal desde categorías tradicionales de este ámbito, lo que no ha hecho sino poner de manifiesto los riesgos de querer encajar en el sistema penal una figura propia del Derecho administrativo[726]. No es nuestra intención, desde luego, intentar articular una nueva formulación sobre la misma, ya que, al igual que los diferentes planteamientos que han sido expuestos, requeriría un régimen especial para una adecuada integración en las figuras ya existentes en el sistema penal.

IV. ÁMBITO SUBJETIVO

Como imprescindible punto de partida interesa recordar que pese a las diversas modificaciones que ha experimentado la medida de expulsión sustitutiva desde su incorporación al articulado del CP de 1995, su ámbito personal se ha limitado a la persona extranjera «no residente legalmente en España». Pues bien, tras la entrada en vigor de la LO 1/2015 este término es reemplazado por la referencia al «ciudadano extranjero»[727], lo que convierte en sujetos susceptibles de expulsión a todas las personas extranjeras.

De esta manera, en lo que respecta al ámbito subjetivo, la reforma vuelve a la regulación establecida por la LO 7/1985, anterior a la LO 10/1995[728]. La

ejecutor de una política inocuizadora decidida a deshacerse a toda costa de cuanto extranjero que infrinja las leyes penales en nuestro país».

726. Así lo observan, por ejemplo, RODRÍGUEZ BALADO, E.: La intervención, *op. cit.*, p. 38 y BOZA MARTÍNEZ, D.: La expulsión de personas extranjeras, *op. cit.*, p. 270.

727. El Consejo General del Poder Judicial, en su Informe de 16 de enero de 2013 al Anteproyecto de Ley Orgánica por la que se modifica la LO 10/1995, de 23 de noviembre, del Código Penal (en adelante, Informe de 16 de enero de 2013 del CGPJ), p. 100, señaló que el término «ciudadano extranjero» era contradictorio, abogando en su lugar por el uso de la palabra «extranjero». En sentido idéntico, TERRADILLOS BASOCO, J. M./BOZA MARTÍNEZ, D.: La expulsión, *op. cit.*, p. 364, quienes califican de «genérica» y «ambigua» la fórmula empleada por el legislador.

728. La trascendencia de la modificación es apreciable, ya que en la actualidad asciende a 6.711.600 la cifra de las personas extranjeras con residencia legal en España, según los datos aportados por el Observatorio Permanente de la Inmigración (OPI). Disponible en: https://public.tableau.com/views/opi_stock/infografia?%3AshowVizHome=-no&%3Aembed=true#1. Un número considerablemente mayor al de la época de vigencia de la LO 7/1985, que nunca llegó a superar el medio millón de personas. En este sentido, BOZA MARTÍNEZ, D.: La expulsión de personas extranjeras, *op. cit.*, pp. 276-277. Tampoco cabe desconocer, como advierte este mismo autor, que esta ampliación del ámbito subjetivo se aparta de la lógica seguida hasta ahora por el legislador

situación administrativa de la persona extranjera condenada pierde así su carácter delimitador, siendo ahora la nacionalidad española el presupuesto para decretar la expulsión[729]. Esta circunstancia, a su vez, explica la ausencia de cualquier matiz respecto a la residencia, pues no se diferencia entre personas extranjeras residentes temporales y no residentes, ni entre residentes temporales y de larga duración[730].

La medida también se extiende a las personas ciudadanas de la UE y de los Estados asimilados, si bien el precepto contempla un régimen especial para ellas, en consonancia con las restricciones que provienen de los tratados constitutivos y del derecho derivado de la UE, como tendremos ocasión de comprobar más adelante[731].

La posibilidad de expulsar a personas extranjeras residentes legalmente ha sido respaldada por el TEDH, al entender que esta decisión está sujeta a la soberanía de cada Estado[732].

Asimismo, la normativa internacional otorga a las autoridades nacionales la potestad para regular este ámbito. De acuerdo con el PIDCP, se permite la expulsión de personas extranjeras que residan legalmente en territorio nacional, si bien dicha decisión, como se indica en el artículo 13 del PIDCP

---

para justificar la expulsión de personas extranjeras en situación administrativa de irregularidad. En la exposición de motivos de la LO 11/2003 se indicaba, como ya ha sido destacado, que los cambios introducidos en el artículo respondían a la necesidad de lograr «una mayor eficacia en la medida de expulsión», cuyo objetivo era «evitar que la pena y su cumplimiento se conviertan en formas de permanencia en España quebrantando así de manera radical el sentido del ordenamiento jurídico en su conjunto». Como afirma este autor, este escenario no puede darse con las personas extranjeras con residencia legal en nuestro territorio, ya que su permanencia está garantizada. En estos casos, es precisamente la sustitución de la pena por la expulsión la que pone fin a esa garantía. En sentido similar, ROIG TORRES, M.: La expulsión, *op. cit.*, p. 469.

729. RECIO JUÁREZ, M.: La expulsión, *op. cit.*, p. 98; NAVARRO CARDOSO, F.: Análisis del artículo 89, *op. cit.*, p. 204; PINTO DE BARROS, A.: «Un análisis crítico de la medida sustitutiva de la pena de prisión impuesta al extranjero a la luz del Derecho penal de un Estado Social y Democrático de Derecho», en *Revista General de Derecho Penal*, n.º 31, 2019, p. 3; Circular 7/2015 de la FGE, *op. cit.*, apartado 2.

730. En este sentido, TERRADILLOS BASOCO, J. M./BOZA MARTÍNEZ, D.: La expulsión, *op. cit.*, p. 364, consideran que el legislador ha hecho tabula rasa de todas las categorías jurídicas de personas extranjeras ya consagradas en la legislación de extranjería, incluyéndolas en un término tan ambiguo como lo es el de «ciudadano extranjero». Asimismo, NAVARRO CARDOSO, F.: Análisis del artículo 89, *op. cit.*, p. 204.

731. Circular 7/2015 de la FGE, *op. cit.*, apartado 2.

732. RECIO JUÁREZ, M.: La expulsión, *op. cit.*, p. 99; GARCÍA ESPAÑA, E.: La expulsión como sustitutivo, *op. cit.*, p. 18; ROIG TORRES, M.: La expulsión, *op. cit.*, pp. 466 y 483.

mencionado anteriormente, está sujeta a ciertas condiciones. De manera similar, la Directiva 2004/38/CE, del Parlamento Europeo y del Consejo, de 29 de abril de 2004, relativa al derecho de los ciudadanos de la Unión y de los miembros de sus familias a circular y residir libremente en el territorio de los Estados miembros[733], permite la expulsión de las y los ciudadanos de la UE y sus familiares, siempre y cuando se respeten los límites establecidos al respecto, como se abordará más adelante. A su vez, esta norma se complementa con la ya comentada Directiva de Retorno[734].

Por su parte, el CGPJ señaló que se trata de «una política criminal vinculada a la política de extranjería, que incumbe al legislador legítimamente diseñar»[735]. Teniendo en cuenta que la ampliación de la expulsión a todas las personas extranjeras acomoda la normativa penal a la administrativa (arts. 57.2 y 57.8 LOEX), entendió que «no existe ninguna objeción legal para que la sustitución de la pena de prisión por expulsión pueda acordarse también respecto de los residentes legales»[736].

Cierto es que la regulación anterior a la LO 1/2015 fue objeto de importantes críticas, especialmente por su carácter excepcional y discriminatorio. La condición de irregularidad administrativa, ajena al ámbito del Derecho penal, justificaba una respuesta diferenciada para la persona extranjera irregular condenada, lo cual era contrario al principio de igualdad y no discriminación[737].

733. Diario Oficial de la Unión Europea L 229, de 29 de junio de 2004, pp. 35-48.

734. ROIG TORRES, M.: La expulsión, *op. cit.*, pp. 466-467.

735. Informe de 16 de enero de 2013 del CGPJ, *op. cit.*, p. 101.

736. *Ibid.* Consideran que la regulación de la expulsión penal se ajusta en este punto a la administrativa, con matices, NAVARRO CARDOSO, F.: Análisis del artículo 89, *op. cit.*, p. 204; ROIG TORRES, M.: La expulsión, *op. cit.*, p. 467; RECIO JUÁREZ, M.: La expulsión, *op. cit.*, p. 99; GÁMIZ, M./VALDERRAMA, J.: «Proyecto de reforma del Código Penal. La sustitución de las penas por expulsión a los extranjeros residentes», en *Página Abierta*, n.º 229, 2013, pp. 2-3; GONZÁLEZ TASCÓN, M. M.: La cuarta reforma, *op. cit.*, p. 152.

737. MARTÍNEZ ESCAMILLA, M.: Inmigración, *op. cit.*, pp. 19-20; PÉREZ CÉPEDA, A. I.: Globalización, *op. cit.*, p. 347; RODRÍGUEZ YAGÜE, C.: El modelo político-criminal, *op. cit.*, pp. 24-25; GARCÍA ESPAÑA, E.: La expulsión como sustitutivo, *op. cit.*, pp. 13-14; DÍAZ Y GARCÍA CONLLEDO, M./DURÁN SECO, I./OLAIZOLA NOGALES, I./JERICÓ OJER, L.: Extranjería y Derecho penal, *op. cit.*, pp. 79-80; LASCURAÍN SÁNCHEZ, J. A.: De la sustitución de las penas, *op. cit.*, p. 291; BRANDARIZ GARCÍA, J. A.: Sistema penal, *op. cit.*, pp. 217 y ss.; MONCLÚS MASÓ, M.: La gestión penal, *op. cit.*, pp. 501 y ss.; BOZA MARTÍNEZ, D.: La expulsión de personas extranjeras, *op. cit.*, p. 276; ASÚA BATARRITA, A.: La expulsión del extranjero, *op. cit.*, p. 48; ALASTUEY DOBÓN, C.: Sobre la naturaleza, *op. cit.*, pp. 69-70; FLORES MENDOZA, F.: La expulsión, *op. cit.*, p. 110.

Además, al restringir la aplicación de la medida a las personas extranjeras sin residencia legal en España, se evidenciaba una distorsión significativa en la delimitación del ámbito subjetivo entre el artículo 89 del CP y el artículo 57.2 de la LOEX[738]. Esta disparidad entre la configuración de la expulsión en el ámbito penal y en el administrativo resultaba en una clara desigualdad de trato: mientras que a la persona extranjera en situación irregular se le podía sustituir la pena por la expulsión, aquella en situación regular estaba obligada a cumplir condena en un centro penitenciario español para luego ser expulsada por vía del artículo 57.2 de la LOEX[739].

Ya en 1997, el Grupo de Estudios de Política Criminal propuso incluir a las personas extranjeras con residencia legal en el ámbito subjetivo de la medida de expulsión, para lo cual propuso establecer el consentimiento de la persona extranjera condenada como condición para decretar la sustitución, siempre y cuando se tratara de penas menos graves privativas de libertad. A tal fin, fundamentó su propuesta argumentando que «en delitos de moderada gravedad, las necesidades preventivo-generales y preventivo-especiales se satisfacen igualmente con la expulsión del territorio del extranjero durante un cierto período de tiempo». Además, el carácter vinculante del consentimiento implicaría aceptar la «excepcionalidad y consecuente violación del principio de igualdad dada su residencia legal en España»[740].

La LO 1/2015, sin embargo, se distancia de dicho planteamiento al no considerar, entre otras cuestiones, el consentimiento de la persona extranjera condenada ya sea residente legal o no. Además, la reforma de 2015 no ha reintroducido una mención explícita a la audiencia previa de la persona extranjera condenada, la cual fue eliminada por la LO 11/2003[741], como más adelante se verá con más detalle.

Calificada por la doctrina mayoritaria como una modificación de gran trascendencia[742], el legislador no ha dado cuenta de las razones que han

738. Se objeta la amplitud del precepto, por permitir la expulsión de personas extranjeras con residencia de larga duración o permanente. Al respecto, véase, LARRAURI PIJOAN, E.: Antecedentes penales, *op. cit.*, p. 13.

739. RODRÍGUEZ YAGÜE, C.: El modelo político-criminal, *op. cit.*, p. 15; ASÚA BATARRITA, A.: La expulsión del extranjero, *op. cit.*, p. 40; MONCLÚS MASÓ, M.: La gestión penal, *op. cit.*, p. 422; GARCÍA ESPAÑA, E.: La expulsión como sustitutivo, *op. cit.*, pp. 24-25.

740. GRUPO DE ESTUDIOS DE POLÍTICA CRIMINAL: *Alternativas al tratamiento jurídico de la discriminación y de la extranjería*, Tirant Lo Blanch, Valencia, 1997, pp. 50-51.

741. BOZA MARTÍNEZ, D.: La expulsión de personas extranjeras, *op. cit.*, p. 278.

742. Así lo consideran, por ejemplo, SÁNCHEZ GARCÍA DE PAZ, I.: «Artículo 89», en TOMILLO RODRIGO, M. G. (dir.): *Comentarios prácticos al Código Penal. Parte General. Artículos 1-137. Tomo I*, Thomson Reuters Aranzadi, Cizur Menor (Navarra), 2015, p.

inspirado este cambio, ya que nada se menciona al respecto en el preámbulo de la reforma, más allá de la referencia genérica a la «búsqueda de la eficacia»[743] y los límites legales y jurisprudenciales a la expulsión de las y los ciudadanos de la UE y sus familiares[744].

Como ha señalado ROIG TORRES, la reforma de 2015 y, en concreto, la modificación que venimos señalando, busca atender a las demandas de seguridad de la población, intensificando la respuesta frente a las personas extranjeras condenadas, quienes ocupan un lugar destacado en los debates sobre criminalidad. En este contexto, la autora citada considera que la crisis económica, junto con las altas tasas de desempleo, ha tenido un impacto significativo en esta materia, priorizando a las y los nacionales a través de la utilización incluso de la delincuencia menor como criterio de exclusión de las personas extranjeras[745].

791; ROIG TORRES, M.: La expulsión, *op. cit.*, p. 466; RECIO JUÁREZ, M.: La expulsión, *op. cit.*, p. 97; BOZA MARTÍNEZ, D.: La expulsión de personas extranjeras, *op. cit.*, p. 276; ALASTUEY DOBÓN, C.: Sobre la naturaleza, *op. cit.*, p. 114; LACRUZ LÓPEZ, J. M.: El extranjero, *op. cit.*, p. 418; BARQUÍN SANZ, J.: De las formas sustitutivas, *op. cit.*, p. 249; IGLESIAS RÍO, M. A.: La expulsión, *op. cit.*, p. 175; NAVARRO CARDOSO, F.: Análisis del artículo 89, *op. cit.*, p. 204; MUÑOZ CONDE, F./GARCÍA ARÁN, M.: Derecho Penal, *op. cit.*, p. 543; COMAS D'ARGEMIR, M./SÁNCHEZ-ALBORNOZ, C./NAVARRO, E.: Sustitución de la pena, *op. cit.*, p. 23; PINTO DE BARROS, A.: Un análisis, *op. cit.*, p. 3. En los mismos términos que la doctrina se pronuncia el Consejo Fiscal, en su Informe de 8 de enero de 2013 al Anteproyecto de Ley Orgánica por la que se modifica la Ley Orgánica 10/1995, de 24 de noviembre, del Código Penal (en adelante, Informe de 8 de enero de 2013 del Consejo Fiscal), p. 61, que calificó la reforma de radical. En idéntico sentido, Circular 7/2015 de la FGE, *op. cit.*, apartado 1. En contra, por considerar que no implica una transformación tan drástica como podría pensarse y que la situación planteada con anterioridad a la reforma de 2015, por tanto, no cambia de manera significativa, GARCÍA ESPAÑA, E.: Extranjeros sospechosos, *op. cit.*, p. 17.

743. BOZA MARTÍNEZ, D.: La expulsión de personas extranjeras, *op. cit.*, p. 278.

744. En este punto, el Preámbulo de la LO 1/2015, apartado IV, dice así: «La sustitución de las penas de prisión por la medida de expulsión del territorio nacional en el caso de delitos cometidos por un ciudadano europeo, se contempla con carácter excepcional, reservándose a aquellos supuestos en los que su autor representa una amenaza grave para el orden público o la seguridad pública, en atención a los criterios recogidos en la Directiva 2004/38/CE (...) así como en la Jurisprudencia del Tribunal de Justicia de la Unión Europea, que deberán ser tenidos en cuenta por los jueces y tribunales en la interpretación y aplicación del precepto correspondiente».

745. ROIG TORRES, M.: La expulsión, *op. cit.*, pp. 426 y 469. Por su parte, GONZÁLEZ TASCÓN, M. M.: La cuarta reforma, *op. cit.*, p. 152, considera que «la única explicación a esta modificación parece encontrarse una vez más en la conexión y subordinación de la expulsión del extranjero regulada en el artículo 89 del CP a las políticas de inmigración y extranjería, condicionadas desmesuradamente por el sistema económico».

Con todo, se puede inferir que el nuevo enfoque del legislador se fundamenta en la idea de que, si las personas extranjeras van a ser finalmente expulsadas del territorio nacional, resulta conveniente adelantar su salida por motivos de gestión presupuestaria mediante la vía penal[746]. No obstante, como señala ODRIOZOLA GURRUTXAGA, los datos indican que, en la práctica, la expulsión recogida en el artículo 89 del CP no logra disminuir el número de personas extranjeras reclusas en los centros penitenciarios españoles[747].

Independientemente de cuáles hayan sido los motivos reales que han llevado a la ampliación del ámbito subjetivo de la medida de expulsión, esta no contó con el respaldo unánime de todos los grupos parlamentarios[748].

---

746. Para GONZÁLEZ TASCÓN, M. M.: La cuarta reforma, *op. cit.*, pp. 153-154, ello no hace más que evidenciar que la idea que tiene el legislador acerca de la expulsión sustitutiva está influenciada por intereses que, desde luego, nada tienen que ver con la protección de los bienes jurídicos penalmente relevantes. En términos similares, TERRADILLOS BASOCO, J. M./BOZA MARTÍNEZ, D.: La expulsión, *op. cit.*, p. 364. Con relación a ello, el Informe de 8 de enero de 2013 del Consejo Fiscal, *op. cit.*, p. 66, señaló que «el orden sancionador administrativo de la extranjería (...) no configura la sanción de expulsión como la dirigida a extrañar a los inmigrantes que han llegado a España con vocación de desarrollar un proyecto más o menos duradero de vida estable respetando nuestra legalidad, sino de aquella minoría de extranjeros que, cualquiera que sea su situación administrativa, han acreditado un comportamiento hostil al orden público nacional, una voluntad contraria a una mínima integración en la sociedad española o un desprecio de nuestro ordenamiento jurídico». A lo que añade que «la disposición contenida en el apartado 2 del artículo 57 LOEX define exclusivamente una causa de expulsión, sin que imponga en ningún caso su aplicación automática y necesaria». Como señala NAVARRO CARDOSO, F.: La expulsión penal de extranjeros, *op. cit.*, p. 156, la expulsión siempre resultará más económica que el mantenimiento de la persona reclusa en un centro penitenciario, lo que no es sino muestra de la confluencia en este punto de las políticas de extranjería, penitenciaria (reducción del número de personas internas) y presupuestaria.

747. Véase, al respecto, ODRIOZOLA GURRUTXAGA, M.: Expulsión penal, *op. cit.*, pp. 40 y 173 y ss. En sentido idéntico, GARCÍA ESPAÑA, E.: La expulsión como sustitutivo, *op. cit.*, p. 11.

748. En este sentido, la enmienda n.º 122 al Proyecto de Ley Orgánica por la que se modifica la Ley Orgánica 10/1995, de 23 de noviembre, del Código Penal, del Grupo Parlamentario de IU, ICV-EUiA, CHA: La Izquierda Plural, Boletín oficial de las Cortes Generales (en adelante, BOCG), Congreso de los Diputados, X Legislatura, 10 de diciembre de 2014, disponible en: https://www.congreso.es/public_oficiales/L10/CONG/BOCG/A/BOCG-10-A-66-2.PDF, dice así: «La propuesta recupera la sustitución de la pena de prisión por la expulsión prevista para las personas extranjeras no residentes legalmente en España, tal como se viene concibiendo desde la entrada en vigor del Código Penal de 1995. La inclusión en su ámbito de aplicación de todos los extranjeros, incluso con las limitaciones establecidas en el artículo 88.4

La modificación del precepto también se realizó en contra de las recomendaciones tanto del Consejo Fiscal[749] como del Consejo de Estado[750], según

de la reforma atendiendo los contundentes reproches contenidos en los informes del Consejo Fiscal y, particularmente, del Consejo de Estado, no logran disipar los graves inconvenientes de la pretendida generalización de la expulsión, que permiten dudar sobre su constitucionalidad y su acomodo a la normativa de la Unión Europea, del derecho internacional público, y de los cánones jurisprudenciales elaborados desde el Tribunal Europeo de los Derechos Humanos y el Tribunal de Justicia de la Unión Europea. No existen tampoco apoyos en la jurisprudencia de nuestros tribunales ni se evidencian razones de política criminal que amparen la expulsión sustitutiva para extranjeros con residencia legal. Y el Código Penal no puede ponerse al servicio del control de los flujos migratorios». También, la enmienda n.º 230, al Proyecto de Ley Orgánica por la que se modifica la Ley Orgánica 10/1995, de 23 de noviembre, del Código Penal, del Grupo Parlamentario Vasco EAJ-PNV, BOCG, X Legislatura, 10 de diciembre de 2014, disponible en: https://www.congreso.es/public_oficiales/L10/CONG/BOCG/A/BOCG-10-A-66-2.PDF, que indica lo que sigue: «Es necesario distinguir entre extranjeros residentes y no residentes, y entre residentes temporales y de larga duración. No existe razón de política criminal alguna que avale la sustitución de la pena privativa de libertad por la expulsión cuando el extranjero disponga de autorización de residencia. La fórmula que propone el Proyecto de Ley viola el requisito de motivación individualizada que en todos los modelos constitucionales debe estar en la base de cualquier decisión privativa o restrictiva de derechos, toda vez que la decisión de expulsión es, en principio, imperativa y vinculante para el juez».

749. El Informe de 8 de enero de 2013 del Consejo Fiscal, *op. cit.*, p. 67, destaca que «la legítima opción del Estado a renunciar a ejecutar una pena impuesta a un extranjero, parece ajustada cuando legalmente se circunscriba a aquellos individuos que carecen de vínculos relevantes con la sociedad española (extranjeros en tránsito, con meros permisos de residencia, en situación irregular por dejación voluntaria o desidia —caducidad de permiso—, o llegados de manera fraudulenta o subrepticia) y, en todo caso, cuando sea escrupulosamente respetuosa con los compromisos asumidos por España derivados del Derecho internacional o del Derecho de la Unión Europea (...) por todo lo referido, tiene pleno sentido que solo en los supuestos de falta de permiso de residencia se deposite en la jurisdicción la responsabilidad de aceptar la excepción de la aplicación de la expulsión por concurrir arraigo u otra circunstancia personal (esto es, valoración de la proporcionalidad de la medida) que necesariamente exige un análisis exclusivamente circunstancial y caso a caso (cuestión de equidad o justicia del caso concreto)».

750. El Consejo de Estado, en su Dictamen 358/2013, relativo al Anteproyecto de Ley Orgánica por la que se modifica la Ley Orgánica 10/1995, de 23 de noviembre, del Código Penal, de 27 de junio de 2013 (en adelante, Dictamen 358/2013 del Consejo de Estado), consideración décima, apartado 10, reconoce que esta ampliación plantea importantes interrogantes, sobre todo respecto a la posibilidad de expulsar a las y los ciudadanos de la UE y a sus familiares, a quienes se les reconoce el derecho a residir y desplazarse libremente por el territorio de la Unión. El Consejo de Estado considera que las previsiones del Código Penal no resultan suficientes para garantizar que la expulsión penal de las y los ciudadanos de la UE respete las condiciones establecidas al efecto en la normativa europea.

lo expresado en sus respectivos informes al Anteproyecto de Ley Orgánica por la que se modifica la Ley Orgánica 10/1995, de 24 de noviembre, del Código Penal.

También la doctrina mayoritaria ha expresado su desacuerdo con la ampliación del ámbito subjetivo de la medida de expulsión. En este sentido, se ha señalado con acierto que se trata de una decisión de política criminal[751] que pretende convertir el sistema penal en un «vehículo» para la política de extranjería[752].

Las críticas dirigidas hacia la regulación previa del artículo 89 del CP son trasladables a la versión actual del precepto, puesto que, tras la reforma operada por la LO 1/2015, la fundamentación de la respuesta diferenciada

751. En opinión de DÍEZ RIPOLLÉS, J. L.: Derecho penal, *op. cit.*, p. 697, la ampliación del ámbito subjetivo constituye «una errónea decisión de política criminal de gran trascendencia». En sentido similar, GÁMIZ, M./VALDERRAMA, J.: Proyecto de reforma, *op. cit.*, pp. 1-2, al calificar la ampliación como «rechazable y desafortunada». En sentido idéntico, COMAS D'ARGEMIR, M./SÁNCHEZ-ALBORNOZ, C./NAVARRO, E.: Sustitución de la pena, *op. cit.*, p. 24, al calificar la reforma de «regresiva». También, ROIG TORRES, M.: La expulsión, *op. cit.*, pp. 481-482, al señalar que «esta opción político-criminal pone al descubierto la idea de hostilidad hacia los extranjeros que subyace en esta institución (...) es reflejo del fenómeno de repulsa hacia los inmigrantes».

752. COMAS D'ARGEMIR, M./SÁNCHEZ-ALBORNOZ, C./NAVARRO, E.: Sustitución de la pena, *op. cit.*, pp. 23-24; GARCÍA ESPAÑA, E.: La expulsión como sustitutivo, *op. cit.*, pp. 18-19; GONZÁLEZ TASCÓN, M. M.: La cuarta reforma, *op. cit.*, p. 152. En idénticos términos, PINTO DE BARROS, A.: Un análisis, *op. cit.*, pp. 6-7, al considerar que la reforma encuentra su justificación, nuevamente, «en la funcionalización del Derecho penal a los fines de la política migratoria y de gestión penitenciaria». En esta línea, ROIG TORRES, M.: La expulsión, *op. cit.*, pp. 480-481, entiende que esta ampliación a todas las personas extranjeras «desnaturaliza esta figura, hasta ahora anclada en la irregularidad de la situación administrativa (...) de esta forma, se realza su carácter soberanista y se revela claramente como ejercicio del poder estatal de excluir a quien no es nacional en caso de delinquir». A favor de esta ampliación del ámbito subjetivo, RECIO JUÁREZ, M.: «Claves de la reforma de la expulsión de extranjeros en el Código Penal», *Diario La Ley*, n.º 8602, 2015, p. 3, al señalar que «se deja por fin de lado el tratamiento diferenciado del delincuente extranjero en atención a su situación administrativa, así la expulsión podrá decretarse respecto a cualquier extranjero, no solo del que carezca de residencia legal». Con todo, considera que se trata de una «mejora sustancial, que aleja la expulsión judicial de su instrumentalidad al servicio de la lucha contra la inmigración ilegal, para acercarla a una auténtica medida de carácter penal». En efecto, entiende que «al prescindir de la situación administrativa del penado extranjero para decretar la expulsión, se avanza en la intención de buscar una respuesta penal a la comisión de un delito por parte de un ciudadano extranjero que, además de la correspondiente pena ordinaria, incluya la consecuencia de la pérdida de su derecho a permanecer en territorio nacional».

sigue siendo una circunstancia externa al Derecho penal: la nacionalidad[753]. En definitiva, si bien antes de la actual regulación la falta de residencia o la irregularidad administrativa de la persona extranjera era lo que provocaba una respuesta diferenciada frente al delito[754], con la reforma de 2015, es la mera condición de persona extranjera la que conduce de nuevo hacia la instauración de un marco legal especial para este colectivo, es decir, un Derecho penal del enemigo[755].

En respuesta a estos reproches, se ha argumentado que la previsión expresa del juicio de proporcionalidad en el apartado cuarto del artículo 89 del CP podría aliviar el peso de las críticas que lo consideran discriminatorio[756], dado que permite considerar las circunstancias personales y del hecho

753. En este sentido, MUÑOZ CONDE, F./GARCÍA ARÁN, M.: Derecho Penal, *op. cit.*, p. 543, señalan que el hecho de que la expulsión penal ahora abarque también a las personas extranjeras con residencia legal es una excepción a la tradicional vinculación de este precepto a la política de inmigración, por lo que, desvinculada de esta, no se aprecian las razones por las que la medida se supedita a la condición de no nacional.

754. GARCÍA ESPAÑA, E.: La expulsión como sustitutivo, *op. cit.*, pp. 17-18; GÁMIZ, M./ VALDERRAMA, J.: Proyecto de reforma, *op. cit.*, pp. 1-2; DÍEZ RIPOLLÉS, J. L.: Derecho penal, *op. cit.*, pp. 697-698; COMAS D'ARGEMIR, M./SÁNCHEZ-ALBORNOZ, C./ NAVARRO, E.: Sustitución de la pena, *op. cit.*, pp. 23-24; MUÑOZ CONDE, F./GARCÍA ARÁN, M.: Derecho Penal, *op. cit.*, pp. 543-544; PINTO DE BARROS, A.: Un análisis, *op. cit.*, pp. 6-7; GARCÍA ESPAÑA, E.: Extranjeros sospechosos, *op. cit.*, pp. 17-18; IGLESIAS RÍO, M. A.: La expulsión, *op. cit.*, p. 175; BOZA MARTÍNEZ, D.: La expulsión de personas extranjeras, *op. cit.*, p. 277; RODRÍGUEZ MESA, M. J.: La expulsión, *op. cit.*, pp. 255 y ss.

755. En este sentido, IGLESIAS RÍO, M. A.: La expulsión, *op. cit.*, pp. 175-177, considera que ello se debe a que la institución de la expulsión guarda una suerte de «lucha» contra determinados sujetos. En efecto, ante la comisión de un mismo hecho delictivo, la persona nacional no es expulsada, por lo que entiende que, en cierto modo, «se asiste a ese mismo proceso de metamorfosis que representa el adiós al juicio de culpabilidad individual por el hecho y la bienvenida al juicio de peligrosidad del colectivo al que pertenece el sujeto». En sentido similar TERRADILLOS BASOCO, J. M./BOZA MARTÍNEZ, D.: La expulsión, *op. cit.*, p. 364, señalan que «una cosa es, tal como hace el vigente art. 89, poner el CP al servicio del control de los flujos migratorios, lo que ya es grave, y otra convertirlo en instrumento xenófobo de lucha contra el extranjero».

756. Rechaza esta noción, RECIO JUÁREZ, M.: La expulsión, *op. cit.*, pp. 195-196, quien entiende que la existencia de un trato diferenciado por razón de origen y/o nacionalidad no puede llevarnos a afirmar que existe discriminación hacia las personas extranjeras simplemente por el hecho de ostentar tal condición. Así, afirma que «aunque los hechos delictivos cometidos sean los mismos, no nos encontramos con situaciones equivalentes, porque no puede obviarse que no nos hallamos ante situaciones jurídicas idénticas». Por su parte, ROIG TORRES, M.: La expulsión, *op. cit.*, pp. 472 y 483-484, entiende que la ampliación de la medida de expulsión a todas las personas extranjeras, incluidas las comunitarias, no puede considerarse discriminatoria. Aun así, reconoce

en cada caso[757]. Esta posición se refleja en la Circular 7/2015 de la FGE, la cual, aunque respalda la reforma, sostiene que es necesario delimitar adecuadamente el ámbito de aplicación y fijar las correspondientes limitaciones derivadas del principio de proporcionalidad. De lo contrario, la expulsión sustitutiva, que de por sí constituye una excepción al régimen penal general, podría generar situaciones discriminatorias en la aplicación de la norma, basadas exclusivamente en la nacionalidad de la persona condenada[758]. Es evidente que aquellas personas extranjeras que residen en España y que tienen arraigo social, familiar y laboral, y que ocasionalmente cometen un delito, no deben recibir el mismo tratamiento penal que aquellas que han ingresado al territorio nacional con el único propósito de delinquir o vivir al margen de la legalidad vigente[759].

En este sentido, el Consejo Fiscal, en su Informe de 8 de enero de 2013, se mostró en contra de la reforma por considerar que, al limitar la expulsión

que mediante esta modificación se avanza aún más, llegando incluso a incluir un «nacionalismo exacerbado». Sin embargo, no le parece desacertado la equiparación entre las personas extranjeras comunitarias y las extracomunitarias, «puesto que la libertad de circulación conlleva la sujeción al ordenamiento jurídico del Estado receptor y no tiene porqué garantizar la permanencia en caso de delinquir, vedándola en cambio a quienes no pertenecen a la Unión Europea». Lo relevante en todo caso, sostiene, es ponderar todos los intereses en juego para que esa respuesta no sea desproporcionada. En la misma línea, LEGANÉS GÓMEZ, S.: «La expulsión de los penados en el Código Penal de 2015», en *Diario La Ley*, n.º 8579, 2015, pp. 8 y ss.; RECIO JUÁREZ, M.: Claves de la reforma, *op. cit.*, pp. 5 y ss.

757. GARCÍA ESPAÑA, E.: La expulsión como sustitutivo, *op. cit.*, p. 19. En términos similares, ROIG TORRES, M.: La expulsión, *op. cit.*, pp. 469-470.

758. Circular 7/2015 de la FGE, *op. cit.*, apartado 1. En sentido idéntico, MUÑOZ CONDE, F./GARCÍA ARÁN, M.: Derecho Penal, *op. cit.*, pp. 543-544, advierte sobre los riesgos que ello puede acarrear respecto al derecho a la no discriminación y el principio de proporcionalidad. Rechaza también la aplicación indiscriminada de la expulsión, el ATC 106/1997, *op. cit.*, FJ 5, si bien no lo considera discriminatorio. También, IGLESIAS RÍO, M. A.: La expulsión, *op. cit.*, pp. 185-186, al señalar que «debería replantearse la fórmula abierta e indefinida del artículo 89 y mantener la locución legal tradicional referida a extranjeros no residentes legalmente en España». Entiende este autor que «la consideración a las diversas categorías jurídicas de extranjeros puede conciliar mejor y ponderar valorativamente de forma más adecuada las circunstancias personales del extranjero; en su caso, un historial de larga residencia, voluntad de establecimiento personal o familiar en el país de acogida, demostrar arraigo en España, padecer una enfermedad o incapacidad, ser víctima de trata de seres humanos, violencia de género, persecución política o religiosa en su país de origen o, por el contrario, examinar cuidadosamente si el condenado presenta una biografía en permanente conflicto con la justicia penal y el resto del ordenamiento jurídico, evidenciando escaso interés en una ordenada integración».

759. Circular 7/2015 de la FGE, *op. cit.*, apartado 1.

sustitutiva penal a las personas extranjeras sin residencia legal, además de recoger a nivel legal el principio de proporcionalidad —se valora por la propia ley que no es «proporcionada»—, se está optando por la única solución sencilla para tomar en consideración la coexistencia de diferentes regímenes jurídicos en función de las diferentes categorías de personas extranjeras[760]. En definitiva, el Consejo Fiscal defendió que «la legitima opción del Estado a renunciar a ejecutar una pena impuesta a un extranjero, parece ajustada cuando legalmente se circunscriba a aquellos individuos que carecen de vínculos relevantes con la sociedad española (...)», precisamente por ello, entiende que «tiene pleno sentido que solo en los supuestos de falta de permiso de residencia se deposite en la jurisdicción la responsabilidad de aceptar la excepción de la aplicación de la expulsión por concurrir arraigo u otra circunstancia personal que necesariamente exige un análisis exclusivamente circunstancial y caso a caso»[761].

Considerando lo hasta aquí expuesto, solo nos resta concluir que la ampliación del ámbito subjetivo del artículo 89 del CP constituye un retroceso en la política de integración social de las personas extranjeras, profundizando, más si cabe, la brecha entre estas y las y los nacionales[762]. Ante este panorama, no cabe sino preguntarse, al igual que lo hace MARTÍNEZ ESCAMILLA, hasta dónde estamos dispuestos a llegar[763].

V. ÁMBITO OBJETIVO

Como tendremos ocasión de comprobar en las líneas que siguen, el artículo 89 del CP prevé dos supuestos diferentes en función de la duración de la pena concreta impuesta a la persona extranjera condenada, a saber: penas de prisión de hasta un año; de más de un año hasta cinco años; y, más de cinco años. En el primer caso mencionado, no es posible la expulsión, mientras que en los dos siguientes sí lo es, ya sea total o parcial, pero bajo un régimen diferenciado.

760. Informe de 8 de enero de 2013 del Consejo Fiscal, *op. cit.*, p. 66.
761. *Ibid.*, p. 67.
762. ROIG TORRES, M.: La expulsión, *op. cit.*, p. 467; En sentido idéntico, COMAS D'ARGEMIR, M./SÁNCHEZ-ALBORNOZ, C./NAVARRO, E.: Sustitución de la pena, *op. cit.*, p. 24.
763. MARTÍNEZ ESCAMILLA, M.: Inmigración, *op. cit.*, pp. 1 y ss.

1. PENAS DE PRISIÓN DE HASTA UN AÑO

Con arreglo al tenor literal del artículo 89 del CP, serán sustituidas las penas de prisión superiores a un año impuestas a una persona extranjera. De este modo, tras la última redacción dada por la LO 1/2015, únicamente pueden ser sustituidas por expulsión las penas de prisión que excedan de un año[764]. El precepto prevé, pues, una pena suelo por debajo de la cual no procede la sustitución[765]. En otras palabras, la sustitución solo se contem-

764. Tal y como se señala en el Informe de 16 de enero de 2013 del CGPJ, *op. cit.*, p. 102, con la reforma operada por la LO 1/2015 se excluye la sustitución por la expulsión de las demás penas privativas de libertad —en particular, la responsabilidad personal subsidiaria por impago de multa— que no sean la de prisión, y de las penas de prisión de hasta un año (un año o inferiores), lo que se ajusta al principio de proporcionalidad. Sin embargo, el Consejo Fiscal, en su Informe de 8 de enero de 2013, *op. cit.*, p. 68, señala que «debería valorarse (…) el retorno al criterio vigente de que la expulsión pueda abarcar a cualquier pena privativa de libertad con el fin de abordar adecuadamente los casos en que la norma penal se utiliza como burladero para eludir el cumplimiento de la norma administrativa». Por su parte, la Circular 5/2011 de la FGE, de 2 de noviembre, sobre criterios para la unidad de actuación especializada del Ministerio Fiscal en materia de extranjería e inmigración, apartado VI.3.1.1, entendía que «la previsión legal de aceptar la posibilidad de aplicar la expulsión sustitutiva de cualquier pena privativa de libertad impuesta (…) en sí misma ni es desproporcionada ni es discriminatoria; lo será, en su caso, la decisión que las adopte por no valorar conforme a dicho principio las circunstancias concurrentes, entre ellas la propia gravedad del hecho cometido. Tiene pleno sentido considerar injusta y desproporcionada la sustitución por la expulsión de la responsabilidad personal subsidiaria por impago de multa o de las penas privativas de libertad impuestas por la comisión de una falta —hoy delitos menores o condenas iguales o inferiores a un año de prisión— cuando la condena impuesta se funde en la comisión de hechos aislados o perfectamente delimitados que no acrediten un comportamiento del extranjero claramente hostil a nuestro ordenamiento jurídico. Por el contrario, no será desproporcionada la expulsión cuando la falta —hoy delitos menores o condenas iguales o inferiores a un año de prisión— o el delito cometido castigado con pena de multa impagada sea la última de las manifestaciones indicadoras de una forma de vida patentemente contraria al orden público español —como lo acreditaría la existencia de una pluralidad de condenas por delito o faltas (hoy delitos menores con condenas iguales o inferiores a un año de prisión)—, o constituya un instrumento defraudatorio del régimen jurídico de la estancia y residencia de los extranjeros en España previsto y regulado en la Ley Orgánica 4/2000, o signifique un obstáculo para la ejecución de la expulsión acordada en otro procedimiento penal por delito».

765. BARQUÍN SANZ, J.: De las formas sustitutivas, *op. cit.*, p. 252; ALASTUEY DOBÓN, C.: Sobre la naturaleza, *op. cit.*, pp. 112-113; CANO CUENCA, A.: «Suspensión de la ejecución de la pena condicionada al cumplimiento de prohibiciones y deberes. Especial consideración a la expulsión de los extranjeros. La sustitución de la pena de prisión por la expulsión (arts. 83, 84, 85, 86, 87, 308 bis y 89)», en GONZÁLEZ CUSSAC, J. L. (dir.), MATALLÍN EVANGELIO, A./GÓRRIZ ROYO, E. (coords.): *Comentarios a la Reforma del Código Penal de 2015*, Tirant lo Blanch, Valencia, 2015, p. 366; MACÍAS

pla para delitos que revisten cierta gravedad[766]. Sin embargo, el artículo no establece un límite máximo a partir del cual se excluya automáticamente la expulsión[767]. Al respecto, coincidimos con la mayoría de la doctrina[768] en

---

ESPEJO, B.: Sustitución y expulsión, *op. cit.*, p. 269; SÁNCHEZ GARCÍA DE PAZ, I.: Artículo 89, *op. cit.*, p. 791; NAVARRO CARDOSO, F.: Análisis del artículo 89, *op. cit.*, p. 210.

766. Al respecto, el Informe de 8 de enero de 2013 del Consejo Fiscal, *op. cit.*, pp. 69-70 entiende que «es también muy discutible la exclusión que el anteproyecto hace de las penas de prisión de duración igual o inferior a un año, porque es precisamente en el ámbito de los delitos de menos gravedad donde más justificada se halla la prevalencia de los fines de la política migratoria sobre los fines de política criminal». En este sentido, entiende que, si la comisión de delitos de poca gravedad conlleva la imposición de una pena de prisión inferior a un año, la comisión de hechos delictivos puede convertirse «en un medio útil de eludir la aplicación de la normativa de extranjería al que podrían recurrir extranjeros en situación irregular». En idéntico sentido, RECIO JUÁREZ, M.: La expulsión, *op. cit.*, p. 198, alerta sobre el efecto criminógeno que puede tener el límite de las penas de prisión superiores a un año en las personas extranjeras en situación de irregularidad administrativa, ya que podría suceder que estas personas cometieran delitos leves —castigados con pena de prisión igual o inferior a un año— para así eludir la expulsión administrativa. En suma, considera que «se produce un vacío legal en cuanto al tratamiento de los extranjeros en situación irregular condenados por la comisión de un delito que no tenga señalada pena superior al año de prisión, que provocará que la posibilidad de suspender la potestad estatal de hacer ejecutar lo juzgado no se aplique, con la consiguiente frustración de los fines de la política de control de la inmigración clandestina». Sin embargo, como bien indica ODRIOZOLA GURRUTXAGA, M.: Expulsión penal, *op. cit.*, p. 62, parece altamente improbable que una persona extranjera en situación de irregularidad administrativa opte por cometer un delito de escasa entidad con el fin de eludir la aplicación de una expulsión administrativa, ya que debido a la normativa existente en esta materia, no solo se trata de una táctica ineficaz —lo que la persona extranjera podrá lograr, a lo sumo, es retrasar la ejecución la expulsión administrativa— sino arriesgada, dado que, incluso teniendo conocimientos de Derecho penal, prever la pena que se impondrá no resulta tan sencillo, cualquiera que sea esta. De la misma opinión, MUÑOZ LORENTE, J.: La expulsión del extranjero, *op. cit.*, pp. 409-410.

767. GONZÁLEZ TASCÓN, M. M.: La cuarta reforma, *op. cit.*, p. 167. En este sentido, CANO CUENCA, A.: Suspensión, *op. cit.*, p. 366, se refiere a la falta de una «pena techo».

768. MACÍAS ESPEJO, B.: Sustitución y expulsión, *op. cit.*, p. 269; BOZA MARTÍNEZ, D.: La expulsión de personas extranjeras, *op. cit.*, p. 298; RECIO JUÁREZ, M.: La expulsión, *op. cit.*, p. 143; SÁNCHEZ GARCÍA DE PAZ, I.: Artículo 89, *op. cit.*, p. 791; RÍOS, J./ ETXEBARRIA, X./PASCUAL, E.: *Manual de ejecución penitenciaria: defenderse de la cárcel*, Universidad Pontificia Comillas, Madrid, 2016, p. 815; GONZÁLEZ TASCÓN, M. M.: La cuarta reforma, *op. cit.*, p. 162; ODRIOZOLA GURRUTXAGA, M.: Expulsión penal, *op. cit.*, p. 62; ROIG TORRES, M.: La expulsión, *op. cit.*, pp. 488 y 499. En idéntico sentido, Informe de 16 de enero de 2013 del CGPJ, *op. cit.*, p. 103, entiende que «la rebaja del límite de las penas enteramente sustituibles por expulsión, sin cumplimiento parcial previo, resulta de todo punto adecuada».

que esta disposición debe ser valorada positivamente, ya que la medida de expulsión puede resultar desproporcionada para delitos de escasa entidad[769].

Es importante resaltar que, a pesar de la manifiesta falta de justificación de la ampliación del ámbito subjetivo, el legislador sí ofrece una razón para justificar la restricción del ámbito objetivo a las penas de prisión superiores a un año. Esta decisión, según el legislador, tiene como objetivo armonizar la regulación penal con la administrativa, tal como se expresa en el preámbulo de la LO 1/2015 al señalar que «se ajusta el límite de la pena a partir del cual podrá acordarse la expulsión a la regulación contenida en la legislación de extranjería»[770].

No obstante, como ha señalado BOZA MARTÍNEZ, es necesario matizar esta asociación realizada por el legislador[771]. En primer lugar, mientras que el artículo 57.2 de la LOEX se refiere a las penas privativas de libertad, el artículo 89 del CP, tras la reforma operada por la LO 1/2015, se refiere únicamente a las penas de prisión. En segundo lugar, este precepto no exige que la conducta sea dolosa, lo que significa que también pueden ser sustituidas las condenas por delitos imprudentes. Esto contrasta con el tenor literal del artículo 57.2 de la LOEX, cuya aplicación se reserva, como se ha destacado, a la persona extranjera condenada por una conducta dolosa[772]. Por último,

769. RECIO JUÁREZ, M.: La expulsión, *op. cit.*, p. 143.

770. Preámbulo de la LO 1/2015, apartado IV.

771. BOZA MARTÍNEZ, D.: La expulsión de personas extranjeras, *op. cit.*, pp. 298-299. En la misma línea, el Informe de 8 de enero de 2013 del Consejo Fiscal, *op. cit.*, p. 70, calificó de «desafortunada» la afirmación del legislador. Además, añadió que cualquier tipo de conexión debía haberse establecido con el artículo 57.7 de la LOEX, que regula la sustitución del proceso penal por la expulsión administrativa y se erige, junto con la sustitución de la pena, en la otra modalidad legítima del Estado al *ius puniendi*. En concreto, la letra a) de dicho artículo dice así: «Cuando el extranjero se encuentre procesado o imputado en un procedimiento judicial por delito o falta para el que la Ley prevea una pena privativa de libertad inferior a seis años o una pena de distinta naturaleza, y conste este hecho acreditado en el expediente administrativo de expulsión, en el plazo más breve posible y en todo caso no superior a tres días, el juez, previa audiencia del Ministerio Fiscal, la autorizará salvo que, de forma motivada, aprecie la existencia de circunstancias que justifiquen su denegación». En sentido idéntico, GONZÁLEZ TASCÓN, M. M.: La cuarta reforma, *op. cit.*, p. 163.

772. En este sentido, RECIO JUÁREZ, M.: La expulsión, *op. cit.*, p. 199, considera que la falta de distinción entre delitos dolosos e imprudentes contradice el principio de proporcionalidad, el cual debería ser la base para aplicar la medida de expulsión. Con todo, entiende que no deberían tener el mismo tratamiento, al menos desde la perspectiva de la prevención general negativa. Del mismo modo, el Informe de 16 de enero de 2013 del CGPJ, *op. cit.*, p. 102, considera conveniente limitar la expulsión de las personas extranjeras a los delitos dolosos.

cabe recordar que el artículo 89 del CP se refiere a la pena concretamente impuesta a la persona extranjera condenada, mientras que el apartado segundo del artículo 57 de la LOEX hace referencia al «delito sancionado con pena privativa de libertad superior a un año», esto es, a la pena abstracta señalada para el delito.

Por lo demás, si concurren varias penas de prisión por una misma causa y ninguna de ellas supera un año de duración, no procederá la expulsión, incluso si la suma total de las penas impuestas supera dicho límite. Sin embargo, si al menos una de las penas de prisión impuestas supera el año de duración, no existe impedimento legal para decretar la expulsión como sustitutivo de todas las penas impuestas. Además, la medida de expulsión también puede llevarse a cabo cuando una pena de prisión superior a un año concurra con otras penas de distinta naturaleza[773].

2. PENAS DE PRISIÓN DE UN AÑO Y UN DÍA HASTA CINCO AÑOS

El artículo 89 del CP, en su apartado primero, ya citado, establece que «las penas de prisión de más de un año impuestas a un ciudadano extranjero serán sustituidas por su expulsión del territorio español. Excepcionalmente, cuando resulte necesario para asegurar la defensa del orden jurídico y restablecer la confianza en la vigencia de la norma infringida por el delito, el juez o tribunal podrá acordar la ejecución de una parte de la pena que no podrá ser superior a dos tercios de su extensión, y la sustitución del resto por la expulsión del penado del territorio español. En todo caso, se sustituirá el resto de la pena por la expulsión del penado del territorio español cuando aquel acceda al tercer grado o le sea concedida la libertad condicional».

En este caso, como apunta la Circular 7/2015 de la FGE, la sustitución de la pena de prisión por la expulsión será, como norma general, completa. Sin embargo, la autoridad judicial puede decidir, de manera excepcional, ejecutar una parte de la pena «cuando resulte necesario para asegurar la defensa del orden jurídico y restablecer la confianza en la vigencia de la norma infringida por el delito», esto es, por motivos de orden político-criminal o de prevención general. En tales situaciones, la pena se cumplirá en la parte que la autoridad judicial estime oportuna, que en ningún caso podrá exceder los dos tercios de su extensión. Una vez cumplida esta parte,

773. Circular 7/2015 de la FGE, *op. cit.*, apartado 3.1.

se procederá a sustituir el resto de la pena por la expulsión de la persona extranjera del territorio nacional[774].

En todo caso, el resto de la pena será sustituido por la expulsión cuando la persona extranjera acceda al tercer grado o le sea concedida la libertad condicional. Esta será una cuestión para un análisis ulterior.

La inclusión de la sustitución parcial excepcional parece indicar que el legislador ha buscado abordar aquellos casos en los que la expulsión apenas tenía contenido aflictivo para la persona extranjera condenada. En situaciones donde la expulsión podría generar efectos criminógenos, los cuales ya han sido objeto de atención, este apartado del artículo 89 del CP proporciona una solución específica[775]. De hecho, la incorporación de esta previsión sugiere que el legislador estaría reconociendo, al menos de manera implícita, la ambivalencia aflictiva de la expulsión.

3. PENAS DE PRISIÓN SUPERIORES A CINCO AÑOS, O PENAS DE PRISIÓN QUE SUMADAS SUPEREN LOS CINCO AÑOS

El artículo 89 del CP, en su apartado segundo, establece que «cuando hubiera sido impuesta una pena de más de cinco años de prisión, o varias penas que excedieran de esa duración, el juez o tribunal acordará la ejecución de todo o parte de la pena, en la medida en que resulte necesario para asegurar la defensa del orden jurídico y restablecer la confianza en la vigencia de la norma infringida por el delito. En estos casos, se sustituirá la ejecución del resto de la pena por la expulsión, cuando la persona extranjera penada cumpla la parte de la pena que determinada por la autoridad judicial, acceda al tercer grado o le sea concedida la libertad condicional».

Aunque la redacción del precepto carece de claridad, parece existir cierto acuerdo en considerar que, cuando la pena o la suma de las impuestas a la persona extranjera condenada exceda los cinco años, procede en todo caso el cumplimiento de al menos una parte de la pena, y que los criterios de prevención general positiva mencionados por la norma —asegurar la defensa del orden jurídico y restablecer la confianza en la vigencia de la norma infringida por el delito— podrán servir, según corresponda, para determinar la ejecución total o parcial de la pena[776].

774. *Ibid.*, apartado 3.2.

775. BOZA MARTÍNEZ, D.: La expulsión de personas extranjeras, *op. cit.*, p. 303.

776. MOLINA FERNÁNDEZ, F./MENDOZA BUERGO, B.: «La determinación de la pena, las instituciones individualizadoras y los sustitutivos de las penas privativas de li-

La peculiaridad de este supuesto reside en que el legislador, considerando la gravedad de la pena, presume *iuris tantum* la necesidad de cumplir la condena en una prisión española, postergando así la aplicación de la expulsión a un momento posterior[777].

A diferencia de lo que acontece con la sustitución parcial subsidiaria prevista en el apartado primero del artículo 89 del CP, que fija como límite máximo para proceder a la expulsión el cumplimiento de dos tercios de la condena, el segundo apartado otorga una amplia discrecionalidad a la autoridad judicial en la determinación de la parte de la pena a cumplir. En este caso, la norma legal no establece ningún rango mínimo o máximo en el cual se consideren suficientemente satisfechas las finalidades de prevención general[778].

Abundando en esta idea, como ha destacado RECIO JUÁREZ, debido a la prolongación de la duración de la pena sujeta a sustitución, el límite máximo de dos tercios previsto en el artículo 89.1 del CP podría resultar insuficiente en estos casos para garantizar la defensa del orden jurídico y restablecer la confianza en la vigencia de la norma infringida por el delito. Por tanto, considerando la gravedad de la pena y otras circunstancias del caso, se deja al arbitrio de la autoridad judicial su determinación, lo que implica un evidente riesgo para los principios de legalidad y seguridad jurídica[779]. Este planteamiento podría ser razonable si no fuera por la posi-

bertad», en LASCURAÍN SÁNCHEZ, J. A. (coord.): *Manual de Introducción al Derecho Penal*, Agencia Estatal Boletín Oficial del Estado, Madrid, 2019, pp. 241-242; MACÍAS ESPEJO, B.: Sustitución y expulsión, *op. cit.*, p. 269; BARQUÍN SANZ, J.: De las formas sustitutivas, *op. cit.*, p. 253. Como señala BOZA MARTÍNEZ, D.: La expulsión de personas extranjeras, *op. cit.*, p. 300, tras la reforma operada por la LO 1/2015, el límite penológico de las penas de prisión superior a cinco años se ajusta a lo establecido en el artículo 33.2 del CP para diferenciar las penas graves de las menos graves (son penas graves las de prisión superior a cinco años). En sentido idéntico, RECIO JUÁREZ, M.: Claves de la reforma, *op. cit.*, p. 5; MACÍAS ESPEJO, B.: Sustitución y expulsión, *op. cit.*, p. 274.

777. GONZÁLEZ TASCÓN, M. M.: La cuarta reforma, *op. cit.*, p. 173.

778. Circular 7/2015 de la FGE, *op. cit.*, apartado 3.3. En este sentido, CORONADO BUITRAGO, M. J.: *Las formas sustitutivas de ejecución penal*, Tirant lo Blanch, Valencia, 2018, p. 210; RECIO JUÁREZ, M.: La expulsión, *op. cit.*, pp. 214-215. En este sentido, MUÑOZ RUIZ, J.: La expulsión penal, *op. cit.*, p. 26, considera que «con dicho tenor, resulta cuando menos exacerbada la potestad judicial no tanto en lo que concierne a la decisión misma de la sustitución de la pena por la expulsión, como en que se deje a la sola discrecionalidad judicial el determinar la duración y condiciones de la sustitución parcial cuando las penas de prisión exceden de cinco años».

779. RECIO JUÁREZ, M.: La expulsión, *op. cit.*, pp. 214-215. En sentido similar, RECIO JUÁREZ, M.: Claves de la reforma, *op. cit.*, p. 5, destaca que, de esta manera, «se enfatiza

bilidad que el artículo otorga a la autoridad judicial de ordenar la ejecución completa de la pena, lo cual podría entrar en franca contradicción con los postulados del principio de *non bis in idem*[780], como tendremos ocasión de abordar más adelante.

Por lo demás, también en este caso procederá la expulsión cuando la persona penada haya obtenido el tercer grado o la libertad condicional[781]. Sobre ello se volverá más adelante.

VI. EXCEPCIONES EN LA APLICACIÓN DE LA EXPULSIÓN COMO MEDIDA SUSTITUTIVA

La expulsión como alternativa a la pena de prisión no debería aplicarse de manera automática en ningún caso, incluso cuando la literalidad de la norma pueda sugerirlo, como ocurre cuando la persona extranjera alcanza el tercer grado o la libertad condicional, conforme a lo establecido en los apartados 1 y 2 del artículo 89 del CP. Resulta evidente, tal como señala la Circular 7/2015 de la FGE, que el principio general que rige la norma es «manifiestamente favorable» a la sustitución de las penas de prisión superiores a un año por la expulsión, total o parcialmente. Sin embargo, esto no debe llevar a la conclusión errónea de que la ley prescribe «un ciego automatismo» en su aplicación, ni aboga por abandonar deliberadamente las circunstancias personales de la persona extranjera condenada y del delito[782].

A partir de una interpretación sistemática de las disposiciones contenidas en el artículo 89 del CP, se puede inferir la existencia de dos excepciones al régimen imperativo de la expulsión sustitutiva: una relativa y otra absoluta. La excepción relativa, como su nombre indica, no elimina por completo la posibilidad de expulsión, ya que busca proteger los intereses generales de la sociedad, reafirmando el orden jurídico infringido mediante el cumplimien-

---

el carácter ambivalente de la gravosidad de la expulsión sustitutiva», dependiendo de si se aplica después de cumplir gran parte de la pena o si se adelanta su ejecución. En este sentido, el Informe de 16 de enero de 2013 del CGPJ, *op. cit.*, p. 103, señaló que la regulación previa a la reforma era más adecuada, ya que era el propio legislador quien, tras evaluar la eficacia de la función preventivo-general de la pena, determinaba la parte de la pena que debía cumplirse para garantizar los fines de prevención, tanto negativa como positiva.

780. GONZÁLEZ TASCÓN, M. M.: La cuarta reforma, *op. cit.*, p. 174.

781. MOLINA FERNÁNDEZ, F./MENDOZA BUERGO, B.: La determinación de la pena, *op. cit.*, pp. 241-242; MACÍAS ESPEJO, B.: Sustitución y expulsión, *op. cit.*, p. 269; Circular 7/2015 de la FGE, *op. cit.*, apartado 3.3.

782. Circular 7/2015 de la FGE, *op. cit.*, apartado 4.

to de una parte significativa de la pena. En cambio, la excepción absoluta tiene como objetivo prevenir cualquier expulsión del territorio nacional que puede resultar objetiva o subjetivamente desproporcionada, excluyendo así cualquier posibilidad de aplicar la expulsión como sustitutivo de la pena impuesta a la persona extranjera condenada[783].

1. EXCEPCIÓN RELATIVA POR RAZONES DE POLÍTICA-CRIMINAL

Como ya se ha adelantado, tras la promulgación de la LO 1/2015, el artículo 89 del CP otorga la facultad de ejecutar la pena de prisión cuando «resulte necesario para asegurar la defensa del orden jurídico y restablecer la confianza en la vigencia de la norma infringida por el delito». Sin embargo, el alcance de estos criterios varía en función de la duración de la pena impuesta a la persona extranjera condenada. Así, en el caso de la sustitución de penas de prisión que oscilan entre un año y un día hasta cinco años (art. 89.1 CP), la autoridad judicial puede acordar la ejecución de una parte de la pena, mientras que si se trata de penas de prisión superiores a cinco años (art. 89.2 CP), la autoridad judicial puede ordenar la ejecución total o parcial de la pena[784]. En suma, las mismas razones de prevención general que justifican la ejecución parcial de la pena en el supuesto del apartado uno, también respaldan la ejecución total o parcial de la pena en el supuesto del apartado dos[785].

La Circular 7/2015 de la FGE es la responsable de aclarar la interpretación de los criterios que han guiado al legislador en la fundamentación de la excepción de orden político-criminal. En cuanto a la primera de las premisas —la necesidad de asegurar la defensa del orden jurídico—, su objetivo es, según lo señalado por la FGE, «impedir que se produzca el desarme del Derecho penal mediante la devaluación de los mecanismos de defensa del mismo, entre los que se encuentra, evidentemente, la pena». Esto significa que la decisión judicial no debe desatender los intereses públicos relativos a la política criminal expresada por la ley, la naturaleza del delito, su gravedad y la realización de los fines de prevención general y especial, por lo que la expulsión no puede ser aplicada automáticamente[786].

783. *Ibid.*
784. RECIO JUÁREZ, M.: La expulsión, *op. cit.*, p. 150; GONZÁLEZ TASCÓN, M. M.: La cuarta reforma, *op. cit.*, p. 173; ROIG TORRES, M.: La expulsión, *op. cit.*, p. 492.
785. GONZÁLEZ TASCÓN, M. M.: La cuarta reforma, *op. cit.*, p. 173.
786. Circular 7/2015 de la FGE, *op. cit.*, apartado 4.1.

Por otro lado, la necesidad de «restablecer la confianza en la vigencia de la norma infringida por el delito», según la Circular 7/2015 de la FGE, tiene como objetivo «evitar la sensación de impunidad que podría instalarse en el conjunto de la sociedad si la expulsión se convierte en una suerte de burladero de la Ley penal». Esta situación de impunidad, de acuerdo con la circular, no solo socavaría la eficacia preventiva y disuasoria de la pena —prevención general negativa—, sino que también generaría en la persona cumplidora de la ley una sensación inaceptable de desamparo y pérdida de confianza en la ley como medio efectivo para combatir comportamientos delictivos considerados socialmente graves —prevención general positiva—[787].

Así, conforme al criterio establecido por la Circular 7/2015 de la FGE, se deberá rechazar la sustitución completa de la pena (art. 89.1 CP) una vez realizada la valoración individualizada de cada caso concreto, al menos en los siguientes casos[788]: a) Delitos que involucren el uso de una violencia o intimidación de especial intensidad en su ejecución o resultado[789]; b) Delitos que conlleven vejación, degradación o ensañamiento sobre la víctima; c) Delitos que expongan a la víctima a un peligro concreto y grave para su vida o integridad física o psíquica; d) Delitos que afecten a bienes jurídicos personales especialmente valiosos[790]; e) Delitos cuya culpabilidad se vea intensificada por recaer sobre una víctima desamparada debido a razones de edad, discapacidad y situación de vulnerabilidad específica; f) Delitos cualificados en su peligrosidad por ser cometidos por medio de o en el seno de una organización o grupo criminal; g) Delitos que, teniendo asignada una pena base mínima de prisión superior a cinco años en la correspondiente figura penal, hayan sido castigados con pena igual o inferior a dicha extensión en virtud de las reglas de aplicación de las penas; y, h) Delitos contra la salud pública que excedan del simple tráfico de pequeñas cantidades de sustancias ilícitas[791].

---

787. Circular 7/2015 de la FGE, *op. cit.*, apartado 4.1.
788. *Ibid.*
789. Se trata, en particular, de los delitos de robo con violencia o intimidación en cuya comisión se hayan empleado armas o instrumentos peligrosos, así como las lesiones cualificadas de los artículos 149 y 150 del CP.
790. Por ejemplo, la inviolabilidad del domicilio como modalidad de robo en casa habitada, la libertad personal o la libertad e indemnidad sexuales.
791. En este punto, la Circular 7/2015 de la FGE, *op. cit.*, apartado 4.1, sigue la jurisprudencia establecida por el TS, que, de manera sistemática, salvo en casos de escasa relevancia, ha indicado la inadecuación de aplicar la expulsión como sustitutivo completo de la pena. Esto se debe a que, considerando la gravedad de la pena, la sustitución total de la misma podría actuar como un incentivo para la proliferación de actividades delictivas.

Por el contrario, según lo establecido en la Circular 7/2015 de la FGE, cuando se trata de penas de prisión superiores a cinco años (art. 89.2 CP), la excepción relativa o de política criminal requiere una interpretación diferente, pues esta modalidad de sustitución ya atiende a delitos de especial gravedad en los cuales la pena deberá cumplirse, total o parcialmente, en la medida en que lo estime oportuno la autoridad judicial para reflejar suficientemente el reproche merecido por el delito en cuestión. En definitiva, cuando se trata de casos particularmente cualificados, las consideraciones de orden político-criminal conducen al cumplimiento íntegro de la pena, a saber[792]: a) La delincuencia organizada, especialmente cuando comprende conexiones transnacionales; b) Actos que causen un impacto significativo en la seguridad exterior o interior del Estado, o en el funcionamiento de servicios esenciales para la comunidad; y, c) Los ataques más severos a bienes jurídicos personales que puedan generar una intensa sensación de inseguridad en la sociedad, lo cual incluye cualquier delito penado con pena de prisión permanente revisable.

No deja de apuntarse por la doctrina penal, sin embargo, que se trata de conceptos jurídicos extremadamente indeterminados que, debido a la ambigüedad terminológica que presentan, amplían considerablemente el margen de discrecionalidad de la autoridad judicial, lo que conlleva el consiguiente riesgo de inseguridad jurídica. De este modo, se pueden comprometer principios fundamentales como los de legalidad, seguridad jurídica, igualdad y taxatividad[793]. La falta de precisión en la fórmula empleada por el legislador ha dado lugar a diversas interpretaciones doctrinales que refuerzan esta crítica, incluso dando cabida a conceptos tan volátiles como la opinión pública y la alarma social generada por el delito[794].

792. Circular 7/2015 de la FGE, *op. cit.*, apartado 4.1.

793. BOZA MARTÍNEZ, D.: La expulsión de personas extranjeras, *op. cit.*, p. 303; CANO CUENCA, A.: Suspensión, *op. cit.*, p. 370; MUÑOZ RUIZ, J.: La expulsión penal, *op. cit.*, pp. 23 y 40; RECIO JUÁREZ, M.: Claves de la reforma, *op. cit.*, p. 5; ROIG TORRES, M.: La expulsión, *op. cit.*, pp. 495-496; MACÍAS ESPEJO, B.: Sustitución y expulsión, *op. cit.*, p. 273; IGLESIAS RÍO, M. A.: La expulsión, *op. cit.*, p. 179; NAVARRO CARDOSO, F.: Análisis del artículo 89, *op. cit.*, p. 210; RECIO JUÁREZ, M.: La expulsión, *op. cit.*, pp. 150 y 156; BARQUÍN SANZ, J.: De las formas sustitutivas, *op. cit.*, p. 255; FRIEYRO ELÍCEGUI, S.: «La expulsión de los extranjeros como sustitutiva de la pena de prisión impuesta», en *Diario La Ley*, n.º 9703, 2020, pp. 3-4; CORONADO BUITRAGO, M. J.: Las formas sustitutivas, *op. cit.*, p. 200.

794. ROIG TORRES, M.: La expulsión, *op. cit.*, p. 492; RECIO JUÁREZ, M.: La expulsión, *op. cit.*, pp. 156-157; IGLESIAS RÍO, M. A.: La expulsión, *op. cit.*, p. 179.

Destaca en este sentido lo expuesto por ROIG TORRES, quien considera que este nuevo criterio se ajusta, en puridad, a la filosofía que inspira la reforma. Dicha reforma, tal como se expresa en el preámbulo de la LO 1/2015, responde a «la necesidad de fortalecer la confianza en la Administración de Justicia, lo que hace preciso poner a su disposición un sistema legal que garantice resoluciones judiciales previsibles que, además, sean percibidas en la sociedad como justas»[795].

De acuerdo con esta autora, la opinión pública y la respuesta a las demandas de una protección más eficaz contra las formas de delincuencia más severas se convierten criterios primordiales para fundamentar la decisión de la autoridad judicial, quien posteriormente deberá examinar las circunstancias del hecho y las particulares del sujeto[796].

Cierto es que algún sector doctrinal ha señalado la conveniencia de vincular esta consecuencia jurídica, entre otros aspectos, a la naturaleza y gravedad del delito, con el fin de evitar que esta institución anule los fines intimidatorios y cree la falsa y peligrosa impresión de que las personas extranjeras, independientemente del delito cometido, nunca cumplirán su condena, sino que, a lo sumo, serán expulsadas del territorio nacional[797]. Sin embargo, centrarse exclusivamente en la visión estabilizadora de la pena, que se caracteriza por utilizarla como medio para restablecer la vigencia de la norma, puede llevar a identificar la prevención general únicamente con su vertiente positiva. Como acertadamente afirma NAVARRO CARDOSO, eso es Derecho penal simbólico[798].

---

795. Preámbulo de la LO 1/2015, apartado I. Aquí interesa ante todo señalar, en primer lugar, que el sistema punitivo no debe perseguir resoluciones previsibles en ningún caso, sino justas; de hecho, lo previsible no siempre es justo. Por otro lado, la noción de justicia que prevalece en la sociedad y, por consiguiente, la que debe primar en las decisiones judiciales, según el preámbulo, no necesariamente tiene que constituir una «garantía de acierto» en dichas decisiones.
796. ROIG TORRES, M.: La expulsión, *op. cit.*, p. 492.
797. IGLESIAS RÍO, M. A.: La expulsión, *op. cit.*, p. 178. En términos similares, RECIO JUÁREZ, M.: La expulsión, *op. cit.*, p. 157.
798. NAVARRO CARDOSO, F.: Análisis del artículo 89, *op. cit.*, p. 209; En los mismos términos se manifiesta BOZA MARTÍNEZ, D.: La expulsión de personas extranjeras, *op. cit.*, p. 303, al entender que la terminología empleada «erige en un referente de la instrumentalización de la respuesta penal a la persona extranjera como respuesta simbólica» dirigida a toda la sociedad. Este planteamiento busca reforzar conceptos abstractos como «la defensa del orden jurídico» y «la confianza en la vigencia de la norma», en lugar de priorizar la situación de la persona extranjera implicada y el delito cometido.

Sea como fuere, lo cierto es que, dada la ambigüedad de los criterios arriba expuestos, no parecen ser los más apropiados para orientar la decisión sobre el cumplimiento de la pena de prisión o su sustitución[799]. Habría sido más aconsejable, de acuerdo con lo señalado por el CGPJ, que la norma hubiera definido unos «criterios seguros y previsibles sobre la parte de la pena a cumplir, sin perjuicio de establecer ciertas flexibilizaciones o modulaciones en atención a las circunstancias personales del penado y particulares del hecho»[800]. Como han puesto de relieve GÁMIZ y VALDERRAMA, se trata de «una incorrecta y peligrosa técnica legislativa, en la que no se precisa con la debida certeza cuáles son los elementos de aplicación de la norma penal, lo que implica una transgresión de los principios de legalidad y seguridad jurídica»[801].

De las premisas mencionadas se desprende que, después de cumplir parcialmente la pena de prisión, la persona extranjera puede ser expulsada, ya sea al completar el período establecido por la autoridad judicial o al alcanzar el tercer grado o la libertad condicional. Como se ha señalado en epígrafes anteriores, se objeta que esto constituye una acumulación de sanciones, y no una mera sustitución de la pena (pena de prisión seguida de expulsión)[802]. En estos casos, la persona extranjera enfrenta un doble

799. BOZA MARTÍNEZ, D.: La expulsión de personas extranjeras, *op. cit.*, p. 303; MUÑOZ RUIZ, J.: La expulsión penal, *op. cit.*, p. 27; LEGANÉS GÓMEZ, S.: La expulsión, *op. cit.*, pp. 5-6; ODRIOZOLA GURRUTXAGA, M.: Expulsión penal, *op. cit.*, p. 71.

800. Informe de 16 de enero de 2013 del CGPJ, *op. cit.*, p. 103.

801. GÁMIZ, M./VALDERRAMA, J.: Proyecto de reforma, *op. cit.*, p. 5. Durante el proceso de tramitación parlamentaria de la reforma, también quedaron evidentes las disfunciones señaladas. En este sentido, la enmienda n.º 5, al Proyecto de Ley Orgánica por la que se modifica la Ley Orgánica 10/1995, de 23 de noviembre, del Código Penal, del Grupo Parlamentario Catalán (Convergència i Unió), BOCG, X Legislatura, 10 de diciembre de 2014, disponible en: https://www.congreso.es/public_oficiales/L10/CONG/BOCG/A/BOCG-10-A-66-2.PDF, señalaba lo siguiente: «Finalmente, en el marco de la regulación (...) de sustitución de la pena de prisión de más de 1 año impuestas a ciudadanos extranjeros por la expulsión del territorio español (...) el Proyecto emplea un concepto jurídico indeterminado (...) de dificultosa aplicación y que desde este Grupo entendemos que sería contrario al principio de seguridad jurídica, ya que se otorgaría discrecionalidad al juez a la hora de valorar la necesidad de «asegurar la defensa del orden público y restablecer la confianza general en la vigencia de la norma infringida por el delito». Entendemos que esta propuesta supone nuevamente un aumento desmesurado de la discrecionalidad del juez, que no se traduce en un beneficio, sino al contrario, supone una debilidad en la técnica legislativa, que entendemos que no es admisible».

802. MACÍAS ESPEJO, B.: Sustitución y expulsión, *op. cit.*, p. 272; TERRADILLOS BASOCO, J. M./BOZA MARTÍNEZ, D.: La expulsión, *op. cit.*, p. 367; BOZA MARTÍNEZ, D.: La expulsión de personas extranjeras, *op. cit.*, p. 324; IGLESIAS RÍO, M. A.: La expulsión,

castigo, pues una vez cumplida la parte de la pena que le corresponda, se materializará una «segunda pena», en forma de expulsión y consiguiente prohibición de entrada[803].

Ciertamente, en línea con lo señalado por BOZA MARTÍNEZ, consideramos que la facultad de cumplir la pena íntegramente antes de ejecutar la expulsión supone «una vuelta más de tuerca» en la relación entre el precepto comentado y el principio de *non bis in idem*[804]. Si ya resultaba problemático el supuesto del cumplimiento parcial de la pena y posterior sustitución, máxime con la ampliación del ámbito subjetivo a todas las personas extranjeras operada por la LO 1/2015, la posibilidad de exigir el cumplimento total de la pena y su ulterior expulsión implica un cambio en la propia naturaleza de la institución[805]. Dado que la expulsión prevista en el artículo 89 del CP es una medida sustitutiva, surge el interrogante de qué estaría sustituyendo la expulsión en estos casos, es decir, cuando se aplica después de cumplir toda la pena[806].

---

op. cit., p. 178; MOLINA FERNÁNDEZ, F. / MENDOZA BUERGO, B.: La determinación de la pena, p. 241.

803. GÁMIZ, M. / VALDERRAMA, J.: Proyecto de reforma, *op. cit.*, p. 5. En sentido idéntico, CAMPOS HELLÍN, R.: «El medio abierto en España como vía de acceso a una expulsión tras la reforma de la LO 1/2015», en *Revista Criminalidad*, vol. 59, n.º 1, 2017, p. 111. En los mismos términos, el Informe de 8 de enero de 2013 del Consejo Fiscal, *op. cit.*, p. 74, al señalar que «la indefinición de un límite máximo en la ejecución de la pena puede quebrantar el principio del *non bis in idem*, en el sentido de que, si la pena de prisión avanza mucho en su cumplimiento, la expulsión puede operar como sanción añadida».

804. BOZA MARTÍNEZ, D.: La expulsión de personas extranjeras, *op. cit.*, p. 324; NAVARRO CARDOSO, F.: Análisis del artículo 89, *op. cit.*, pp. 208-209; MACÍAS ESPEJO, B.: Sustitución y expulsión, *op. cit.*, p. 272; ODRIOZOLA GURRUTXAGA, M.: Expulsión penal, *op. cit.*, p. 67; TERRADILLOS BASOCO, J. M. / BOZA MARTÍNEZ, D.: La expulsión, *op. cit.*, pp. 367-368; CANO CUENCA, A.: Suspensión, *op. cit.*, pp. 369-370; GARCÍA ESPAÑA, E.: «El arraigo de presos extranjeros: más allá de un criterio limitador de la expulsión», en *Migraciones*, n.º 44, 2018, p. 122. En este sentido, la enmienda n.º 122 del Grupo Parlamentario de IU, ICV-EUiA, CHA: La Izquierda Plural, *op. cit.*, señala que «se suprime la previsión de sustituir la prisión una vez se hubiera accedido al tercer grado o con la concesión de la libertad condicional al penado porque tal situación implica un doble castigo: la ejecución de la pena de prisión y la posterior expulsión no equivale a la sustitución de aquella sino a su ejecución cumulativa, comprometiendo seriamente el principio *non bis in idem*».

805. BOZA MARTÍNEZ, D.: La expulsión de personas extranjeras, *op. cit.*, p. 301.

806. CAMPOS HELLÍN, R.: El medio abierto, *op. cit.*, p. 111; BOZA MARTÍNEZ, D.: La expulsión de personas extranjeras, *op. cit.*, p. 301.

La STS 397/2018, de 11 de septiembre, ha respaldado esta interpretación al señalar que la referencia hecha por el segundo apartado del artículo 89 del CP debe entenderse en el sentido de que la expulsión solo procederá cuando la persona extranjera alcance el tercer grado o la libertad condicional. Según el TS, la redacción del artículo 89.2 del CP tras la reforma de 2015 podría generar cierta confusión sobre si es necesario que haya una reducción del tiempo de cumplimiento para ordenar la expulsión de una persona extranjera condenada a una pena superior a cinco años de prisión. Pues bien, el TS entiende que «si el tribunal no considera pertinente el acortamiento, la expulsión vía artículo 89 del CP quedaría vedada». Esto no implica la permanencia de la persona extranjera condenada en nuestro territorio; antes bien, supone la activación del mecanismo administrativo para ejecutar la expulsión vía artículo 57.2 de la LOEX. Con todo, sostiene el Alto Tribunal que «la expulsión que maneja el art. 89 del CP no es una adición, un añadido; sino algo que sustituye a la pena, totalmente o en parte. Si hay cumplimiento íntegro no podría hablarse de sustitución, pues nada se dejaría sin efecto»[807]. Esta conclusión resulta ser, a nuestro entender, una consecuencia obligada del principio *non bis in idem*.

Más problemático se torna, si cabe, el uso de mecanismos e instituciones resocializadores, como el tercer grado y la libertad condicional, diseñados para facilitar la reintegración gradual de la persona reclusa en la sociedad y prepararla para la vida en libertad, como vías de acceso para la expulsión. En este caso, la ejecución de la pena se aleja claramente de su propósito resocializador, lo que entra en directa contradicción con el mandato de resocialización[808].

A partir de lo expuesto, se puede concluir que esta regulación evidencia que la reinserción social de las personas extranjeras no es un objetivo primordial del sistema penal español. El uso del tercer grado y la libertad

807. Sentencia del Tribunal Supremo (Sala de lo Penal) 397/2018, de 11 de septiembre, FD 21. Véase, BOZA MARTÍNEZ, D.: «La aplicación del artículo 89 CP español: la expulsión penal tras la LO 1/2015», en MEDINA CUENCA, A. (coord.): *Perspectiva multidimensional del conflicto penal, de la política criminal a la concreción normativa «la línea invisible». Libro homenaje a la profesora Dra. María Acale Sánchez*, Editorial UNIJURIS, Cuba, 2019, p. 501.

808. CAMPOS HELLÍN, R.: El medio abierto, *op. cit.*, pp. 112-113; RECIO JUÁREZ, M.: Claves de la reforma, *op. cit.*, p. 5; ROIG TORRES, M.: La expulsión, *op. cit.*, p. 494; GONZÁLEZ TASCÓN, M. M.: La cuarta reforma, *op. cit.*, pp. 171-172; TERRADILLOS BASOCO, J. M./BOZA MARTÍNEZ, D.: La expulsión, *op. cit.*, pp. 367-368; MUÑOZ RUIZ, J.: La expulsión penal, *op. cit.*, p. 27; ODRIOZOLA GURRUTXAGA, M.: Expulsión penal, *op. cit.*, p. 71.

condicional como vías para acordar la expulsión sugiere que estas medidas tienen como propósito evitar que la persona extranjera condenada inicie un proceso de integración social fuera de la prisión, relegándola una vez más a los márgenes sociales[809]. Esta crítica se suma a la ya expresada por la doctrina en relación con la institución de la expulsión, ya que no se ajusta a las finalidades de prevención especial exigibles en un Estado social y democrático de Derecho[810].

Asimismo, interesa observar que la Circular 7/2015 de la FGE excluye la posibilidad de que una persona extranjera, a quien no se le expulsa debido a la necesidad de afirmar el ordenamiento jurídico, pueda eludir la entrada en prisión acogiéndose a la suspensión condicional de la pena conforme a los artículos 80 y siguientes del CP. Esta restricción no se basa en la prohibición expresa del artículo 89 del CP, sino en que los criterios para denegar la sustitución de la pena por la expulsión —la gravedad del delito y las exigencias de prevención general— requieren el cumplimiento de la condena impuesta, dado que no se cumplen los requisitos necesarios para la suspensión. Cualquier otra solución resultaría incongruente[811].

Por último, de acuerdo con lo establecido en el artículo 89.9 del CP, «no serán sustituidas las penas que se hubieran impuesto por la comisión de los delitos a que se refieren los artículos 177 bis, 312, 313 y 318 bis». Como indica la Circular 7/2015 de la FGE, esta disposición constituye una prohibición legal que no admite excepciones y también extiende sus efectos a los delitos conexos enjuiciados en la misma causa[812].

Esta excepción se fundamenta en razones de política criminal y tiene como objetivo, como se ha indicado anteriormente, evitar que las personas extranjeras involucradas en redes organizadas dedicadas a la explotación de la inmigración o de personas puedan quedar impunes y en una posición favorable que les permita continuar libremente con sus actividades delictivas[813]. Según DÍEZ RIPOLLÉS, esta prohibición se sustenta en la pérdida

809. CAMPOS HELLÍN, R.: El medio abierto, *op. cit.*, p. 113.
810. ODRIOZOLA GURRUTXAGA, M.: Expulsión penal, *op. cit.*, p. 71.
811. Circular 7/2015 de la FGE, *op. cit.*, apartado 4.1.
812. Circular 7/2015 de la FGE, *op. cit.*, apartado 3.
813. RECIO JUÁREZ, M.: La expulsión, *op. cit.*, p. 148; NAVARRO CARDOSO, F.: Análisis del artículo 89, *op. cit.*, p. 215; DÍAZ Y GARCÍA CONLLEDO, M.: Protección y expulsión, *op. cit.*, p. 660; ORTS BERENGUER, E./GONZÁLEZ CUSSAC, J. L.: Compendio, *op. cit.*, p. 572.

de los efectos intimidatorios e inocuizadores de la expulsión en esta clase de delitos[814].

La LO 1/2015 ha añadido de manera acertada al conjunto ya existente de los artículos 312 del CP —contra los derechos de las y los trabajadores—, 313 del CP —emigración fraudulenta— y 318 bis del CP —contra los derechos de las y los ciudadanos extranjeros—, el delito tipificado en el artículo 177 bis del CP —trata de seres humanos—, que el legislador de 2010 omitió incluir[815]. Sin embargo, no se han contemplado los delitos de tráfico de drogas de cierta entidad, generalmente transnacionales que, como viene advirtiendo la doctrina, operan de la misma forma que lo hacen el resto de los delitos excluidos, esto es, colocando al sujeto activo en disposición de seguir delinquiendo[816]. En este sentido, ORTS BERENGUER Y GONZÁLEZ CUSSAC consideran que el elenco de delitos en los que no puede aplicarse la expulsión debería abarcar todos aquellos supuestos de crimen organizado que, de alguna manera, estén vinculados con la noción de criminalidad organizada[817].

En cualquier caso, la persona extranjera que haya sido condenada por alguno de los delitos recogidos en el artículo 89.9 del CP, podrá ser objeto de una expulsión administrativa, con arreglo a lo dispuesto en el artículo 57.8 de la LOEX, una vez que haya cumplido la pena de prisión correspondiente[818].

---

814. DÍEZ RIPOLLÉS, J. L.: Derecho penal, *op. cit.*, p. 699.

815. Véase, al respecto, GUISASOLA LERMA, C.: Consideraciones político-criminales, *op. cit.*, p. 217, quien ya alertó sobre la conveniencia de incorporar la trata de seres humanos al elenco de delitos excluidos de esta tras la LO 5/2010.

816. Así lo advertía, como hemos tenido ocasión de comprobar, MANZANARES SAMANIEGO, J. L.: Suspensión, *op. cit.*, p. 101. También, GARCÍA ESPAÑA, E.: La expulsión como sustitutivo, *op. cit.*, pp. 20-21; DÍEZ RIPOLLÉS, J. L.: Derecho penal, *op. cit.*, p. 699; FERNÁNDEZ ARÉVALO, L.: Expulsión judicial, *op. cit.*, pp. 23-24; PÉREZ CÉPEDA, A. I.: Globalización, *op. cit.*, p. 345.

817. ORTS BERENGUER, E./GONZÁLEZ CUSSAC, J. L.: Compendio, *op. cit.*, p. 572.

818. El artículo 57.8 de la LOEX, reza así: «Cuando los extranjeros, residentes o no, hayan sido condenados por conductas tipificadas como delitos en los artículos 312.1, 313.1 y 318 bis del Código Penal, la expulsión se llevará a efecto una vez cumplida la pena privativa de libertad». No obstante, como bien señala BOZA MARTÍNEZ, D.: La expulsión de personas extranjeras, *op. cit.*, 310, el artículo citado no se ajusta completamente a la disposición contemplada en el CP, ya que no hace mención del artículo 177 bis del CP. En sentido idéntico, GARCÍA ESPAÑA, E.: La expulsión como sustitutivo, *op. cit.*, p. 21; GRACIA MARTÍN, L./ALASTUEY DOBÓN, C.: Suspensión, 2.ª ed., *op. cit.*, pp. 552-553. Este descuido por parte del legislador podría llevar, como apunta ODRIOZOLA GURRUTXAGA, M.: La expulsión penal, *op. cit.*, p. 95, a que una persona extranjera condenada por un delito de trata de seres humanos (art. 177 bis CP) no pueda ser expulsada ni a través del artículo 89 del CP ni mediante el artículo 57.8

2. EXCEPCIÓN ABSOLUTA POR RAZONES DE PROPORCIONALIDAD

Dispone el artículo 89.4 del CP, en su párrafo primero, que «no procederá la expulsión cuando, a la vista de las circunstancias del hecho y personales del autor, en particular su arraigo en España, la expulsión resulte desproporcionada»[819]. Esta excepción excluye tanto la sustitución parcial como total de la pena de prisión, lo cual es acorde con lo señalado en el preámbulo de la LO /2015, donde se indica que «la sustitución se condiciona, en todos los casos, a la proporcionalidad de la medida»[820].

La reforma de 2015 introdujo una modificación significativa en el artículo 89 del CP al incorporar explícitamente la referencia al juicio de proporcionalidad. Esto contrasta con la redacción previa del mencionado precepto, establecida por la LO 5/2010, que únicamente hacía referencia de manera genérica a las «razones que justifiquen el cumplimiento de la condena en un centro penitenciario en España»[821]. Tras la reforma, el artículo se refiere

---

de la LOEX. Sin embargo, como indica acertadamente esta autora, podría estar sujeta a una expulsión administrativa comprendida en el artículo 57.2 de la LOEX.

819. De este modo, como señalan MUÑOZ CONDE, F./GARCÍA ARÁN, M.: Derecho Penal, *op. cit.*, p. 544, se establece una excepción fundamentada en los intereses individuales de la persona extranjera condenada, los cuales pueden diferir, por supuesto, de los intereses generales de prevención general contemplados en los apartados 1 y 2 del artículo 89 del CP, que buscan «asegurar la defensa del orden jurídico» y «restablecer la confianza en la vigencia de la norma infringida por el delito».

820. Preámbulo de la LO 1/2015, apartado IV. Véase, Circular 7/2015 de la FGE, *op. cit.*, apartado 4.2.

821. CANO CUENCA, A.: Suspensión, *op. cit.*, p. 371; RECIO JUÁREZ, M.: La expulsión, *op. cit.*, p. 128; GARCÍA ESPAÑA, E.: El arraigo, *op. cit.*, p. 130; ODRIOZOLA GURRUTXAGA, M.: La expulsión penal, *op. cit.*, p. 78; BOZA MARTÍNEZ, D.: La expulsión de personas extranjeras, *op. cit.*, p. 289. A favor de mantener este término, el Dictamen 358/2013 del Consejo de Estado, *op. cit.*, consideración décima, apartado 10, argumenta que, en relación con el Anteproyecto de reforma penal de 2012, «la regulación proyectada, aun presentando esta importante ventaja, tiene el defecto de que no da cabida a otras circunstancias, distintas de los derechos del propio penado, pero que también podrían justificar el cumplimiento de la pena en España. En otras palabras, el Anteproyecto prevé la no aplicación de la expulsión sustitutiva cuando resulte desproporcionada para el penado, pero no cuando sea conveniente por motivos de prevención general, esto es, por emplear la propia expresión del Anteproyecto, cuando resulte necesario para asegurar la defensa del orden jurídico y restablecer la confianza en la vigencia de la norma infringida por el delito, circunstancia que el artículo 88.2 invoca a efectos de modular el tiempo de una condena superior a tres años que puede cumplirse con expulsión sustitutiva, pero no a efectos de excluir de plano y en cualquier caso tal sustitución, en particular cuando se trate de penas de entre uno y tres años. Esta posibilidad, por el contrario, sí estaría contemplada en

expresamente a las «circunstancias del hecho y las personales del autor, en particular su arraigo en España», como elementos a considerar en dicho juicio de proporcionalidad[822]. Con esta previsión, se subsana adecuadamente la omisión que existía en el texto anterior respecto a las circunstancias personales de la persona extranjera condenada para determinar la procedencia de la expulsión, a pesar del rechazo unánime de la doctrina y de nuestros tribunales que, fundamentándose en la jurisprudencia del TEDH, ya abogaban por una lectura constitucional del mencionado precepto[823]. De hecho, el artículo 89.4 del CP vendría a ser la mera manifestación normativa de dichas exigencias[824].

El examen de las circunstancias personales de la persona extranjera condenada antes de proceder a su expulsión es una exigencia derivada de la jurisprudencia del TEDH en relación con el artículo 8 del CEDH[825]. De

---

la vigente formulación del artículo 89.1 y 3, cuando hace referencia a que el juez o tribunal exceptúe la sustitución cuando de forma motivada, aprecie razones que justifiquen el cumplimiento de la condena en un centro penitenciario en España». Con todo, el Consejo de Estado consideraba oportuno revisar la redacción del precepto, ya que entendía que la propuesta del Anteproyecto podría generar una sensación de impunidad contraria a las demandas de prevención general de/y reafirmación del ordenamiento jurídico.

822. RECIO JUÁREZ, M.: La expulsión, *op. cit.*, p. 130; CANO CUENCA, A.: Suspensión, *op. cit.*, p. 371; ODRIOZOLA GURRUTXAGA, M.: La expulsión, *op. cit.*, p. 78; BARQUÍN SANZ, J.: De las formas sustitutivas, *op. cit.*, p. 250.

823. En este sentido, GUISASOLA LERMA, C.: Consideraciones político-criminales, *op. cit.*, pp. 208-209. De manera similar, en relación con la reforma de 2010, COMAS D'ARGEMIR, M./SÁNCHEZ-ALBORNOZ, C./NAVARRO, E.: Sustitución de la pena, *op. cit.*, pp. 5-6, sugieren que «dentro de las razones que pueden fundamentar la denegación de la sustitución de la pena de prisión por expulsión, deberían incluirse (...) los derechos familiares y de arraigo del condenado en los delitos de carácter menos grave, en aplicación del principio de proporcionalidad». En la jurisprudencia, cabe destacar, la STC 242/1994, y especialmente, la STS 901/2004. Hace referencia a estas y otras sentencias, el Informe de 16 de enero de 2013 del CGPJ, *op. cit.*, pp. 101-101. En contra de esta lectura en clave constitucional realizada por el TC y el TS, SÁNCHEZ TOMÁS, J. M.: Garantismo, *op. cit.*, pp. 1565 y ss.

824. NAVARRO CARDOSO, F.: Análisis del artículo 89, *op. cit.*, p. 214; CANO CUENCA, A.: Suspensión, *op. cit.*, p. 371; GONZÁLEZ TASCÓN, M. M.: La cuarta reforma, *op. cit.*, p. 176; ROIG TORRES, M.: La expulsión, *op. cit.*, pp. 426-428; RECIO JUÁREZ, M.: La expulsión, *op. cit.*, p. 129; SÁNCHEZ GARCÍA DE PAZ, I.: Artículo 89, *op. cit.*, p. 794; ODRIOZOLA GURRUTXAGA, M.: Expulsión penal, *op. cit.*, p. 86; BOZA MARTÍNEZ, D.: La expulsión de personas extranjeras, *op. cit.*, p. 288.

825. El artículo 8 del CEDH reza así: «1. Toda persona tiene derecho al respeto de su vida privada y familiar, de su domicilio y de su correspondencia. 2. No podrá haber injerencia de la autoridad pública en el ejercicio de este derecho sino en tanto en cuanto esta injerencia esté prevista por la ley y constituya una medida que, en una sociedad

esta manera, el derecho al respeto de la vida privada y familiar se erige en un límite infranqueable para decretar la expulsión. Esta exigencia ha sido sostenida por el TEDH desde la sentencia *Moustaquim c. Bégica*[826], aunque fue a partir de la sentencia *Boultif c. Suiza*[827] donde el tribunal desarrolló los criterios pertinentes para evaluar la necesidad y proporcionalidad de una medida de expulsión en una sociedad democrática[828].

En concreto, los cinco elementos a considerar en el juicio de proporcionalidad, según la sentencia citada, son los siguientes: a) la naturaleza y gravedad de la infracción cometida por el sujeto; b) el tiempo de residencia del sujeto en el Estado receptor; c) el tiempo transcurrido desde la comisión del hecho delictivo y la conducta del sujeto en ese período; d) las nacionalidades de las personas afectadas; e) la situación familiar del sujeto, incluyendo la duración del matrimonio y otros factores que denoten si la pareja lleva una vida familiar real y auténtica; f) si el cónyuge tenía conocimiento del delito en el momento en que inició la relación familiar; g) la existencia de hijos e hijas en el matrimonio y, si así fuese, su edad; y, h) la magnitud de las dificultades que el cónyuge podría encontrar en el país de origen del sujeto.

Estos criterios fueron posteriormente reiterados en la sentencia *Üner c. Países Bajos*[829], a los que se añadieron dos más: i) el interés superior y el bienestar de los hijos e hijas y, en particular la gravedad de las dificultades que los hijos e hijas del sujeto puedan encontrar en el país al que este vaya a ser expulsado; y, j) la solidez de los lazos sociales, culturales y familiares tanto con el país de acogida como con el país de destino. Todos estos criterios fueron reproducidos en las sentencias ulteriores del TEDH[830].

---

democrática, sea necesaria para la seguridad nacional, la seguridad pública, el bienestar económico del país, la defensa del orden y la prevención de las infracciones penales, la protección de la salud o de la moral, o la protección de los derechos y las libertades de los demás». Sobre este particular, ampliamente, SOLER GARCÍA, C.: Los límites a la expulsión, *op. cit.*, pp. 259 y ss.; BOLLO AROCENA, M. D.: Expulsión de extranjeros, *op. cit.*, pp. 114 y ss.

826. Sentencia del Tribunal Europeo de Derechos Humanos (Sala) en el caso *Moustaquim c. Bélgica*, de 18 de febrero de 1991, párrafos 34 y ss.
827. Sentencia del Tribunal Europeo de Derechos Humanos (Sección Segunda) en el caso *Boultif c. Suiza*, de 2 de agosto de 2001, párrafo 48.
828. BOZA MARTÍNEZ, D.: La expulsión de personas extranjeras, *op. cit.*, p. 289. Para abundante jurisprudencia al respecto, véase, ROIG TORRES, M.: La expulsión, *op. cit.*, pp. 427 y ss., y ODRIOZOLA GURRUTXAGA, M.: La expulsión, *op. cit.*, pp. 79-85.
829. Sentencia del Tribunal Europeo de Derechos Humanos (Gran Sala) en el caso *Üner c. Países Bajos*, de 18 de octubre de 2006, párrafo 58.
830. Aunque la Circular 7/2015 de la FGE, *op. cit.*, apartado 4.2, no haga referencia explícita a los criterios elaborados por el TEDH en las sentencias mencionadas, infiere de esa

Como hemos adelantado, en la redacción que la LO 1/2015 dispensó al artículo 89 del CP, se simplifican los criterios establecidos por el TEDH para llevar a cabo el correspondiente juicio de proporcionalidad. Esta disposición precisa como criterios limitadores de la expulsión las circunstancias del hecho y las personales de la persona extranjera condenada, destacando el concepto de «arraigo en España»[831]. Este concepto, de naturaleza jurídica indeterminada, se refiere al vínculo que une a la persona extranjera con el país en el que reside, pudiendo ser de diversa índole (social, familiar, económico, laboral, académico u otros)[832]. Ahora bien, la referencia al arraigo no descarta la consideración de otras circunstancias relevantes para valorar la proporcionalidad de la medida. Por tanto, la edad, el estado de salud, los lazos con el país de origen o el tiempo de residencia en el territorio nacional podrían ser tomados en cuenta para este fin[833].

En este contexto, por primera vez se instaura en la norma penal una previsión explícita que brinda la oportunidad de ajustar la respuesta penal

---

doctrina algunas «líneas maestras» para la adecuada gestión de la medida de expulsión en estos casos, mencionando: a) El tiempo de residencia en suelo español del penado; b) El tipo de migrante; c) El estado de salud; d) La situación familiar; e) El impacto de la medida en los miembros del núcleo familiar del penado; f) Vinculación del afectado con el país de donde procede.

831. Como señala BOZA MARTÍNEZ, D.: La expulsión de personas extranjeras, *op. cit.*, pp. 291-292, la razón de esta referencia explícita al arraigo se puede encontrar en la STC 242/1994, *op. cit.*, FJ 6, donde por primera vez se establece que antes de aplicar la medida de expulsión, los órganos judiciales deben valorar «las circunstancias del caso, y la incidencia de valores o bienes con relevancia constitucional (como el arraigo del extranjero en España, o la unificación familiar, artículo 39.1 CE)». Posteriormente, la STS 901/2004, *op. cit.*, FD 2, recordaba que, para lograr una ponderación adecuada de los intereses en conflicto, era necesario tener en cuenta las circunstancias personales de la persona condenada, destacando el arraigo y su situación familiar.

832. Sobre este tema, ampliamente, CAMPOS HELLÍN, R.: «El arraigo como factor impeditivo de una expulsión tras la reforma de la LO 1/2015», en *Boletín Criminológico*, vol. 25, n.º 185, 2019, pp. 2 y ss.; GARCÍA ESPAÑA, E.: El arraigo, *op. cit.*, pp. 130 y ss.

833. GONZÁLEZ TASCÓN, M. M.: La cuarta reforma, *op. cit.*, pp. 177-178; RECIO JUÁREZ, M.: La expulsión, *op. cit.*, p. 131; NAVARRO CARDOSO, F.: Análisis del artículo 89, *op. cit.*, p. 214; BARQUÍN SANZ, J.: De las formas sustitutivas, *op. cit.*, p. 250. Sin embargo, BOZA MARTÍNEZ, D.: La expulsión de personas extranjeras, *op. cit.*, p. 295, advierte sobre la casuística que podría derivarse de la redacción del precepto, lo que podría conducir a pronunciamientos jurisprudenciales con diferencias significativas, en detrimento del principio de seguridad jurídica. El Informe de 8 de enero de 2013 del Consejo Fiscal, *op. cit.*, p. 73, advirtió sobre esto al señalar que «es confusa la utilización de términos que pueden tener distinto significado, como es el caso del arraigo, por lo que aboga, al igual que lo hace el Consejo de Estado, por volver a introducir la antigua expresión razones».

a las personas extranjeras condenadas, utilizando el arraigo como un factor a preservar y considerando la expulsión como una medida que requiere una justificación sólida[834]. En línea con lo señalado por BOZA MARTÍNEZ, consideramos que la inclusión de este juicio de proporcionalidad era fundamental desde el momento en que se optó por ampliar el ámbito subjetivo de la expulsión a todas las personas extranjeras[835].

En cuanto a las circunstancias del hecho mencionadas en el primer párrafo del artículo 89.4 del CP, la FGE nos recuerda que, como parte integrante del juicio de proporcionalidad, es necesario tener en cuenta la gravedad del delito y la relevancia de los bienes jurídicos afectados al fundamentar la decisión, de tal manera que «cuando el delito afecte de modo grave a la seguridad interior o exterior del Estado, y genere un sentimiento de inseguridad y zozobra en la población, pudiera no ser desproporcionada la expulsión sustitutiva del ciudadano extranjero aunque hubiera acreditado una situación de arraigo personal»[836].

Evidentemente, si la expulsión es rechazada por las razones expuestas, la persona extranjera condenada debe tener acceso, sin restricciones, al régimen general de tratamiento penitenciario si finalmente ingresa en prisión, o a la suspensión de la ejecución de la pena, si procede[837]. Esto se debe a que, en tales casos, se excluye la expulsión para evitar vulnerar el derecho a la vida privada y familiar de la persona extranjera, en contraposición a motivos de prevención general o reafirmación del ordenamiento

834. GARCÍA ESPAÑA, E.: El arraigo, *op. cit.*, p. 130. En sentido idéntico, la Circular 7/2015 de la FGE, *op. cit.*, apartado 4.2, señala que «el arraigo compromete derechos humanos del más alto rango, como el derecho a la intimidad personal y familiar reconocido en el art. 18.1 CE y el derecho a la vida privada y familiar en la formulación del art. 8 CEDH, de los que no puede ser privado sin una sólida justificación».
835. BOZA MARTÍNEZ, D.: La expulsión de personas extranjeras, *op. cit.*, p. 289.
836. Circular 7/2015 de la FGE, *op. cit.*, apartado 4.2. En términos similares, RECIO JUÁREZ, M.: La expulsión, *op. cit.*, p. 145, señala que «este juicio ponderativo de la medida de expulsión debe interpretarse en el sentido de que cuando nos encontramos con que concurre la agravante de reincidencia, con delitos en que se haya empleado violencia contra las personas, que por su naturaleza revistan especial gravedad o se trate de delitos relacionados con la criminalidad organizada, sin duda deberán ser muy excepcionales las razones de arraigo o vida familiar que se invoquen para no acordar la expulsión sustitutiva si esta fuera procedente. Por el contrario, en caso de delitos que no atenten contra bienes jurídicos eminentemente personales, ni revistan especial gravedad, deberá ceder la necesidad de acordar la expulsión sustitutiva a favor del derecho a conservar una vida familiar y la situación de arraigo consolidada por parte del condenado».
837. NAVARRO CARDOSO, F.: Análisis del artículo 89, *op. cit.*, p. 215; Circular 7/2015 de la FGE, *op. cit.*, apartado 4.2.

jurídico, como sucede en otros casos. De esta manera, se respeta el principio de igualdad de trato para las personas extranjeras condenadas en comparación con las nacionales, garantizando su acceso sin limitaciones a las alternativas de cumplimiento de la pena de prisión establecidas en el CP, siempre y cuando cumplan con los requisitos legalmente establecidos para ello[838].

Sin perjuicio de lo expuesto hasta ahora, se debe tener presente el artículo 57.2 de la LOEX[839], el cual, paradójicamente, permitiría la expulsión de la persona extranjera tras el cumplimiento de la pena de prisión, incluso en aquellos casos donde la aplicación del artículo 89 del CP es descartada por razones de proporcionalidad. No obstante, en consonancia con un sector doctrinal, consideramos que, si la autoridad judicial decide no ejecutar la expulsión por considerarla desproporcionada, carece de sentido que sea un órgano administrativo quien proceda a materializar la expulsión tras el cumplimiento de la pena de prisión, especialmente si persisten las circunstancias del hecho y personales del sujeto que en su momento motivaron la decisión de no sustituir la pena por la expulsión[840].

En cualquier caso, conviene no olvidar que la aplicación del artículo 57.2 de la LOEX no es automática, sino que requiere la ponderación de los intereses que concurren en cada caso. Por consiguiente, parece poco probable que el examen de dichas circunstancias pueda producir resultados divergentes[841].

838. Circular 7/2015 de la FGE, *op. cit.*, apartado 4.2.

839. GARCÍA ESPAÑA, E.: La expulsión como sustitutivo, *op. cit.*, pp. 23-24; CAMPOS HELLÍN, R.: El arraigo, *op. cit.*, p. 1; BOZA MARTÍNEZ, D.: La expulsión de personas extranjeras, *op. cit.*, pp. 353-354. En contraposición, RECIO JUÁREZ, M.: Claves de la reforma, *op. cit.*, p. 3, sostiene que la expulsión contemplada en el artículo 57.2 de la LOEX «no entraría en juego si el juzgador penal no acordase la expulsión sustitutiva en atención a las circunstancias personales del penado, por entenderla desproporcionada», por lo que «las autoridades de extranjería no podrán abrir expediente por la condena dictada y aplicar la expulsión recogida en el art. 57.2 LOEX, cuando en el proceso penal ya existió pronunciamiento sobre la cuestión».

840. BOZA MARTÍNEZ, D.: La expulsión de personas extranjeras, *op. cit.*, pp. 353-355; ODRIOZOLA GURRUTXAGA, M.: Expulsión penal, *op. cit.*, pp. 171-171; GRACIA MARTÍN, L./ALASTUEY DOBÓN, C.: Suspensión, 2.ª ed., *op. cit.*, p. 551.

841. ODRIOZOLA GURRUTXAGA, M.: Expulsión penal, *op. cit.*, p. 172; GRACIA MARTÍN, L./ALASTUEY DOBÓN, C.: Suspensión, 2.ª ed., *op. cit.*, pp. 551-552.

VII. LÍMITES A LA EXPULSIÓN DERIVADOS DEL ESTATUTO JURÍDICO DE ALGUNAS PERSONAS EXTRANJERAS

1. CIUDADANAS Y CIUDADANOS DE LA UE

Como venimos señalando, la reforma operada por la LO 1/2015 ha supuesto un cambio sustancial en el régimen de la expulsión sustitutiva, ya que abarca a todas las categorías de personas extranjeras, incluidas las y los ciudadanos de la UE[842]. Sin embargo, según el preámbulo de la LO 1/2015, en estos casos, la expulsión se contempla con «carácter excepcional», y solo se aplica cuando el sujeto represente «una amenaza grave para el orden público o la seguridad pública», de conformidad con los criterios establecidos en la Directiva 2004/38/CE y en la jurisprudencia del TJUE[843].

El artículo 20 del Tratado de Funcionamiento de la Unión Europea[844] (TFUE) otorga a las y los ciudadanos de la UE «un derecho primario e individual de circular y residir libremente en el territorio de los Estados Miembros». Este derecho, que es originario, está sujeto a las limitaciones establecidas en la Directiva 2004/38/CE, la cual España ha traspuesto mediante el RD 240/2007, de 16 de febrero, sobre entrada, libre circulación

842. Como señala la Circular 7/2015 de la FGE, *op. cit.*, apartado 5.1.1., cuando el legislador hace referencia a una o a un ciudadano de la UE, se refiere a cualquier persona sujeta al régimen de la UE, lo que incluye tanto a las y los nacionales de Estados asimilados como a las y los nacionales de terceros Estados que sean familiares de una o un ciudadano de la UE. Entre la doctrina que ha abordado esta cuestión, por ejemplo, NAVARRO CARDOSO, F.: Análisis del artículo 89, *op. cit.*, pp. 211 y ss.; RECIO JUÁREZ, M.: Claves de la reforma, *op. cit.*, pp. 5 y ss.; SOLAR CALVO, P.: «Extranjeros en prisión y jurisprudencia europea. La necesaria revisión de la TVR penitenciaria», en *Revista CEFLegal*, n.º 222, 2019, pp. 92 y ss.; GARCÍA ESPAÑA, E.: La expulsión como sustitutivo, *op. cit.*, p. 22; COMAS D'ARGEMIR, M./SÁNCHEZ-ALBORNOZ, C./NAVARRO, E.: Sustitución de la pena, *op. cit.*, pp. 23-24; FRIEYRO ELÍCEGUI, S.: La expulsión, *op. cit.*, pp. 8 y ss.; PINTO DE BARROS, A.: Un análisis, *op. cit.*, pp. 3 y ss.; ODRIOZOLA GURRUTXAGA, M.: Expulsión penal, *op. cit.*, pp. 48 y ss.; BOZA MARTÍNEZ, D.: La expulsión de personas extranjeras, *op. cit.*, pp. 280 y ss.; SÁNCHEZ GARCÍA DE PAZ, I.: Artículo 89, *op. cit.*, pp. 795-796; CANO CUENCA, A.: Suspensión, *op. cit.*, pp. 368-369; IGLESIAS RÍO, M. A.: La expulsión, *op. cit.*, pp. 176 y 180 y ss.; HERNÁNDEZ OLIVEROS, J. C.: La expulsión, *op. cit.*, pp. 7 y ss.; ROIG TORRES, M.: La expulsión, *op. cit.*, pp. 470 y ss.; GONZÁLEZ TASCÓN, M. M.: La cuarta reforma, *op. cit.*, pp. 178 y ss.; RECIO JUÁREZ, M.: La expulsión, *op. cit.*, pp. 105 y ss.; LEGANÉS GÓMEZ, S.: La expulsión, *op. cit.*, pp. 8-9; MONTERO PÉREZ DE TUDELA, E.: «Las opciones repatriativas en el ordenamiento jurídico español para el extranjero infractor: factores a tener en cuenta por los profesionales del tratamiento y los operadores jurídicos», en *Revista Electrónica de Ciencia penal y Criminología*, n.º 21, 2019, pp. 10 y ss.

843. Preámbulo de la LO 1/2015, apartado IV.

844. Diario Oficial de la Unión Europea C 326, 26 de octubre de 2012, pp. 47-390.

y residencia en España de ciudadanos de los Estados miembros de la Unión Europea y de otros Estados parte en el Acuerdo sobre el Espacio Económico Europeo[845]. En consecuencia, para las y los ciudadanos de la UE rigen los criterios establecidos en la citada Directiva.

La Directiva regula, en su Capítulo VI, las limitaciones del derecho de entrada y del derecho de residencia por razones de orden público, seguridad pública o salud pública[846]. Desde una perspectiva estrictamente penal, la eventual expulsión como respuesta a comportamientos delictivos debe fundamentarse en consideraciones relativas al orden público[847] y la seguridad pública[848]. En este sentido, el artículo 27.2 establece que «las medidas adoptadas por razones de orden público o seguridad pública deberán ajustarse al principio de proporcionalidad y basarse exclusivamente en la conducta personal del interesado», añadiendo que, a estos efectos, «la existencia de condenas penales anteriores no constituirá por sí sola una razón para adoptar dichas medidas». Asimismo, señala que «la conducta personal del interesado deberá constituir una amenaza real, actual y suficientemente grave que afecte a un interés fundamental de la sociedad. No podrán argumentarse justificaciones que no tengan relación directa con el caso concreto o que se refieran a razones de prevención general».

De acuerdo con la Circular 7/2015 de la FGE[849] y en consonancia con la jurisprudencia del TJUE «la amenaza debe ser actual, es decir presente en el momento en que se toma la decisión de aplicarle la medida de expulsión y subsistente en el momento de su cumplimiento». Según la Circular, «se trata de criterios acumulados que deben ser valorados conjuntamente», y es importante tener en cuenta que, a) la decisión debe basarse en un análisis individual de cada caso; b) está prohibida la expulsión basada en razones

845. «BOE» núm. 51, de 28 de febrero de 2007, páginas 8558 a 8566 (9 págs.).

846. En concreto, el artículo 27.1 de la Directiva 2004/38/CE, dice así: «(...) los Estados miembros podrán limitar la libertad de circulación y residencia de un ciudadano de la Unión o un miembro de su familia, independientemente de su nacionalidad, por razones de orden público, seguridad pública o salud pública. Estas razones no podrán alegarse con fines económicos».

847. El concepto de «orden público», de acuerdo con la Circular 7/2015 de la FGE, *op. cit.*, apartado 5.1.1, comprende «cualquier alteración del orden social que implique necesariamente la infracción de una ley que constituya una amenaza real, actual y suficientemente grave que afecte a un interés fundamental de la sociedad».

848. La «seguridad pública», por su parte, según lo indicado en la Circular 7/2015 de la FGE, *op. cit.*, apartado 5.1.1, «es un concepto jurídico indeterminado que abarca tanto la seguridad interior como la exterior del Estado».

849. Circular 7/2015 de la FGE, *op. cit.*, apartado 5.1.1.

de prevención general; c) la mera comisión del delito no es suficiente para decretar la expulsión; y, d) las expulsiones automáticas están prohibidas.

Además, la FGE añade que la amenaza debe ser «real y no meramente especulativa, no pudiendo justificarse simplemente por un riesgo general». Por consiguiente, la amenaza no puede basarse únicamente en la mera existencia de antecedentes penales, a menos que se pueda inferir razonablemente la probabilidad de reincidencia. Por lo tanto, la presencia de condenas penales anteriores no será motivo suficiente para decretar la expulsión[850].

Asimismo, se debe tener en cuenta el principio de proporcionalidad. En este sentido, el artículo 28.2 de la Directiva establece que «antes de tomar una decisión de expulsión del territorio por razones de orden público o seguridad pública, el Estado miembro de acogida deberá tener en cuenta, en particular, la duración de la residencia del interesado en su territorio, su edad, estado de salud, situación familiar y económica, su integración social y cultural en el Estado miembro de acogida y la importancia de los vínculos con su país de origen»[851].

Con base en lo anterior, podríamos distinguir tres categorías de personas ciudadanas de la UE: aquellas que han residido de manera ininterrumpida en el Estado de acogida durante, al menos, diez años; aquellas que, sin haber

850. Circular 7/2015 de la FGE, *op. cit.*, apartado 5.1.1.

851. *Ibid.* Considerando lo indicado por la FGE, el principio de proporcionalidad deberá respetar las siguientes reglas: 1.ª) Habrá de tomar en consideración las características de la amenaza teniendo en cuenta la entidad de los bienes jurídicos ofendidos por el delito enjuiciado. En particular el carácter y la gravedad de la infracción cometida; 2.ª) Habrá de ponderar el grado de peligro social resultante de la presencia de la persona en cuestión en el territorio de ese Estado miembro; 3.ª) Se valorará la naturaleza de las actividades delictivas, su frecuencia, peligro acumulativo y daños causados; 4.ª) Se tendrá en cuenta el tiempo transcurrido desde la comisión del delito y el comportamiento de la persona en cuestión, la buena conducta en prisión y la posible libertad condicional; 5.ª) Se analizará que la expulsión no vaya más allá de lo estrictamente necesario para lograr el objetivo perseguido de protección del orden público, valorando la posibilidad de aplicar medidas menos restrictivas para lograr ese objetivo; 6ª) Debe valorarse con precisión en la situación personal y familiar del condenado: a) El impacto de la expulsión en la situación económica, personal y familiar del individuo y sus miembros familiares; b) En especial el respeto de la vida privada y familiar; c) La gravedad de las dificultades a que el cónyuge o pareja y cualquiera de sus hijos se enfrentarían en el país de origen de la persona en cuestión; d) La importancia de los vínculos —o la falta de vínculos— con su país de origen y con el Estado miembro de acogida. Esto es, la solidez de los vínculos sociales, culturales y familiares con el Estado miembro de acogida; e) La duración de la residencia en el Estado miembro de acogida; y, f) la edad y estado de salud.

alcanzado los diez años de residencia, han vivido de manera continuada durante, al menos, cinco años; y aquellas que no han tenido una residencia continuada de, al menos, cinco años[852].

Como se ha señalado anteriormente, cualquiera que sea la categoría, para que una persona ciudadana de la UE sea objeto de expulsión, debe haber llevado a cabo una conducta que constituya una amenaza real, actual y suficientemente grave que afecte a un interés fundamental de la sociedad. Sin embargo, si la persona ciudadana de la UE no tiene una residencia continuada de, al menos, cinco años, es suficiente con que además existan motivos de orden público o seguridad pública, mientras que si se trata de personas ciudadanas de la UE que han adquirido un permiso de residencia permanente —residencia continuada durante al menos cinco años—, se requiere que dichos motivos tengan consideración de graves. La protección se intensifica aún más cuando se trata de una persona ciudadana de la UE que ha residido en el Estado de acogida durante los diez años anteriores, en cuyo caso se requiere la existencia de motivos imperiosos de seguridad pública (arts. 27 y 28 Directiva 2004/38/CE), un concepto considerablemente más estricto que el de «motivos graves»[853].

---

852. El artículo 16.1 de la Directiva 2004/38/CE reza así: «Los ciudadanos de la Unión que hayan residido legalmente durante un período continuado de cinco años en el Estado miembro de acogida tendrán un derecho de residencia permanente en este». En el apartado 3 del mismo artículo se define lo que se entiende por residencia continuada: «La continuidad de la residencia no se verá afectada por ausencias temporales no superiores a un total de seis meses al año, ni por ausencias de mayor duración para el cumplimiento de obligaciones militares, ni por ausencias no superiores a doce meses consecutivos por motivos importantes como el embarazo y el parto, una enfermedad grave, la realización de estudios o una formación profesional, o el traslado por razones de trabajo a otro Estado miembro o a un tercer país. Así lo advierten, por ejemplo, GONZÁLEZ TASCÓN, M. M.: La cuarta reforma, *op. cit.*, p. 183; BOZA MARTÍNEZ, D.: La expulsión de personas extranjeras, *op. cit.*, p. 282; ODRIOZOLA GURRUTXAGA, M.: Expulsión penal, *op. cit.*, pp. 51-52.

853. GONZÁLEZ TASCÓN, M. M.: La cuarta reforma, *op. cit.*, p.184; RECIO JUÁREZ, M.: La expulsión, *op. cit.*, pp. 111-112. En este sentido, el Dictamen 358/2013 del Consejo de Estado, *op. cit.*, consideración décima, apartado 10, señala lo siguiente: «(...) el Tribunal de Justicia de la Unión Europea ha tenido ocasión de acotar el concepto de motivos imperiosos de seguridad pública (...) a la comisión de dos tipos de delitos: la lucha contra la criminalidad asociada al tráfico de estupefacientes mediante banda organizada (...) así como las infracciones penales extremadamente graves que lesionan intereses individuales jurídicamente protegidos como la autonomía sexual, la vida, la libertad o la integridad física, cuando existe un elevado riesgo de que reincidan cometiendo otras infracciones de naturaleza semejante». Ambos casos, según señala el Dictamen citado, podrían justificar la expulsión de una o un ciudadano de la UE que haya residido en España durante los diez años anteriores, siempre y cuando «la

El régimen establecido en los párrafos 2 y 3 del artículo 89.4 del CP establece una única línea divisoria que requiere distinguir entre aquellas personas ciudadanas de la UE que han residido en España durante los diez años anteriores y el resto de las personas ciudadanas comunitarias[854]. Dichos párrafos establecen explícitamente que «la expulsión de un ciudadano de la Unión Europea solamente procederá cuando represente una amenaza grave para el orden público o la seguridad pública en atención a la naturaleza, circunstancias y gravedad del delito cometido, sus antecedentes y circunstancias personales. Si hubiera residido en España durante los diez años anteriores procederá la expulsión cuando, además: a) Hubiera sido condenado por uno o más delitos contra la vida, libertad, integridad física y libertad e indemnidad sexuales castigados con pena máxima de prisión de más de cinco años y se aprecie fundadamente un riesgo grave de que pueda cometer delitos de la misma naturaleza; b) Hubiera sido condenado por uno o más delitos de terrorismo u otros delitos cometidos en el seno de un grupo u organización criminal».

Considerando lo expuesto, se observa que la protección brindada por el CP a las y los ciudadanos de la UE suprime cualquier referencia a aquellas personas que hayan residido durante al menos cinco años en el Estado de acogida y que, por tanto, disponen de un permiso de residencia permanente. En efecto, el legislador español no ha tenido en cuenta que, en lo que respecta a esta categoría de ciudadanas y ciudadanos de la UE, tanto su conducta como los motivos de orden público y seguridad pública deben ser graves. Con todo, la intensidad de la protección que la legislación penal otorga a este grupo de personas es menor que la requerida por la directiva[855].

La situación de las personas ciudadanas comunitarias que han vivido en España durante los diez años previos a la expulsión resulta, sin embargo,

---

forma de comisión de tales infracciones presente características especialmente graves, extremo este que incumbe verificar al tribunal remitente basándose en un examen individualizado del asunto del que conoce». En definitiva, «el concepto de motivos imperiosos de seguridad pública supone no solo la existencia de menoscabo de seguridad pública, sino, además, que tal menoscabo presente un nivel particularmente elevado de gravedad (...)».

854. BOZA MARTÍNEZ, D.: La expulsión de personas extranjeras, *op. cit.*, pp. 282-283; GONZÁLEZ TASCÓN, M. M.: La cuarta reforma, *op. cit.*, p. 187; ODRIOZOLA GURRUTXAGA, M.: Expulsión penal, *op. cit.*, p. 52; MONTERO PÉREZ DE TUDELA, E.: Las opciones repatriativas, *op. cit.*, p. 12; NAVARRO CARDOSO, F.: Análisis del artículo 89, *op. cit.*, p. 212.

855. ODRIOZOLA GURRUTXAGA, M.: Expulsión penal, *op. cit.*, pp. 52-53; BOZA MARTÍNEZ, D.: La expulsión de personas extranjeras, *op. cit.*, pp. 282-283; GONZÁLEZ TASCÓN, M. M.: La cuarta reforma, *op. cit.*, p. 188.

ambivalente. Por un lado, comparten con las categorías anteriores el requisito de que el sujeto objeto de expulsión represente una amenaza grave para el orden público o la seguridad pública. No obstante, la Directiva solo hace referencia a que dicha amenaza se centre específicamente en la seguridad pública y, además, requiere una intensidad determinada, es decir, motivos imperiosos. En este sentido, pudiera parecer que la protección brindada por el CP a estas personas ciudadanas comunitarias también es menor que la otorgada por la Directiva. Sin embargo, la LO 1/2015 ha definido los motivos imperiosos de seguridad pública de tal forma que se precisa el tipo de condena respecto de la cual procederá la expulsión, lo que necesariamente lleva a reducir el ámbito de aplicación de la expulsión. Por lo tanto, al ser en este caso dos los requisitos a cumplir, la protección de las personas ciudadanas de la UE que hayan residido en el territorio nacional por más de diez años se vería reforzada[856].

Sea como fuere, al examinar de manera conjunta las disposiciones aplicables a las y los ciudadanos de la UE, resulta evidente que la regulación del artículo 89 del CP no se ajusta plenamente a las previsiones de la Directiva[857].

Por último, el párrafo final del artículo 89.4 del CP dispone que «en estos supuestos será, en todo caso, de aplicación lo dispuesto en el apartado 2 de este artículo». Esto significa que, en cualquier caso, no cabrá la sustitución íntegra de la pena impuesta a una persona ciudadana europea, ya que como señala la Circular 7/2015, «en la medida en que el ciudadano de la UE debe representar un peligro grave y actual para la seguridad o el orden público españoles, razones elementales de prevención general y de afirmación del ordenamiento jurídico demandaran el cumplimiento en prisión de una porción de la condena suficiente para expresar el reproche social que merece la conducta»[858]. Por lo tanto, no es posible la sustitución completa de la pena de prisión impuesta a una persona ciudadana de la UE.

---

856. NAVARRO CARDOSO, F.: Análisis del artículo 89, *op. cit.*, p. 212; GONZÁLEZ TASCÓN, M. M.: La cuarta reforma, *op. cit.*, p. 188; ODRIOZOLA GURRUTXAGA, M.: Expulsión penal, *op. cit.*, p. 53.
857. GONZÁLEZ TASCÓN, M. M.: La cuarta reforma, *op. cit.*, p. 188; ODRIOZOLA GURRUTXAGA, M.: Expulsión penal, *op. cit.*, p. 53; NAVARRO CARDOSO, F.: Análisis del artículo 89, *op. cit.*, p. 212; BOZA MARTÍNEZ, D.: La expulsión de personas extranjeras, *op. cit.*, pp. 282-283; SOLAR CALVO, P.: Extranjeros en prisión, *op. cit.*, p. 93; IGLESIAS RÍO, M. A.: La expulsión, *op. cit.*, p. 185; ROIG TORRES, M.: La expulsión, *op. cit.*, p. 473; RECIO JUÁREZ, M.: Claves de la reforma, *op. cit.*, p. 6; PINTO DE BARROS, A.: Un análisis, *op. cit.*, p. 6; COMAS D'ARGEMIR, M./SÁNCHEZ-ALBORNOZ, C./NAVARRO, E.: Sustitución de la pena, *op. cit.*, p. 23.
858. Circular 7/2015 de la FGE, *op. cit.*, apartado 5.1.3.

En definitiva, pese a que en su momento el Consejo Fiscal sugirió que «lo más conveniente sería excluir del ámbito de la expulsión judicial a los ciudadanos comunitarios y a sus familiares»[859], el legislador ha preferido mantenerles dentro del ámbito de aplicación del artículo 89 del CP e intentar cumplir con los requisitos establecidos por la normativa europea. Para BOZA MARTÍNEZ, esto es otra muestra más de la subordinación de los principios del Derecho penal a los aspectos de política migratoria[860].

2. PERSONAS EXTRANJERAS BENEFICIARIAS DE PROTECCIÓN INTERNACIONAL

En la definición de los sujetos afectados por la expulsión sustitutiva tras la reforma operada por la LO 1/2015, no se ha tenido en cuenta la existencia de determinadas categorías jurídicas de personas extranjeras que son beneficiarias de un régimen de protección especial debido al riesgo que supone para la salvaguarda de sus derechos humanos regresar a sus países de origen o al lugar donde tenían fijada su residencia habitual[861]. Estas categorías incluyen a las personas apátridas, refugiadas y aquellas que gozan de la llamada protección subsidiaria, a la que el Estado español otorga una protección especial mediante la Ley 12/2009, de 30 de octubre, reguladora del derecho de asilo y de la protección subsidiaria, y el RD 865/2001, de 20 de julio, por el que se aprueba el Reglamento de reconocimiento del estatuto de apátrida[862].

---

859. Informe de 8 de enero de 2013 del Consejo Fiscal, *op. cit.*, p. 63.

860. BOZA MARTÍNEZ, D.: La expulsión de personas extranjeras, *op. cit.*, pp. 286-287; PINTO DE BARROS, A.: Un análisis, *op. cit.*, pp. 6-7; COMAS D'ARGEMIR, M./ SÁNCHEZ-ALBORNOZ, C./NAVARRO, E.: Sustitución de la pena, *op. cit.*, pp. 23-24. Sin embargo, según RECIO JUÁREZ, M.: Claves de la reforma, *op. cit.*, p. 6, es precisamente en este ámbito subjetivo «donde en mayor medida se pone de manifiesto que la reforma ha puesto el acento de la respuesta penal en la salvaguarda de la seguridad y orden público, más que en la satisfacción de los fines de la política inmigratoria». Coincidimos con GARCÍA ESPAÑA, E.: La expulsión como sustitutivo, *op. cit.*, pp. 19-20, en que es precisamente en esta distinción entre las personas extranjeras comunitarias y extracomunitarias donde se observa mejor la criticada doble vía penal por razón de origen y/o nacionalidad. En sentido idéntico, IGLESIAS RÍO, M. A.: La expulsión, *op. cit.*, pp. 175-176.

861. GONZÁLEZ TASCÓN, M. M.: La cuarta reforma, *op. cit.*, pp. 157-158.

862. «BOE» núm. 174, de 21 de julio de 2001, páginas 26603 a 26606 (4 págs.). Al respecto, GONZÁLEZ TASCÓN, M. M.: La cuarta reforma, *op. cit.*, pp. 157-158; RECIO JUÁREZ, M.: La expulsión, *op. cit.*, pp. 101-102; MACÍAS ESPEJO, B.: Sustitución y expulsión, *op. cit.*, p. 280.

Conforme a lo establecido en el artículo 31.1 de la Convención sobre el Estatuto de los Apátridas, de 28 de septiembre de 1954[863], la persona apátrida no podrá ser expulsada salvo que concurran «razones de seguridad nacional o de orden público», en cuyo caso, según el apartado 3 del mismo artículo, se le concederá «un plazo razonable dentro del cual pueda gestionar su admisión legal en otro país». Este régimen jurídico es reproducido por el artículo 18 del RD 865/2001, que establece lo siguiente: «1. Los apátridas podrán ser expulsados del territorio español en los términos previstos en el artículo 31 de la Convención sobre el Estatuto de los Apátridas y con arreglo al procedimiento establecido en la legislación de extranjería. 2. En todo caso, se concederá al expulsado el plazo máximo que establece la legislación de extranjería, en los casos de expulsión, para buscar su admisión legal en otro país»[864].

A efectos de la expulsión contemplada en el artículo 89 del CP, la Circular 7/2015 de la FGE indica que al ampliarse el ámbito subjetivo de la medida a todas las personas extranjeras y, por ende, al suprimirse la referencia específica a la persona extranjera «no residente legalmente en España», no existe impedimento legal para ordenar la expulsión de la persona apátrida, siempre y cuando «represente un peligro efectivo para la seguridad o el orden público españoles»[865]. Según lo establecido en el RD 865/2001, la distinción respecto a otras personas extranjeras radica en que, basándose en las circunstancias particulares de cada caso, a la apátrida se le otorgará un plazo inicial de 30 días, susceptible de prórroga (art. 63 bis LOEX), para gestionar su admisión legal en otro Estado. En el caso de no encontrar un país dispuesto a acoger a la persona apátrida y, por tanto, la expulsión se torne inviable, se procederá al cumplimiento de la pena impuesta o, alternativamente, a la suspensión condicional de la misma[866].

---

863. Conforme al artículo 1.1 de la Convención, el término «apátrida» se refiere «a toda persona que no sea considerada como nacional suyo por ningún Estado, conforme a su legislación».

864. Circular 7/2015 de la FGE, *op. cit.*, apartado 5.2.1. En este sentido, GONZÁLEZ TASCÓN, M. M.: La cuarta reforma, *op. cit.*, p. 159; MACÍAS ESPEJO, B.: Sustitución y expulsión, *op. cit.*, p. 280; RECIO JUÁREZ, M.: La expulsión, *op. cit.*, p. 102.

865. Circular 7/2015 de la FGE, *op. cit.*, apartado 5.2.1. Asimismo, GONZÁLEZ TASCÓN, M. M.: La cuarta reforma, *op. cit.*, pp. 159-160; MACÍAS ESPEJO, B.: Sustitución y expulsión, *op. cit.*, p. 280; RECIO JUÁREZ, M.: La expulsión, *op. cit.*, p. 102; ODRIOZOLA GURRUTXAGA, M.: La expulsión penal, *op. cit.*, p. 57.

866. Circular 7/2015 de la FGE, *op. cit.*, apartado 5.2.1.

En cuanto a las personas refugiadas[867] y aquellas que cuentan con protección subsidiaria[868], la Ley 12/2009 establece en su artículo 5 que la protección conferida en virtud del derecho de asilo y la protección subsidiaria se fundamenta en «la no devolución ni expulsión de las personas a quienes se les haya reconocido»[869]. Sin embargo, esta disposición está supeditada a que no se revoque dicho estatuto por alguna de las causas contempladas en el artículo 44 de la misma ley[870].

Amén de lo expuesto, la Circular 7/2015 de la FGE interpreta que, de acuerdo con lo establecido en la Ley 12/2009, el artículo 89 del CP no podrá ser aplicado sin un acto previo de revocación, ni a las personas refugiadas ni a las beneficiarias de protección subsidiaria[871]. En este sentido, el artículo 44.1.c) contempla como causa de revocación que «la persona beneficiaria

867. El artículo 3 establece que «la condición de refugiado se reconoce a toda persona que, debido a fundados temores de ser perseguida por motivos de raza, religión, nacionalidad, opiniones políticas, pertenencia a determinado grupo social, de género, orientación sexual o de identidad sexual, se encuentra fuera del país de su nacionalidad y no puede o, a causa de dichos temores, no quiere acogerse a la protección de tal país, o al apátrida que, careciendo de nacionalidad y hallándose fuera del país donde antes tuviera su residencia habitual, por los mismos motivos no puede o, a causa de dichos temores, no quiere regresar a él, y no esté incurso en alguna de las causas de exclusión del artículo 8 o de las causas de denegación o revocación del artículo 9».

868. El artículo 4 de la Ley 12/2009, de 30 de octubre, reguladora del derecho de asilo y de la protección subsidiaria recoge que «el derecho a la protección subsidiaria es el dispensado a las personas de otros países y a los apátridas que, sin reunir los requisitos para obtener el asilo o ser reconocidas como refugiadas, pero respecto de las cuales se den motivos fundados para creer que si regresasen a su país de origen en el caso de los nacionales o, al de su anterior residencia habitual en el caso de los apátridas, se enfrentarían a un riesgo real de sufrir alguno de los daños graves previstos en el artículo 10 de esta Ley, y que no pueden o, a causa de dicho riesgo, no quieren, acogerse a la protección del país de que se trate, siempre que no concurra alguno de los supuestos mencionados en los artículos 11 y 12 de esta Ley».

869. Esto se fundamenta en los beneficios derivados del principio de no devolución (*no refoulement*). Según este principio internacionalmente reconocido, «ningún Estado contratante podrá, por expulsión o devolución, poner en modo alguno a un refugiado en las fronteras de los territorios donde su vida o su libertad peligre por causa de su raza, religión, nacionalidad, pertenencia a determinado grupo social, o de sus opiniones políticas» (art. 33.1 de la Convención del Estatuto de Refugiados, de 28 de julio de 1951). Sobre los límites a la expulsión de las personas refugiadas y beneficiarias de la protección subsidiaria, ampliamente, SOLER GARCÍA, C.: Los límites a la expulsión, *op. cit.*, pp. 49 y ss.

870. Circular 7/2015 de la FGE, *op. cit.*, apartado 5.2.2.

871. GONZÁLEZ TASCÓN, M. M.: La cuarta reforma, *op. cit.*, pp. 159-160; MACÍAS ESPEJO, B.: Sustitución y expulsión, *op. cit.*, p. 280; RECIO JUÁREZ, M.: La expulsión, *op. cit.*, p. 102; ODRIOZOLA GURRUTXAGA, M.: La expulsión penal, *op. cit.*, pp. 57-58.

constituya, por razones fundadas, un peligro para la seguridad de España, o que, habiendo sido condenada por sentencia firme por delito grave, constituya una amenaza para la comunidad»[872].

Por último, la Circular 7/2015 de la FGE hace referencia a las personas extranjeras que, residiendo en España, poseen un documento identificativo obtenido tras haber acreditado que «no puede ser documentado por las autoridades de ningún país y que desea ser documentado en España» (art. 34.2 LOEX). Aunque esta categoría de personas extranjeras no está excluida del régimen general del artículo 89 del CP, según la FGE, es prácticamente seguro que no podrán ser expulsadas[873].

Con todo, consideramos que hubiera sido conveniente incluir en el artículo 89 del CP una referencia explícita a los términos y condiciones relativos a la expulsión de las personas extranjeras beneficiarias de protección internacional.

VIII. EJECUCIÓN DE LA MEDIDA DE EXPULSIÓN Y SUS CONSECUENCIAS

1. PROCEDIMIENTO PARA LLEVAR A CABO LA EXPULSIÓN

Sobre este particular, el artículo 89.3 del CP dispone que: «El juez o tribunal resolverá en sentencia sobre la sustitución de la ejecución de la pena siempre que ello resulte posible. En los demás casos, una vez declarada la firmeza de la sentencia, se pronunciará con la mayor urgencia, previa audiencia al fiscal y a las demás partes, sobre la concesión o no de la sustitución de la ejecución de la pena».

La lectura literal del precepto sugiere que la reforma introducida por la LO 1/2015 ha eliminado el trámite de audiencia de la persona extranjera penada, el cual estaba presente en la redacción dispensada por la LO 10/1995 y la LO 5/2010, pero no así en la LO 11/2003, que fue precisamente la encargada de suprimirlo. Según la redacción actual, una vez que la sentencia sea

872. Según indica la Circular 7/2015 de la FGE, *op. cit.*, apartado 5.2.2, la condena penal podría, a lo sumo, servir «de antecedente para la incoación por la Oficina de Asilo y Refugio del correspondiente expediente para la reconsideración del estatuto de protección, el cual ha de pasar por la Comisión Interministerial de Asilo y Refugio y ser resuelto por el Ministerio del Interior».

873. Circular 7/2015 de la FGE, *op. cit.*, apartado 5.2.3. En este sentido, MACÍAS ESPEJO, B.: Sustitución y expulsión, *op. cit.*, p. 280; ODRIOZOLA GURRUTXAGA, M.: La expulsión penal, *op. cit.*, p. 58.

firme, únicamente se contempla la audiencia del Ministerio Fiscal y la de las demás partes[874].

No obstante, la falta de mención explícita en el texto legal no implica su supresión. Tanto el TC como el TS han insistido en la importancia de asegurar la audiencia de la persona extranjera condenada como requisito para determinar la procedencia de la expulsión, ya que el simple derecho a la última palabra no resulta suficiente[875]. Sin la participación de las diversas partes involucradas, será difícil evaluar las circunstancias del hecho y las personales del sujeto para determinar la proporcionalidad de la medida[876]. Con todo, aunque el artículo 89.3 del CP solo requiere la audiencia previa del Ministerio Fiscal y las demás partes cuando la medida se adopta en un auto posterior a la sentencia, entendemos que se deben mantener las mismas exigencias de contradicción tanto si la decisión es tomada en sentencia como en un auto posterior[877].

Tras la reforma operada por la LO 1/2015, la decisión judicial sobre la expulsión debe acordarse, siempre que sea posible, en la sentencia, y con

874. NAVARRO CARDOSO, F.: Análisis del artículo 89, *op. cit.*, p. 215; CANO CUENCA, A.: Suspensión, *op. cit.*, p. 372; BOZA MARTÍNEZ, D.: La expulsión de personas extranjeras, *op. cit.*, p. 312; GONZÁLEZ TASCÓN, M. M.: La cuarta reforma, *op. cit.*, pp. 196-197.

875. En este sentido, la STC 242/1994, *op. cit.*, FJ 6, ya destacó que, para una ponderación adecuada de los intereses en juego, «la audiencia del extranjero potencialmente sometido a la medida de expulsión resulta fundamental (...) pues solo con ella es posible exponer, discutir y analizar el conjunto de circunstancias en que la expulsión ha de producirse. Por esa misma razón se hace preciso que la audiencia tenga lugar en términos que, de forma clara e inequívoca, permitan a este requisito alcanzar la finalidad descrita». Por consiguiente, señala que «no cabe argumentar solo sobre la base, más flexible, del art. 24 CE (valorando si el afectado tuvo o no una ocasión de defenderse al respecto). Es preciso comprobar, si además de ello, se le ofreció una oportunidad adecuada de exponer sus razones en favor o en contra de la expulsión (...)». En los mismos términos se pronuncia la STS 901/2004, *op. cit.*, FD 2, al entender que «es lo cierto que la exigencia de la audiencia viene dictada (...) por la existencia de derechos relevantes que pueden ser sacrificados o anulados con tal decisión de expulsión, por lo que es preciso una relectura del precepto en clave constitucional (...) bien que tal audiencia pueda efectuarse dentro del propio plenario», y añade que «la última palabra obviamente no satisface las exigencias de tutela de los valores de la familia y el derecho a elegir residencia (...)». En sentido idéntico, GONZÁLEZ TASCÓN, M. M.: La cuarta reforma, *op. cit.*, p. 193; BOZA MARTÍNEZ, D.: La expulsión de personas extranjeras, *op. cit.*, p. 312.

876. BOZA MARTÍNEZ, D.: La expulsión de personas extranjeras, *op. cit.*, p. 313.

877. Circular 7/2015 de la FGE, *op. cit.*, apartado 6; BOZA MARTÍNEZ, D.: La expulsión de personas extranjeras, *op. cit.*, p. 213; CANO CUENCA, A.: Suspensión, *op. cit.*, p. 372; NAVARRO CARDOSO, F.: Análisis del artículo 89, *op. cit.*, pp. 215-216.

carácter excepcional, mediante un auto posterior, en los «demás casos»[878]. Sin embargo, esta modificación parece no considerar que algunas circunstancias que podrían evitar la expulsión son de naturaleza personal y podrían cambiar con el tiempo. Incluso en los casos en que la persona extranjera deba cumplir parte de su condena en una prisión española, la expulsión posterior no puede ser automática, ya que durante el cumplimiento de la pena las razones de prevención general pueden disminuir o, en última instancia, desaparecer[879]. Por esta razón, la Circular 7/2015 de la FGE enfatiza que la resolución judicial que ordena la expulsión no es inmutable. Dado que uno de los requisitos para la legitimidad constitucional de la medida es su proporcionalidad, las mejoras sustanciales que la persona extranjera haya logrado en términos de integración en nuestro territorio deben ser tomadas en cuenta en el momento de decidir sobre la ejecución de la expulsión[880].

Esta revisión de la orden de expulsión deviene obligatorio en el caso de las y los ciudadanos de la UE, de acuerdo con el artículo 33.2 de la Directiva 2004/38/CE, que establece lo siguiente: «Cuando una orden de expulsión de

878. Al respecto, NISTAL BURÓN, J.: «El alcance en materia de expulsión judicial de la proyectada reforma del CP», en *Diario La Ley*, n.º 8207, 2013, p. 5, señala que «del sentido de la norma, parece que estos demás casos que permitirían diferir la decisión a un momento posterior tendrían su justificación ante la necesidad de acreditar aspectos relevantes concernientes a la situación administrativa del penado en España —documentación sobre la situación administrativa— o cuando no hay posibilidad de practicar prueba en el juicio oral sobre los datos, hechos o circunstancias que pudieran condicionar la expulsión, cuando fueran alegados pertinentemente por el acusado». Con la regulación actual, como apunta la Circular 7/2015 de la FGE, *op. cit.*, apartado 6, «al haberse extendido el ámbito subjetivo de aplicación a todos los extranjeros han desaparecido muchos de los obstáculos que imposibilitaban una decisión en el momento de dictarse la sentencia. En efecto, toda la problemática relativa a la prueba de la residencia regular o irregular del extranjero ha desaparecido».

879. GONZÁLEZ TASCÓN, M. M.: La cuarta reforma, *op. cit.*, p. 195. En sentido idéntico, NISTAL BURÓN, J.: El alcance, *op. cit.*, pp. 5-6. Muestra una visión crítica respecto a lo establecido en el artículo 89.3 del CP, RECIO JUÁREZ, M.: Claves de la reforma, *op. cit.*, p. 8, al entender que «la previsión del segundo párrafo del art. 89.3 CP (...) resulta a todas luces insuficiente, ya que parece pensada para el supuesto en que en el plenario no se ha contado con los suficientes elementos de prueba para resolver sobre la expulsión, y resulta necesario postergar la decisión judicial al momento inmediatamente siguiente a la firmeza de la sentencia, una vez se cuente con tales elementos probatorios». Con todo, debido a los problemas que esto podría ocasionar, considera que habría sido más conveniente mantener el sistema anterior, donde se podía decidir sobre la expulsión tanto en la sentencia como en auto posterior, en lugar de recurrir a «imperiosas declaraciones legislativas de celeridad».

880. Circular 7/2015 de la FGE, *op. cit.*, apartado 8; NAVARRO CARDOSO, F.: Análisis del artículo 89, *op. cit.*, p. 216; GONZÁLEZ TASCÓN, M. M.: La cuarta reforma, *op. cit.*, p. 195.

las contempladas en el apartado 1 vaya a ejecutarse más de dos años después de haberse dictado, el Estado miembro deberá comprobar la actualidad y realidad de la amenaza para el orden público o la seguridad pública que representa el interesado y examinar cualquier cambio material de circunstancias que pudiera haberse producido desde el momento en que se emitió la orden de expulsión»[881].

En definitiva, según la FGE, con quien coincidimos, la revisión de la decisión judicial de la expulsión debería ser la norma en todos los casos, tanto para las personas extranjeras comunitarias como para las no comunitarias, en consonancia con la doctrina del TEDH en esta materia, que resalta la importancia que el transcurso del tiempo puede tener al tomar o ejecutar una orden de expulsión[882]. Sin embargo, el legislador de 2015 desaprovechó la oportunidad de incorporar esta disposición en el artículo 89. 4 del CP, a pesar de que ya había sido destacado anteriormente[883].

Indudablemente, ya sea que se acuerde la expulsión en la sentencia o en un momento posterior, es necesario que la resolución esté debidamente motivada[884]. Esta exigencia no solo se deriva de las exigencias del derecho a la tutela judicial efectiva, sino que también lo requiere el examen individualizado sobre la procedencia y proporcionalidad de la expulsión, tal como se establece en el artículo 89.4 del CP[885].

2. EL INTERNAMIENTO COMO MEDIDA PARA ASEGURAR LA EXPULSIÓN

Como ya hemos tenido oportunidad de avanzar, la posibilidad de ingresar a la persona extranjera condenada en un CIE con el fin de asegurar su expulsión está en vigor desde la reforma operada por la LO 5/2010.

Actualmente, esta disposición se encuentra en el primer párrafo del artículo 89.8 del CP, el cual establece que: «Cuando, al acordarse la expulsión en cualquiera de los supuestos previstos en este artículo, el extranjero no se encuentre o no quede efectivamente privado de libertad en ejecución de

881. Circular 7/2015 de la FGE, *op. cit.*, apartado 8.
882. *Ibid.*
883. Véase, al respecto, NAVARRO CARDOSO, F.: Expulsión penal de extranjeros, *op. cit.*, p. 175.
884. Sobre ello, ampliamente, la STC 203/1997, *op. cit.*, FJ 5.
885. RECIO JUÁREZ, M.: Claves de la reforma, *op. cit.*, p. 8; NAVARRO CARDOSO, F.: Análisis del artículo 89, *op. cit.*, p. 216; BOZA MARTÍNEZ, D.: La expulsión de personas extranjeras, *op. cit.*, p. 314.

la pena impuesta, el juez o tribunal podrá acordar, con el fin de asegurar la expulsión, su ingreso en un centro de internamiento de extranjeros, en los términos y con los límites y garantías previstos en la ley para la expulsión gubernativa». La redacción dada por la LO 1/2015 al citado precepto mantiene sin cambios el contenido dispensado por su antecesor, por lo que, en este punto, nos remitimos a las críticas ya expuestas en relación con esta previsión.

En este sentido, la FGE ha señalado que el internamiento de personas extranjeras es una medida legal que debería utilizarse de manera restrictiva. Como se ha destacado en otro lugar, los CIE son establecimientos públicos de carácter no penitenciario que «ni disponen de medidas de seguridad adecuadas ni de personal especializado en el tratamiento de convictos, y cuyo régimen normalizado de funcionamiento se ve alterado por la necesidad de separar los internos que han cometido una mera infracción administrativa de aquellos condenados en sentencia penal»[886]. Todo esto ha dado lugar a un extenso debate del que ya hemos tenido oportunidad de reflexionar en capítulos anteriores[887].

Como vemos, en este punto el CP realiza una remisión a la ley de extranjería, lo que impide la posibilidad de establecer un régimen diferenciado que permita la adecuada separación entre una medida de carácter penal, derivada de la *conducta delictiv*a de la persona extranjera, y otra relacionada con el control de los flujos migratorios, originada por una infracción de la legislación de extranjería. Con esta previsión, como señalan acertadamente MONCLÚS MASÓ y BRANDARIZ GARCÍA, «el legislador ha convertido el internamiento en una medida cautelar no solo administrativa, sino también penal, con lo que esto supone en materia de creación de un nuevo espacio de privación penal de libertad diferente del ámbito penitenciario»[888]. Hubiera sido preferible, como apunta la doctrina, la creación de un sistema más definido destinado a evitar que las personas condenadas en sentencia penal y aquellas que únicamente han cometido una infracción administrativa sean objeto del mismo tratamiento[889].

---

886. Circular 7/2015 de la FGE, *op. cit.*, apartado 9. En idéntico sentido, NAVARRO CARDOSO, F.: Análisis del artículo 89, *op. cit.*, p. 217.
887. Respecto a las críticas al internamiento y a los CIE, véase arriba.
888. MONCLÚS MASÓ, M./BRANDARIZ GARCÍA, J. A.: Políticas y prácticas de control, *op. cit.*, p. 88.
889. RECIO JUÁREZ, M.: Claves de la reforma, *op. cit.*, p. 9; FERNÁNDEZ BESSA, C.: Los Centros de Internamiento, *op. cit.*, p. 108; ODRIOZOLA GURRUTXAGA, M.: Expulsión penal, *op. cit.*, p. 100; NAVARRO CARDOSO, F.: Análisis del artículo 89, *op. cit.*, p. 217.

La reforma tampoco ha contemplado el abono del tiempo en que la persona extranjera condenada haya estado internada en un CIE en caso de que finalmente deba cumplir la pena de prisión, ya sea porque la expulsión no ha podido ejecutarse o porque la persona extranjera expulsada ha regresado a España antes del plazo judicialmente establecido[890].

Precisamente para los casos en los que la expulsión no puede llevarse a cabo, el párrafo segundo del artículo 89.8 del CP dispone que: «(...) se procederá a la ejecución de la pena originariamente impuesta o del período de condena pendiente, o a la aplicación, en su caso, de la suspensión de la ejecución de la misma».

La redacción de este precepto permanece intacta tras la reforma de 2015, manteniendo así la posibilidad de aplicar, si se cumplen los requisitos legalmente establecidos para ello, el régimen general de suspensión de la ejecución de las penas privativas de libertad[891]. Esta solución es más respetuosa con los principios de igualdad e interdicción de la arbitrariedad[892].

Las causas por las cuales resulta imposible materializar la expulsión pueden ser de índole material, como la negativa por parte del Estado de origen, la falta del visado correspondiente o la imposibilidad de transporte, entre otras. Sin embargo, cuando la imposibilidad de ejecutar la expulsión resulta de una actitud obstruccionista por parte de la persona extranjera

---

890. BOZA MARTÍNEZ, D.: La expulsión de personas extranjeras, *op. cit.*, p. 317; RECIO JUÁREZ, M.: Claves de la reforma, *op. cit.*, p. 9. La necesidad de incluir una disposición de este tipo fue destacada en el Informe de 16 de enero de 2013 del CGPJ, *op. cit.*, p. 104, donde se señala que «este tiempo de privación de libertad no se configura como de ejecución de la pena o de la medida, sino como un internamiento aparentemente administrativo, con los límites y garantías que le son propios. Resulta, por tanto, conveniente, que se establezca una previsión para el abono del tiempo de este internamiento para el caso de que finalmente la pena de prisión haya de ser cumplida, bien porque la expulsión no haya podido llevarse a efecto, bien porque el extranjero expulsado regrese a España ante de transcurrir el período de tiempo establecido judicialmente (...)», añadiendo además que «parece aconsejable prever en ese último supuesto unas reglas de conversión para el abono de proporcional de la suspensión cumplida».

891. En este sentido, la ATC 132/2006, *op. cit.*, FJ 2, al firmar que «el extranjero cuya expulsión no haya podido realizarse en el plazo máximo legal establecido tiene acceso, en la medida en que reúna los requisitos legalmente exigidos para ello en los arts. 80, 87 y 88 CP, a la posible suspensión de la ejecución de la pena privativa de libertad que le haya sido impuesta, o a su sustitución por otras menos gravosas, en las mismas condiciones que los penados de nacionalidad española y que los penados extranjeros con residencia legal en España».

892. BOZA MARTÍNEZ, D.: La expulsión de personas extranjeras, *op. cit.*, p. 317; CANO CUENCA, A.: Suspensión, *op. cit.*, p. 374; Circular 7/2015 de la FGE, *op. cit.*, apartado 9.

condenada, esta circunstancia debe tenerse en cuenta al decidir si procede el cumplimiento de la condena en un centro penitenciario o, en su lugar, optar por la suspensión[893]. También en este caso, como señala RECIO JUÁREZ, hubiera sido deseable establecer un plazo máximo común para determinar cuándo deben considerarse infructuosos los esfuerzos destinados a materializar la expulsión de la persona extranjera[894].

De todas formas, cabe recordar que el aseguramiento cautelar de la persona extranjera condenada también puede efectuarse en la modalidad penitenciaria, mediante su ingreso en un centro penitenciario español. Esta previsión está contemplada en la Disposición Adicional 17ª de la LO 19/2003, de 23 de diciembre, de modificación de la LO 6/1985, del Poder Judicial[895]. En su segundo párrafo se establece que: «Igualmente, comunicarán las sentencias en las que acuerden la sustitución de las penas privativas de libertad impuestas o de las medidas de seguridad que sean aplicables a los extranjeros no residentes legalmente en España por la expulsión de los mismos del territorio nacional. En estos casos, la sentencia que acuerde la sustitución dispondrá la ejecución de la pena privativa de libertad o medida de seguridad originariamente impuesta hasta tanto la autoridad gubernativa proceda a materializar la expulsión. A estos efectos, la autoridad gubernativa deberá hacer efectiva la expulsión en el plazo más breve posible y, en todo caso, dentro de los treinta días siguientes, salvo causa justificada que lo impida, que deberá ser comunicada a la autoridad judicial».

En consecuencia, para asegurar la ejecución de una medida de expulsión impuesta a una persona extranjera, además de su privación de libertad en un CIE, la legislación española contempla su ingreso en un centro penitenciario, este último por un máximo de treinta días. Sin embargo, como ya se ha mencionado, este plazo no se ajusta al establecido en la normativa de extranjería, que en el caso del ingreso en un CIE establece un período máximo de sesenta días de internamiento[896].

A la luz de todo lo expuesto sobre este particular, y de conformidad con lo que fuera analizado en los capítulos precedentes, consideramos que una

893. Circular 7/ 2015 de la FGE, *op. cit.*, apartado 10.
894. RECIO JUÁREZ, M.: Claves de la reforma, *op. cit.*, p. 9.
895. «BOE» núm. 309, de 26 de diciembre de 2003, páginas 46025 a 46096 (72 págs.).
896. Con todo, MONCLÚS MASÓ, M./BRANDARIZ GARCÍA, J. A.: Políticas y prácticas de control, *op. cit.*, p. 40, indican que «el internamiento de un inmigrante (...) constituye una privación de libertad de carácter administrativo, pero materialmente equiparable a una prisión preventiva, con la salvedad del referido límite de duración de 60 días».

medida de tales características no hace sino acrecentar el binomio criminalidad-inmigración.

3. PROHIBICIÓN DE ENTRADA Y CONSECUENCIAS DE SU QUEBRANTAMIENTO

Las modificaciones introducidas por la LO 1/2015 en el artículo 89 del CP no han afectado a la determinación del período de prohibición de entrada asociada a la expulsión[897]. En este punto, se mantiene intacta la redacción dada al precepto por la LO 5/2010, la cual estableció la duración de la prohibición de entrada en un lapso de cinco a diez años, contados desde la fecha en que se materializa la expulsión[898]. Además, en relación con ello, también se mantienen inalterados los criterios establecidos en la reforma de 2010 para determinar el plazo concreto de prohibición de entrada, los cuales exigen tener en cuenta la duración de las penas sustituidas y las circunstancias personales de la persona condenada[899].

Resulta interesante recordar en este momento que la Directiva de Retorno, en su artículo 11.2, establece que el plazo de prohibición de entrada «no excederá de cinco años». Sin embargo, excepcionalmente, este período puede ser ampliado cuando la persona extranjera «represente una amenaza grave para el orden público, la seguridad pública o la seguridad nacional».

Con ese propósito, el artículo 2.2.b) de la Directiva concede a los Estados miembros la facultad de no aplicar sus disposiciones cuando la expulsión es consecuencia de una sanción penal, lo que implica que el artículo 89 del CP podría quedar excluido del ámbito de aplicación de la Directiva, como

897. Otra consecuencia de la expulsión penal, que tampoco se ve afectada por la reforma de 2015, es el archivo de cualquier procedimiento administrativo que tuviera por objeto la autorización para residir o trabajar en España, a la que ya nos hemos referido anteriormente.

898. El artículo sigue haciendo referencia a la prohibición de regresar a «España», a pesar de que, como se ha mencionado *supra*, dicha prohibición se aplica a todo el espacio Schengen. Ciertamente, habría sido preferible, en aras de la seguridad jurídica, que el legislador hubiera aprovechado la reforma de 2015 para modificar el término «España» por «espacio Schengen», de modo que el precepto quede redactado de la siguiente manera: «El extranjero no podrá regresar al espacio Schengen en un plazo de cinco a diez años (...)».

899. A título meramente orientativo, la Circular 7/2015 de la FGE, *op. cit.*, apartado 7, sugiere la siguiente escala de medición: para penas de hasta dos años de prisión, una prohibición de regreso de cinco años; para penas de más de dos años y hasta cinco años de prisión, un plazo de prohibición de regreso entre seis y nueve años; y, para penas de prisión de más de cinco años, una prohibición de regreso de diez años.

ya se ha indicado. Con todo, se ha argumentado con razón que el sistema establecido por el artículo 89 del CP «supone tanto como considerar que toda persona extranjera condenada a una pena de prisión de un año constituye, *per se*, una amenaza grave para el orden público, la seguridad pública o la seguridad nacional»[900].

Ahora bien, el asunto que nos concierne no reside únicamente en la prohibición de entrada en sí misma, sino en las consecuencias de su incumplimiento; un aspecto que ha sido modificado por la reforma operada por la LO 1/2015.

El artículo 89.7 del CP, en su párrafo primero, establece que «si el extranjero expulsado regresara a España antes de transcurrir el período de tiempo establecido judicialmente, cumplirá las penas que fueron sustituidas, salvo que, excepcionalmente, el juez o tribunal, reduzca su duración cuando su cumplimiento resulte innecesario para asegurar la defensa del orden jurídico y restablecer la confianza en la norma jurídica infringida por el delito, en atención al tiempo transcurrido desde la expulsión y las circunstancias en las que se haya producido su incumplimiento».

El mismo precepto, en su párrafo segundo, dispone que «no obstante, si fuera sorprendido en la frontera, será expulsado directamente por la autoridad gubernativa, empezando a computarse de nuevo el plazo de prohibición de entrada en su integridad».

Como vemos, la norma continúa diferenciando entre dos situaciones distintas en función de si la persona extranjera ha sido localizada dentro del territorio nacional o en la frontera. Si la persona extranjera es interceptada en la frontera, será devuelta por la autoridad gubernativa, comenzando a contar de nuevo el plazo de prohibición de entrada en su totalidad. En cambio, si es interceptada dentro del territorio nacional, deberá cumplir la pena o penas que le fueron sustituidas.

Lo realmente novedoso es que, tras la reforma efectuada por la LO 1/2015, el artículo 89 del CP otorga por primera vez a la autoridad judicial la facultad de reducir la duración de la pena de prisión que la persona

900. BOZA MARTÍNEZ, D.: La expulsión de personas extranjeras, *op. cit.*, pp. 305-306. Este autor sugiere que, para mantener la coherencia sistemática, sería más apropiado en estos casos no fijar un límite mínimo de prohibición de entrada de cinco años, sino uno inferior.

extranjera deberá cumplir[901] «cuando su cumplimiento resulte innecesario para asegurar la defensa del orden jurídico y restablecer la confianza en la norma jurídica infringida por el delito»[902], cuya valoración se llevará a cabo considerando «el tiempo transcurrido desde la expulsión[903] y las circunstancias en las que se haya producido su incumplimiento»[904].

Sin embargo, la doctrina señala con acierto que hubiera sido preferible, en pro de la seguridad jurídica, incluir reglas de conversión que permitan compensar el tiempo que la persona extranjera ha pasado fuera del país. De este modo, se evitaría, por un lado, la utilización de criterios ambiguos que dejen al arbitrio judicial la determinación de la parte de la pena a cumplir[905]

901. Una exigencia que la doctrina venía requiriendo desde reformas previas. En este sentido, por ejemplo, GUISASOLA LERMA, C.: Consideraciones político-criminales, *op. cit.*, p. 212; CUGAT MAURI, M.: La desaprovechada reforma, *op. cit.*, p. 104; FERNÁNDEZ ARÉVALO, L.: Expulsión judicial, *op. cit.*, p. 35. Asimismo, el Dictamen 358/2013 del Consejo de Estado, *op. cit.*, consideración décima, apartado 10, criticó la falta de un mecanismo para reducir las penas que fueron sustituidas por la expulsión, argumentando que tales mecanismos podrían ayudar a distinguir entre casos de quebrantamiento de la prohibición de regreso.

902. Nuevamente, la norma emplea estos dos conceptos jurídicos indeterminados, de los que ya hemos tenido ocasión de tratar. Sin embargo, como señala con acierto BARQUÍN SANZ, J.: De las formas sustitutivas, *op. cit.*, p. 255, «nada cambiaría a efectos de vigencia de la norma si la LO 1/2015 hubiera omitido estas frases para referirse simplemente a cuando su cumplimiento resulte innecesario o desproporcionado, en atención al tiempo transcurrido desde la expulsión y las circunstancias en las que se haya producido su incumplimiento».

903. Según la Circular 7/2015 de la FGE, *op. cit.*, apartado 11, «es un criterio perfectamente congruente con la teoría de la pena, que afirma que la necesidad de su cumplimiento se atenúa en la conciencia social con el transcurso de los años».

904. *Ibid.* La FGE entiende que «no está justificada la reducción de la condena cuando el quebrantamiento de la medida responda a móviles espurios (cometer nuevos delitos); será de aplicación, en cambio, cuando actúe motivado por razones socialmente admisibles (visitar a un familiar enfermo, acudir a un entierro de un ser querido, nacimiento de un hijo, etc.).

905. RECIO JUÁREZ, M.: La expulsión, *op. cit.*, p. 255; GARCÍA ESPAÑA, E.: La expulsión como sustitutivo, *op. cit.*, p. 23; ODRIOZOLA GURRUTXAGA, M.: Expulsión penal, *op. cit.*, p. 98; BOZA MARTÍNEZ, D.: La expulsión de personas extranjeras, *op. cit.*, p. 308; ROIG TORRES, M.: La expulsión, *op. cit.*, p. 495. Al respecto, GRUPO DE ESTUDIOS DE POLÍTICA CRIMINAL: *Una propuesta alternativa al sistema de penas y su ejecución, y a las medidas cautelares personales*, Tirant lo Blanch, Valencia, 2005, p. 60, planteó la posibilidad de descontar el tiempo que la persona extranjera había permanecido fuera del territorio nacional «a razón de un día de prisión por tres días fuera de España».

y, por otro, la vulneración del principio *non bis in idem,* al cumplir la pena sustituida y el sustitutivo penal[906].

Por otra parte, cabe señalar que el mecanismo descrito no es aplicable cuando la persona extranjera es interceptada en la frontera. En estos casos, como ya se ha adelantado, será devuelta por la autoridad gubernativa, empezando a computarse de nuevo el plazo de prohibición de entrada en su integridad[907]. Esta situación, como ha destacado la doctrina, podría entrar en conflicto con el principio *non bis in idem* o incluso con el de proporcionalidad[908].

Además, no cabe desconocer que en el caso de que la autoridad judicial decidiera reducir la duración de la parte de la pena a cumplir, una vez cumplida esta, la persona extranjera condenada enfrentará nuevamente la expulsión, esta vez por vía administrativa[909].

A la vista de lo expuesto, creemos que la solución propuesta por el legislador para los casos de quebrantamiento de condena debe ser reconsiderada, con el fin de hacerla más objetiva y reducir el amplio margen de discrecionalidad que la norma otorga a la autoridad judicial. No se comprende la inclinación del legislador por el uso de criterios ambiguos que, en lugar de facilitar, obstaculizan enormemente su aplicación práctica.

IX. VALORACIÓN CRÍTICA Y PROPUESTA DE LEGE FERENDA

A lo largo de los epígrafes anteriores hemos expresado un punto de vista crítico sobre el artículo 89 del CP, tanto en su configuración actual como en su génesis, e incluso en su naturaleza jurídica. En este epígrafe, intentaremos

906. En este sentido, En este sentido, la enmienda núm. 336 al Proyecto de Ley Orgánica por la que se modifica la Ley Orgánica 10/1995, de 23 de noviembre, del Código Penal, del Grupo Parlamentario Mixto, BOCG, X Legislatura, 10 de diciembre de 2014, disponible en: https://www.congreso.es/public_oficiales/L10/CONG/BOCG/A/BOCG-10-A-66-2.PDF, llamo la atención sobre la necesidad de incluir reglas de conversión para computar el tiempo que la persona extranjera ha estado fuera del país cumpliendo el sustitutivo penal, «evitando así el *non bis in idem*, es decir, cumplir pena sustituida y sustitutivo penal.

907. Para RECIO JUÁREZ, M.: La expulsión, *op. cit.*, p. 258, «nos encontramos ante una regulación eminentemente utilitaria de las consecuencias del intento de cruzar las fronteras por el extranjero expulsado en el proceso penal, que hace que por parte del legislador se mezclen fines de política criminal con fines de política de extranjería».

908. BOZA MARTÍNEZ, D.: La expulsión de personas extranjeras, *op. cit.*, p. 308; GONZÁLEZ TASCÓN, M. M.: La cuarta reforma, *op. cit.*, p. 192.

909. BOZA MARTÍNEZ, D.: La expulsión de personas extranjeras, *op. cit.*, p. 308.

señalar de manera ordenada estas críticas, finalizando con una proposición *de lege ferenda.*

Desde que la figura de la expulsión penal fuera incluida por primera vez en el CP de 1995, tanto la institución como su regulación han estado marcadas por la crítica. Por mucho que se ahonde en esta cuestión, no es fácil dar respuesta a la selectividad con la que opera el Derecho penal —la preferencia de la expulsión sobre el cumplimiento efectivo de la pena privativa de libertad— cuando el sujeto activo es una persona extranjera[910]. Este trato diferenciado, de dudosa legitimidad y difícil justificación, ha dado lugar a un arduo debate doctrinal y jurisprudencial sobre varios aspectos que configuran la expulsión como medida sustitutiva, lo cual, en última instancia, no es sino la muestra de que en una materia tan sensible como esta, todo es extraordinariamente complejo.

Tal vez la prueba más evidente de ello sea la cantidad de reformas que ha experimentado el artículo 89 del CP desde su inclusión en el CP de 1995. Este panorama de reformas y contrarreformas, que el TS ha calificado como un ejemplo de «vértigo legislatorio»[911], ciertamente refleja el profundo desconcierto del legislador español en esta materia[912]. Inicialmente, la expulsión era facultativa según la redacción dada por la LO 10/1995; luego se convirtió en automática con la LO 11/2003, para posteriormente ser suavizada por la LO 5/2010. La regulación actual, dispensada por la LO 1/2015, no solo ha ampliado, sin justificación aparente, el ámbito subjetivo de aplicación a

910. Como señala acertadamente MONCLÚS MASÓ, M.: La gestión penal, *op. cit.*, p. 410, desde el momento en que la expulsión del territorio nacional se aplica únicamente a las personas extranjeras, el sistema penal está operando con selectividad al establecer un régimen sancionador específico y diferenciado para este colectivo. En sentido idéntico, MUÑOZ RUIZ, J.: La expulsión penal, *op. cit.*, p. 8; PÉREZ CÉPEDA, A. I.: Globalización, *op. cit.*, pp. 349 y 351; IGLESIAS RÍO, M. A.: La expulsión, *op. cit.*, pp. 177-178.

911. STS 901/2004, *op. cit.*, FD 2.

912. LEGANÉS GÓMEZ, S.: La expulsión, *op. cit.*, p. 1. Por su parte, IGLESIAS RÍO, M. A.: La expulsión, *op. cit.*, p. 173, considera que dichas reformas responden a «coyunturas legislativas marcadas por circunstancias ideológicas y socioeconómicas». En cuanto a la última reforma operada por la LO 1/2015, MUÑOZ CONDE, F./GARCÍA ARÁN, M.: Derecho penal, *op. cit.*, p. 543, señalan acertadamente que «el legislador haya incorporado la expulsión penal como respuesta generalizada ante cualquier persona extranjera que comete un delito y, posteriormente, la haya matizado con una serie de excepciones personales demuestra las contradicciones en esta materia, en la que se pretende mantener un discurso duro frente a la inmigración expulsando a extranjeros que delinquen y, al mismo tiempo, evitar tanto la burla de la ley española como las críticas a la discriminación».

todas las personas extranjeras, sino que también ha mantenido el carácter preferente de la expulsión como regla general, con algunas excepciones. Aunque la redacción actual permite a la autoridad judicial individualizar la medida según las circunstancias del hecho y las personales del sujeto, no podemos loar un precepto que refuerza la subordinación de la política criminal a la de extranjería y perpetúa la imagen de la persona extranjera como un «enemigo» del sistema[913].

La afirmación anterior sitúa el instituto de la expulsión dentro del marco del Derecho penal del enemigo, ya que está dirigida a un grupo de personas con una característica en común: su condición de personas extranjeras. En efecto, esta circunstancia, ajena al ámbito penal y por lo tanto irrelevante para determinar la responsabilidad por el hecho cometido, es lo que motiva la respuesta diferenciada del Derecho penal[914].

Desde un enfoque del Derecho penal actuarial, la expulsión se erige en una de las consecuencias jurídicas más anheladas por las nuevas estrategias de control del riesgo. Pero aún más significativo es el hecho de que, junto con la devolución en frontera, sea la consecuencia jurídica por antonomasia cuando el delito es perpetrado por una persona extranjera, lo que refleja una práctica represiva destinada a excluir lo que se percibe como peligroso. Su objetivo principal no es otro que neutralizar y, al mismo tiempo, alejar las fuentes de riesgo, todo ello con el menor coste posible para el sistema y sin ninguna pretensión de lograr una prevención general o especial concreta[915]. Por lo tanto, dado que el propósito primordial de la expulsión es reducir el riesgo asociado al colectivo de personas extranjeras, coincidimos con la doctrina que señala que dicho precepto responde a criterios «meramente defensistas, utilitaristas y de política criminal actuarial»[916].

---

913. SOLAR CALVO, P.: Extranjeros en prisión, *op. cit.*, p. 88. Según GRACIA MARTÍN, L./ ALASTUEY DOBÓN, C.: Suspensión, 2.ª ed., *op. cit.*, p. 535, «la extensión del ámbito subjetivo de aplicación de la figura a todo extranjero, con independencia de su situación administrativa, y el obsesivo interés de la ley por asegurar la expulsión en un momento u otro refuerzan su naturaleza de acto de gravamen dirigido a la protección de intereses públicos, sin finalidad punitiva». En la misma línea, IGLESIAS RÍO, M. A.: La expulsión, *op. cit.*, p. 177 y 185, considera evidente que la reforma llevada a cabo por la LO 1/2015 «ha acentuado de forma manifiesta las consideraciones defensistas y de policía», por lo que lo considera rechazable.

914. MARTÍNEZ ESCAMILLA, M.: Inmigración, *op. cit.*, p. 20.

915. DAUNIS RODRÍGUEZ, A.: El Derecho penal como herramienta, *op. cit.*, pp. 225 y 264; DE GIORGI, A.: Tolerancia Cero, *op. cit.*, p. 95.

916. STS 901/2004, *op. cit.*, FD 2; DAUNIS RODRÍGUEZ, A.: El Derecho penal como herramienta, *op. cit.*, p. 264. Asimismo, DAUNIS RODRÍGUEZ, A.: «Control social formal e inmigración», en *Revista General de Derecho Penal*, n.º 10, 2008, p. 41.

La creación de un régimen excepcional para las personas extranjeras condenadas por sentencia penal tiene otras consecuencias que contribuyen a distorsionar la imagen pública de la inmigración. El hecho de que la medida a aplicar, en este caso la expulsión, sea la misma tanto para las infracciones administrativas como para las penales, implica equiparar el Derecho administrativo sancionador con el Derecho penal y promover una confusión interesada que parece respaldar los estereotipos sobre la inmigración y la delincuencia[917].

La referencia previa al ámbito administrativo nos conduce a resaltar un aspecto que la doctrina ha destacado en repetidas ocasiones: el sometimiento del Derecho penal al Derecho administrativo. Este fenómeno es un claro ejemplo de lo que se conoce como «crimigración», mediante el cual se desplazan los objetivos político-criminales para satisfacer las necesidades de la política migratoria, convirtiendo así al sistema penal en un mecanismo más para la gestión de la inmigración y control de fronteras, incluso a expensas de sacrificar principios básicos del ordenamiento jurídico[918].

La sujeción del Derecho penal al Derecho administrativo resulta superflua en este punto, dado que la normativa de extranjería ya dispone de un elenco de disposiciones para la expulsión de personas extranjeras condenadas por la comisión de un delito. Esto, a su vez, evidencia que el artículo 89 del CP no es un precepto aislado, sino que forma parte de una política migratoria destinada a expulsar de la sociedad a cualquier persona extranjera que haya delinquido[919].

---

917. ASÚA BATARRITA, A.: La expulsión del extranjero, *op. cit.*, pp. 25-26.
918. ODRIOZOLA GURRUTXAGA, M.: Expulsión penal, *op. cit.*, p. 36; BOZA MARTÍNEZ, D.: La aplicación del artículo 89 CP, *op. cit.*, pp. 501-502; MONCLÚS MÁSO, M./ BRANDARIZ GARCÍA, J. A.: Políticas y prácticas de control, *op. cit.*, p. 27; MUÑOZ LORENTE, J.: La expulsión, *op. cit.*, p. 405; RODRÍGUEZ YAGÜEZ, C.: El modelo político-criminal, *op. cit.*, p. 25.
919. Así lo manifiesta RODRÍGUEZ YAGÜE, C.: El modelo político-criminal, *op. cit.*, pp. 38-39, al señalar que «en un marco avalado por la política europea de inmigración, y reforzado mediática y políticamente por la creencia en la sociedad de la existencia de una vinculación real entre inmigración y criminalidad, el legislador español ha configurado un modelo de política criminal contra la delincuencia de los inmigrantes de carácter eminentemente defensista que completa el patrón de una serie de figuras que impiden la entrada y permanencia en España de inmigrantes con antecedentes que promueven su expulsión». En los mismos términos, MUÑOZ LORENTE, J.: La expulsión, *op. cit.*, pp. 404-406; RODRÍGUEZ MESA, M. J.: El sistema penal, *op. cit.*, p. 856; LAURENZO COPELLO, P.: Prólogo, *op. cit.*, p. 13. Como señala acertadamente MONCLÚS MASÓ, M.: La gestión penal, *op. cit.*, p. 420, a las personas extranjeras se les exige un plus de obediencia a las leyes en comparación con las y los nacionales.

La existencia de un doble régimen sancionador orquestado en torno a la expulsión, sin embargo, puede dar lugar a una posible vulneración del principio *non bis in idem*. En términos generales, que una persona extranjera que ha cumplido con su responsabilidad penal esté abocada posteriormente a la expulsión administrativa no socava este principio, ya que en este caso no existe identidad del hecho y del fundamento[920]. La situación es distinta en el caso del artículo 57.2 de la LOEX, donde se contempla, como ya ha sido señalado, la expulsión de una persona extranjera que ha sido condenada, dentro o fuera de España, por la comisión de un delito doloso castigado con pena privativa de libertad superior a un año. En este caso, como sostiene un amplio sector doctrinal, sí se produce una vulneración del principio *non bis in idem,* ya que un mismo hecho —la comisión de un delito— fundamenta tanto la aplicación de una sanción penal —art. 89 CP— como la ulterior sanción administrativa —art. 57.2 LOEX—[921]. Todo esto resulta en una duplicidad de sanciones por el mismo hecho, sin un fundamento jurídico diferente que lo justifique[922].

---

920. DÍAZ Y GARCÍA CONLLEDO, M.: Protección y expulsión, *op. cit.*, p. 662; NAVARRO CARDOSO, F.: Expulsión penal de extranjeros, *op. cit.*, pp. 165-166; MONCLÚS MÁSO, M./BRANDARIZ GARCÍA, J. A.: Políticas y prácticas de control, *op. cit.*, p. 28.

921. LARRAURI PIJOAN, E.: Antecedentes penales, *op. cit.*, p. 13; NAVARRO CARDOSO, F.: Expulsión penal de extranjeros, *op. cit.*, pp. 166-167; MONCLÚS MÁSO, M.: La gestión penal, *op. cit.*, pp. 420-421; RODRÍGUEZ MESA, M. J.: La expulsión del extranjero, *op. cit.*, pp. 267-268; ASÚA BATARRITA, A.: La expulsión del extranjero, *op. cit.*, pp. 38 y ss.; PÉREZ CÉPEDA, A. I.: Globalización, *op. cit.*, p. 338; MONCLÚS MÁSO, M./BRANDARIZ GARCÍA, J. A.: Políticas y prácticas de control, *op. cit.*, p. 28; ODRIOZOLA GURRUTXAGA, M.: Expulsión penal, *op. cit.*, pp. 152 y ss.; BOZA MARTÍNEZ, D.: La expulsión penal de personas extranjeras, *op. cit.*, pp. 350 y ss.; RODRÍGUEZ YAGÜE, C.: El modelo político-criminal, *op. cit.*, p. 16; MUÑOZ LORENTE, J.: La expulsión del extranjero, *op. cit.*, pp. 415-416; BRANDARIZ GARCÍA, J. A.: Sistema penal, *op. cit.*, pp. 220-222.

922. La Sentencia del Tribunal Constitucional (Pleno) 236/2007, de 7 de noviembre, FJ 14, no comparte esta interpretación y declara la constitucionalidad del precepto. La sentencia argumenta que no existe una identidad entre el fundamento de la medida de expulsión y el fundamento de la sanción penal, ya que sostiene que ambos están orientados a la protección de intereses o bienes jurídicos diversos. En este sentido, se afirma que «(…) la pena se impone en el marco de la política criminal del Estado, mientras que la expulsión del territorio nacional ha sido acordada en el marco de la política de extranjería, que son dos ámbitos que atienden a intereses públicos netamente diferentes». Con todo, afirma que «(…) el fundamento de la pena reside en la protección de bienes jurídicos a través de los efectos preventivos asociados a su naturaleza aflictiva. En cambio, la medida de expulsión obedece a objetivos propios de la política de extranjería que, en todo caso, están relacionados con el control de los flujos migratorios de cara a procurar una integración y convivencia armónicas en el territorio del Estado». En sentido idéntico, GRACIA MARTÍN, L./ALASTUEY DOBÓN, C.: Suspensión, 2.ª

En cualquier caso, no cabe duda de que las dudas surgidas respecto a la posible transgresión del principio *non bis in idem* no son sino un reflejo del solapamiento entre la legislación de extranjería y la legislación penal. El ejemplo más evidente de que la política criminal en este punto está supeditada a los intereses de la política de extranjería lo constituye la naturaleza jurídica indeterminada de la expulsión objeto de análisis. La expulsión, concebida originalmente como una medida administrativa, constituye, tal como señaló el TS en su momento, un «cuerpo extraño» en el sistema legal establecido para sancionar hechos delictivos[923].

Amén de lo expuesto, la reflexión debe girar en torno a la inexistente justificación de la medida. Si de entrada es estructuralmente ilegítima, la conclusión inevitable es abogar, *de lege ferenda*, por su supresión[924]. Esta es, sin ambages, la solución adecuada para la medida de expulsión contemplada en el artículo 89 del CP.

---

ed., *op. cit.*, p. 547, sostienen que «ni la expulsión judicial ni la administrativa poseen naturaleza sancionadora, y que, por tanto, no hay identidad entre el fundamento de la pena y el de la expulsión».

923. Véase arriba.

924. Apoyan esta tesis, por ejemplo, BRANDARIZ GARCÍA, J. A.: Sistema penal, *op. cit.*, p. 232; BOZA MARTÍNEZ D.: La expulsión de personas extranjeras, *op. cit.*, p. 379; NAVARRO CARDOSO, F.: Análisis del artículo 89, *op. cit.*, p. 223; PÉREZ CÉPEDA, A. I.: Globalización, *op. cit.*, p. 347; ODRIOZOLA GURRUTXAGA, M.: Expulsión penal, *op. cit.*, p. 112; CANCIO MELIÁ, M.: La expulsión, *op. cit.*, p. 215; LACRUZ LÓPEZ, J. M.: El extranjero, *op. cit.*, p. 416.

Conclusiones

I. El fenómeno migratorio ha experimentado una transformación significativa a lo largo de los años. Aunque las migraciones han sido una constante en la historia de la humanidad, desde unos años atrás, el control de las fronteras y la gestión de los flujos migratorios se han convertido en cuestiones cruciales en la agenda política de los Estados occidentales. Atrás han quedado los tiempos en que existía una mayor facilidad de movimiento entre países; en la actualidad, la norma es la creación de barreras físicas y burocráticas destinadas a limitar y controlar la movilidad humana.

Este nuevo paradigma refleja un cambio revelador en la percepción global sobre el fenómeno migratorio, donde aspectos como la preocupación por la seguridad, la identidad nacional y la estabilidad socioeconómica han adquirido especial relevancia. Todo lo cual resalta la complejidad de la cuestión migratoria.

II. Conocer el papel que ha desempeñado la frontera en el abordaje del fenómeno migratorio es esencial de cara a comprender el actual modelo de gestión migratoria y sus implicaciones en la sociedad contemporánea.

¿Se ha adaptado la política migratoria europea al concepto cambiante de la frontera, o es la frontera la que ha evolucionado en respuesta a la política migratoria de la UE? Aunque podría parecer que ha sido la Unión la que ha ajustado su política migratoria conforme a las resignificaciones que ha experimentado el concepto de frontera, consideramos que es la propia frontera la que se ha ido adaptando a los objetivos e intereses marcados por la UE.

Aunque la intensificación del control fronterizo puede interpretarse como la respuesta de los Estados miembros a las variaciones en la percepción de la frontera, la UE tiene la libertad y la flexibilidad suficientes para articular una política migratoria diferente. La decisión de asignar a la frontera un papel central en la política migratoria no está determinada por la evolución de esta institución en sí misma, sino que representa más bien una elección consciente por parte de la UE.

La propia existencia del espacio Schengen sirve como ejemplo de lo que venimos señalando, esto es, que la UE tiene el poder de modular la importancia de la frontera en la formulación de la política migratoria. De hecho, con la creación del espacio Schengen, la UE ha demostrado que es posible reducir tanto el interés como el alcance de las fronteras internas, aunque esto se haya logrado a expensas de reforzar las exteriores.

III. La adopción de medidas y la toma de decisiones en lo que respecta a la política migratoria europea requiere amplios consensos, los cuales, en este contexto, han resultado en la comunitarización de diversas cuestiones que inciden directamente en el aspecto securitario. A pesar de que inicialmente se esperaba que este proceso de comunitarización abarcara diversos ámbitos, lo cierto es que la intervención de la UE en materia de inmigración ha estado motivada principalmente por cuestiones relacionadas con la seguridad. En la práctica, esto se traduce en combatir la inmigración irregular. Como consecuencia, la política migratoria común ha experimentado una notoria rigidez en aras de preservar la llamada «fortaleza europea», favoreciendo así una migración selectiva que restringe el acceso a cualquier persona extranjera que no cumpla con los requisitos jurídicos, económicos y/o sociales del Estado miembro en cuestión.

La senda adoptada por la UE, especialmente a partir del inicio del siglo XXI, sin duda plantea interrogantes sobre el equilibrio entre la salvaguarda de la seguridad y la protección y debido respeto a los derechos fundamentales de las personas extranjeras en el diseño y aplicación de la política migratoria europea. La tensión entre ambos intereses evidencia la necesidad de abordar la cuestión migratoria desde una perspectiva integral que garantice el cumplimiento de ambos objetivos como pilares fundamentales de la política de inmigración de la UE.

IV. La Directiva de Retorno ejemplifica de manera palpable la tensión entre la seguridad y el respeto de los derechos humanos de las personas extranjeras, una vez más resuelta a favor de la primera.

La aprobación de este texto legal patentiza los esfuerzos de la UE por reforzar la seguridad frente a la inmigración no deseada, impulsada principalmente por la creciente aprehensión ante el fenómeno migratorio. Este instrumento ahonda en lo que aquí se ha dado en llamar «crimigración»; al coexistir con la expulsión penal y disponer de medidas que se asemejan más a las consecuencias jurídicas penales, la persona extranjera se ve altamente estigmatizada. Persona que, por cierto, no ha cometido otra infracción que la de entrar o permanecer irregularmente en el territorio nacional de un Estado miembro.

Tras casi veinte años de vigencia, la Directiva parece estar decidida a consolidar su perspectiva securitaria. Una muestra de ello es la propuesta de refundición presentada en 2018 por la Comisión Europea, la cual incide, más si cabe, en la criminalización de las personas migrantes al recurrir, entre otras medidas, a períodos de internamiento más largos.

V. La Directiva de Retorno trasciende su función como un mero producto de la política migratoria europea diseñada para enfrentar los desafíos que entraña la inmigración. Representa, de hecho, la concreción legal de una demanda proveniente de una sociedad que se preocupa cada vez más por el aumento de los movimientos migratorios y la creciente presencia de personas extranjeras en nuestro territorio.

La inmigración, especialmente la irregular, se percibe cada vez más como una potencial amenaza para la estabilidad social y económica, ya que se asocia con cuestiones como los cambios demográficos, la competencia laboral y las tensiones culturales, entre otras. Asimismo, los discursos sobre la inmigración suelen influir negativamente en la percepción de la sociedad sobre este fenómeno. Como resultado, las migraciones han pasado a ser gestionadas desde la óptica del riesgo. La movilidad humana ya no se aborda únicamente como un fenómeno natural o social, sino que se integra en un marco donde la seguridad y el control adquieren un protagonismo predominante.

VI. La búsqueda de seguridad se vislumbra como un objetivo fundamental en la sociedad actual, y se propone alcanzarla mediante el recurso al Derecho penal. Esto implica necesariamente la expansión del Derecho penal a ámbitos que hasta épocas relativamente recientes no precisaban su intervención. Tal es el caso de la materia migratoria, donde la intervención del instrumento punitivo plantea no pocos interrogantes.

Cualquier reflexión sobre la expansión del Derecho penal debe ir acompañada de una cuidadosa consideración de los bienes jurídicos objeto de protección penal. Sin embargo, en el caso de la modalidad de expulsión aquí analizada, no se definen con claridad cuáles son los intereses que requieren protección penal.

VII. La falta de precisión en la concreción del bien jurídico se justifica por el carácter excepcional de la medida. A su vez, esta excepcionalidad debe ir acompañada de una respuesta diferenciada. En consonancia con la doctrina del Derecho penal del enemigo, esta distinción se materializa en la separación entre los «ciudadanos» y los «enemigos».

Cuando la persona objeto del Derecho penal del enemigo pertenece al exogrupo, la respuesta diferenciada parece estar justificada y es aceptada por la sociedad sin mayores inconvenientes. Esto conlleva una consecuencia adicional: la transformación de lo excepcional en lo normal. En otras palabras, la aplicación regular de medidas excepcionales a los miembros del exogrupo en el ámbito penal acaba normalizando esta práctica, alejándose del principio de igualdad ante la ley.

En este contexto, la expulsión penal se presenta como la consecuencia jurídica, e incluso lógica, aplicable a la persona extranjera delincuente, ya que conlleva su exclusión de la sociedad. En otras palabras, la expulsión permite alejar la figura del «enemigo» y, por ende, poner fin a la peligrosidad que se le atribuye.

VIII. A medida que la respuesta diferenciada es legitimada por la sociedad, los límites entre la persona que transgrede la norma y la que no se vuelven cada vez más tenues. Como consecuencia, la percepción del riesgo no solo recae en la persona infractora en cuestión, sino que se extiende a todo el colectivo. De esta manera, la categorización del «enemigo» evoluciona hacia la consideración de comunidades enteras como potencialmente peligrosas.

En lo que aquí interesa destacar, la categorización de las personas migrantes como un colectivo de riesgo legitima de alguna manera la aplicación de estrategias de control y vigilancia destinadas exclusivamente a reducir el riesgo y la criminalidad de este grupo. Las implicaciones prácticas de esta dinámica llegan hasta el punto de que las políticas públicas acaban siendo gestionadas desde la óptica de la racionalidad gerencial, en términos de economización de recursos. De nuevo, la expulsión penal se alza como una de las consecuencias preferidas por el modelo gerencial-actuarial de penalidad.

IX. Hasta la reforma de 2015, el elemento distintivo de la medida de expulsión lo constituía la condición de irregularidad administrativa de la persona extranjera. Tras la reforma, el artículo 89 del CP experimenta una notable ampliación de su ámbito subjetivo de aplicación, lo que convierte en sujetos susceptibles de expulsión a todas las personas extranjeras, incluidas las y los ciudadanos de la UE.

Esta modificación ha suscitado numerosas críticas, especialmente por la falta de una justificación clara que impide conocer con certeza, pero sí intuir, cuáles han sido las verdaderas razones de supeditar la aplicación de la medida a la condición de no nacional. Actualmente, lo que fundamenta la respuesta diferenciada ante la comisión de un hecho delictivo es la mera pertenencia a un colectivo, lo que sin duda bordea los límites del Derecho penal del enemigo.

X. Como contrapartida a la ampliación del ámbito subjetivo del artículo 89 del CP, el legislador penal, quizá consciente de los problemas que podía acarrear la generalización de la medida a todas las personas extranjeras, decidió someter la ejecución de la expulsión a un juicio de proporcionalidad, donde el arraigo personal cobra especial relevancia. En este punto, la norma penal se alinea con la doctrina emanada de la jurisprudencia del TEDH.

Sin duda, esta previsión debe ser valorada positivamente, ya que el legislador ha buscado mitigar las consecuencias negativas que una modificación de tal calibre podía suponer para el colectivo de las personas extranjeras. Sin embargo, el precepto, lejos de aminorar los efectos nocivos asociados a la propia existencia de una medida de semejante envergadura, sigue profundizando en la discriminación y exclusión de las personas migrantes.

XI. Que la figura de la expulsión es anómala en el orden penal se manifiesta también en la indeterminación de su naturaleza jurídica. Después de casi treinta años de vigencia, aún no está claro a qué institución responde. Sin embargo, existe un consenso casi unánime en entender que la expulsión así configurada no cumple con ninguno de los fines inherentes al Derecho penal. Difícilmente puede el artículo 89 del CP atender al fin preventivo-especial, dado que implica la expulsión de una persona extranjera del territorio nacional. Asimismo, supone una criticable renuncia a los fines preventivo-generales, ya que, al sustituirse la pena por la expulsión, se prioriza el cumplimiento de un interés —facilitar la aplicación de la normativa de extranjería— que, aunque legítimo, no corresponde al Derecho penal cumplir.

La incorporación de una medida propia del Derecho administrativo en el ámbito penal ya auguraba problemas, ya que, aunque el legislador ha tratado de asegurar una coexistencia pacífica entre la expulsión administrativa y la penal, lo cierto es que, en nuestra opinión, el bien jurídico protegido es el mismo en ambos casos: el control de los flujos migratorios. Esta convergencia entre el Derecho administrativo y el Derecho penal sin duda revela la instrumentalización de la respuesta penal para servir a los fines de la política migratoria y el control de fronteras, en detrimento de principios básicos del ordenamiento jurídico.

XII. La conclusión es inequívoca: la expulsión penal carece de fundamentos jurídicos sólidos que justifiquen su permanencia en el acervo de disposiciones que conforman el CP, y acarrea consecuencias de gran trascendencia para las personas extranjeras sujetas a su aplicación. Por todo lo cual, se propone *de lege ferenda* su supresión.

Bibliografía

AAS, K. F.: «Crimmigrant» bodies and *bona fide* travellers: Surveillance, citizenship and global governance», en *Theoretical Criminology*, vol. 15, n.º 3, 2011, pp. 331-346.

ACALE SÁNCHEZ, M.: «Regulación penal de diversos aspectos de la extranjería», en BOZA MARTÍNEZ, D./DONAIRE VILLA, F. J./MOYA MALAPEIRA, D. (coords.): *La nueva regulación de la inmigración y la extranjería en España. Régimen jurídico tras la LO 2/2009, el Real Decreto 557/2011 y la Ley 12/2009*, Tirant lo Blanch, Valencia, 2012, pp. 561-596.

ACOSTA ARCARAZO, D.: «Latin American Reactions to the Adoption of the Returns Directive», en *Centre for European Policy Studies*, November 2009.

ACOSTA ARCARAZO, D.: «The good, the bad and the ugly in EU migration law: is the European Parliament becoming bad and ugly? (The adoption of Directive 2008/115: the Returns Directive», en *European Journal of Migration and Law*, n.º 11, 2009, pp. 19-39.

AGUELO NAVARRO, P./CHUECA SANCHO, A.: «Directiva de Retorno. Directiva de expulsión», en *Revista de Derecho Migratorio y Extranjería*, n.º 18, 2008, pp. 121-166.

AGUELO NAVARRRO, P./CHUECA SANCHO, A. G.: «El novísimo derecho humano de las personas a migrar», en *Revista de Derecho Migratorio y Extranjería*, n.º 5, 2004, pp. 291-292.

AGUILAR IDÁÑEZ, M. J./BURASCHI, D.: «Del racismo y la construcción de fronteras morales a la resistencia y el cambio social: la sociedad civil frente a las migraciones forzosas», en *Servicios Sociales y Política Social*, n.º 111, 2016, pp. 29-44.

AGUILAR IDÁÑEZ, M. J./BURASCHI, D.: «Indiferencia, fronteras morales y estrategias de resistencia», en *Documentación social*, n.º 180, 2016, pp. 127-147.

AGUILAR IDAÑEZ, M. J./BURASCHI, D.: «Prejuicio, etnocentrismo y racismo institucional en las políticas sociales y los profesionales de los servicios sociales que trabajan con personas migrantes», Conferencia en el VII Congreso Migraciones Internacionales en España, Bilbao, 2012.

AGUILAR IDÁÑEZ, M. J./BURASCHI, D.: «El racismo institucional en las políticas e intervenciones sociales dirigidas a inmigrantes y algunas propuestas prácticas para evitarlo», en *Documentación social*, n.º 162, 2011, pp. 139-166.

ALASTUEY DOBÓN, C.: «Sobre la naturaleza jurídica de la expulsión de extranjeros en el Derecho español», en *Revista Aragonesa de Administración Pública*, n.º 56, 2021, pp. 63-127.

ALBRECHT, P. A.: «El Derecho penal en la intervención de la política populista», en VV.AA.: *La insostenible situación del Derecho penal*, Comares, Granada, 2000, pp. 471-487.

ANITUA, G. I.: «La inmigración y los discursos de la seguridad», en BERGALLI, R. (coord.): *Flujos migratorios y su (des)control. Puntos de vista pluridisciplinares*, Anthropos, Barcelona, 2006, pp. 135-158.

ANITUA, G. I.: *Historias de los pensamientos criminológicos*, Ediciones Didot, Argentina, 2015.

AÑON ROIG, M. J.: «Discriminación racial: el racismo institucional desvelado», en ARCOS RAMÍREZ, F. (dir.): *La justicia y los derechos en un mundo globalizado*, Dykinson, Madrid, 2016, pp. 133-165.

ARANGO, J.: «Después del gran boom: la inmigración en la bisagra del cambio», en *Anuario CIDOB de la inmigración*, n.º 0, 2009, pp. 52-73.

ARANGO, J.: «Dificultades y dilemas de las políticas de inmigración», en *Arbor: ciencia, pensamiento y cultura*, n.º 713, 2005, pp. 17-25.

ASÚA BATARRITA, A.: «La expulsión del extranjero como alternativa a la pena: incongruencias de la subordinación del Derecho penal a las políticas de control de la inmigración», en LAURENZO COPELLO, P. (coord.): *Inmigración y Derecho penal: bases para un debate*, Tirant lo Blanch, Valencia, 2002, pp. 17-96.

BAGGIO, F.: «Fronteras nacionales, internacionales y externalizadas», en ANGUIANO TÉLLEZ, M. E./LÓPEZ SALA, A. M. (coords.): *Migraciones y fronteras: nuevos contornos para la movilidad internacional*, Icaria, Barcelona, 2010, pp. 49-74.

BALDACCINI, A.: «The EU Directive on return: principles and protests», en *Refugee Survey Quarterly*, vol. 28, n.° 4, 2009, pp. 114-138.

BALIBAR, E.: «Fronteras del mundo, fronteras de la política», en *Alteridades*, vol. 15, n.° 30, 2005, pp. 87-96.

BALIBAR, E.: *Violencias, identidades y civilidad: para una cultura política global*, Gedisa, Barcelona, 2005.

BAR CENDÓN, A.: «El Tratado de Prüm y la inmigración ilegal», en *Revista de Derecho Constitucional Europeo*, n.° 7, 2007, pp. 235-273.

BARATTA, A.: «Funciones instrumentales y simbólicas del Derecho penal: una discusión en la perspectiva de la criminología crítica», en *Pena y Estado: revista latinoamericana de política criminal*, n.° 1, 1991, pp. 37-55.

BARBERO GONZÁLEZ, I., *et al.*: *La defensa de los derechos fundamentales ante la detención, internamiento y expulsión de personas extranjeras: el caso de la Comunidad Autónoma Vasca*, Tirant lo Blanch, Valencia, 2017.

BARBERO GONZÁLEZ, I.: «Lectura contemporánea del régimen de frontera en Europa: un coste inhumano», en *Revista de Derecho Migratorio y Extranjería*, n.° 46, 2017, pp. 121-144.

BARBERO GONZÁLEZ, I.: *Las transformaciones del Estado y del Derecho ante el control de la inmigración*, Ikuspegi-Observatorio Vasco de Inmigración, Zarautz, 2010.

BARBERO GONZÁLEZ, I. / GONZÁLEZ MURUA, A. R.: «Estado, migraciones y derecho(s) en la era de la globalización», en *Nómadas: Critical Journal of Social and Juridical Sciences*, n.° 21, 2009, pp. 215-228.

BARQUÍN SANZ, J.: «De las formas sustitutivas de la pena de prisión y de la libertad condicional», en MORILLAS CUEVA, L. (dir.): *Estudios sobre el Código Penal reformado: (Leyes Orgánicas 1/2015 y 2/2015)*, Dykinson, Madrid, 2015, pp. 223-267.

BAUMAN, Z.: *La globalización. Consecuencias humanas*, Fondo de Cultura Económica, Buenos Aires, 2001.

BAUMAN, Z.: *Modernidad líquida*, 3.ª reimpresión, Fondo de Cultura Económica, Buenos Aires, 2004.

BAUMAN, Z.: «Modernidad y ambivalencia», en GIDDENS, A., *et al.*: *Las consecuencias perversas de la modernidad: modernidad, contingencia y riesgo*, Anthropos, Barcelona, 1996, pp. 73-120.

BECHMANN, G.: «Riesgo y desarrollo técnico-científico. Sobre la importancia social de la investigación y valoración del riesgo», en *Cuadernos de Sección. Ciencias Sociales y Económicas*, n.º 2, 1995, pp. 59-98.

BECK, U.: *Politik in der Risikogesselschaft. Essays und Analysen*, 2.ª ed., Suhrkamp, Alemania, 2017.

BECK, U.: *La sociedad del riesgo mundial: en busca de la seguridad perdida*, Ediciones Paídos, Barcelona, 2008.

BECK, U.: *La sociedad del riesgo: hacia una nueva modernidad*, Ediciones Paídos, Barcelona, 2006.

BECK, U.: *La sociedad del riesgo global*, Siglo Veintiuno, Madrid, 2002.

BENDEL, P.: «¿Blindando la fortaleza europea? Intereses, valores y cambios jurídicos en la política migratoria de la Unión Europea», en *Migración y Desarrollo*, n.º 4, 2005, pp. 54-65.

BILBAO UBILLOS, J. M.: «Prohibición de discriminación y relaciones entre particulares», en *Teoría y Realidad Constitucional*, n.º 18, 2006, pp. 147-198.

BLÁZQUEZ MARTÍN, D.: «La situación jurídica de los inmigrantes irregulares a la luz de los derechos humanos», en DEL VALLE GÁLVEZ, A./ ACOSTA SÁNCHEZ, M. A. (eds.): *Inmigración irregular y Derecho*, Servicio de publicaciones de la Universidad de Cádiz, Cádiz, 2005, pp. 159-176.

BOLLO AROCENA, M. D.: *Expulsión de extranjeros, Derecho internacional y Derecho europeo*, Thomson Reuters Aranzadi, Cizur Menor (Navarra), 2016.

BORJA JIMÉNEZ, E.: «Peligrosidad criminal e individualización judicial de la pena», en *Revista de Derecho Penal y Criminología*, n.º 16, 2016, pp. 45-86.

BOZA MARTÍNEZ, D.: «La propuesta de reforma de la Directiva de Retorno: más criminalización de las personas migrantes», en MARÍN CONSARNAU, D. (dir.): *Retos en inmigración, asilo y ciudadanía. Perspectiva*

Unión Europea, internacional, nacional y comparada, Marcial Pons, Madrid, 2021, pp. 91-103.

BOZA MARTÍNEZ, D.: «La aplicación del artículo 89 CP español: la expulsión penal tras la LO 1/2015», en MEDINA CUENCA, A. (coord.): *Perspectiva multidimensional del conflicto penal, de la política criminal a la concreción normativa «la línea invisible». Libro homenaje a la profesora Dra. María Acale Sánchez*, Editorial UNIJURIS, Cuba, 2019, pp. 490-505.

BOZA MARTÍNEZ, D.: «El CP español como paradigma del derecho de la "crimigración"», en DE LA CUESTA AGUADO, PAZ M., *et al.* (coords.): *Liber amicorum: estudios jurídicos en homenaje al profesor doctor Juan Ma. Terradillos Basoco*, Tirant lo Blanch, Valencia, 2018, pp. 1171-1181.

BOZA MARTÍNEZ, D.: *La expulsión de personas extranjeras condenadas penalmente: el nuevo artículo 89 CP*, Thomson Reuters Aranzadi, Cizur Menor (Navarra), 2016.

BRANDARIZ GARCÍA, J. A.: *El modelo gerencial-actuarial de penalidad. Eficiencia, riesgo y sistema penal*, Dykinson, Madrid, 2016.

BRANDARIZ GARCÍA, J. A.: «La difusión de lógicas actuariales y gerenciales en las políticas punitivas», en *Indret: Revista para el Análisis del Derecho*, n.º 2, 2014.

BRANDARIZ GARCÍA, J. A.: *El gobierno de la penalidad. La complejidad de la Política criminal contemporánea*, Dykinson, Madrid, 2014.

BRANDARIZ GARCÍA, J. A.: *Sistema penal y control de los migrantes: gramática del migrante como infractor penal*, Comares, Granada, 2011.

BRANDARIZ GARCÍA, J. A.: «Funcionalidad de la construcción de los migrantes como sujetos de riesgo en el sistema penal español», en CARBONELL MATEU, J. C./GONZÁLEZ CUSSAC, J. L./ORTS BERENGUER, E. (dirs.), CUERDA ARNAU, M. L. (coord.): *Constitución, derechos fundamentales y sistema penal (semblanzas y estudios con motivo del setenta aniversario del profesor Tomás Salvador Vives Antón), Tomo I*, Tirant lo Blanch, Valencia, 2009, pp. 287-306.

BRANDARIZ GARCÍA, J. A.: *Política criminal de la exclusión. El sistema penal en tiempo de declive del Estado social y de crisis del Estado-nación*, Comares, Granada, 2007.

BRANDARIZ GARCÍA, J. A./FERNÁNDEZ BESSA, C.: «La crimigración en el contexto español: el creciente protagonismo de lo punitivo en el control migratorio», en LÓPEZ SALA, A. M./GODENAU, D. (coords.): *Estados de contención, estados de detención. El control de la inmigración irregular en España*, Anthropos, Barcelona, 2017, pp. 119-143.

BRANDARIZ GARCÍA, J. A./FERNÁNDEZ BESSA, C.: «La construcción de los migrantes como categoría de riesgo para el sistema penal español», en PALIDDA, S./ BRANDARIZ GARCÍA, J. A. (dirs.), IGLESIAS SKULJ, A./ RAMOS VÁZQUEZ, J. A. (coords.): *Criminalización racista de los migrantes en Europa*, Comares, Granada, 2010, pp. 271-289.

CAMPIONE, R.: «El que algo quiere algo le cuesta: notas sobre la Kollateralschädengesellschaft», en DA AGRA, C., *et al.*: *La seguridad en la sociedad del riesgo. Un debate abierto*, Atelier, Barcelona, 2003, pp. 11-26.

CAMPOS HELLÍN, R.: «El arraigo como factor impeditivo de una expulsión tras la reforma de la LO 1/2015», en *Boletín Criminológico*, vol. 25, n.º 185, 2019.

CAMPOS HELLÍN, R.: «El medio abierto en España como vía de acceso a una expulsión tras la reforma de la LO 1/2015», en *Revista Criminalidad*, vol. 59, n.º 1, 2017, pp. 105-116.

CANCIO MELIÁ, M.: «De nuevo: ¿Derecho penal del enemigo?», en JAKOBS, G./MELIÁ, C.: *Derecho penal del enemigo*, 2.ª ed., Thomson Civitas, Navarra, 2006, pp. 85-152.

CANCIO MELIÁ, M.: «La expulsión de ciudadanos extranjeros sin residencia legal (art. 89 CP)», en VV.AA.: *Homenaje al profesor Dr. Gonzalo Rodríguez Mourullo*, Civitas, Madrid, 2005, pp. 183-216.

CANCIO MELIÁ, M./MARAVER GÓMEZ, M.: «El Derecho Penal español ante la inmigración: un estudio político-criminal», en BACIGALUPO, S./ CANCIO MELIÁ, M. (coords.): *Derecho Penal y Política Transnacional*, Atelier, Barcelona, 2005, pp. 343-415.

CANO CUENCA, A.: «Suspensión de la ejecución de la pena condicionada al cumplimiento de prohibiciones y deberes. Especial consideración a la expulsión de los extranjeros. La sustitución de la pena de prisión por la expulsión (arts. 83, 84, 85, 86, 87, 308 bis y 89)», en GONZÁLEZ CUSSAC, J. L. (dir.), MATALLÍN EVANGELIO, A./GÓRRIZ ROYO, E. (coords.): *Comentarios a la Reforma del Código Penal de 2015*, Tirant lo Blanch, Valencia, 2015, pp. 343-376.

CANO LINARES, M. A.: «La gestión de las fronteras exteriores de la Unión Europea frente a los retos de la migración y la seguridad», en *Revista de Derecho Migratorio y Extranjería*, n.º 44, 2017, pp. 55-80.

CARENS, J. H.: «Aliens and citizens: the case for open borders», en *The review of politics*, vol. 49, n.º 2, 1987, pp. 251-273.

CASTLES, S.: «Globalización e inmigración», en AUBARELL, G./ ZAPATA, R. (eds.): *Inmigración y procesos de cambio: Europa y el Mediterráneo en el contexto global*, Icaria, Barcelona, 2004, pp. 33-56.

CERIANI CERNADAS, P.: «La Directiva de Retorno de la Unión Europea: apuntes críticos desde una perspectiva de derechos humanos», en *Anuario de Derechos Humanos*, n.º 5, 2009, pp. 85-94.

CIGÜELA SOLA, J.: «Populismo penal y justicia paralela», en *Revista Electrónica de Ciencia penal y Criminología*, n.º 22, 2020.

COLECTIVO IOÉ.: «Política migratoria española en el marco europeo», en Conferencia en el 4º Meeting internazionale di Loreto, Italia, 2001.

COMAS D'ARGEMIR, M./SÁNCHEZ-ALBORNOZ, C./NAVARRO, E.: «Sustitución de la pena por expulsión: principio de proporcionalidad, audiencia del acusado y del penado, distintas fases procesales (art. 89 CP)», Ponencia en jornadas de la comisión penal de jueces para la Democracia, Valencia, 2012.

CORCOY BIDASOLO, M.: «Expansión del Derecho penal y garantías constitucionales», en *Revista de Derechos Fundamentales*, n.º 8, 2012, pp. 45-76.

CORCOY BIDASOLO, M.: «Protección de bienes jurídico-penales supraindividuales y Derecho penal mínimo», en MIR PUIG, S. (dir.): *Derecho penal del siglo XXI*, Consejo General del Poder Judicial, Madrid, 2008, pp. 363-402.

CORCOY BIDASOLO, M.: «Límites objetivos y subjetivos a la intervención penal en el control de riesgos», en CORCOY BIDASOLO, M./MIR PUIG, S. (dirs.), GÓMEZ MARTÍN, V. (coord.): *La política criminal en Europa*, Atelier, Barcelona, 2004, pp. 25-40.

CORCOY BIDASOLO, M.: *Delitos de peligro y protección de bienes jurídico-penales supraindividuales: nuevas formas de delincuencia y reinterpretación de tipos penales clásicos*, Tirant lo Blanch, Valencia, 1999.

CORONADO BUITRAGO, M. J.: *Las formas sustitutivas de ejecución penal*, Tirant lo Blanch, Valencia, 2018.

CUGAT MAURI, M.: «La desaprovechada reforma de la expulsión de extranjeros (art. 89)», en QUINTERO OLIVARES, G. (dir.): *La reforma penal de 2010: Análisis y comentarios*, Thomson Reuters Aranzadi, Cizur Menor (Navarra), 2010, pp. 99-106.

DA AGRA, C./CASTRO, J.: «¿Los extranjeros son un grupo de riesgo? Investigación en las prisiones portuguesas», en DA AGRA, C., *et al.*: *La seguridad en la sociedad del riesgo. Un debate abierto*, Atelier, Barcelona, 2003, pp. 279-301.

DAL LAGO, A.: «Personas y no-personas», en SILVEIRA GORSKI, H. C. (ed.): *Identidades comunitarias y democracia*, Trotta, Madrid, 2000, pp. 127-144.

DAUNIS RODRÍGUEZ, A.: «Las cárceles de los excluidos y marginados. Situación de los centros de internamiento de extranjeros tras la aprobación de su reglamento», en *Revista de Derecho Migratorio y Extranjería*, n.º 40, 2015, pp. 33-61.

DAUNIS RODRÍGUEZ, A.: *El Derecho penal como herramienta de la política migratoria*, Comares, Granada, 2009.

DAUNIS RODRÍGUEZ, A.: «Control social formal e inmigración», en *Revista General de Derecho Penal*, n.º 10, 2008.

DE GIORGI, A.: *Tolerancia Cero. Estrategias y prácticas de la sociedad de control*, Virus, Barcelona, 2005.

DE LA CUESTA ARZAMENDI, J. L.: *Nuevas fronteras del Derecho penal*, Olejnik, Buenos Aires, 2018.

DE LA MATA BARRANCO, N. J.: «Trata de personas y favorecimiento de la inmigración ilegal, dos conductas de muy distinto desvalor», en *Revista Electrónica de Ciencia Penal y Criminología*, n.º 23, 2021.

DE LA ROSA CORTINA, J. M.: «La expulsión de los extranjeros no residentes legalmente condenados a pena privativa de libertad inferior a seis años tras la Ley Orgánica 11/2003», en *Diario La Ley*, n.º 6042, 2004.

DE LUCAS MARTÍN, J.: «Inmigración y globalización: acerca de los presupuestos de una política de inmigración», en *Revista Electrónica de Derecho de la Universidad de La Rioja*, n.º 1, 2003, pp. 43-70.

DE LUCAS MARTÍN, J.: «Sobre las políticas de inmigración en el mundo globalizado», en *Anuario de la Facultad de Derecho de la Universidad Autónoma de Madrid*, n.º 7, 2003, pp. 23-52.

DE LUCAS MARTÍN, J./TORRES PÉREZ, F.: «Introducción», en DE LUCAS MARTÍN, J./TORRES PÉREZ, F. (eds.): *Inmigrantes: ¿cómo los tenemos? Algunos desafíos y (malas) respuestas*, Talasa, Madrid, 2002, pp. 5-22.

DEL RÍO FERNÁNDEZ, L. J.: «Garantías en la detención y expulsión de extranjeros», en *Diario La Ley*, D-33, 1998 (ref. 21690/2001 base de datos laleydigital).

DEL ROSAL BLASCO, B.: «La estrategia actuarial de control del riesgo en la política criminal y en el Derecho penal», en CARBONELL MATEU, J. C./GONZÁLEZ CUSSAC, J. L./ORTS BERENGUER, E. (dirs.), CUERDA ARNAU, M. L. (coord.): *Constitución, derechos fundamentales y sistema penal (semblanzas y estudios con motivo del setenta aniversario del profesor Tomás Salvador Vives Antón), Tomo I,* Tirant lo Blanch, Valencia, 2009, pp. 473-498.

DEL VALLE GÁLVEZ, A.: «El frágil estatuto internacional y europeo del inmigrante irregular», en DEL VALLE GÁLVEZ, A./ACOSTA SÁNCHEZ, M. A. (eds.): *Inmigración irregular y Derecho,* Servicio de publicaciones de la Universidad de Cádiz, Cádiz, 2005, pp. 137-190.

DEMETRIO CRESPO, E.: «Del Derecho penal liberal al Derecho penal del enemigo», en PÉREZ ÁLVAREZ, F. (coord.): *Serta: in memoriam Alexandri Baratta*, Ediciones Universidad de Salamanca, Salamanca, 2004, pp. 1027-1054.

DÍAZ Y GARCÍA CONLLEDO, M.: *Protección y expulsión de extranjeros en Derecho penal,* La Ley, Madrid, 2007.

DÍAZ Y GARCÍA CONLLEDO, M./DURÁN SECO, I./OLAIZOLA NOGALES, I./JERICÓ OJER, L.: «Extranjería y Derecho penal: las últimas reformas», en *Revista Jurídica de Castilla y León*, n.º 12, 2007, pp. 57-119.

DÍEZ RIPOLLÉS, J. L.: *Derecho penal español. Parte general,* 5.ª ed., Tirant lo Blanch, Valencia, 2020.

DÍEZ RIPOLLÉS, J. L.: *La política criminal en la encrucijada,* BdeF, Buenos Aires, 2007.

DÍEZ RIPOLLÉS, J. L.: «El nuevo modelo penal de la seguridad ciudadana», en *Revista Electrónica de Ciencia penal y Criminología*, n.º 6, 2004.

DÍEZ RIPOLLÉS, J. L.: «El Derecho penal simbólico y los efectos de la pena», en VV.AA.: *Modernas tendencias en la Ciencia del Derecho penal y en la Criminología,* UNED, Madrid, 2001, pp. 107-130.

DÍEZ RIPOLLÉS, J. L.: «El bien jurídico protegido en un Derecho penal garantista», en *Jueces para la democracia*, n.º 30, 1997, pp. 10-19.

DOOMERNIK, J.: «Del permiso a la prisión: una explicación multidisciplinar de las interacciones entre procesos migratorios e intervención estatal», en ANGUIANO TÉLLEZ, M. E./LÓPEZ SALA, A. M. (coords.): *Migraciones y fronteras: nuevos contornos para la movilidad internacional*, Icaria, Barcelona, 2010, pp. 19-48.

DURÁN SECO, I.: «El extranjero delincuente «sin papeles» y la expulsión (a propósito de la STS 8-7-2004)», en *Revista de Derecho penal y Criminología*, n.º 15, 2005, pp. 307-353.

ECHEBARRÍA ECHABE, A., *et al.*: *Psicología Social del Prejuicio y el Racismo,* Editorial Centro de Estudios Ramón Areces, S.A., Madrid, 1995.

ESTRADA GORRÍN, A. B./FUENTES LARA, M. C.: «La construcción de las fronteras europeas como origen de la criminalización de las migraciones en Europa: retóricas de securitización y humanitarismo», en *REMHU: Revista interdisciplinar da mobilidade humana*, vol. 28, n.º 59, 2020, pp. 217-234.

FAJARDO DEL CASTILLO, T.: «La Directiva sobre el retorno de los inmigrantes en situación irregular», en *Revista de Derecho Comunitario Europeo*, n.º 33, 2009, pp. 453-499.

FEELEY, M. M./SIMON, J.: «The Ney Penology: notes on the emerging strategy of corrections and its implications», en *Criminology*, vol. 30, n.º 4, 1992, pp. 449-474.

FELIP I SABORIT, D.: «Observaciones a la expansión diez años después», en ROBLES PLANAS, R./SÁNCHEZ-OSTIZ GUTIÉRREZ, P. (coords.): *La Crisis del Derecho penal contemporáneo*, Atelier, Barcelona, 2010, pp. 65-88.

FERNÁNDEZ ARÉVALO, L.: «Expulsión judicial y reforma de la LO 5/2010», en *Revista de Derecho Migratorio y Extranjería*, n.º 24, 2010, pp. 11-36.

FERNÁNDEZ BESSA, C.: *Los Centros de Internamiento de Extranjeros (CIE). Una introducción desde las Ciencias Penales*, Iustel, Madrid, 2021.

FERNÁNDEZ BESSA, C.: «Los límites del control», en VV.AA.: *Frontera Sur: nuevas políticas de gestión y externalización del control de la inmigración en Europa*, Virus editorial, Barcelona, 2008, pp. 8-13.

FERNÁNDEZ BESSA, C. / BRANDARIZ GARCÍA, J. A.: «Transformaciones de la penalidad migratoria en el contexto de la crisis económica. El giro gerencial del dispositivo de deportación», en *Indret: Revista para el Análisis del Derecho*, n.º 4, 2016.

FERNÁNDEZ BESSA, C. / ORTUÑO AIX, J. M. / MANAVELLA SUÁREZ, A.: «Los efectos de la cultura de emergencia en la criminalización de los inmigrantes», en PUENTE ABA, L. M. (dir.), ZAPICO BARBEITO, M. / RODRÍGUEZ MORO, L. (coords.): *Criminalidad organizada, terrorismo e inmigración*, Comares, Granada, 2008, pp. 225-258.

FERNÁNDEZ SÁNCHEZ, P. A.: *Derecho comunitario de la inmigración*, Atelier, Barcelona, 2006.

FERNÁNDEZ TERUELO, J. G.: «La expansión selectiva del Derecho penal español», en *Revista Digital Facultad de Derecho*, n.º 1, 2009.

FERRAJOLI, L.: *Derecho y Razón. Teoría del garantismo penal*, Trotta, Madrid, 1995.

FERRERO TURRIÓN, R. / LÓPEZ SALA, A. M.: «Fronteras y seguridad en el Mediterráneo», en ZAPATA BARRERO, R. / FERRER-GALLARDO, X. (eds.): *Fronteras en movimiento: migraciones hacia la Unión Europea en el contexto Mediterráneo*, Bellaterra Edicions, Barcelona, 2012, pp. 229-254.

FLORES MENDOZA, F.: «La expulsión del extranjero en el Código Penal español», en LAURENZO COPELLO, P. (coord.): *Inmigración y Derecho penal: bases para un debate*, Tirant lo Blanch, Valencia, 2002, pp. 97-132.

FRIEYRO ELÍCEGUI, S.: «La expulsión de los extranjeros como sustitutiva de la pena de prisión impuesta», en *Diario La Ley*, n.º 9703, 2020.

GÁMIZ, M. / VALDERRAMA, J.: «Proyecto de reforma del Código Penal. La sustitución de las penas por expulsión a los extranjeros residentes», en *Página Abierta*, n.º 229, 2013, pp. 4-9.

GARCÍA ALFARAZ, A. I.: *Principio de precaución. Seguridad alimentaria y delito*, Tirant lo Blanch, Valencia, 2022.

GARCÍA ÁLVAREZ, P.: «El Derecho penal y la discriminación de los extranjeros», en MUÑOZ CONDE, F. (dir.): *Problemas actuales del Derecho penal y de la Criminología. Estudios penales en memoria de la Profesora Dra. María del Mar Díaz Pita*, Tirant lo Blanch, Valencia, 2008, pp. 937-967.

GARCÍA COSO, E.: *La regulación de la inmigración irregular. Derechos humanos y el control de fronteras en la Unión Europea,* Thomson Reuters Aranzadi, Cizur Menor (Navarra), 2014.

GARCÍA ESPAÑA, E.: «El arraigo de presos extranjeros: más allá de un criterio limitador de la expulsión», en *Migraciones*, n.º 44, 2018, pp. 119-144.

GARCÍA ESPAÑA, E.: *Enfoque criminológico de las migraciones*, Editorial Síntesis, Madrid, 2018.

GARCÍA ESPAÑA, E.: «Centros de Internamiento de extranjeros: motivos para su desaparición», en *Boletín criminológico*, vol. 23, n.º 172, 2017.

GARCÍA ESPAÑA, E.: «Extranjeros sospechosos, condenados y excondenados: un mosaico de exclusión», en *Revista Electrónica de Ciencia penal y Criminología*, n.º 19, 2017.

GARCÍA ESPAÑA, E.: «La expulsión como sustitutivo de la pena de prisión en el Código penal de 2015: ¿De la discriminación a la reinserción?», en *Revista Electrónica de Ciencia penal y Criminología*, n.º 18, 2016.

GARCÍA ESPAÑA, E.: «¿Qué hay de cierto en la relación inmigración y delincuencia?» Sesgos etnográficos y realidad», en *Estudios jurídicos*, n.º 2011, 2011.

GARCÍA PABLOS, A.: «Tendencias del actual Derecho penal», en VV.AA.: *Modernas tendencias en la Ciencia del Derecho penal y en la Criminología*, UNED, Madrid, 2001, pp. 39-59.

GARLAND, D.: *La cultura del control: crimen y orden social en la sociedad contemporánea,* 1.ª ed., Gedisa, Barcelona, 2005.

GARLAND, D.: «Governmentality» and the problem of crime: Foucault, Criminology, Sociology», en *Theoretical Criminology,* vol. 1, n.º 2, 1997, pp. 173-214.

GIDDENS, A.: «Sociedad de riesgo: el contexto de la política británica», en *Estudios demográficos y urbanos*, vol. 13, n.º 3, 1998, pp. 517-528.

GIMBERNAT ORDEIG, E.: «Presentación», en VV.AA.: *La teoría del bien jurídico: ¿Fundamento de legitimación del Derecho penal o juego de abalorios dogmático?*, Marcial Pons, Madrid, 2007, pp. 11-22.

GIMBERNAT ORDEIG, E.: «¿Las exigencias dogmáticas fundamentales hasta ahora vigentes de una parte general son idóneas para satisfacer la actual situación de la criminalidad, de la medición de la pena y del sistema de sanciones? Responsabilidad por el producto, accesoriedad administrativa del Derecho penal y decisiones colegiadas», en VV.AA.: *Modernas tendencias en la Ciencia del Derecho penal y en la Criminología*, UNED, Madrid, 2001, pp. 355-370.

GIMBERNAT ORDEIG, E.: «La contrarreforma penal de 1995», en *Jueces para la democracia*, n.º 36, 1999, pp. 18-21.

GÓMEZ MARTÍN, V.: «Libertad, seguridad y sociedad del riesgo», en CORCOY BIDASOLO, M./MIR PUIG, S. (dirs.), GÓMEZ MARTÍN, V. (coord.): *La política criminal en Europa*, Atelier, Barcelona, 2004, pp. 59-90.

GÓMEZ MARTÍN, V.: «La seguridad, ¿mata o garantiza la libertad? Teorización», en *Revista catalana de seguretat pública*, n.º 13, 2003, pp. 45-63.

GONZÁLEZ ENRÍQUEZ, C./SORROZA BLANCO, A.: «¿Hacia una política europea de inmigración? Un desafío para la Presidencia Española de 2010», en *Documentos de Trabajo (Real Instituto Elcano de Estudios Internacionales y Estratégicos)*, n.º 57, 2009.

GONZÁLEZ SIERRA, P.: *La imputación penal de las personas jurídicas. Análisis del art. 31 bis CP*, Tirant lo Blanch, Valencia, 2014.

GONZÁLEZ TASCÓN, M. M.: «La cuarta reforma del artículo 89 del CP relativo a la expulsión del extranjero condenado a pena de prisión», en *Estudios penales y criminológicos*, vol. XXXVI, 2016, pp. 131-197.

GORTÁZAR ROTAECHE, C. J.: «Las nuevas normativas europeas sobre inmigración: perspectivas y riesgos. Especial mención a la llamada Directiva de retorno», en *Corintios XIII: Revista de teología y pastoral de la caridad*, n.º 131, 2009, pp. 28-41.

GRACIA MARTÍN, L.: «Algunas reflexiones sobre la pretendida contrariedad del Derecho penal moderno a los principios y garantías penales del Estado de derecho», en CARBONELL MATEU, J. C./GONZÁLEZ CUSSAC, J. L./ORTS BERENGUER, E. (dirs.), CUERDA ARNAU, M. L. (coord.): *Constitución, derechos fundamentales y sistema penal (semblanzas y estudios con motivo del setenta aniversario del profesor Tomás Salvador Vives Antón), Tomo I*, Tirant lo Blanch, Valencia, 2009, pp. 879-921.

GRACIA MARTÍN, L.: «Consideraciones críticas sobre el actualmente denominado Derecho penal del enemigo», en *Revista Electrónica de Ciencia penal y Criminología*, n.º 7, 2005.

GRACIA MARTÍN, L.: *Prolegómenos para la lucha por la modernización y expansión del Derecho penal y para la crítica del discurso de resistencia*, Tirant lo Blanch, Valencia, 2003.

GRACIA MARTÍN, L./ALASTUEY DOBÓN, C.: «Suspensión de la ejecución y sustitución de las penas privativas de libertad», en BOLDOVA PASAMAR, M. A./ALASTUEY DOBÓN, C. (coords.): *Tratado de las consecuencias jurídicas del delito*, 2.ª ed., Tirant lo Blanch, Valencia, 2023, pp. 439-557.

GRACIA MARTÍN, L./ALASTUEY DOBÓN, C.: «Suspensión de la ejecución y sustitución de las penas privativas de libertad (I)», en GRACIA MARTÍN, L. (coord.): *Tratado de las consecuencias jurídicas del delito*, Tirant lo Blanch, Valencia, 2006, pp. 287-321.

GRUPO DE ESTUDIOS DE POLÍTICA CRIMINAL: *Una propuesta alternativa al sistema de penas y su ejecución, y a las medidas cautelares personales*, Tirant lo Blanch, Valencia, 2005.

GRUPO DE ESTUDIOS DE POLÍTICA CRIMINAL: *Alternativas al tratamiento jurídico de la discriminación y de la extranjería*, Tirant lo Blanch, Valencia, 1997.

GUARDANS CAMBO, I./CAMPUZANO, C.: «Algunos derechos para quienes no los tenían», *El País*, 25.06.2008. Disponible en: https://elpais.com/diario/2008/06/25/opinion/1214344805_850215.html#

GUISASOLA LERMA, C.: «Consideraciones político-criminales para una reformulación de la expulsión penal de condenados extranjeros sin residencia legal», en *Estudios Penales y Criminológicos*, vol. XXX, 2010, pp. 201-218.

GUISASOLA LERMA, C.: «La reforma del Código penal en materia de expulsión judicial de extranjeros como medida sustitutiva de penas privativas de libertad: (art. 89)», en ÁLVAREZ GARCÍA, F. J./GONZÁLEZ CUSSAC, L. (dirs.): *Comentarios a la Reforma Penal de 2010*, Tirant lo Blanch, Valencia, 2010, pp. 131-138.

GUISASOLA LERMA, C.: «Reformas penales y tendencias político-criminales en materia de inmigración», en *La Ley Penal*, n.º 67, 2010.

HAMENSTÄDT, K.: *The margins of discretion in transnational administrative acts: expulsion decisions and entry bans following a criminal conviction*, Hart, Oxford, 2022.

HAMPSHIRE, J.: «European migration governance since the Lisbon treaty: introduction to the special issue», en *Journal of Ethnic and Migration Studies*, vol. 42, n.º 4, 2016, pp. 537-553.

HARCOURT, B. E.: *Política criminal y gestión de riesgos. Genealogía y crítica, Ad hoc*, Buenos Aires, 2013.

HASSEMER, W.: «¿Puede haber delitos que no afecten a un bien jurídico penal?», en VV.AA.: *La teoría del bien jurídico: ¿Fundamento de legitimación del Derecho penal o juego de abalorios dogmático?*, Marcial Pons, Madrid, 2007, pp. 95-104.

HASSEMER, W.: *Persona, mundo y responsabilidad: bases para una teoría de la imputación en Derecho Penal*, Tirant lo Blanch, Valencia, 1999.

HASSEMER, W.: «Rasgos y crisis del Derecho penal moderno», en *Anuario de Derecho Penal y Ciencias Penales*, Tomo 45, Fasc./Mes 1, 1992, pp. 235-250.

HASSEMER, W.: «Derecho penal simbólico y protección de bienes jurídicos», en *Pena y Estado: revista latinoamericana de política criminal*, n.º 1, 1991, pp. 23-36.

HASSEMER, W./MUÑOZ CONDE, F.: *La responsabilidad por el producto en Derecho penal*, Tirant lo Blanch, Valencia, 1995.

HERNÁNDEZ OLIVEROS, J. C.: «La expulsión de cada vez más ciudadanos extranjeros implicados en hechos delictivos», en *La Ley Penal*, n.º 138, 2019.

HERZOG, F.: «Límites al control penal de los riesgos sociales. Una perspectiva crítica ante el Derecho penal en peligro», en *Anuario de Derecho Penal y Ciencias Penales*, Tomo 46, Fasc./Mes 1, 1993, pp. 317-328.

HORMAZÁBAL MALARÉE, H.: *Bien jurídico y estado social y democrático de derecho: el objeto protegido por la norma penal*, 2.ª ed., Editorial Jurídica ConoSur, Santiago de Chile, 1992.

IGLESIAS RÍO, M. A.: «La expulsión de los extranjeros», en QUINTERO OLIVARES, G. (dir.): *Comentarios a la reforma penal de 2015*, Thomson Reuters Aranzadi, Cizur Menor (Navarra), 2015, pp. 173-188.

IGLESIAS SKULJ, A.: *El cambio en el estatuto de la Ley penal y en los mecanismos de control: flujos migratorios y gubernamentalidad neoliberal*, Comares, Granada, 2011.

ILIES, M.: «La política de la Comunidad Europea sobre inmigración irregular: medidas para combatir la inmigración irregular en todas sus fases», en *Documentos de Trabajo (Real Instituto Elcano de Estudios Internacionales y Estratégicos)*, n.º 38, 2009.

IZQUIERDO ESCUDERO, F. J.: «Naturaleza jurídica de la sustitución prevista en el artículo 89 del Código Penal: comentario al auto del Tribunal Constitucional 106/1997, de 17 de abril», *Diario La Ley*, D-288, 1997 (ref. 11858/2001 base de datos laleydigital).

JAKOBS, G.: «Derecho penal del ciudadano y Derecho penal del enemigo», en JAKOBS, G./MELIÁ, C.: *Derecho penal del enemigo*, 2.ª ed., Thomson Civitas, Navarra, 2006, pp. 21-56.

JAKOBS, G.: «¿Terroristas como personas en Derecho?», en JAKOBS, G./ MELIÁ, C.: *Derecho penal del enemigo*, 2.ª ed., Thomson Civitas, Navarra, 2006, pp. 57-84.

JAKOBS, G.: «Criminalización en el estadio previo a la lesión de un bien jurídico», en JAKOBS, G.: *Estudios de Derecho penal*, Civitas, Madrid, 1997, pp. 293-324.

JIMÉNEZ DÍAZ, M. J.: «Sociedad del riesgo e intervención penal», en *Revista Electrónica de Ciencia penal y Criminología*, n.º 16, 2014.

JIMÉNEZ PIERNAS, C.: «La comunitarización de las políticas de inmigración y extranjería: especial referencia a España», en *Revista de Derecho Comunitario Europeo*, n.º 13, 2002, pp. 857-894.

LACRUZ LÓPEZ, J. M.: «El extranjero en el Derecho Penal español», en VV.AA.: *El extranjero en el Derecho penal español*, Dykinson, Madrid, 2016, pp. 341-424.

LARRAURI PIJOAN, E.: «Antecedentes penales y expulsión de personas inmigrantes», en *Indret: Revista para el análisis del Derecho*, n.º 2, 2016.

LASCURAÍN SÁNCHEZ, J. A.: «De la sustitución de las penas privativas de libertad», en RODRÍGUEZ MOURULLO, G. (dir.)., JORGE BERREIRO, A. (coord.): *Comentarios al Código Penal*, 1.ª ed., Civitas, Madrid, 1997, pp. 287-291.

LAURENZO COPELLO, P.: «Últimas reformas en el Derecho penal de extranjeros: un nuevo paso en la política de exclusión», en *Jueces para la democracia*, n.º 50, 2004, pp. 30-35.

LAURENZO COPELLO, P.: «Recensión: Silva Sánchez, Jesús María: La expansión del Derecho penal, 2.ª ed., Civitas, Madrid, 2001», en *Revista de Derecho Penal y Criminología*, 2.ª Época, n.º 12, 2003, pp. 441-456.

LAURENZO COPELLO, P.: «Prólogo», en LAURENZO COPELLO, P. (coord.): *Inmigración y Derecho penal: bases para un debate*, Tirant lo Blanch, Valencia, 2002, pp. 11-14.

LEGANÉS GÓMEZ, S.: «La expulsión de los penados en el Código penal de 2015», en *Diario La Ley*, n.º 8579, 2015, pp. 1-17.

LEGANÉS GÓMEZ, S.: *Clasificación penitenciaria, permisos de salida y extranjeros en prisión: nuevo régimen jurídico*, Dykinson, Madrid, 2009.

LIVI BACCI, M.: *Breve historia de las migraciones*, Alianza Editorial, Madrid, 2012.

LÓPEZ CEREZO, J. A./LUJÁN, J. L.: *Ciencia y política del riesgo*, Alianza, Madrid, 2000.

LÓPEZ SALA, A. M.: «Conclusiones. Repensando el papel político de las fronteras en la conformación y la regulación de la movilidad internacional», en ANGUIANO TÉLLEZ, M. E./LÓPEZ SALA, A. M. (coords.): *Migraciones y fronteras: nuevos contornos para la movilidad internacional*, Icaria, Barcelona, 2010, pp. 333-344.

LÓPEZ SALA, A. M.: «El control de la inmigración: política fronteriza, selección del acceso e inmigración irregular», en *Arbor: ciencia, pensamiento y cultura*, n.º 713, 2005, pp. 27-39.

LÓPEZ SALA, A. M.: *Inmigrantes y Estados: la respuesta política ante la cuestión migratoria*, Anthropos, Barcelona, 2005.

LÓPEZ TRUJILLO, N./PITA, C.: «Los países de la UE no cumplieron con la reubicación de 160.000 refugiados de los campos de Grecia e Italia», en *Newtral*, 19.09.2021. Disponible en: https://www.newtral.es/reubicacion-refugiados-campos-europa/20210919/

LUHMANN, L.: «El concepto de riesgo», en GIDDENS, A., *et al.*: *Consecuencias de la modernidad: modernidad, contingencia y riesgo*, Anthropos, Barcelona, 1996, pp. 123-154.

MACÍAS ESPEJO, B.: «Sustitución y expulsión de extranjeros», en MORILLAS CUEVA, L. (dir.): *La pena de prisión entre el expansionismo y el reduccionismo punitivo*, Dykinson, Madrid, 2016, pp. 255-295.

MANZANARES SAMANIEGO, J. L.: *Suspensión, sustitución y ejecución de las penas privativas de libertad*, Comares, Granada, 2011.

MAPELLI CAFFARENA, B./TERRADILLOS BASOCO, J.: *Las consecuencias jurídicas del delito*, 3.ª ed., Civitas, Madrid, 1996.

MARINUCCI, G./DOLCINI, E.: «Derecho penal mínimo y nuevas formas de criminalidad», en *Revista de Derecho*, n.º 8, 2001, pp. 231-249.

MARTÍN Y PÉREZ DE NANCLARES, J.: «La inmigración y el asilo en la Unión Europea: presente y futuro», en *Anuario de la Facultad de Derecho de la Universidad Autónoma de Madrid*, n.º 7, 2003, pp. 93-118.

MARTÍN Y PÉREZ DE NANCLARES, J.: *La inmigración y el asilo en la Unión Europea: hacia un nuevo espacio de libertad, seguridad y justicia*, Colex, Madrid, 2002.

MARTÍNEZ DE PISÓN CAVERO, J. M.: «La (no) política de inmigración y el estado de derecho», en MARTÍNEZ DE PISÓN CAVERO, J. M./GIRÓ MIRANDA, J. (coords.): *Inmigración y ciudadanía. Perspectivas sociojurídicas*, Universidad de la Rioja, La Rioja, 2003.

MARTÍNEZ ESCAMILLA, M.: «Centros de internamiento para extranjeros: estado de la cuestión y perspectivas de futuro», en *Revista Electrónica de Ciencia penal y Criminología*, n.º 18, 2016.

MARTÍNEZ ESCAMILLA, M.: *Mujeres en el CIE: Género, inmigración e internamiento*, Tercera Prensa, Donostia-San Sebastián, 2013.

MARTÍNEZ ESCAMILLA, M.: «Inmigración, derechos humanos y política criminal: ¿hasta dónde estamos dispuestos a llegar?», en *Indret: Revista para el análisis del Derecho*, n.º 3, 2009.

MARTÍNEZ ESCAMILLA, M.: *La inmigración como delito. Un análisis político-criminal, dogmático y constitucional del tipo básico del art. 318 bis CP*, Atelier, Barcelona, 2007.

MARTÍNEZ SÁNCHEZ, R. P.: «Los instrumentos de gestión de las fronteras exteriores de la Unión Europea ante los flujos migratorios masivos», en *Anuario Español de Derecho Internacional*, vol. 32, 2016, pp. 475-502.

MARTÍNEZ-BUJÁN PÉREZ, C.: «Algunas reflexiones sobre la moderna teoría del Big Crunch en la selección de bienes jurídico-penales (especial referencia al ámbito económico)», en DÍEZ RIPOLLÉS, J. L. (coord.): *La ciencia del Derecho penal ante el nuevo siglo: Libro homenaje al profesor doctor don José Cerezo Mir*, Tecnos, Madrid, 2002, pp. 395-432.

MENDOZA BUERGO, B.: «El Derecho penal ante la globalización: el papel del principio de precaución», en BACIGALUPO, S./CANCIO MELIÁ, M. (coords.): *Derecho Penal y Política Transnacional*, Atelier, Barcelona, 2005, pp. 319-342.

MENDOZA BUERGO, B.: «Gestión del riesgo y política criminal de seguridad en la sociedad del riesgo», en DA AGRA, C., *et al.*: *La seguridad en la sociedad del riesgo. Un debate abierto*, Atelier, Barcelona, 2003, pp. 67-89.

MENDOZA BUERGO, B.: *El Derecho penal en la sociedad del riesgo*, 1.ª ed., Civitas, Madrid, 2001.

MENDOZA BUERGO, B.: «Exigencias de la moderna política criminal y principios limitadores del Derecho penal», en *Anuario de Derecho Penal y Ciencias Penales*, Tomo 52, Fasc./Mes 1-3, 1999, pp. 279-322.

MIR PUIG, S.: *Derecho penal. Parte general*, 10.ª ed., Reppertor, Barcelona, 2015.

MIR PUIG, S.: *El Derecho penal en el Estado social y democrático de derecho*, Ariel, Barcelona, 1994.

MIRÓ LLINARES, F.: «Política comunitaria de inmigración y política criminal en España: ¿protección o exclusión penal del inmigrante?», en *Revista Electrónica de Ciencia penal y Criminología*, n.º 10, 2008.

MOLINA FERNÁNDEZ, F./MENDOZA BUERGO, B.: «La determinación de la pena, las instituciones individualizadoras y los sustitutivos de las penas privativas de libertad», en LASCURAÍN SÁNCHEZ, J. A. (coord.): *Manual de Introducción al Derecho Penal*, Agencia Estatal Boletín Oficial del Estado, Madrid, 2019, pp. 213-251.

MONCLÚS MASÓ, M.: *La gestión penal de la inmigración. El recurso al sistema penal para el control de los flujos migratorios*, Editores del Puerto, Buenos Aires, 2008.

MONCLÚS MASÓ, M./BRANDARIZ GARCÍA, J. A.: *Políticas y prácticas de control migratorio: estudio comparativo del control de los migrantes en los contextos latinoamericano y europeo*, Ediciones Didot, Buenos Aires, 2015.

MONTERO PÉREZ DE TUDELA, E.: «Las opciones repatriativas en el ordenamiento jurídico español para el extranjero infractor: factores a tener en cuenta por los profesionales del tratamiento y los operadores jurídicos», en *Revista Electrónica de Ciencia penal y Criminología*, n.º 21, 2019.

MORALES AYMA, E.: «El papel real de los migrantes. Carta abierta de Juan Evo Morales Ayma, presidente Constitucional de la República de Bolivia, a la Unión Europea», en *Revista Latinoamericana de Población*, vol. 2, n.º 2, 2008, pp. 157-161.

MOYA MALAPEIRA, D.: «La nueva Directiva de Retorno y la armonización comunitaria de las medidas de alejamiento de extranjeros», en *Revista de Derecho Constitucional Europeo,* n.º 10, 2008, pp. 101-164.

MUÑAGORRI LAGUÍA, I.: «Las actuales políticas criminales como institucionalización de la inseguridad», en MANZANOS BILBAO, C. (coord.): *Políticas sociales para la seguridad ciudadana*, Ikusbide, Vitoria-Gasteiz, 2005, pp. 155-166.

MUÑOZ CONDE, F.: *Edmund Mezger y El Derecho penal de su tiempo: estudios sobre el Derecho penal en el Nacionalsocialismo*, 3.ª ed., Tirant lo Blanch, Valencia, 2002.

MUÑOZ CONDE, F.: «Protección de bienes jurídicos como límite constitucional del Derecho penal», en QUINTERO OLIVARES, G./MORALES PRATS, F. (coords.): *El nuevo Derecho penal español. Estudios penales en memoria del Profesor José Manuel Valle Muñiz*, Aranzadi, Navarra, 2001, pp. 561-574.

MUÑOZ CONDE, F./GARCÍA ARÁN, M.: *Derecho penal. Parte General*, 11.ª ed., Tirant lo Blanch, Valencia, 2022.

MUÑOZ LORENTE, J.: «La expulsión del extranjero como medida sustitutiva de las penas privativas de libertad: el artículo 89 del CP tras su reforma por la Ley Orgánica 11/2003», en *Revista de Derecho Penal y Criminología*, n.º Extra 2, 2004, pp. 401-482.

MUÑOZ RUIZ, J.: «La expulsión penal: nuevas tendencias legislativas», en *Revista Electrónica de Ciencia penal y Criminología*, n.º 16, 2014.

NARANJO GIRALDO, G. E.: «Desterritorialización de fronteras y externalización de políticas migratorias: flujos migratorios irregulares y control de las fronteras exteriores en la frontera España-Marruecos», en *Estudios Políticos*, n.º 45, 2014, pp. 13-32.

NAVARRO CARDOSO, F.: «Análisis del artículo 89 del Código Penal español, y unas reflexiones con perspectiva aporofóbica», en *Revista Penal*, n.º 47, 2021, pp. 193-226.

NAVARRO CARDOSO, F.: «Expulsión penal de extranjeros: una simbiosis de Derecho penal simbólico y Derecho penal del enemigo», en *Revista de Derecho Penal y Criminología*, n.º 17, 2006, pp. 153-182.

NAVARRO CARDOSO, F.: «El Derecho penal del riesgo y la idea de seguridad: una quiebra del sistema sancionador» en PÉREZ ÁLVAREZ, F. (coord.): *Serta: in memoriam Alexandri Baratta*, Ediciones Universidad de Salamanca, Salamanca, 2004, pp. 1321-1348.

NIETO GARCÍA, L. C.: «Derechos humanos e inmigración. Europa y la Directiva de Retorno», en *Papeles de relaciones ecosociales y cambio global*, n.º 104, 2008-2009, pp. 39-56.

NISTAL BURÓN, J.: «El alcance en materia de expulsión judicial de la proyectada reforma del CP», en *Diario La Ley*, n.º 8207, 2013.

NÚÑEZ HERRERA, V. E.: «Refundición de la Directiva 2008/115/CE. Garantías o retrocesos en los derechos fundamentales de los extranjeros en los procesos de retorno/expulsión», en *Revista de Derecho Migratorio y Extranjería*, n.º 52, 2019, pp. 17-53.

ODRIOZOLA GURRUTXAGA, M.: *Expulsión penal y expulsión administrativa de personas extranjeras: análisis del art. 89 CP y del art. 57.2 LOEX*, Thomson Reuters Aranzadi, Cizur Menor (Navarra), 2022.

OLESTI RAYO, A.: «La Unión Europea y la progresiva creación de un régimen comunitario de extranjería», en *Revista catalana de dret públic*, n.º 40, 2010.

OLESTI RAYO, A.: «Las políticas de la Unión Europea relativas al control en las fronteras, asilo e inmigración», en *Revista de Derecho Constitucional Europeo*, n.º 10, 2008, pp. 13-48.

OLMOS ALCARAZ, A.: «Cuando migrar se convierte en estigma: un estudio sobre construcción de alteridad hacia la población inmigrante extranjera en la escuela», en *Imagonautas: revista interdisciplinaria sobre imaginarios sociales*, vol. 2, n.º 1, 2012, pp. 62-85.

ORTS BERENGUER, E./GONZÁLEZ CUSSAC, J. L.: *Compendio de Derecho penal. Parte General*, 10.ª ed., Tirant lo Blanch, Valencia, 2023.

PAREDES CASTAÑÓN, J. M.: «Recensión: GRACIA MARTÍN, Luis. Prolegómenos por la lucha por la modernización y expansión del Derecho penal y para la crítica del discurso de resistencia. Edit. Tirant lo Blanch. Valencia, 2003», en *Política Criminal: Revista Electrónica Semestral de Políticas Públicas en Materias Penales*, n.º 2, 2006.

PAREDES CASTAÑÓN, J. M.: «Los delitos de peligro como técnica de incriminación en el Derecho penal económico: bases político-criminales», en *Revista de Derecho Penal y Criminología*, n.º 11, 2003, pp. 95-164.

PASSALACQUA, V.: «*El Dridi* upside down: a case of legal mobilization for undocumented migrants» rights in Italy», en *Tijdschrift voor bestuurswetenschappen en publiekrecht*, n.º 4, 2016, pp. 215-225.

PEERS, S.: «Statewatch supplementary analysis: The Returns Directive-the final stages?», en *Human Rights Centre*, University of Essex, 2008.

PÉREZ CÉPEDA, A. I.: *Globalización, tráfico internacional ilícito de personas y Derecho penal: Ley Orgánica 11/2003, de 29 de septiembre, de medidas concretas en materia de integración social de extranjeros*, Comares, Granada, 2004.

PÉREZ GONZÁLEZ, C.: *Migraciones irregulares y Derecho Internacional: gestión de los flujos migratorios, devolución de extranjeros en situación irregular y Derecho Internacional de los Derechos Humanos*, Tirant lo Blanch, Valencia, 2012.

PÉREZ MACHÍO, A. I.: «La sanción de la pornografía infantil virtual y técnica en el Código penal. Una manifestación más de la expansión del Derecho penal», en *Revista General de Derecho Penal*, n.º 35, 2021.

PÉREZ MACHÍO, A. I.: *La responsabilidad penal de las personas jurídicas en el Código penal español. A propósito de los programas de cumplimiento normativo como instrumentos idóneos para un sistema de justicia penal preventiva*, Comares, Granada, 2017.

PÉREZ MACHÍO, A. I.: «Trata de personas: la globalización del delito y su incidencia en la criminalización de la víctima inmigrante irregular a partir de las dinastías actuariales», en *Estudios penales y criminológicos*, n.º 36, 2016, pp. 371-446.

PÉREZ SOLA, N.: «La Directiva de Retorno y la involución en la Europa de los derechos», en *Revista de Estudios Jurídicos*, n.º 8, 2008.

PIETERMAN, R.: «Culture in the Risk Society. An Essay on the Rise of a Precautionary Culture», en *Zeitschrift für Rechtssoziologie*, vol. 22, n.º 2, 2001, pp. 145-168.

PINTO DE BARROS, A.: «Un análisis crítico de la medida sustitutiva de la pena de prisión impuesta al extranjero a la luz del Derecho penal de un Estado Social y Democrático de Derecho», en *Revista General de Derecho Penal*, n.º 31, 2019.

POZUELO PÉREZ, L.: «De nuevo sobre la denominada expansión del Derecho penal: una relectura de los planteamientos críticos», en MONTEALEGRE LYNETT, E. (coord.): *El funcionalismo en Derecho penal: libro homenaje al profesor Günther Jakobs*, Universidad Externado de Colombia, Bogotá, 2003, pp. 107-135.

PRIETO NAVARRO, E.: «Sobre los límites y posibilidades de la respuesta jurídica al riesgo», en DA AGRA, C., *et al.*: *La seguridad en la sociedad del riesgo. Un debate abierto*, Atelier, Barcelona, 2003, pp. 27-46.

PRITTWITZ, C.: «Derecho penal del enemigo: ¿análisis crítico o programa del Derecho penal?», en CORCOY BIDASOLO, M./MIR PUIG, S. (dirs.), GÓMEZ MARTÍN, V. (coord.): *La política criminal en Europa*, Atelier, Barcelona, 2004, pp. 107-120.

QUINTERO NIÑO, E. M.: «Hacia una política común de inmigración: principios e instrumentos de la política de migración de la Unión Europea», en *Revista Aequitas: estudios sobre historia, derecho e instituciones*, vol. 1, 2011, pp. 215-248.

RAFFAELI R.: «Criminalizing irregular immigration and the Returns Directive: an analysis of the *el Dridi* case», en *European Journal of Migration and Law*, n.º 13, 2011, pp. 467-489.

RECASENS I BRUNET, A.: «Globalización, riesgo y seguridad: el continuóse de lo que alguien empezóse», en DA AGRA, C., *et al.*: *La seguridad en la sociedad del riesgo. Un debate abierto*, Atelier, Barcelona, 2003, pp. 365-379.

RECIO JUÁREZ, M.: *La expulsión de extranjeros en el proceso penal*, Dykinson, Madrid, 2016.

RECIO JUÁREZ, M.: «Claves de la reforma de la expulsión de extranjeros en el Código Penal», *Diario La Ley*, n.º 8602, 2015.

REQUEJO RODRÍGUEZ, P.: «Peligrosidad criminal y Constitución», en *Indret: Revista para el análisis del Derecho*, n.º 3, 2008.

REY MARTÍNEZ, F.: «Racismo líquido», en *Claves de razón práctica*, n.º 237, 2014, pp. 88-95.

RÍOS ÁLVAREZ, R.: «El Derecho penal del enemigo. El problema de su legitimidad a la luz de algunos de sus defensores y detractores», en *Ars Boni et Aequi*, vol. 8, n.º 2, 2012, pp. 145-184.

RÍOS MARTÍN, J. C., *et al.*: *Invisibles en la «Última frontera». Manual jurídico para las personas extranjeras en los centros de internamiento (CIE)*, Caritas, Madrid, 2020.

RÍOS, J./ETXEBARRIA, X./PASCUAL, E.: *Manual de ejecución penitenciaria: defenderse de la cárcel*, Universidad Pontificia Comillas, Madrid, 2016.

RIQUERT, F. L./PALACIOS, L. P.: «Teoría penal de excepción: el Derecho penal del enemigo y el Estado de derecho», en GARCÍA RIVAS, N., *et al.*: *El Derecho penal frente a la inseguridad global*, Bomarzo, Albacete, 2007, pp. 149-170.

RODIER, C.: *El negocio de la xenofobia: ¿para qué sirven los controles migratorios?*, Clave Intelectual, Madrid, 2013.

RODRÍGUEZ BALADO, E.: «La intervención de la jurisdicción penal en el ámbito de la expulsión de extranjeros: autorización de la expulsión administrativa y autorización sustitutiva», en *Revista de Derecho Migratorio y Extranjería*, n.º 26, 2011, pp. 27-52.

RODRÍGUEZ CANDELA, J. L.: «Las otras prisiones (II): los centros de internamiento de extranjeros», en CEREZO DOMÍNGUEZ, A. I./GARCÍA ESPAÑA, E. (coords.): *La prisión en España: una perspectiva criminológica*, Comares, Granada, 2007.

RODRÍGUEZ CANDELA, J. L.: «La expulsión del extranjero en el nuevo Código Penal», en *Jueces para la democracia*, n.º 33, 1998, pp. 59-70.

RODRÍGUEZ GARCÍA, G.: «Tasa de criminalidad y castigo: un ejercicio de derecho y economía», en *THEMIS: Revista de Derecho*, n.º 62, 2012, pp. 179-186.

RODRÍGUEZ MESA, M. J.: «La expulsión del extranjero en el ordenamiento jurídico español. Una valoración crítica», en RUIZ RODRÍGUEZ, R./ RODRÍGUEZ MESA, M. J. (coord.): *Inmigración y sistema penal: retos y desafíos para el siglo XXI*, Tirant lo Blanch, Valencia, 2006, pp. 255-288.

RODRÍGUEZ MESA, M. J.: «El sistema penal ante el reto de la inmigración clandestina: funciones instrumentales y simbólicas», en PÉREZ ÁLVAREZ, F. (ed.): *Serta: in memoriam Alexandri Baratta*, Ediciones Universidad de Salamanca, Salamanca, 2004, pp. 845-870.

RODRÍGUEZ YAGÜE, C.: «El modelo político-criminal español frente a la delincuencia de inmigrantes», en *Revista Electrónica de Ciencia penal y Criminología*, n.º 14, 2012.

ROIG TORRES, M.: «La expulsión de los extranjeros en el Proyecto de Reforma del Código Penal. Análisis desde la perspectiva del TEDH. Unas notas sobre el Derecho británico», en *Estudios Penales y Criminológicos*, vol. XXXIV, 2014, pp. 423-509.

ROJO TORRECILLA, E.: *Inmigración y mercado de trabajo en la era de la globalización: estudio de la normativa internacional, comunitaria y española*, Lex Nova, Valladolid, 2006.

ROMA VALDÉS, A.: «La sustitución de las penas cortas de prisión en el caso de delincuentes extranjeros», en *Actualidad Penal*, Ref. XLV, 1999 (ref. 3306/2001 base de datos laleydigital).

ROMEO CASABONA, C. M.: «Aportaciones del principio de precaución al Derecho penal», en VV.AA.: *Modernas tendencias en la ciencia del Derecho penal y en la Criminología*, UNED, Madrid, 2001, pp. 77-106.

SÁNCHEZ FERNÁNDEZ, A.: «Inmigración y Derechos Humanos en la UE. Análisis de la Directiva 2008/115/CE», en *Persona y Derecho: Revista de fundamentación de las Instituciones Jurídicas y de Derechos Humanos*, vol. 68, 2013, pp. 159-179.

SÁNCHEZ GARCÍA DE PAZ, I.: «Artículo 89», en TOMILLO RODRIGO, M. G. (dir.): *Comentarios prácticos al Código Penal. Parte General. Artículos 1-137. Tomo I*, Thomson Reuters Aranzadi, Cizur Menor (Navarra), 2015, pp. 789-800.

SÁNCHEZ TOMÁS, J. M.: «Garantismo e insumisión judicial en la expulsión penal de extranjeros», en GARCÍA VALDÉS, C., *et al.* (coords.): *Estudios penales en homenaje a Enrique Gimbernat, Tomo II*, Edisofer S.L., Madrid, 2008, pp. 1559-1578.

SÁNCHEZ YLLERA, I.: «Extranjeros en prisión: doble condena», en *Jueces para la democracia*, n.º 10, 1990, pp. 65-70.

SANDELL, R./SORROZA BLANCO, A./OLIVIÉ, I.: «Inmigración: ¿un desafío con oportunidades?», en *Documentos de Trabajo (Real Instituto Elcano de Estudios Internacionales y Estratégicos)*, n.º 19, 2007.

SANTANA VEGA, D. M.: *La protección penal de los bienes jurídicos colectivos*, Dykinson, Madrid, 2000.

SASSEN, S.: *Territory, Authority, Rights: From Medieval to Global Assemblages*, STU-Student edition, Princeton University Press, Princeton, 2006.

SCHAIN, M. A.: «The state strikes back: immigration policy in the European Union», en *European Journal of International Law*, vol. 20, n.º 1, 2009, pp. 93-109.

SCHÜNEMANN, B.: *Temas actuales y permanentes del Derecho penal después del milenio*, Tecnos, Madrid, 2002.

SCHÜNEMANN, B.: «Consideraciones críticas sobre la situación espiritual de la ciencia jurídico-penal alemana», en *Anuario de Derecho Penal y Ciencias Penales*, Tomo 49, Fasc./Mes 1, 1996, pp. 187-218.

SEELMAN, K.: «Societat de risc i dret penal», en *Iuris: Quaderns de Política Jurídica*, n.º 1, 1994, pp. 271-288.

SEHER, G.: «La legitimación de normas penales basada en principios y el concepto de bien jurídico», en VV.AA.: *La teoría del bien jurídico: ¿Fundamento de legitimación del Derecho penal o juego de abalorios dogmático?*, Marcial Pons, Madrid, 2007, pp. 69-92.

SERRANO PASCUAL, M.: *Las formas sustitutivas de la prisión en el Derecho penal español*, Trivium, Madrid, 1999.

SILVA SÁNCHEZ, J. M.: *La expansión del Derecho penal. Aproximación de la Política criminal en las sociedades postindustriales*, 3.ª ed., Edisofer, Madrid, 2011.

SILVA SÁNCHEZ, J. M., *et al.*: «La ideología de la seguridad en la legislación penal española presente y futura», en DA AGRA, C., *et al.*: *La seguridad en la sociedad del riesgo. Un debate abierto*, Atelier, Barcelona, 2003, pp. 113-135.

SILVA SÁNCHEZ, J. M.: «El retorno de la inocuización: el caso de las reacciones jurídico-penales frente a los delincuentes sexuales violentos», en *Revista de derecho*, n.º 8, 2001, pp. 177-188.

SILVA SÁNCHEZ, J. M.: «Prólogo a la edición española», en VV.AA.: *La insostenible situación del Derecho penal*, Comares, Granada, 2000.

SOLANES-CORELLA, A.: «La política de inmigración en la Unión Europea. Desde tres claves», en *Arbor: ciencia, pensamiento y cultura*, n.º 713, 2005, pp. 81-100.

SOLAR CALVO, P.: «Extranjeros en prisión y jurisprudencia europea. La necesaria revisión de la TVR penitenciaria», en *Revista CEFLegal*, n.º 222, 2019, pp. 77-106.

SOLER GARCÍA, C.: *Los límites a la expulsión de extranjeros ante el Tribunal Europeo de Derechos Humanos y el Tribunal de Justicia de la Unión Europea*, Thomson Reuters Aranzadi, Cizur Menor (Navarra), 2019.

SORROZA BLANCO, A.: «Crónica de una controversia anunciada: la directiva europea de Retorno de inmigrantes en situación ilegal», en *Revista de Estudios Jurídicos*, n.º 8, 2008.

STENSON, K./SULLIVAN, R. R. (eds.): *Crime, risk and justice: the politics of crime control in liberal democracies*, Willan Publishing, Portland, 2001.

STUMPF, J.: «The crimmigration crisis: immigrants, crime, and sovereign Power», en *American University Law Review*, vol. 56, n.º 2, 2006, pp. 367-419.

TAVARES, J.: «Globalización, Derecho penal y seguridad pública», en BACIGALUPO, S./CANCIO MELIÁ, M. (coords.): *Derecho Penal y Política Transnacional*, Atelier, Barcelona, 2005, pp. 305-318.

TAYLOR HANSEN, L. D.: «El concepto histórico de frontera», en OLMOS AGUILERA, M. (coord.): *Antropología de las fronteras: Alteridad, historia e identidad más allá de la línea*, El colegio de la Frontera Norte, México, 2007, pp. 231-261.

TERRADILLOS BASOCO, J. M.: «Reflexiones y propuestas sobre inmigración», en *Indret: Revista para el análisis del Derecho*, n.º 1, 2010.

TERRADILLOS BASOCO, J. M.: «Las políticas penales europeas de inmigración», en PUENTE ABA, L. M. (dir.), ZAPICO BARBEITO, M./ RODRÍGUEZ MORO, L. (coords.): *Criminalidad organizada, terrorismo e inmigración: retos contemporáneos de la política criminal*, Comares, Granada, 2008, pp. 195-223.

TERRADILLOS BASOCO, J.: «Función simbólica y objeto de protección del Derecho penal», en *Pena y Estado*, n.º 1, 1991, pp. 9-22.

TERRADILLOS BASOCO, J. M./BOZA MARTÍNEZ, D.: «La expulsión del extranjero: art. 88 CP», en ÁLVAREZ GARCÍA, F. J. (dir.): *Estudio crítico sobre el anteproyecto de reforma penal de 2012*, Tirant lo Blanch, Valencia, 2013, pp. 361-374.

TORRES FERNÁNDEZ, M. E.: *La expulsión de extranjeros en Derecho penal*, La Ley, Madrid, 2012.

VALHONDO DE LA LUZ, J.: «Reflexiones sobre el concepto de fronteras», en *Etnicex: revista de estudios etnográficos*, n.º 1, 2010, pp. 133-145.

VELÁZQUEZ VIOQUE, D.: «Expulsión de extranjeros no residentes legalmente en España», en ORTIZ DE URBINA GIMENO, I. (coord.): *Memento Experto Reforma Penal 2010*, Francis Lefebvre, Madrid, 2010, pp. 681-690.

VIEIRA DA COSTA, P. L.: «La expulsión de los extranjeros sin papeles», en *Revista jurídica Universidad Autónoma de Madrid*, n.º 21, 2010, pp. 149-168.

VRIES DE U./FANNING, J. (eds.): *Law in the Risk Society*, Eleven International Publishing, The Netherlands, 2017.

YOUNG, J.: «Escribiendo en la cúspide del cambio: una nueva criminología para una modernidad tardía», en SOZZO, M. (coord.): *Reconstruyendo las criminologías críticas, Ad hoc*, Buenos Aires, 2006, pp. 75-114.

YOUNG, J.: *La sociedad «excluyente». Exclusión social, delito y diferencia en la Modernidad tardía*, Marcial Pons, Barcelona, 2003.

ZAFFARONI, E. R.: *El enemigo en el Derecho penal*, Grupo editorial Ibáñez, Bogotá, 2006.

ZAFFARONI, E. R.: «Minorías desplazadas, delincuencia y poder punitivo», en *Eguzkilore: Cuaderno del Instituto Vasco de Criminología*, n.º *Extra* 7, 1994, pp. 83-92.

ZAPATA BARRERO, R./ZARAGOZA CRISTIANI, J.: «Externalización de las políticas de inmigración en España: ¿giro de orientación política en la gestión de fronteras y flujos migratorios?, en *Panorama social*, n.º 8, 2008, pp. 186-195.

ZÚÑIGA RODRÍGUEZ, L.: «¿Política criminal de la seguridad? Desafíos y propuestas», en PÉREZ MACHÍO, A. I./DE LA CUESTA ARZAMENDI, J. L. (coords.): *Contra la política criminal de la Tolerancia cero. Libro homenaje al profesor Dr. Ignacio Muñagorri Laguía*, Thomson Reuters Aranzadi, Cizur Menor (Navarra), 2021, pp. 279-293.

Relación de jurisprudencia citada

I. TRIBUNAL DE JUSTICIA DE LA UNIÓN EUROPEA

STJUE (Gran Sala) en el asunto *Affum*, C-47/15, de 7 de junio de 2016.

STJUE (Sala Primera) en el asunto *El Dridi*, C-61/11 PPU, de 28 de abril de 2011.

STJUE (Gran Sala) en el asunto *Achughbabian*, C-329/11, de 6 de diciembre de 2001.

II. TRIBUNAL EUROPEO DE DERECHOS HUMANOS

STEDH (Gran Sala) en el caso *Saadi c. Reino Unido*, de 29 de enero de 2008.

STEDH (Gran Sala) en el caso *Üner c. Países Bajos*, de 18 de octubre de 2006.

STEDH (Sección Cuarta) en el caso *Al-Nashif c. Bulgaria*, de 20 de junio de 2002.

STEDH (Sección Segunda) en el caso *Boultif c. Suiza*, de 2 de agosto de 2001.

STEDH (Sala) en el caso *Moustaquim c. Bélgica*, de 18 de febrero de 1991.

III. TRIBUNAL CONSTITUCIONAL

STC (Pleno) 236/2007, de 7 de noviembre.

STC (Sala Primera) 72/2005, de 4 de abril.

STC (Sala Primera) 203/1997, de 25 de noviembre.

STC (Sala Primera) 242/1994, de 20 de julio.

STC (Sala Primera) 94/1993, de 22 de marzo.

STC (Pleno) 115/1987, de 7 de julio.

ATC (Sección Segunda) 106/1997, de 17 de abril.

ATC (Sección Primera) 33/1997, de 10 de febrero.

ATC (Sección Segunda) 55/1996, de 6 de marzo.

IV. TRIBUNAL SUPREMO

STS (Sala de lo Penal) 397/2018, de 11 de septiembre.

STS (Sala de lo Penal) 1231/2006 de 23 de noviembre.

STS (Sala de lo Penal) 901/2004, de 8 de julio.